易經研究4

學易筆談新編

杭辛齋 撰

朱玉榮 輯校

蘭臺出版社

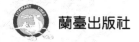

目録

學易筆談　卷二……四六

天地大義人終始……七五

學易筆談　卷三……七八

學易筆談　卷四

目錄

目錄

易數偶得　卷二……五四六

學易筆談序

海寧先生之於《易》，得異人傳授，又博極諸家傳注，故能竟委窮源，而獨見其大。先生於書，無所不讀，故能探賾索隱，鉤貫於新舊之學，而獨得其通。昔嘗聞之　先生曰：「《易》始於伏羲氏，備於神農、黃帝，大明於文王、周公、孔子」。漢人去古未遠，其卦氣、飛伏、陰陽、消息，皆有所授受，非能自創。孔子贊《易》，專重人道，以明立教之旨。故三陳九德，以人合天，而筮法僅略言及之。朱子乃謂：「《易》為聖人教人卜筮之書」，豈知言耶？然河、洛為《易》象所取則，漢學詆為偽造，朱子獨取以冠經首，是其卓識，亦有不可及者。又曰：「道家祖黃老，淵源悉出於《易》」。其七返九還，六歸八居，度數與卦象悉合無論矣。所異者佛産印度，耶穌生於猶太，而《華嚴》之乘數、《金剛》之相數，一八、三六、百零八之數，及「七日來復」、「十三見凶之數」，亦無不與卦象悉合。而釋言地水火風，西謂水火土氣，即《易》之乾坤坎離，更為明顯。時之先後，地之遠近，皆略不相蒙。而數理之大原，乃無不與《易》相合，然則《易》之所以為《易》，不從可識乎。又曰《易》如大明鏡，無論以何物映之，莫不適如其本來之象。如君主立憲，義取親民為同人象。民主立憲，主權在民為大有象，社會政治無君民上下之分為隨象。乃至日光七色，見象於白賁。微生蟲變化物質，見象於蠱。凡近世所矜為創獲者，而《易》皆備其象、明其理。於數千年以前，蓋理本一原，數無二致，時無古今，地無中外，有偏重而無偏廢。中土文明，理重於數，而西國則數勝於理，重理或流於空談而鮮實際，泥數或偏於物質而遺精神，惟《易》則理數兼賅。形上道而形下器，乃足以調劑中西末流之偏以會其通，而宏其用。此則今日學者之責也。嗚呼，此足以見　先生之學矣。國會蒙塵，播遷於粵，議政之暇，獲與龔君煥辰、張君知競、徐君際恆、王君用賓、張君效翰、郭君生榮、關君秉真、凌君毅、凌君銳、陳君爕樞、胡君兆沂、張君相、吳君崑、陸君昌烺、彭君漢遺、萬君葆元、劉君汝麟諸同志，組織研幾學社，相約治《易》，恭請　先生主講。　先生既著《易楔》，以明《易》例，其微言大義之未盡者，別為《學易筆談》若干卷，授之同人。同人竊以世界文明，莫古於中國，而《易》象所自起，則猶在中國未有文字之先，一畫開天，列聖繼起，制作大備，莫不以《易》為準。斯誠世界文明之鼻祖，而吾國人士所宜深切講求以與世界相見者也。乃自漢以來，學者非遺象言理，失其本源，即離理言數，淪為小道，蓋晦盲否塞至於今日亦已極矣。茲何幸得　先生為之發揮光大也。同人不敢自私，相與醵金，先以初集四卷付印，用公同好，俾世知有　先生之學，與夫《易》之所以為《易》也。樓海追隨同人，學無心得，僅以素所聞於　先生者，弁諸簡端，並誌其緣起如此云。

中華民國紀元八年九月後學狄樓海拜手敬序

學易筆談述恉

《易》道至大，《易》理至邃，辛齋之愚，何敢妄談？顧念吾　師忍死狴犴，剋期以待，密傳心法，冀綿絕學，又曷敢自棄？丙辰出獄，爰搜集古今說《易》之書，惟日孳孳，寢饋舟車，未嘗或輟。丁巳以後，國會蒙塵。播越嶺嶠，議席多暇，兩院同人，合組研幾學社於廣州之迴龍社。謬推都講，計日分程，商兌講習。雖兵戈擾攘，而課約罔閒。講義纂輯，得書若干，名曰《易楔》。而晨昏餘晷，切磋問難，隨時筆錄者，又積稿盈尺。同人艱於傳寫，乃謀刊印。釐為四卷，顏曰《筆談》，蓋紀實焉。己未庚申，由粵而滬。同志之友，聞聲畢集。風雨一廬，不廢討論，以續前稿，又得四卷，別為《二集》。借閱傳鈔，恐多遺失。適前印之書，久已告罄。同人請合兩《集》與《易楔》、《易數偶得》、《讀易雜記》諸稿，均以聚珍板印行。始於壬戌八月，至十月抄，《筆談》八卷工竣。爰紀顛末，並述恉如左。

一、承學之士，不廢筆札，談論所及，擇要綴錄，聊以備忘。除《初集》第一卷，於臨印時略有增減，以明源流外，餘悉隨時編訂，並無先後次序。

二、講《易》與詁經不同。詁經當有家法，有體例，義不容雜。而講《易》則以闡明卦爻象數之原理原則，但以經文為之證明。故凡與象數有涉，足與《易》道相發明者，博采旁搜，不限時地，更無所謂門戶派別也。

三、《易》本法象於天地。乾易坤簡，易知易能，雖見仁見智，各隨學識之深淺而異，要無不可知之理。自象義不明，學者無所適從，幾視《易》為絕學，而不敢問津，致易簡之理，日即湮晦。本編有鑒於斯，立說皆取淺顯明白，務期盡人能解，不敢以艱深文淺陋也。

四、孔子贊《易》，身逢亂世，行危言遜。有因時忌不能顯言者，不得不以微言大義，隱寓於象數之中，與春秋同一例也。後人不察，悉以文字求之，孔子憂天憫人之苦心湮沒盡矣。歷代學者，如邵康節，如劉青田、黃姚江，均抱此隱痛而未敢昌言者也。鼎革以後，世雖亂而言可無諱。發歷聖之心傳，彌前賢之遺憾，維世道而存絕學，不可謂非千載一時之良機。剝極必復，時乎不再，幸我同人勿自暴棄以負天心也。

五、卦因數衍，數緣象起，象由心生。《易》準天地，廣大悉備。雖人事遞演，世變日繁，要不能出乎此象數之外。故洲殊種別，文字語言，萬有不齊，維數足以齊之。宗教俗尚，各有不同，惟數足以同之。兩千年來，數學失傳。宋後言《易》者，往往以邵子先天數為《易》數。數理繁賾，固非短扎所能盡。然於舊說之顯然牴牾者，不能不援據象數以為商搉，非敢故翻成案也。

六、占筮固《易》之一端，而聖人修《易》以明道，實非盡為占筮。孔子贊《易》，紹述文周，以人合天，兢兢寡過，豈導人於趨吉避凶哉！朱子以占筮為《易》之本義，未免偏見。而《大衍》揲蓍之法，自唐以後，於挂一再扐兩端，立說互歧，徵諸數理，並多遺憾。未敢盲從，以悞後人。

七、至誠之道，雖可前知，惟道本一貫，學無躐等。必正心脩身，能盡人之道以合天，斯天人契合，感而遂通，百世可知。初無二理，若一知半解，妄談禍福，自欺欺人，實學《易》之大戒。兢兢自箴者，竊願以此勉人。

八、盡性至命，乃易學之極功。孔子之聖，猶韋編三絕，但云寡過，罕言性命。後生末學，更宜踐履篤實，下學上達。同學講習，竊本斯恉。《初集》刊布，朋自遠來，往往以祇言象數，不談身心性命相責。但愚尚以象數之未能盡明為憾。果象數通解，則身心性命之理，胥在其中，更無待言說為也。

九、形而下者謂之器，形而上者謂之道。凡有形可指者皆器。道本於心，未可以言盡焉。故八卦因重，羲農法天以垂象；兩編《十翼》，周孔立言以明道。然未可遽執卦象經傳以為道也。譬諸升高必以梯，而梯非高。求飽必以飯，而飯非飽。宋後講《易》，開口言性理，言道統，是猶指梯而稱高，看飯而說飽也。今之談道者，無宋人之學，而立說更高出宋人。自誤誤人，更不待言。願學者共明斯旨，各求實學，返諸身心。勿好高務遠，循前車之覆轍焉。

十、潔淨精微之學，非潛修靜養，未能深造。勞人草草，敢言心得？惟彙積年涉獵所得，聊供同學參攷之便。深望海內鴻碩，時加匡正。幸得學與年進，尚擬賡續，以供采擇。

十一、世道陵夷，聖學中絕。人欲橫流，罔知紀極。謹愿之士，苦身心之無所寄託，蒿目時艱，悁懷消極。或附托西教，或皈向佛門。而仙靈神鬼，導引修養，及飛鸞顯化之壇宇，遂徧於域中。影附風從，是丹非素。不知我國固有之學，貫澈天人，足以安身立命。保世滋大，概羣藉而羅萬有者，悉在此一畫開天，人文肇始之《易經》。存人道，挽世運，千鈞一髮，絕續在茲。弘道救世，責無旁貸。惟我同人，自奮勉焉。

歲在壬戌冬至之月海寧杭辛齋補識於海上寄廬

學易筆談　卷一

上古之《易》

上古之世，無所謂《易》也。但後世之《易》，實本於伏羲，故《周官》掌太卜者有三《易》之稱。因周以《易》名，遂追謚《連山》、《歸藏》皆謂之《易》。余所謂上古之《易》者，亦援斯義而追稱之耳。溯自伏羲一畫開天，其時雖文字未興，而結繩為治，已有等秩倫紀之可觀。《繫傳》稱仰則觀象於天，俯則觀法於地，觀鳥獸之文與地之宜，近取諸身，遠取諸物，於是始作八卦，以通神明之德，以類萬物之情。其條理井然，而觀法於地曁觀鳥獸之文與地之宜，已能將地之所有，分晢觀察，頗如近世科學家，區地文、地質學為二類。此豈歐洲人所謂上古時代野蠻酋長之可比擬哉！以佃以漁，雖未脫游牧之風，而政治亦已斐然可觀矣。況八卦成列，有形，有象，有聲，實已備具文字之作用。因而重之為六十四卦。益之以變化，固已肆應而不窮矣。此伏羲之《易》，所以為我中國文化之初祖也。

伏羲氏沒，神農氏作。斲木為耜，揉木為耒。耒耨之利，以教天下。日中為市，致天下之民，聚天下之貨，交易而退，各得其所，是已由游牧時代而進于農商。且規模宏遠，政教并行。又嘗百草以御疾疢，民无夭折，創制顯庸，澤及萬世。然其時文字未興，所賴以為政治之具者，實維伏羲所遺傳之卦象。度神農氏必有所增益而變通之，是名《連山》。相傳以重艮為首，經卦皆八，重卦皆六十四者也。故神農為炎帝，亦號列山氏。

神農氏沒，黃帝堯舜氏作。通其變使民不倦，神而化之使民宜之。《易》窮則變，變則通，通則久。蓋至是文明日進，制器尚象，人事日繁。而舊有之八卦，不足以應用。於是廣卦象為六書，而文字以生。益以天干地支，而陰陽五行之用愈精。吹律定聲，民氣以和。而禮樂以興，本黃鐘以定度量權衡。治曆明時，定璇璣玉衡以齊七政。絕地天通，百官以治，萬民以察。而《易》之為用，益无乎不備。故黃帝之《易》曰《歸藏》，以坤乾為首者也。堯舜繼黃帝之後，於變時雍，垂衣裳而天下治。今讀《繫辭・下傳》之二章，上古進化之歷史，與三《易》之源流，可概見矣。此上古之《易》也。

中古之《易》

夏易《連山》，蓋繼述神農氏者也。商易《歸藏》，蓋繼述黃帝氏者也。周曰《周易》，或曰「祖述堯舜」。孔子曰：「《易》之興也，其於中古乎？作《易》者，其有憂患乎？」雖指《周易》，以文王與紂之事當之。然帝降而王，德不如古。神禹受命，開家天下之局。湯武革命，《易》揖讓而征誅，均不能無慚德焉。故三代之《易》，皆可謂之中古，所謂「於稽其類其衰世之意邪？」上視羲皇，已不無今昔之感矣。

三代之政綱本於《易》

制度文物，皆出于《易》。故曰「觀其會通以行其典禮」。《易》在三代，不啻為政治之書。夏宗《連山》，其禮樂政刑胥以《連山》為則。殷宗《歸藏》，其禮樂政刑胥以《歸藏》為則。故紀歷有人統地統天統之殊。而尚忠尚質尚文，亦各有所專重。蓋變通損益以虧合于時宜，而成一代之制。必統系分明，而後綱舉目張，有條不紊。今夏殷之制不可悉睹，而《周禮》一書，雖經竄改，而周家之典章文物，猶可得其梗概，足與《周易》相印證。自秦漢以降，目《易》為卜筮之書，政失其綱也久矣。

學術之派別出於《易》

我國學術，約可分為三派：曰儒、曰道、曰墨。其餘諸子百家，名類雖多，要無不可以此三派歸納之。道家宗老氏，而實導源於黃帝，故相傳曰「黃老」。墨家出於禹，而實濫觴於神農。《孟子》有為神農之言者許行，主並耕之說，亦墨之別派也。儒家集大成於孔子，《論語》曰「文王既沒，文不在茲乎？」則孔子固自承為繼續文王者也。故儒家之學出于《周易》，道家之學出于《歸藏》，墨家之學出于《連山》，各有所本。自漢而後，雖罷斥百家，獨崇儒道，而道與墨之學，亦實有不可磨滅之精神。歷代之治，舍其名而用其實者，不可枚舉。至於今日，儒術亦掃地盡矣。而老氏墨氏之學，則因與歐西之哲學，及其他科學之相契合者頗多，崇尚新學之士，漸有取而研究之者。禮失求野，循末反本，則吾文明初祖之羲《易》，或尚有大明之一日乎？

孔子之《易》

《易》者，明道之書也。五帝之治天下也以道，三王以德，五霸以功。世運自帝降而王，王降而霸，道之不明也久矣。孔子生當衰周，五霸之功已杳，浸浸乎由功而降而尚力。至惟力是尚，弱肉強食，人道或幾乎息矣。故孔子贊《易》以存道，又以道之未可驟幾焉，乃取中爻以明功，陳九卦以崇德【見繫下傳第七章】。循序而進，由功而德，其庶幾乎與道近矣。

兩漢易學之淵源

孔子傳《易》於商瞿。商瞿字子木，其行事不見於《論語》，蓋孔子晚年之弟子也。商瞿授魯橋庇子庸，子庸授江東馯臂子弓，子弓授燕周醜子家，子家授東武孫虞子乘，子乘授齊田何子莊。凡六傳，而周滅於秦。秦焚書，而《易》以卜筮獨免。漢興，田何以齊之公族徙杜陵，號杜田生。授東武王同子中，及雒陽周王孫、丁寬、齊伏生。王同子中授淄川楊何，丁寬授同郡田碭王孫，王孫授沛施讎，蘭陵孟喜，琅邪梁丘賀，是為三家之《易》，皆立於學官置博士。

施讎授張禹，及琅邪魯伯。禹授淮陽彭宣，沛戴子崇平。魯伯授琅邪邴丹、伏曼容。

孟喜授同郡白光少子，沛翟牧，及焦延壽。延壽授京房。

梁丘賀傳子臨，臨授五鹿充宗。充宗授平陵士孫、張仲方，鄧彭祖子夏，齊衡咸長賓。

東萊費直，治《易》長於卜筮，無章句，徒以《彖》、《象》、《繫辭》、《文言》，解釋上、下《經》。傳琅邪王璜子中。同時沛高相治《易》，與費略同，亦無章句，說陰陽災異，自言出于丁將軍。授子康，及蘭陵毋將永。高氏費氏之學，皆未立於學官。

漢代易學，以施、孟、梁丘三家為盛。京氏專言災異，高氏亦與京略同。至東漢傳施學者，有劉昆，及子軼。傳孟學者有握丹鮭，陽鴻任安。傳梁丘學者，有范升、楊政、張興、及子魴，皆不甚顯。至漢季獨費《易》盛行，若馬融、鄭玄、荀爽、陸績、劉表、宋衷諸人，皆習費氏古文《易》。孟學獨一虞翻，施梁之學無聞矣。

晉唐間之易學

魏晉以後，王弼之《易》，盛行江左。弼為劉表之甥，表固治費《易》者。弼之說《易》，不盡宗費，屏棄象數，專以玄理演繹，自謂得意忘象。又分《繫》、《彖》、《象》諸傳於經文之下。學者以其清雋新穎，且簡便而易學也，靡然宗之。由是施讎、梁丘諸家之《易》盡亡。費氏之古本，亦為所淆亂，而盡失其本來面目矣。然弼年二十有四即死，《繫辭》、《說卦》三篇，均不及注，後人以韓康伯注續之。永嘉之亂，中原板蕩，經籍散失。李唐統一，掇拾燼餘，雖六經本文幸而未闕，而兩漢以來各家之師說傳注，已十亡其七八矣。孔穎達疏《易》，復崇王而黜鄭。太學肄業，一以王注為本，古《易》遂不可復見。賴李鼎祚《集注》，掇拾殘闕，搜集漢注至三十餘家。窺管一斑，全豹之形，似尚可約略而得。後之言漢學者，莫不循是蹊徑，以為登峯造極之基。至滿清中葉，王【念孫】、惠【棟】、張【惠言】、焦【循】諸家，皆精研漢學。單辭隻義，不惜殫畢生之全力以赴之。鄭氏、虞氏之《易》，始差堪董理。而施讎、梁丘之學說，終不獲復見於世也。惜哉！

宋人之易學

宋人講《易》，自司馬溫公以至程子，大抵皆不出王弼範圍。周子《通書》，發明太極圖，為理學之宗，與易學尚無其關涉也。自邵康節創為先天之說，取《說卦》「天地定位」一章，安排八卦，謂之先天卦。以「帝出乎震」之方位為後天卦。又以乾一兌二離三震四巽五坎六艮七坤八，為先天八卦之數。更反劉牧九圖十書之說，以五十五數者為河圖，四十五數者為洛書，為八卦之所自出。於是太極兩儀，四象八卦，而十六，而三十二，而六十四。立說與漢人完全不同，不啻在易學中另闢一新世界。然當其時，並未盛行。如溫公、程子，皆與邵為老友，且極推重其為人，稱為「內聖外王，孔孟沒後之一人」，而未嘗取其說以講《易》。其反對如歐陽文忠諸人，更無論矣。至朱子撰《周易本義》，取河圖、洛書與先天、大、小、方、圓各圖，弁諸卷首。又另著《易學啟蒙》以闡明之，而後邵子之先天學與《易經》相聯綴。歷宋元明清，皆立諸學官，定為不刊之程式。後之學者，幾疑此諸圖為《易經》所固有矣。雖漢學家抨擊非難，不遺餘力，而以其理數出自天然，推算又確有徵驗，終非討生活于故紙堆中者，空言所能排斥也。故宋之易學，能有所發揮，獨樹一幟與漢學相對峙者，自當首推邵氏。

朱子《本義》，頗能矯王弼以來空談玄理之弊，而注意於象數，故取用邵子之說頗多。顧未能會通全《易》，博采兩漢諸家之說，以明聖人立象之意。又泥於門戶之見，不敢暢所欲言，而以聖人以卜筮教人一言，為立說之本義。此何異以璇璣玉衡為定南北方向之用，不亦隘乎？

兩宋《易》家之著錄者頗多，以當時鐫版業已發明，流傳較易。今《四庫》所存，及刊入《通志堂經解》，與《惜陰》、《聚珍》諸叢書者，尚有六十餘種。而納蘭氏又彙輯諸儒語錄別集，暨佚書之單辭賸義，為《大易萃言》八十卷，可謂極宋學之大觀已。

元明之易學

元明兩代之言《易》學者，無甚發明。著錄者大抵盤旋於程朱腳下為多。元之熊與可、胡一桂、熊良輔、王申之、董真卿，明之黃道周、喬中和，皆其傑出者也。然皆有所依傍，不能成一家之言。黃道周之《易象正》、《三易洞璣》，雖以天象曆數闡明易理，而艱深奧衍，流傳不廣。惟來知德氏崛起川中，以二十九年之功，成《來氏集注》一書，風行大江以南，三百年來未絕。雖其錯綜之說，頗貽人口實。然取象說理，淺顯明白，惟恐人之不易索解，恆罕譬曲喻以明之。視故作艱深以文其淺陋者，自勝一籌。初學者得此，尚為善本也。

勝朝之易學

有清一代，經學之盛，遠過宋明。其治易學專家，如刁氏包【蒙吉】、李氏光地【厚菴】、胡氏【曉滄】、胡氏渭【朏明】、任氏啟運【翼聖】、惠氏奇【仲孫】、惠氏棟【定宇】、萬氏年淳【彈峯】、姚氏【配中】、張氏【乘槎】、彭氏【中甫】，皆能獨抒己見，各有心得。而顧亭林、毛大可、錢辛楣、王引之、江慎脩、段懋堂、王蘭泉諸氏，雖不專治《易》，其音韻訓詁考據，於吾《易》亦多所發明。至若焦氏循【理堂】之《通釋》、紀氏大奎【慎齋】之《易問》與《觀易外編》，一則宗漢學，而能串合六十四卦之爻象，無一辭一字不相貫通；一則講宋學而能闡發性理，與六十四卦之爻象變通化合，尤為歷來講《易》家之所未有。端木國瑚【鶴田】後起，更治漢宋於一爐，一一以經傳互證，無一辭一字之虛設。視焦紀二氏為更上一層，允足以殿全軍而為勝清一代易學之結束矣。

歷代《易》注之存廢

兩漢之《易》注，永嘉而後，已無完書。雖經歷朝好古之士，探討搜輯，然皆東鱗西爪。除《李氏集注》外，其能集合成書者，不可概見。濟南馬氏【竹吾】，旁搜博采，更於《太平御覽》、《永樂大典》與《說文》、《爾雅》、《文選》、《水經》諸注，傍及《內經》、《道藏》之所稱引者，悉為編次，共得〈易部〉之逸書八十餘種。承學之士，亦可略得其梗概矣。魏晉以降，其完全無缺者，推王弼注為最古。今與孔穎達之《正義》，陸德明之《音訓》並傳，與《程傳》、《朱義》，皆歷代官書所刊布，士林所奉為金科玉律者也。其餘唐宋諸家之《易》注，世罕單行。賴《津逮》、《汲古》、《曠照》、《漢魏》諸叢書刊布，而以後之聚刻叢書者，必以《易》為甲部之冠。孤本秘錄之藉此僅存者，為不少矣。納蘭氏之《通志堂經解》，輯刊《易》注至四十餘種，尤為各叢書之所未有。而勝朝《經解》正、續兩編，選錄當時之《易》注，亦皆卓然可傳之書也。綜計清《四庫全書》，〈易部〉所藏，都一百五十二種。其存目著錄而無書者，約三倍其所藏之數。辛齋自學《易》以後，歷年購求，所得已有四百六十三種。計《四庫》所藏之一百五十二種購求未得者，尚有二十九種。《四庫》存目所錄已購得者，有七十八種。《四庫》編錄於道家及術數類者，如《皇極》、《洞林》、《三易洞璣》等計三十餘種，餘皆為叢書及家刻單行之本，而寫本及辛齋所手抄者亦六十餘種，為日本人所著述者三種。嗣在廣東上海蘇杭揚州，陸續又得一百五十餘種。前後都六百數十種。以視歷代《經籍志》，及陳東塾、朱竹垞所著錄者，曾不逮十之三四。然以現世所有者而論，則所遺已無幾矣。

日本之易學

日本文學，皆我國所津逮。故我國已佚之書，而日本尚保存者甚夥。黎氏《古逸叢書》所刊，未能盡焉。光緒甲午以後，我國新進，厭棄古學。而笁舊之士，又墨守糟粕，不能發揮精義，與新理相調和，而資利用。致精義入神之學，日就澌滅。清季以國立大學，求一完全經師而不可得，致羲經竟任缺席。鼎革以後，竟公然廢棄經學，而隸於文科之下，亦可謂臻晦盲否塞之極運矣。而日本既饜飫於物質文明之利，更反而求諸精神。雖舉國喧囂於功利競爭之途，而學術之研究，尚不忘初祖。仍有多數之學子，從事於《易經》。東京有易學會，有易學演講所，有《易學講義》之月刊。其占筮亦尚用古法。我國二千年來失傳之揲蓍法，經學鉅子所未能決其用者，彼中隨處可購得揲蓍之器也。惟蓍不產於日本，則以竹代之。禮失求野，不僅維繫易學之一助也。辛齋曾購其《易學講義》，其取象悉宗漢學，大抵取資於《李氏集解》者為多。有所謂影象意象者，則為彼所擴而充之者也。有《易學新講義》，為我國北宋人之著述。《四庫》有其書，外間已乏刊本，亦為日本所印行。而近出之《高島易斷》，於明治維新以後五十年間，內政外交諸大事，均有占驗論斷，亦可覘彼國之所尚矣。

美國圖書館所藏之《易》

美國國會圖書館，以四十萬金鎊，專為購買中國書籍之用。除前清殿版各書，為清政府所饋送外，其餘所采購之漢文書籍，亦有數千種之多。皆為日本人所販運，直接購自中國者無幾也。友人江亢虎君，現為其漢文部之管理員。丁巳夏間回國，邂逅於滬上。云彼中所藏《易部》，亦幾有四百種。因囑其將目錄鈔寄，以較辛齋所藏者未知如何。然彼以異國之圖書館，而其所藏，視本國《四庫》所有，至兩倍有半，殊足令人生無窮之感也。

漢宋學派異同

自來言《易》者，不出乎漢宋二派。各有專長，亦皆有所蔽。漢學重名物，重訓詁，一字一義，辨晳異同，不憚參伍攷訂，以求其本之所自。意之所當，且尊家法，恪守師承，各守範圍，不敢移易尺寸。嚴正精確，良足為說經之模範。然其蔽在墨守故訓，取糟粕而遺其精華。且《易》之為書，廣大悉備；網羅百家，猶恐未盡；乃株守一先生說，沾沾自喜，隘陋之誚，云胡可免？宋學正心誠意，重知行之合一，嚴理欲之大防。踐履篤實，操行不苟。所謂和順於道德而理於義，窮理盡性以至於命者，亦未始非羲經形而上學之極功。但承王弼掃象之遺風，衹就經傳之原文，以己意為揣測。其不可通者，不憚變更句讀，移易經文，斷言為錯簡脫悞。此則非漢學家所敢出者也。元明以來，兩派對峙，門戶攻擊之陋習，雖賢者亦或不免。甚者以意氣相爭尚，視同異為是非。不但漢學與宋學相爭訟也。同漢學焉，尊鄭者則黜虞，是孟者則非荀。同宋學焉，而有洛蜀之辯駁，朱陸之異同。其下者更或依鉅儒之末光，蒙道學之假面，為弋名干祿之具者，尤不足道矣。

坊本《易經》之謬

國學淪亡，書局盡廢。承學之士，求一善本之經書，已不可得。近日坊間石印之《易經》，其謬誤尤甚。校對之疏略，姑置不論。序文則《程傳》也，目錄之標題則《本義》也。目錄之卷帙則《程傳》也，首列河圖、洛書，及先後天八卦六十四卦各圖，亦《本義》也。而上、下《經》與《繫傳》之篇第，則又皆《程傳》也，其注則又皆《本義》也。可謂極參伍錯綜而莫明其妙者矣。觀其封面所署，則又曰「監本《易經》」。推求其故，則謬誤相仍，已非一日。蓋明刻永樂之監本，固程子之《傳》與朱子《本義》並列者。而篇第章句，悉依《程傳》，而以《本義》之注，錄於《程傳》之後。清刻《易經》傳義音訓亦猶是也。後以考試功令，專重朱義。坊賈射利，為節減篇幅計，以去《傳》留《義》，而篇帙則仍未之改。前明嘉靖間蘇州學官成某，復即是本而刊布之，致此非驢非馬之怪象，公然流布。讀者既不求甚解，而所謂教育部教育廳教育會者，皆熟視無睹，不加糾正。嗚呼！易世而後，將不知經書之為何物矣！

講《易》家之錮蔽

歷來講《易》家，無論其為漢學，為宋學，而有一宗牢不可破之錮蔽：即將「經學」二字橫梗於胸中是也。埋其龐然自大之身於故紙堆中，而目高於頂，不但對於世界之新知識、新思想，深閉錮拒；而於固有之名物象數氣運推步之原本於《易》者，亦皆視為小道，而不屑措意。凡經傳所未明言，注疏所未闡發者，悉目為妄談，為異端。排斥攻擊，不遺餘力。而不知《易》之為書，廣大悉備。上自天地之運行，下及百姓所日用，無不彌綸範圍於其中。孔子贊《易》已明白言之，曰「書不盡言，言不盡意」，故聖人立象以盡意，變而通之以盡利，鼓之舞之以盡神。是書之所未言者，固當求之於意。意有所未得者，當求之於象。象有所未盡者，當變通之以盡其利。而《易》之道始應用而不窮。今乃盡反孔子之言，曰「吾言義不言利」，曰「得意而忘象，得象而忘言」。目光之盤旋，不出於書外一寸。此《易》道之所以終古長夜也夫！

今後世界之《易》

《易》窮則變，變則通，通則久。黃帝堯舜，通其變使民不倦，神而化之，使民宜之。蓋民之情，恆厭故而喜新。厭則倦，倦則精神懈弛，而百事皆墮壞於無形。此蠱之象也，故君子以振民育德而變化之。蠱成隨，則元亨而天下治。隨元亨利貞而天下隨時，隨時之義大矣哉！今之時何時乎？五洲交通，天空往來，百業並興，地寶盡發。所謂萬物皆相見，其重明繼照之時歟！離火之功用，偏於坤輿，極則為災。或致突如其來如焚如死如棄如之占，果能神而化之，變通盡利，則將由物質之文明，而進於精神之文明。是明出地上，火地為晉，受茲介福【晉六二】之時矣。《易》道於此，必有大明之一日。吾輩丁茲世運絕續之交，守先待後，責無旁貸，亟宜革故鼎新，除門戶之積習，破迂拘之謬見。以世界之眼光觀其象，以科學之條理玩其辭，集思廣益，彰往察來，庶五千年神秘之鑰可得而開。興神物以前民用，必非尼父欺人之語也。

新名詞足與經義相發明

物生而後有象，象而後有滋，滋而後有數。民物之孳乳無窮，而象數之遞演而遞進，遞進而遞繁，無有止境。故在黃帝之時演《易》，伏羲之八卦已不足用，乃益之以干支。文王演《易》，干支已不足用，乃益之以《彖》、《爻》。孔子贊《易》，則《彖》、《爻》又不足以盡世變物情，乃益之以繫辭《十翼》。今距孔子之世又三千年矣！世界大通，事物之紛紜繁變，什伯倍蓰千萬於古昔。而所用之文字，乃不能隨世事遞演遞進以應所需。且小學中絕，音移義晦，經典固有之字，因廢置已久，不復為人所識者，十殆四五。故說《易》者，往往於《易》之一字一義，累千萬言之解釋，而仍不能明。然必待小學既明而說《易》，又如臨渴掘井，不能濟目前之用，且不能令多數之學子盡通小學焉。則雖說亦如無說，而《易》仍不能明。則不如假世界通用之名詞以代之，以補文字之闕憾，而閱者亦《易》於了解也。豈非《易》之一助乎？如《易》言「坤其靜也翕，其動也闢」，而翕與闢之義，以舊文字釋之，則翕為聚也合也，闢為開也。一開一合，字義雖盡，而於《易》言闢翕之妙用，仍未著也。若假新名詞以解之，則闢者即物理學之所謂離心力也，翕者即物理學所謂向心力也。凡物之運動能循其常軌而不息者，皆賴此離心向心二力之作用。地球之繞日，即此作用之公例也。以釋闢翕，則深切著明，而閱者亦可不待煩言而解矣。不僅名詞已也，新思想與新學說，足與吾《易》相發明者甚多。而經學家見之，必又曰穿鑿附會，誣蔑聖經，則吾其奈之何哉！

俗義詁經之流弊

今日所用之字，猶數千年前之字也。然形式雖未改，而精神則非復數千年之舊。音與義，類皆變易。任舉一字而衡論之，若此者蓋比比焉。其僅音變而義未變者，如「下、無」等字，於詁經尚無出入。其訓義變易者，雖古音尚存，於經義已不可通矣。如君臣二字，古訓但為主從之別。降及漢魏，猶為普通尊人卑己之謙辭，未嘗專屬諸朝廷也。自宋以後，則專以君為尊無二上之天子，臣為庶司百職之官僚，而君字遂神聖不可侵犯矣。官字之古訓，亦僅為專任職司之名，並未含有尊崇高貴之意。人之耳目口鼻舌曰五官，言其各專所用，不能彼此互代也。故手足則曰肢而不稱官，其義甚明。自漢後天子曰縣官，曰官家，而官之義遂混。後世官之權位浸大浸崇，而官字漸成尊崇高貴之稱。今之俗尚，凡物美者，輒加一官字以為標幟，其去官字之本義，不可以道里計矣。於是龍飛九五，遂為帝王之祥；惟辟作威，亦附卦爻之義。兢兢乎僭越之虞，凜凜乎生殺之柄。如《周易折中》者，《易》竟為專制帝王之護符矣。非以今義釋經階之厲哉！

大寶曰位

《下繫》一章，「天地之大德曰生，聖人之大寶曰位，何以守位曰人，何以聚人曰財，理財正辭，禁民為非曰義」，意義本相聯貫，而文字亦緊相銜接。乃中間插一「位」字，便為上下辭意之梗。宋儒遂改「何以守位曰人」之「人」字為「仁」，以迴護「位」字，而與下「聚人」一句又不相貫。于是呂氏本又改從古本作「人」，而曲為之說，亦終不可通。其實誤不在「人」字而在「位」字。「人」字不當改「仁」字，而「位」字當改作「仁」字。蓋「仁」字與「位」字形式相近，以致傳訛。古訓相傳，「所寶惟仁」，未有以位為寶者也。況以位為天下之公器耶？則不必寶；以位為一人之私有耶？則不能寶。晉文之答秦使曰：「亡人無以為寶，仁親以為寶。」一詎作《易》之聖人，見出重耳下哉！【按：此說初創，同人善其新穎，慫恿存錄。嗣閱張之銳氏《易學闡微》，立說相同，更以自信。但數年以來，研窮數理名象，覺此「位」字「人」字皆文所應有，實不當輕議更改。此次重印，原擬將此條削去。惟前書既已傳布，不能追改，特存之而附注原委，以誌吾過。並令閱者得更進一層之研究，未始不足為「筌蹄」之一助焉。】

元字之精義

《彖傳》曰「大哉乾元！乃統天。」此「元」字，即「元亨利貞」之元。舊注「元始也」，《本義》「元大也」，何休公羊注曰「變一而為元。元者氣也，无形以起有形，以分造起天地，天地之始也」。邵子亦曰「元者氣之始」合觀諸家之說，于「元」字之精義，尚有未盡。辛齋以為舉「元亨利貞」並言之，為乾之四德。而「元」之一字，不但可包舉「利亨貞」三字，並可舉全《易》而一氣貫注，故曰「大哉乾元乃統天」。超乎無始，以立乎天地之先者也。《文言》「乾元者始而亨者也」，此「元」字乃天之元焉。〈坤・彖〉「至哉坤元」，乃地之元也。《文言》「元者善之長也」，則人之元也。善之長，即仁義禮智之仁。仁從二從人，元亦從二從人，故仁為人之元。所謂天經地義，簡言之即天良也。蓋物各有元，大而天地，小而飛潛動植各物，均莫不具有此元。得之則生，不得則死。顧元之為元，無聲無臭，無形質可見，而其功用所著，亦幾非言語筆墨所能摩寫而形容之。然元不可見，而仁可見。仁不可見，而仁之寓于事物者可見。古人造字，其精義往往互相鈎貫。而即物定名，亦無不各寓其意。如果實核中之質體，名之曰仁，已可見矣。而元亦即可因仁而顯其用。如果核桃曰桃仁，杏曰杏仁，而桃與杏之元，即在此仁之中。果核之所以能滋生者，實賴有此仁，賴有此仁中之元。吾于西人之紀載得一說，足為斯義之確證。西人於埃及地中，掘得四千年之古屍，屍腹中往往實以林禽及小麥等物。以保藏之非常完密，故均歷久久而不壞。取林禽及麥而播種之，仍能發榮滋長，與新者無異。此無他，以其元之尚存在也。若其元已失散無存，則雖當年之果核，種之亦不能發生。因此可證明物各有元之理，而人元所存，則惟此天良。天良不滅，生機亦不滅。天良澌滅，則亦無元之果核，已無萌生之望。雖倖而生，亦行尸走肉而已。〈剝之上九〉「碩果不食」，即此僅存之天良也歟！

嫌於无陽

〈坤上六・文言〉「陰疑于陽必戰，為其嫌於无陽也，故稱龍焉」。注疏與各家講解，均未能明悉。鄭注「嫌」讀如「羣公慊」之慊，或作溓。溓，雜也。以嫌作雜字解。雜於无陽，語亦費解。《九家》作兼，謂陰陽合居，故曰「兼陽」，則「无」字又為贅文。王弼云「為其嫌于非陽而戰」。《正義》謂「陰盛似陽為嫌，純陰非陽，故稱龍以明之」。說各不同，其未能暢發經旨則一也。辛齋按：陽本無盡，坤之上六為純陰之候，近乎有无陽之嫌。今可舉例以明之：五月初五日，相傳為端午節，又曰端陽節。九月初九日，曰重陽日。而十月曰小陽月。夫五月，于卦之消息為姤，一陰始生，端者始也，當曰「端陰」，何以稱之曰「端陽」？九月，於卦為剝，碩果僅存，陽已將盡，乃何以稱之曰「重陽」？十月於卦為坤，爻辰正值坤之上六，純陰无陽，何以曰「小陽」？此正扶陽抑陰之意，為其嫌於无陽也，故稱「端陽」、「重陽」、「小陽」焉。則坤上之「嫌於无陽」，其義可比例而得，不待煩言而解矣。

陰陽

《易》數，以陽統陰者也。《易》象，以陽變陰者也。《易》義，扶陽抑陰者也。故陽大陰小，陽貴陰賤。凡對待之字，幾無不以此為例。顧何以立天之道，不曰「陽與陰」，而曰「陰與陽」？又曰「一陰一陽之為道」？又曰「分陰分陽」？輒以陰居先而陽居後，必曰陰陽，無言陽陰者，其義何居？曰：此即天地之大義，而《易》道之妙用也。天尊地卑，《易》之序也。乃乾天顛下首而周乎地之下，坤地有常而高舉于天之上。於是地天泰，四時成。天德不為首，而地道代終。一陰一陽，往來升降。至三陰三陽水火既濟，六爻皆當位，乾坤定矣。反之為一陽一陰，至三陽三陰，乃火水未濟。六爻皆不當位，離坎不續終，而為男之窮矣。

陽卦多陰，陰卦多陽

《繫傳》曰：「陽卦多陰，陰卦多陽。其故何也？陽卦奇，陰卦偶。其德行何也？陽一君而二民，君子之道也。陰二君而一民，小人之道也」。此章闡明《易》道陰陽之大義，為全《易》之關鍵。辨卦爻陰陽之德行，數理之體用，乃學者入手之綱領。故設為問答以明之。陽卦者，震、坎、艮，皆一陽而二陰。陰卦者，巽、離、兌，皆一陰而二陽。乾坤為各卦之原，且純體不易，其陰陽易知，故不在此設問之列。歷來注《易》家，于「一君二民」、「二君一民」之義，異說紛歧，莫可折衷。皆因泥於一二之數聯屬君民，故無論如何曲折遷就，終不可通。孫氏取鄭康成氏《禮記・王制》注云「一君二民，謂黃帝堯舜。地方千里，為方千里者百。中國之民居七千里，計七七四十九方千里。四裔之民，居五十一方千里。是中國四裔，二民共事一君。二君一民，謂三代之末，以地方五千里。一君有五千里之五，五五二十五，更足以一君。二十五始滿千里之方五十，乃當堯舜一民之地。故曰二君一民」。可謂極迂迴曲折之致，而不敢謂其確合經義。至《朱子語類》，謂「二君一民，試問一個民而有兩個君，看是甚麼樣」。則尤為滑稽矣。宋人講解大意與朱子略同。其實孔子語意，甚為明白。「一君二民」。謂君得其一民得其二也。「二君一民」，謂君得其二民得其一也。「一」、「二」兩字，不過表示多寡之意。故下文曰「君子之道」、「小人之道」，經義顯豁呈露，無待曲解。何以時歷三千年，經無數之經師大儒而迄未講明？是可怪也。

見伏動變

見伏動變，謂之四通。「見」者，即本卦所獨動之一爻也【如地雷復，則復之初九即為見】。見之下，即為「伏」【如復內為震，震下即伏巽】。見顯而伏隱，所謂由其可見，推其所不可見，故有見即有伏。見者動，動必有所之。之者往也，動之始也。有所之而之其所，則見者伏而伏者見，所以為變也。於八卦之象，兌見巽伏，震起艮止，而八卦之循環變化，悉在其中。故即以此而推之於爻，則亦不外此四者。而爻之性情才用，亦胥可見矣。

見知現在，伏知將來。覆以窮其相反之情，變動中爻以盡其曲折之妙。故動而之於伏曰「動」，通變而存其位曰「變」。通一爻而有四卦之通，是以能該隱顯，極常變，以周知天下之務。

見伏動變，循環迭更。如坤初為見，則乾初為伏，而姤復包其中。如復初為見，則姤初為伏，而乾坤又包其中。至其性情之同，則伏與動變，均與可見之爻互相發明。陰陽動靜，流行不息，無往而不還，隱而不見之理。故伏卦者，即見卦之所託以變動者也。動在內卦，則陰下而陽上。動在外卦，則陰上而陽下。是陰陽所生之陰陽，所以有少陰少陽之別。變在內外卦者反是。見伏為交，則動變為之摩盪矣。

一爻而具四爻之通，如乾二獨動，則坤二伏矣【乾「利見大人」，坤「直方大」】。師二為動，則同人之二為變矣。故設卦觀象，不可泥於一卦一爻。古人一家之學，雖未必能通貫全經，而一無障礙。如孟氏之旁通，京氏之飛伏，虞氏之之正，邵氏之加倍四分，均各有獨到之處。但證之於經傳而合者，固皆有可取。而足與經義相發明，由博反約，慎擇精審，是在學者之神而明之，非言之所能盡者矣。

八字命爻

胡氏煦《周易函書》，原文多至一百餘卷。後雖節錄為《約注》、《約存》、《別集》，尚有三十餘卷，亦《易》說之大觀矣。其全書綱要，以《繫傳》開而當名辨物一語為主。謂伏羲先天圖，以黑白二色分別陰陽，皆連貫若環，至文王始開而為八卦，開而為六十四卦，以為發千古未有之秘。其實周子太極圖，陰陽相互，分為三層。胡氏所繪之先天、小圓、大圓圖，即由周子太極圖衍而成之。又拆之為八卦六十四卦，謂為文王所開，其牽強固不待智者而知，即其本書中亦往往不能自圓其說。蓋八卦不但有其象，尚有其數。若以黑白二色分別陰陽之爻，將一九四六之數，亦以黑白二色代之乎？其誣不待辨而明矣。然其於《易》理，致力頗深。融合漢宋，時有心得，瑕不掩瑜。三書之可取者甚多。其八字命爻之說，尤為詳人所略，語極精到，大有畀於初學，特約其大意如左。

聖人命爻之義，有十二樣筆法：陰陽各六，九六分稱是也。然其因卦論爻，因爻論卦，而三百八十四爻之義，已各各迥別。顧此十二樣筆法，要其寓意止有八字：初、上、九、六、二、三、四、五是也。

何以初命為初，上命為上也？曰：聖人立卦，止於三爻，不以兩畫，不以四畫，其妙正在於此。何也？以天下之物，各有其位。位之所乘，各有其時。時與位合，而參差不齊之數出焉。聖人設卦立象，凡以考時之所值，位之所乘而已。然時有三候，位有三等，故立卦亦止於三爻。何云時有三候？曰：此概辭也。今但取一時，銖銖寸寸而較之，雖累百千萬，不足盡此一時之數矣。譬自盤古開天以及堯舜，其中歷年原不可攷。今以三候約之，曰此古之初、此古之中、此古之末，則無不可以意會者【近世科學家研究歷史地質等學者亦概用此法】。又一歲十二月，今亦以三候約之，為歲之初、歲之中、歲之末，亦無不可心意會者。下至時日亦然。是流行之機，或遠或近，或舒或促，皆無有踰此三候者也。何云位有三等？曰：此亦概辭也。今但取一物銖銖寸寸而數之，累千百萬，不足盡此一物之位矣。譬若立五尺之竿於此，以三等約之，上者上、中者中、下者下，盡之矣。又立千尺百尺之竿於此，亦以三等約之，上者上、中者中、下者下，盡之矣。是形器之屬，或高或卑或廣或狹，均無有踰此三等者也。況上古民淳事簡，以三候約時，以三等約位，得其大概，已可共喻。後世知識日開，人事日繁，一歲之候，分而為月，又分而為日，又分而為時刻分杪，細分之至於毫厘絲忽之不可盡。其於位之大小長短，亦復如是。皆其細已甚者也。至約以三等三候，曾有出聖人之範圍者乎？凡有位者必有時，於是乎有上之時、中之時、下之時。凡有時者必有位，於是乎有初之位、中之位、末之位。聖人欲以卦象盡天下之物，則不得不體物象所自具之時位而命之爻。所以三爻之設，決不可以增減也。然就三爻而立之名，則取時必遺位，取位必遺時。聖人知陰陽必偶，而物生必先氣而後形，於是乎立為重卦。以時而命內卦之初，明乎氣之肇端，於此始也。以位而命外卦之上，明乎形之成質，於此定也。周公釋爻，每兼時位，職是故也。時陰而位陽，時虛而位實。時由乾出，位由坤始也。

流行不息者時，乾道之動用也。故不可定之以位。鎮靜而有常者位，坤德之靜體也。故不可定之以時。卦爻剛柔，悉出乾坤。無一卦一爻無剛柔，則無一卦一爻無動靜，則無一卦一爻不具此時位者矣。然時出於乾，而陰爻亦得言之；位出於坤，而陽爻亦得言之者，此又乾坤相須之大用，不可偏廢者也。

言初而不言中末，言上而不言下中何也？曰：《易》為上古之書，文字初起，不能不簡而賅，使人便於傳習，而深致其思。後世文字既繁，遂連篇累牘而不止，反不若古人之簡而能賅其要也。如屯卦繼乾坤而居《序卦》之首，曰「剛柔始交」。剛柔者，乾坤也。交者，剛柔之互也。始者賅六十二卦之辭，聖人知六爻各一其時位，而又不能合一時位，乃賅以一字，即以「初」字著其時之理於下，而以「上」字著其位之理於上，各從其所重而定之云爾。乾以始之，故舉其端而言初。坤以終之，故竟其委而言上。又使知卦既有初，則其為中為末舉可類推。既有上，則其為中為下舉可意想也。又使知上與初對，則上字原可以賅末。初與上對，則初字原可以賅下。皆簡而能賅，引端而無待竟委者也。《周易》卦爻，文字所不能賅者，而象無不可以賅之。象固不可限量也。

內卦為來，外卦為往。初則來之始，上則往之極也。用一初字，是欲人溯源於太極。用一上字，是欲人知極則必反也。有往則必有反，有來則必有初。如人從何處來，則必有最初發足之地，非僅向發足時考之也。是要窮到地頭，知其來自何處耳。緣爻象從來之處，非可易察。故孔子曰：「其初難知」。若其既有所往，自無往而不反之理。今以一字說到極處，而必反之理即在其中。由其上之已無可加，則往到極處，已顯而易明。故孔子曰：「其上易知」也。

今以上之一字例諸初，則初當曰下。以二三四五之序次例諸初，則初當曰一。乃不曰下不曰一而特命為初，此正聖人寓義之最精處。因《易》之卦爻，原本先天，在陰陽未判之先，渾然一太極耳。逮一畫開天，自无出有，乾元一亨，萬物之始，悉資於此。但形質未成之先，止有氣耳。氣機初萌，實託始於乾元，毓靈於太極。方斯時也，既無實質可指以定其位，非考之以時，曷由辨乎？顧時有三候而初則氣機之方萌，方從太極天心流衍而出，故特用一「初」字，以發明卦爻所從出源頭。而「來」字之義，亦即寓於「初」字之中。《象》以內卦稱「來」，即從「初」字出也。凡物既有初，則此後豈有窮盡？故不言中末，是初之重於中末也。位既定於上，則下焉皆其所統。故不言下中，是上重於下中也。八卦本於太極，而太極無象可求。故以兩儀初成之爻，命之曰初。為其有形可睹，自此一爻而始。故二三四五皆紀之以數。乃初之一爻，非數所能始，以有太極在其前也。巽以伏卦而取震象一陽未生之始，亦曰无初，是正有无分界之始，亦即此初字之義也。緣其分位，本屬兩儀，又不得上侵太極之一。論其成質，實居有形之最先，又不得連太極而序之。以下侵中爻之二，故以初命爻。使人探本窮源，由其能來之故。而追索於所以有初者，果何在耳？

以初爻之義例諸上，則上當曰末。以二三四五之序例諸上，則上當曰六。今不曰末不曰六而特命為上者，言乎其爻極於此止於此也。蓋立卦定於三爻，重卦止於六畫。伏羲畫卦至六爻，已成六十四象，足以備天下萬事萬物之理。六爻之外，無以復加。聖人即寄無以復加之義，於最後所成之一爻，而命之為上，言此外已無可上也。二三四五紀之以數，而上獨非數者，以數之所衍，原無終窮之時。即上之一位，亦非數之所能極也。然以九二六二之類比之，而初之九六，何獨在下？蓋因乾元之亨，先氣後形；而氣之將至，則無形可執。今觀揲蓍求卦之時，分二掛一，揲四歸奇，明知此爻之形體，必將有成，則是此爻已有其初矣。然氣至而形未著，則陰陽之體猶未可定，故不能定之以位，而但可考之以時，而稱之為初。必待三變既足，察其數之多少，有陰陽老少之可辨，乃始有九六之可稱矣。譬若妊娠將娩，當胞胎乍轉，業已知其生之初矣。然分別男女，必待既生以後，審其形體而後能定。是時之可徵者在先，而形之可觀者在後。故九六在初字之下也。

二三四五別之以數，不與初上同類，何也？曰：聖人立卦之法，取象於天地之化育。上爻覆之於上，天也。初爻承之於下，地也。其中所有，則資始資生之化，所稱為萬物者也。萬物成形之後，其類實繁。非紀以數，曷由辨之？曰初上何獨不記之以數也？曰：初在理氣相接之始，非數之所能始也。上爻極盡而反，貞下又復起元，豈有終窮之數？故亦不以數紀也。

初上二爻，九六在下；二三四五，九六在上。何也？曰：卦之初爻既成，陰陽兩象，確有定體。然後審定陰陽所至之分數，如陰陽到二分，便以為九六之二；到三分，便以為九六之三。若嬰孩既生，業已男女可辨，然後可以數紀其長幼之次序。故二三四五在九六之下也。

卦至上爻，九六又復在下。何也？曰：上為窮極將返之時，其上更無可加。是上之一位，即此卦之大終大止，其位得而主之。陰陽至此，皆不能以自主。泰之復隍，否之傾否，剝之剝廬，皆謂其極則必反。故九六字在下也。

既以初為來處，則來之義只可言於初。既以上為往時，則時之義祇可言於上。乃內三爻均言來，外三爻均言往。何也？曰聖人以三畫成卦，則此三爻雖陰陽上下不同，莫不同具此一卦之性情，又不可執定實有此等三畫之象，確然植立於此而不可易也。只是聖人假此著數，以探討太極陰陽將形未形之氣機，不能無太少動靜之別，而因畫出奇偶以擬議陰陽相變之分數。其內外上下多寡，純雜有如是耳。氣機無截然可分之候，故三畫只宜作一卦看。氣機亦非形體之可似，故亦不必以連斷之形體拘也。重卦雖分內外，不過體用兩端而已。今既同為內卦，則皆可自初而言「來」；同為外卦，則皆可因上而言「往」矣。

初爻考之以時，然欲追尋來處，則又宜在位上考究。上爻定之以位，然欲人知為窮極將反，則又宜在時上著意。即此時位兩字，所謂有位中之時，有時中之位。參伍錯綜，維精維妙維肖。神而明之，更非言語可盡矣。

讀《易》之次序

或問：讀《易》之方法如何？曰：必先讀經。或曰：經文奧衍，初學者不能驟解，必先得明白解釋之注本，而後經始可讀。現所通行之讀本，大都為朱子《本義》。而《本義》之解釋既略，且多以不解解之。往往曰「其象如此、其占如此」，而究其何以如此，仍不得而知。初學讀之，不但茫無頭緒，且如其解以解經文，亦味同嚼蠟。雖極好學者，讀不終卷，已昏倦欲睡，則經又烏能讀乎？曰：不讀經而看注無益也。不熟讀經而看注，亦仍無益也。讀經之方法，宜先讀最後之《說卦傳》，次讀上、下《繫傳》，然後讀上、下《經》，則於卦位、爻位、象義及彖、象、爻之材德，已略有頭緒。以讀經文，自可領會。必逐卦讀之極熟，認之極清，任舉一爻，而各爻之文相類而相似者，俱可列數；任舉一卦，而反正上下變互諸卦，俱可意會。更有未喻者，然後求之諸家之注釋，方能擇善而從，確獲其益也。曰：諸家之注釋，浩如煙海，宜先閱何種為最善？曰：《易》有四道，辭變象占。尚辭者莫備於《程傳》，深有得於絜淨精微之旨。然其所短者，往往離象數以言理，而有時不免於鑿空。是宜參以紀慎齋之《易問》及《觀易外編》【紀氏名大奎，臨川人，有《雙桂堂叢書》。以性理說《易》而不離於象數，能會漢宋兩派之說而擷其精，乃近人《易》說之最善者也】，庶可以補其闕失矣。至於象數，宜從漢學。但兩漢《易》說之存於今者，幾無一完本。《李氏集解》【唐李鼎祚編纂，《汲古》《津逮》《照曠》均有精刻，盧氏《雅雨堂》刻本亦佳】，雖搜羅宏富，然東鱗西爪，初學每苦其不能貫串。則宜先閱瞿塘來知德氏《集注》，其於象也較詳【來注頗盛行於西南，坊間多有刻本，浙江蕭山來氏宗嗣亦尚有存書】，且處處為初學說法，反覆周詳，惟恐讀者不能了解。與貌為艱深，故意令人無從索解者，殊有上下牀之別。惟來氏僻處巫峽，僅憑自力之研求，於古人之著述，未得徧覽，故其間有自以為創解者，實早為昔人所已言。如用九用六之類，不勝枚舉。而其錯綜之說，尤為後人所攻擊。蓋儒流積習，凡講學者，或漢或宋，必標明一種旂幟，而附他人門戶之下，而後其學說始克成立。雖亦不免一方之攻擊，而必能得一方之擁護。來氏之學，非漢非宋，故受兩方之攻擊，幾體無完膚矣。然來氏於象，亦僅得十之五六【初學閱之，亦足為一隅之舉矣】，而於數尤未能辨晳。蓋數雖原本於河洛，但《易》有體數，有用數，有五行數【即納音數】，有納甲數，各有不同。來氏不辨於此，故遇言數之卦，開口便錯，是則其所短矣。曰：《易》註之言數者，宜閱何書？曰：《易》之言數，皆根於孔子《繫傳》之「天一地二至天九地十」。河洛實數之淵源，雖漢學家盡力辨駁，而數理實有其徵驗，非空言所可掩也。朱子《啟蒙》演繹頗詳，宋人丁易東氏之《數衍》，及近人江慎修氏之《河洛精蘊》，更推闡盡致。餘如宋末朱元昇氏之《三易備遺》，於五行數尤有獨到之處。至邵子《皇極》先天數，雖自成一家【邵子專以一二三四五六七八分陰陽剛柔之太少，乾兌離震但為一二三四之代名詞耳。惟先天圓方二圖於陰陽消長推衍精詳，妙合天然，是於六日七分之外又另闢蹊徑。然以之入用，仍取京圖】，然於卦義發明實多。朱子《啟蒙》，採用其說十之八九，自為言象數者不可不讀之書也。揚子《太玄》，演數甚精，足與《易》道相證。學者果有餘暇，不妨涉獵及之，以廣理趣。若溫公之《潛虛》，更不逮《太玄》遠矣。

或曰：向之言《易》者，每曰理象氣數。理象與數，既聞之矣。所謂氣者，是否即指卦氣？曰：氣者，即天地陰陽之氣。故一曰氣始，二曰形始。氣居於形之先，形包於氣之中。流行不息，運化無窮。大無外而細無間，皆氣之所周也。然氣不可見，故顯之以象，而節之以數，析之以理。言理、言數、言象，皆所以言氣也。固不僅為卦氣，卦氣但以明一歲四時七十二候之序耳。五行者，所以別氣之剛柔。干支者，所以明氣之盛衰。納甲以象氣之交錯，納音以盡氣之變化。而出入內外，節以制度，皆在於數。故明乎數之理，象與氣可坐而致焉。曰：然則以何書為善？曰：是宜求之於陰陽之學。向來陰陽術數之書，皆精麤雜揉，瑕瑜參半。《數理精蘊》與《儀象歷象考成》、《五行大義》諸書，皆宜參看。《易緯乾鑿度》、《乾坤鑿度稽覽》等書，亦不盡無稽。是在讀者能審擇其當否耳。曰：易道廣大，因不僅為占卜之用。然辭變象占，則占亦在易學所不廢。究竟言占者，宜何道之從？曰：周人占筮，各有專官。三《易》

分稱，則三《易》當各有其占法，而今已失傳。孔子贊《易》，實以明道，非為卜筮，故《繫傳》未述其法。僅「大衍之數五十」一節，明揲蓍求卦之方，而所以判斷吉凶分別去取者，迄未嘗言之。後人但取《左傳》、《國策》等書，所紀占筮之文而模仿之【《啟蒙》等書是】，以一爻變二爻變至六爻變，定為去取之例【即用本卦或用之卦】，無論其或用變爻，或用不變之爻，已與《周易》用變之例自相矛盾。即如其所言，則所得之爻或吉或凶，亦無方法以判斷其所以吉凶之故。亦如問籤枚卜者之偶中即以為驗，不中亦無以明其不中之故。至精至神之《易》道，恐不如是也。夫《易》彰往察來，斷無占而不驗，驗而無以知其所以然之理。特占法未明，《左傳》等書所載，但如紀算術者，衹載其得數，而未演其細草也。既無細草，則安能知其方式？不知其方式，又安知其數之從何而得哉！今但以其得數為方式，宜其所求之數無從而得矣。故《火珠林》之術【今術家所用者是】，以及六壬、太乙、奇門三式，其操術精者，尚無不驗。獨宋賢《筮儀》之揲蓍求卦，其驗否茫無把握。豈孔子知來藏往之說為欺人哉！是未得其法也。斷可識矣！蓋京焦之術，大儒所薄為方技而不屑道者，而不知西漢去古未遠，其飛伏、世應、五行順逆之法，必有所受【孔子《上繫》起中孚，《下繫》起咸，與京氏卦氣正合。可見孔子以前，必有此六十四卦之序。故孔子於无意中即舉此二卦為言，否則六十四卦何卦不可為《繫辭》之首？又安有如是之巧合也？即此以推，則世應、飛伏之

有所自來，亦斷可識矣】。故以之推算，非但吉凶確有可憑，而遠驗諸年，近徵之日，雖時刻分秒亦均有數之可稽。管輅郭璞等占驗，亦均有準的，皆是術也。自王弼掃象，後之言《易》者，以性理為精微。凡陰陽五行九宮星象，皆目為蕪穢而絕口不談。不知《易》道廣大悉備，況占筮本術數之一端，陰陽乃《易》道之大綱；既言《易》，而屏除陰陽；既不明術數，而仍欲言占卜，豈非至不可解之事乎？故余以為欲明象占，宜求諸術數，更由術數而求諸經義，方可謂技焉而進於道。必有超出尋常而為術士所不及者，蓋術者但知其當然，不知其所以然。果能一一以經義證之，以明其所以然之理，此正吾輩之責耳。自邵子以降，如劉青田、姚廣孝之儔，類皆能明其所以然之故者。是以能知未來，如燭照數計。惜處專制政體之下，禁治陰陽王遁之學。有其書者，必令銷毀。今所傳者，都為抄本。傳寫謬訛，且多割裂改竄，僅略留形式，尚不完備，又烏能施之於用乎？且不但禁三式諸書，即《易》注之涉及神化，或精論術數者，亦在所嚴斥。故士流所習，僅限於王《注》、孔《疏》、程《傳》、朱《義》，此外皆屬違式。至有清中葉以後，居然上及馬鄭；而道咸之際，且盛行虞義者，則以阮儀徵輩之提倡，而朝廷欲博右文之虛名，故為之網開一面耳。今政體既革，讀書尚得自由，則《易》道之昌明，更無其他之阻力。學者宜致力於全經以立其本，然後廣求秘籍，旁及科學。凡有足以與吾《易》相發明者，無不可兼收並蓄。既會其通而徵諸實，然後由博反約，以擷其精英，而仍縮千里於尺幅。《易》之大用，庶乎其可見歟！曰：致力全經，更有無較善之注本？曰：向之說《易》者，其空談性理無論矣。即能求諸象數者，要皆見卦說卦，見象說象，鮮能會六十四卦之通，合全《易》以明一卦一爻者。勝清之季，惟焦氏循之《易通釋》、姚氏《易》【湖北局刻及《續皇清經解》】、端木氏之《周易指》與紀氏之《易問》、《觀易外編》，皆能自出機杼，不依傍古人門戶。會通全《易》以立說者，雖各有所蔽，而精到之處有非前人可及者。學者但依據經文以為去取，自能可得其所長，更可觸類而有所悟矣。又長沙彭氏，刻有《易經解注傳義辨正》一書。雖以李氏《集解》、王弼《注》、程《傳》、朱《義》為本，而引據極博。各家注釋，皆采取其精。攟此一編，足以薈百數十家之學說而便於參攷，亦近今之佳著也。

觀象之方法

或曰：讀《易》之次序，既聞之矣，觀象之方法如何，可得聞歟？曰：君子所居而安者，《易》之序也。所樂而玩者，爻之辭也【繫上傳】。故觀象必先觀其序。《周易》之卦序，與《連山》、《歸藏》不同。《周易》之彖辭爻辭，皆一依《序卦》之義。如乾坤後繼之以屯，屯後次之以蒙，《序卦傳》已詳述其義。凡一卦之〈彖〉，及六爻之辭，即本此義，與本卦之名義而發揮之者也。如屯之義為難，故六爻皆取屯難之義。蒙之六爻皆取蒙昧之義，此猶其易見者也。如睽之六爻，曰「喪馬勿逐自復，見惡人無咎」，曰「遇主於巷」。不觀卦名之義，其爻辭即無從解釋。蓋睽有乖舛違戾之意，故其辭爻無不乖違。夫喪馬宜逐者也，乃勿逐自復；見惡人宜有咎者也，乃無咎；遇主應於朝廟，今乃遇之於巷，皆乖異之極者也。蓋當睽之時，禍福顛倒，見為禍者或且為福，見為福者或反得禍。以下爻辭，亦皆類此。若不明睽之義，又何從而測之？略舉其一，餘可類推矣。既觀其序之次，與本卦命名之義，以讀其辭，已思過半矣。然後玩內外之卦象，為陰為陽，為正為隅【坎離正也中也，震兌正也，乾坤巽艮隅也。然乾坤先天亦為中】。或相成，或相害【〈大有初九〉「无交害」，「害」即火克金也】。如水火相息，水上火下為既濟，二女同居為睽為革之類，皆合兩卦之名義而取象者，不可不察也。內外之義既明，然後分六位而觀之，別剛柔，分陰陽；察往來，定主爻；看應與之有無，辨爻位之當否，而六爻之象始可睹矣。以驗爻辭及《象傳》，是否與所觀察者相合。如爻象之辭，出於所觀察之外，則必詳求其故。或求諸中爻，或求諸互卦。更有未得，則求諸反卦【即來氏所謂「綜」】、對卦【即來氏所謂「錯」，虞氏曰「旁通」】，與上下交易之卦【如山水蒙，上下相易水山蹇】，則必有所得矣。更不能得，再詳玩先後天八卦之圖。以本卦之方位合之，看是如何。如山風蠱，六爻皆取父母之象，反覆推求不能得。考之各家註釋，亦均無發明。最後求之先後天方位，乃恍然矣。蓋艮巽在先天圖，巽西南而艮西北，即後天乾坤之位。乾父坤母，故蠱卦之父母之象即由此而來。須知聖人象、象之辭，皆根於卦象，無一字之虛設，無一義之虛懸。即假借之虛字，亦均與卦象有關。而《象傳》之韻，更字字分陰分陽。或雙聲疊韻，或一字兩音，則必陰陽相通，而以一字兼綰二卦之義者也。精細緻密，剖析毫芒，故讀《易》必須字字咀嚼，字字反覆推求，方能得聖人之意於萬一也。一卦即明其大意，然後推之於類卦，以及六十四卦，證之以《繫傳》、《雜卦》，更參之以數理，準之以天時，《易》之道庶乎其可通矣。

學易筆談　卷二

立人之道

立人之道，曰仁與義，實惟六爻中三四兩位。孔子贊《易》，藉以明人道而立人極，以參天地之化育，故特注重中爻。三五同功而三多凶，二四同功而四多懼。以見人生為憂患始，畢生在多凶多懼之中，如作繭自縛而不能脫。於是本悲天憫人之心，不惜韋編三絕，闡發陰陽造化之機，明貞勝貞一之理，而示人以進德脩業，人定勝天之道，皆在于三四兩爻盡之。乾之九三九四，六十四卦人爻之開始也。九三曰「君子終日乾乾夕惕若夤厲无咎」，九四曰「或躍在淵无咎」。乾乾夕惕，脩己以仁也。躍而稱或，揆之于義也。常存戒謹恐懼之心，庶幾可免于大過【乾六爻中四爻動成頤䷚，頤失道而口實自養則成大過䷛。乾九三九四兩爻本小過之中爻䷽，能得其道則小過亦可免而成中孚䷼，中孚則合乎立人之道矣。故曰「《易》者聖人教人寡過之書」。】。吉凶雖有命，而悔吝寡矣。故曰无咎。无咎者，善補過也。〈九三・文言〉曰「知至至之，可與幾也」。因三爻在上下之交，乃進退存亡之幾。理欲之界，人禽之別，得失之間，不容毫髮。孟子曰：「人之所以異於禽獸者幾希」，即此幾也。〈屯六三〉曰「君子幾不如舍」，〈豫六二〉曰「介于石不終日」【〈乾九三〉曰「終日」，〈豫六二〉故曰「不終曰」，《繫傳》曰「知幾其神乎？君子上交不諂，下交不瀆，其知幾乎？幾者動之微，吉之先見者也。君子見幾而作，不俟終日。《易》曰『介于石不終日貞吉』。介如石焉，寧用終日？斷可識矣。君子知柔知剛，萬夫之望」，又曰「顏氏之子，其庶幾乎！」、「夫《易》者，聖人之所以極深而研幾也。」、「唯幾焉，故能成天下之務」，皆所以闡發此九三一爻之義也。至九四，則其動已著，已由下卦而進于上卦。進而及時，則為豫之「大有得」，為隨之「有孚在道」，為大過之「棟隆」，為萃之「大吉无咎」，為革之「有孚改命」。進而失時，為晉之「碩鼠」，為夬之「无膚」，為姤之「无魚」，為震之「遂泥」，為鼎之「折足」。或得或失，祇能安之于義命。孔子更于〈咸之九四〉一爻，特暢其義，曰：「天下何思何慮？天下同歸而殊塗，一致而百慮。天下何思何慮？日往則月來，月往則日來，日月相推而明生焉。寒往則暑來，暑往則寒來，寒暑相推而歲成焉。往者屈也，來者信也，屈信相感而利生焉。尺蠖之屈，以求信也。龍蛇之蟄，以存身也。精義入神，以致用也。利用安身，以崇德也。過此以往，未之或知也。窮神知化，德之盛也」。蓋乾為《上經》之首，咸為《下經》之首，故特於此兩卦，分言三四兩爻，以明立人之道。而聖人作《易》，與孔子贊《易》之微旨，胥于是見之矣。

乾九三為當位之爻，九四為不當位之爻。故〈九四・文言〉「上不在天，下不在田，中不在人」，而〈咸・象傳〉曰「君子以虛受人」。「以虛受人」者，即此九四一爻為虛爻也。九四為虛，則九三為實。脩辭立誠，忠信進德，學以聚之，問以辨之，寬以居之，仁以行之，皆立德之事也。一致百慮，殊塗同歸，日月生明，寒暑成歲，而一身之往來屈信，亦如日月寒暑之推移迭更，而悉出于自然。是能與天地相感通，如龍蛇之變化，所謂陰陽不測之謂神，皆形而上者之謂也【「无思也，无為也，寂然不動感而遂通天下之故，非天下之至神，其孰能與於此？」此即咸之精義，二氣感應之妙用。而下文即繼之以「極深研幾」，可見三四兩爻貫通之線索矣】。道運于虛，而德徵諸實。孔子贊《易》立教，是為中人說法【《論語》「中人以上，可以語上也。中人以下，不可以語上也」】，故以仁義立本，以致用為歸。言有不言无，言德不言道。於六十四卦《象傳》，發明立教之旨。皆以人合天，修身俟命【凡卦《彖傳》以釋上下兩象，《象傳》則合兩卦而貫串之，即以明中爻之義，即以明三四兩人爻之義，所謂立人之道。詳《易楔》「以」字下】。乾以易知，坤以簡能。夫婦之愚，可以與知與能者也。至形上之道，則下學上達，乃成德以後所有事，不在教義範圍以內【《論語》「夫子之文章，可得而聞也。夫子之言性與天道，不可得而聞也」。「文章」即九三之「修辭立其誠」，「性與天道」則九四之「感而遂通，精義入神，窮神知化」之功也】。故《序卦傳》以「有天地，有男女，有夫婦，有父子，有君臣，有上下，然後禮義有所錯」，以標明立教之旨。而六十四卦，獨不列乾坤與咸之卦名。蓋以乾為天道，坤為地道。咸乃无思无為形上之道，特闕之以清明道與立教之界限。而于《繫傳》中，闡發明道之功。更于《說卦》「窮理盡性至命」一章，為上達之指歸。孔子贊《易》以明道立教之旨，固已脈絡分明，先後次序，一線不亂。乃朱子《本義》猶謂以卜筮教人，示人以避凶趨吉之書，不幾與《感應篇》、《陰騭文》等量而齊觀耶？是何異以璇璣玉衡而僅為指南鍼之用焉？

中孚

孔子立教之要義，曰中、曰時。大過乎中者曰大過，小過乎中者曰小過。無往而非中者，乾坤坎離也。巽兌震艮，皆過乎中。故澤風䷛為大過，雷山䷽為小過。聖人教人於二四三五致其功。大過而至於小過，小過而至於無過，皆三四中爻反覆其道。小過反之為頤䷚，大過反之為中孚䷼，而過可免矣。中孚「豚魚吉」。至誠之所感，物無不化，而況於人乎？然中孚之風澤，非即大過之澤風乎？何以澤風為大過而不中，風澤即為中孚而合乎中？舊說或曰「以其中虛也」。然頤之中更虛，何以不言中？或曰「孚者信也」，大象離伏坎，故曰中孚。然則重坎更孚矣，何以曰「習坎有孚」，不曰「中孚」？是皆於中孚之義未有得也。按天地之數，坎天一至兌地十【坎一，艮二、三，震四，巽五、六，離七，坤八、九，兌十】。巽五兌十，五、十居五十五數之中，所以神變化而行鬼神者也。巽與兌合，五與十合，故曰中孚。子曰：「五十以學《易》可以無大過矣」。即中孚之道也。卦氣冬至起中孚九二，夏至起咸，故孔子於《上繫》十一爻，首「鳴鶴在陰」；《下繫》十一爻，首「憧憧爾思」。而〈中孚・象傳〉曰「中孚利貞，乃應乎天也」。應乎天則合乎天之氣，而日月寒暑相推，則二氣感應之理尤明。孔子繫《易》，雖未明言卦氣，而言行昭垂，無不上合法象【《中庸》「仲尼祖述舜堯，憲章文武。上律天時，下襲水土。辟如四時之錯行，日月之代明」】。所以與天地參，而建中立極也夫！【大過反覆為中孚，小過反覆為䷚頤。初九「舍爾靈龜」，六四「虎視耽耽」。龜離象而屬北方玄武，火伏水中故能服氣。虎艮象，下應初，金生水，丹家所謂龍從火裡出，虎向水中生之象也。初若「舍其靈龜」，不能應乎四，則「虎視耽耽」，兩敗俱傷矣。頤曰「觀頤」，「神道」本言道之卦。孔子不言神，故以「君子以慎言語節飲食」釋之。】

曰仁與義

孔子以《易》立教，示人以用世之道。故「立人之道，曰仁與義」。仁從二人，蓋必人與我相交接，而後可用吾仁。義從羊。羊者善羣之物也。合多數人而為羣，則有親疏遠近同異好惡之殊。於是仁之術，或有時而窮，不能不裁之以義。羣既合，則必循有條理之組織，以定其秩序，於是禮緣義起。禮者理也，履也，各有定程，為人所循其當行者，而躬行實踐者也。有組織，有定程，則必有所契約以共守之，而信著焉。故禮與信者，仁義之器也。皆入世之道也。《易》曰「元亨利貞」，孔子以四德釋之。君子行此四德，用之則行者焉。故曰用世。若離羣絕世，翛然物外，則將何所用吾仁？何所用吾義？又何所用吾禮與信？然非無仁義也，非無禮與信也。舍之則藏，蓄吾德以復吾性。率性為道，庶幾下學上達，由器而進乎道矣。是故形而下者之謂器，非必製器尚象，舟車宮室耒耜杵臼等之為器也。苟不能盡吾性，則禮樂政刑皆器也，仁義亦器也。形而上者之謂道，非必仁義禮信之為道也。能盡吾性，即一器一物之微，亦何莫非道之所寓？然因人立教，故未可驟言道也。故曰立仁與義【**佛家出世法無所謂仁義禮信，大圓性海中惟智燈獨照而已**】。

六日七分

《易緯》卦氣，六十四卦中，提出坎震離兌為四伯，亦曰四監，以主一年二十四氣。坎主冬至迄驚蟄，震主春分迄芒種，離主夏至迄白露，兌主秋分迄大雪。餘六十卦，以中孚起冬至，每卦主六日七分，每五卦分公辟侯大夫卿，主六候兩氣一節，六十卦共三百六十五日四分日之一，以合周天三百六十五度四分度之一。又別置復、臨、泰、大壯、夬、乾、姤、遯、否、觀、剝、坤為十二辟卦，每爻各主一候【**五日五分，又六分分之，五為一候**】。自復至乾為息卦，曰太陽。自姤至坤為消卦，曰太陰。息卦所屬者曰少陽，消卦所屬者曰少陰。以四伯領十二辟，十二辟領公辟侯大夫卿五卦，以司一歲之卦氣，以推吉凶，名為六日七分之學。盛於西漢，而尤於京氏為精。故後人輒稱之為京房卦氣。其實此法相傳最古。今所傳《連山》，卦雖殘缺不完，然以坎離震兌分主四季，亦復相同。可見自三代時已有此學。故孔子《繫傳》上繫起中孚，下繫起咸，亦述而不作焉。漢人去古未遠，三代遺法猶有存者。京氏之學，自必有所師承，非所能臆造者。特其時讖緯之說盛行，各自為說，真贋莫辨，漸入於怪誕支離，幾不可究詰。至禁習緯書以遏其頹波，而三古僅存之遺法，亦為之湮沒不彰，良可痛也。後之言卦氣者，變化百出，有自乾至未濟，依文王《序卦》，以一卦直一日，乾直甲子，坤直乙丑，迄未濟直癸亥，周而復始。六周盡三百六十日，而坎離震兌直二分二至，此焦氏之法也。有以乾坤坎離為橐籥，餘六十卦，依《序卦》一爻值一時；而周一月，又以十二辟卦，每卦管領一時。此魏伯陽之法也。有以六十卦，一爻主一日，《上經》起乾甲子，泰甲戌，噬嗑甲申，至離三十卦，而三甲盡。《下經》起咸甲午，損甲辰，震甲寅，至癸亥而終，亦三十卦。另以中孚小過既未濟，代坎離震兌，以應分至。每爻直十五日，以應二十四氣。此史繩祖之法也。至邵康節以先天圖定卦氣，以復起冬至，姤起夏至，以乾坤坎離，分主二至二分。而張理又取邵子先天方圖，以冬至起復，至泰而正月，乾四月，否七月，坤十月。又以一陰一陽至六陰六陽分列，六陽處南，自下而升；六陰處北，自上而降，則又合漢宋為一家矣。《易占經緯》又以文王八卦，依邵子先天式列為圓圖，而以渙起冬至。紛紛不一。除焦氏為別立占法，非關卦氣；魏伯陽《參同契》，乃借《易》以演其丹經；邵子先天數，以《易》演其《皇極經世》，各自成一家，當從別論外，其餘皆模仿六日七分法以之推演者。雖具有條理，而按諸理數而無當，驗諸天時而不合。雖斥為無知妄作，亦未為不可。至因眾說之蕪雜，并卦氣而亦妄之，無乃矯枉而過其正歟！

月建積算

攷京氏之術，其占法所用月建，與近世術家之所謂月建不同。近以占日所隸之節為月建，而京氏以爻直月，從世起建，布於六位。惟乾坎二卦從初爻起，餘卦均從世爻起。如乾起甲子，坤起甲午，一卦凡六月也。積算則以爻直日，即從建所止起日，如姤之上九乙亥，即以乙亥起上九為一日，終而復始。一卦凡一百八十日。近則月為直符，日為傳符，以見於爻之卦支，合於日月者當之，與古法異矣。蓋京氏之學，魏晉以後，已鮮傳人。至宋時，僅存《火珠林》之法。而所謂《火珠林》者，亦不詳其所自，未知撰述者何人。要之以錢代蓍，與近世所傳相近，而《火珠林》之書卒不可見。間有傳本，又鈔寫不同，未能確辨其真偽也。今所傳卜筮之書，大都出于唐宋之後。溯其淵源，終不出京氏世應飛伏之範圍。而取用分類，或視昔較繁。世事紛紜，孳乳遞演，累進無已。機械之用，尤日出不窮。故推算之術，往往今密於古。但按於理而可通，徵諸道而不悖者，正不妨變通以宜民，必執舊法以相繩無謂也。

夕惕若夤

〈乾九三〉「君子終日乾乾夕惕若夤厲無咎」，舊本無「夤」字，後據《說文》所引補入。高郵王氏駁之，列舉五義，其說詳矣。然以卦象推之，乾九三爻即艮爻，〈艮九三〉「艮其限列其夤厲熏心」，足以證乾九三之「夕惕若夤厲無咎」之「夤」字，決非《說文》所誤引，與後人傳寫之訛也。王氏以《文言》亦无「夤」字，為所據五證之最有力者。然傳以釋經，固未必全錄經文。「坤先迷後得主利」，而《文言》曰「後得主而有常」，亦无利字，豈足以證〈坤·象〉「先迷後得主利」之「利」字為衍文乎？「夤」字於卦義爻義，均極有關係，當別為說以詳之。

改經之貽誤

《繫傳》「天一地二天三地四」至「所以神變化而行鬼神也」一節，原本在「《易》有聖人之道四焉」一節之前。下文所謂「參伍以變錯綜其數，通其變極其數」云云，皆根據於此。程子以之移在「大衍之數五十」之上，後人皆因之，遂將經文前後隔截，不相貫串，致發生二種錯誤。其一「參伍錯綜」二語；無所附麗，輾轉相訛，異說滋多。來瞿塘之錯綜，張乘槎之參伍，其病根皆伏於此。其二，令「大衍之數五十」，因與「天地之數五十有五」不符，發生無數異議。其實天地之數自天地之數，大衍之數自大衍之數，本不相蒙。因經文移易之後，兩節相為聯屬，遂混兩說而一之，費無限辯論駁議，於經文無所發明，轉多轇葛。此皆改經之流弊也。宋儒好擅改經文，貽誤後學實多，此特其一耳。至有明喬氏、黃氏，及清任釣台等，擅將《繫辭》顛倒錯亂，尤為無知妄作，要亦宋儒之有以開其先也。

九六

《周易》「用九用六」。「九六」二字，注《易》者立說不一。《正義》云「陽爻稱九，陰爻稱六」。其說有二：一者乾體三畫，坤體六畫。陽得兼陰，故其數九。陰不得兼陽，故其數六。二者老陽數九，老陰數六。老陰老陽皆變，《周易》以變為占。揲蓍之數，九過揲則得老陽，六過揲則得老陰。少陽稱七，少陰稱八，皆不變，為爻之本體。老陽老陰交而後變，故為爻之別名。邵子曰：「《易》有真數三而已。三天者三三而九，兩地者倍三而六。陰無一，陽無十」。楊氏萬里曰:「積天數之一三五曰九，積地數之二四曰六」。《朱子語類》「奇陽體圓，其法徑一圍三而用其全，故少之為數三。偶陰體方，其法徑一圍四而用其半，故多之為數二。歸奇積三三為九，過揲四九為三十六。積三二為六，過揲四六為二十四。積二三一二為八，過揲四八三十二。積二二一三為七，過揲四七二十八。七八九六，經緯乎陰陽。陽進陰退，故九六為老，七八為少。陽極於九，退八而為陰。陰極於六，進七而為陽。占用九六而不用七八，取其變也。」王氏夫之曰:「於象一二函三，三奇之畫一，全具其數。三奇而成陽，三三凡九陰。左一右一，中缺其一。三二而為六」。來氏之所謂「參天兩地」，即楊氏萬里說也。其餘諸家，大約宗孔義與朱說者為多。王氏夫之雖似從《正義》第一說，而實較孔氏為精。蓋數極於九，本陰陽之所同具，故二九十有八變而成卦。陰之稱六，特虛其三耳。以推之象，則惟乾九坤六，震坎艮皆七，巽離兌皆八。此《易》之獨繫二用於重乾重坤之下歟?【《易》數稱奇偶，不曰單雙。奇圓偶方稱數而形已寓其中，乾圓坤方，圓周三百六十為率分四象，限為九十度。圓內容方，方邊自為六十度。此數理之自然。「圖」見《易數偶得》】

貞悔

爻有動靜，卦有貞悔。占例:內卦為貞，外卦為悔。靜卦為貞，動卦為悔。《春秋左氏傳》

曰「貞風也，悔山也」。此內貞外悔者也。貞屯悔豫，此靜貞動悔者也。向來講《易》家皆宗此說，朱子《啟蒙》言之尤詳。而不知《易》之經文，已明明自舉其例。〈坤六三〉曰「可貞」，明內卦之為貞也。〈乾上九〉曰「有悔」，明外卦之為悔也。如〈乾初九・傳〉曰「陽在下也」，〈坤初六・傳〉曰「陰始凝也」，亦為陽九陰六自舉其例也。

先天卦位不始於邵子

朱子以河圖洛書及先天卦位圓方各圖，弁於《周易》之首，為後世言漢學者所抨擊，幾於體無完膚。然趙宋以前，雖未有先天之圖，而乾坤坎離震巽艮兌之卦位，固早散見於漢人之《易》注。荀慈明之升降，虞仲翔之納甲，細按之殆無不與先天之方位相合。即以經文上下二篇之卦論之，《上經》首乾坤終坎離，非四正之卦乎？《下經》首上兌下艮之咸，上震下巽之恆，非四隅之卦乎？至《說卦》「天地定位山澤通氣」之一章，兩兩對舉者，更無論矣。乃漢學家必一概抹煞，謂經傳無乾南坤北離東坎西之文。然先王制禮，推本於《易》，固漢學家所公認焉。乾天坤地，離日坎月，亦漢學家所公認焉。《祭義》「祀天南郊，祭地北郊。朝日東門，夕月西門」，豈亦「帝出乎震」一章之方位乎？「河出圖洛出書」，明見於《繫傳》，是否即今所傳之河圖洛書？誠不敢必。但天地之數五位相得而各有合，既為孔子所明言：一六二七三八四九之位數，又為鄭康成、揚子雲所列舉；而兩數之經緯錯綜，加減乘除，又極盡陰陽變化之妙，悉出造化之自然，非人力所能造作。乃亦以經所未載，訾議駁斥不留餘地！毛西河改河圖為天地生成圖，洛書為太乙九宮圖。夫此二名，詎為經文所載乎？鄭康成之爻辰，所謂子寅辰午申戌，亦經所未載。乃一則據為典要，一則斥為異端。豈得謂是非之平，黨同伐異之見，不能為賢者諱矣。許叔重《說文》云「《秘書》日月為《易》，象陰陽也」。所謂「秘書」者，當時必有傳本。許與魏伯陽同時，決非指《參同契》也。杜預《春秋左氏傳集解後序》曰「汲郡有發舊冢者，大得古書。《周易》上下篇與今本同。別有陰陽說，而无《彖》、《象》、《文言》、《繫辭》。疑於時仲尼造之於魯，尚未播之於遠國也」。由是觀之，《周易》上下二篇外，必尚有類於圖說之簡篇。漢時猶有流傳，或稱為「秘書」，亦未可知。朱子謂「先天各圖，決非後儒所能偽造，必當初所本有，後來散佚，流入道家。至希夷傳出，得復還儒家之舊」云云，殊非無所見而云然也。後人或據劉長民之說，以九為河圖，十為洛書。或欲避先後天之名，以先天為伏羲八卦，後天為文王八卦；或以先天為天地定位圖，後天為帝出乎震圖。舍其實而騖於名，是更可以不必矣。

易學厄於王莽

易學於西漢為盛。迺至東京，幾成絕響。施、孟、梁丘三家之學，若存若亡。費氏、高氏，亦罕傳述。至漢季始有馬、鄭、荀、虞諸氏，繼緒而興。陸績、劉表、宋衷諸氏，均有撰著。然習費氏古文者為多。三家之《易》，僅虞翻延孟氏一線，餘子皆湮沒無聞矣。嘗疑東西二京，相去非遙，何以易學之驟然衰落，一至於是？此其中必有原因。嗣據金石家所探索，謂西漢無碑，因王莽惡稱頌漢德，故剷除殆盡。間有存者，非伏藏土中，或深埋窮谷，為搜剔所不及者耳。於是悟《易》注之亡，亦或莽之所為。蓋西漢易學既盛，而讖緯之說，又成俗尚。西京士大夫，往往侈言陰陽。觀馬、班諸書所錄書疏，可見其概。莽初則利為己用，名位既成，惡而去之，乃勢所必然。竄改五經之作用，亦此物此志焉。又據班書〈儒林傳〉，高相子康以明《易》為郎，王莽居攝。東郡太守崔誼，謀舉兵誅莽。事未發，康候知東郡有兵亂，私語門人，門人上書言之。後數月崔誼兵起，莽召問，對受師高康，莽惡之。以為惑眾斬康，亦足為莽摧殘易學之一證焉。行篋無書，他日當詳攷之。嗚呼，《易》幸不亡於暴秦，乃厄於偽新。殆所謂美新劇秦也歟？【按：呂、政不知書，故儕《易》於卜筮，不甚注意。而王莽則深於經學者也，知《易》道廣大，必為小人之憂。乃陽奉而陰沮之。一手遮天，直

欲盡掩天下後世之耳目。諺曰：家賊之禍，倍烈于盜寇哉！】

王弼為後生所誤

輔嗣說《易》，陳義甚高。而文辭雋逸，超乎物外，故能得意忘象。司空表聖所謂超於象外得其環中者，其斯之謂歟？惟必超乎象之外，方可以忘象。如探驪龍之頷而既得其珠，則龍亦廢物，更何論乎魚兔之筌蹏？後之言《易》者，既畏象數之繁賾奧衍，莫窺其蘊，喜王氏之學，可以避去繁賾奧衍之象數而說《易》也。於是羣焉奉之為圭臬，而又病輔嗣陳義之過高，未能企而及焉，乃曰此玄談也。非孔子之道，為王《易》之微疵焉。吾輩舍其短而取其長，斯盡善盡美白圭無玷矣。因之空談性命，不著邊際。但讀「一陰一陽之謂道」一句，卦爻盡屬贅疣。《彖》、《象》、《十翼》，望文生義以解之，而《易》之能事畢矣。不知王《易》之所以能掃象而仍無礙其說者，正惟其深得玄理，故能獨超乎意象之表也。乃以玄談為病而去之，則所存之不病者，皆糟粕耳。猶冥然自侈為輔嗣之功臣，致令後世宗漢《易》者以掃象為王氏罪，曰「輔嗣學行無漢《易》」，輔嗣豈任受哉？

〈坤・彖〉三「無疆」

〈坤・彖傳〉「坤厚載物德合无疆」、「牝馬地類行地无疆」、「安貞之吉應地无疆」。《程傳》雖已分晰言之，殊未悉當。郭白雲雍曰：「坤合乾德之无疆，馬行類地之无疆，聖人應坤之无疆」。邱建安富國曰：「德合无疆，乾之无疆也。行地无疆，坤之无疆也。應地无疆，君子之无疆也。无疆，天德也。地能合天之德。君子法地，地法天」。郭邱二說，似較《程傳》為勝。此與「大哉乾元」、「至哉坤元」、「元者善之長也」三「元」字，為例正同，所謂三才之道也。

字義有廣狹之分

經傳用字，往往含有廣狹二義。如天，以狹義言之，則與地對。而廣義之天，則廣大無垠，非地可並擬者也。如陽之狹義，則與陰對，而廣義則陽可統陰，陰生於陽，非陰可同論矣。如乾之狹義，則與坤對，而廣義則乾可包坤。乾之一卦，實統轄乎六十四卦。上下篇六十四卦，為三十六卦之反覆，實得二百一十有六爻，為重乾一卦之策。如坤之百四十有四策，悉歸納於乾之內矣。此意義廣狹之最顯者也。若更進一層言之，則廣義狹義之中，又各有大小或淺深精粗之不同，非詳察其上下之文義，及所聯綴之名詞。逐字剖晳，則與經傳之本意，便大有出入。往往因一字之牽連混合，而誤會經旨，輾轉謬誤，歧中又歧，遂致乖戾不可究詰。如道德等，皆經傳中最主要之字也，而道字之意義，其範圍廣狹大小，各各不同。老子曰「有物无形先天地生，无以名之，強名之曰道」者，此道字範圍最大。乃立乎天地之先，孕育萬有之根。此先天之道，無可比擬也。《易》以有立教，從「《易》有太極」說起。故《易》之道，皆一陰一陽之謂道，此《易》中道字廣義之界說也。經文「道」字凡四見，皆屬此義。《十翼》中如「未失道焉」、「道大悖也」、「其道光明」等道字，皆廣義也。其狹義者，如「天道」、「地道」、「人道」、「君子之道」、「小人之道」是也。而「夫婦之道」、「陰陽之道」、「三極之道」，則又狹義中之廣義矣。德字如「通神明之德」、「德之盛也」。「和順於道德」之「德」字，皆廣義之德也。如「陰陽合德」、「位乎天德」、「而德不孤」之「德」字則狹義矣。但無論廣義狹義，又各有內外之別。如健順動入為卦德，乃德之見於外者，為才德之德，如「三陳九德」之德**【即「履德之基也」一章】**，及「進德修業」、「神明其德」等德字，乃德之蓄乎內者，為「道德」之德。類乎此者，不勝枚舉。非極深研幾，逐字衡量而剖晳之，則差以毫釐，謬以千里矣。此猶就一字言之，更有兩字互相為用。而彼此迭相發明者，如〈乾九五〉曰「位乎天德」，〈坤六三〉曰「地道光也」。此「道」、「德」二字，實互相關聯。各卦之類此者，亦不勝枚舉。蓋聖人作《易》，實與造化同功。其神妙不可思議，而文字亦非常理可以測度。故有以非同一之字，而以形聲之相同而通之為一者，如弟娣、梯涕、爛蘭、連漣之類是也。即有以同一之字，同一意義，而大小內外分際各殊，絕不相假借者，二四三五同功異位，同人以同而異，睽以異而同，神而明之，存乎其人，先聖已一言以蔽之矣。

因革

澤火革，〈彖傳〉曰「水火相息二女同居其志不相得曰革」、「湯武革命順乎天而應乎人」。《序卦傳》曰「井道不可不革」，《雜卦傳》曰「革去故也」，《易》之言革也著矣。而言因無專文，讀者胥不甚注意，不知有革必有因。天下萬事萬物，無事無因，無物無因，故六十四卦，皆因而重之。因而重之而爻在其中，剛柔相推而變在其中，變則革矣。因與革皆在其中爻，因與革皆人所為。故尤在中爻中之三四兩人爻。〈乾九四・傳〉曰「乾道乃革」，三爻〈傳〉曰「因其時而惕」。蓋重乾二與四是恆乾，三與五是咸乾。三爻居恆乾之中，恆「不易方」，不易因也。四居咸乾之中，咸為恆之反，則不易者易，革也。乾三爻天五數，四爻地六數。天五地六，相乘為三十。革古文從三十，三十年為一世。四與初應，初不易乎世，至四則易世。易世，革也。五六於干支為戊己，故革曰「己日乃革」。以三四重剛不中，變則為中孚，故革曰「己日乃孚」。明乎革而因可知矣。《論語》「殷因於夏禮周因於殷禮」，明乎因而革可知矣。

乾坤為《易》之門

《繫傳》「乾坤其《易》之門邪?是故闔戶謂之坤,闢戶謂之乾,一闔一闢謂之變。」案:天地數,天一始北方坎,地十終西方兌【坎子一,艮丑寅二三,震卯四,巽辰巳五六,離午七,坤未申八九,兌酉十,乾戌亥无數】。而乾无數。乾圓周流坤方,西北不揜,是為不周。故八風於西北為不周風。西北娵訾口,亥東辟。辟,闢也,是闢戶謂之乾也。坤西南括囊,天地閉,天地建侯數七十二【五日一候,一年七十二候】。四隅方數,西南未申八九,合七十二,為天地包象。東北丑寅二三,成六。東南辰巳五六,成三十,皆坤用數六。坤地數,三十包之【南極入地三十六度。北極出地三十六度】,為地坤囊包藏萬物之象,是闔戶謂之坤也。乾戶闢而開物成務,自无出有,坤戶闔而萬物歸藏。自有入无,天地門戶,出入於東西丣卯丣酉震兌,得乾坤之門,而《易》道始可言矣。

乾坤成列

伏羲畫卦以象天地人物,而代結繩之治。然書契未興,又未有方策帛書之製,則所賴以紀錄者，要不外以石質之刀錐，刻畫于竹簡，或皮革之上耳。故曰「畫卦」。攷古人簡策之制，皆狹而長。伏羲之畫卦，未必如後世八卦六十四卦之方圓各圖，故《繫傳》曰「乾坤成列」。「成列」云者，必以乾坤分列二行。而兌離震，巽坎艮，或以類從。三代時八卦排列如何，固不可攷。而自秦漢以迄五代諸家之《易》，則均無八卦六十四卦之圖。故邵子學《易》數年，未得要領。及師事李挺之，挺之授以乾一兌二離三震四巽五坎六艮七坤八之數，始恍然大悟。先天之學，即由是發明。一部《皇極經世》，無非此一二三四五六七八所推衍。可知邵子以前之《易》，其八卦之排比，皆為行列，而未有此八角形之方式也。「帝出乎震」一章，雖明言八卦方位，而當時亦未必有圖。故漢人之言《易》者，或以乾坤列東，艮兌列南，震巽列西，而坎離處中，無一定之方式。然其升降、消息、納甲諸說，實已為先天八卦之端倪。是以邵子聞李氏一言，即能觸類旁通而發其神悟也。顧李挺之氏亦必有所受，故朱子疑三代以前所本有。後經散佚而流入道家者，雖為臆度之辭，亦或有可信之理也。

一生二，二生三

天地之數，一生二，二生三。老子曰：一生二，二生三，三生萬物。蓋物一者自无而有，未為數也。至二而成數矣，然猶為一奇一偶之名，而未著乎數之用也【近世俗語尚有以二為一雙、為一對者。由今以溯古，其意可想見矣】。至三，則數之用生。以此遞衍，可至於無窮。故一不用，二為體，三為用。《易》有太極一也，陰陽二也，陰陽之用三也【二其三用六，三其三用九】。如六爻皆一乾也，六爻皆一坤也，而動則或為〇或為✕，必用其一。如六爻皆變為〇，則乾變為坤。然此六〇之坤，與六⚋之坤，其占不同。是由二而生三矣。是故《易》之道備於三【由天生地，一生二也。由地生人，二生三也。非人則天地之功用不彰，故曰與天地參】。卦畫止於三，數之體也。爻以靜為一，動為二，用為三。數之用也，有一即有二，有二必有三，乃天地自然之理，自然之數，所謂先天而天不違者也。《乾鑿度》曰：「《易》一名而含三義。易也，變易也，不易也」鄭康成氏《易論》云「易簡一也，變易二也，不易三也」聖人以《易》立教，其道亦有三。上焉者道也，中焉者德也，下焉者占卜也。老子取其上，孔子取其中，焦京取其下，三者各有其用，而不相悖，且互相發明而不可離【道不準諸象數則失其鵠，德不原於道則失其統，占卜不合乎道德，則惑世誣民而已矣】。後之學者，擇其一以為宗，而嚴立界說以明系統則可，若入主出奴，不揣其本，妄自尊大，而排斥異己。執一不化，欲求其通也難矣。孔子立教，雖為中人說法，然正所以立德以明道，以為下學上達之階梯。故《十翼》傳經，無一字一言不根據於象數【法象莫大乎天地，必合乎法象者，乃謂之法言者。經非先王之法言不敢言，非先王之法行不敢行，法言法行皆合乎天地法象者也。故曰「建諸天地而不悖，質諸鬼神而無疑，百世以俟聖人而不惑」】。若舍法象以為言，則詩書執禮所雅言者，其為教焉詳矣。又何必韋編三絕，為此鈎深致遠之辭乎？子貢曰：「夫子之文章可得而聞」，凡立言必有合乎法象者，乃謂之文章。孔子特於《易・象》闡發之，以為萬世之準，此為學《易》者所不可不知者也。故論及之。

祭祀

《易》之言「祭祀」、「享祀」，均含有二義。一為祭神祀鬼，此祭祀之本義也。一為人羣之集會，以謀一羣公共之事，亦以祭祀行之。蓋古人風氣淳樸，而庶民之家，又無廣庭巨廈，足以為集會之地者。故凡有會議之事，往往藉祭祀以行之。一鄉一邑之事，則集之於社。一家一族之事，則集之於宗廟。所謂「利用祭祀」、「利用享祀」，及「孚乃利用禴」等象，不盡為禱祀求福，實含有會集羣眾之意焉。降及後世，厲行專制政治，普通人民，更不容有公然集會之事。幸有此祭祀成例可援，得藉事神為合羣自衛之一道【上以神道愚民，民以神道自衛，可見「無平不陂」。《易》道之妙用，即寓於其間矣】。近如各鄉之有社廟，各業與僑民之有會館，無不以祭祀為集合羣眾之介，猶足以覘《易》之遺意焉。

典禮

《繫傳》「聖人有以見天下之動，觀其會通以行其典禮，是故謂之爻」。「典禮」者，乃所以處斷萬事萬物之一切制度之謂也。故古聖王之所以治天下也，大而禮樂政刑，小而訓詁名物，無不下順民情。而上合法象，法象莫大乎天地，民受天地之中以生，能合乎天地法象者。民情自無不順。故謂之典禮。典者守也，禮者履也。必能會通乎天人，然後足以昭信守而見履行。孔子之周問禮於老聃，即此禮也。蓋周自東遷而後，文武之道載於方策者，散佚殆盡。諸侯惡其害己焉，皆毀之以自便。孔子周流列國，雖得百二國之寶書，要皆屬各國之歷史故事，而所謂典禮者，迄不可得，故不得不求諸老聃。老氏世掌周史，耳熟能詳。先王之典禮，不啻若自其口出，而提綱挈領，巨細畢賅，則莫備於《易》。孔子受之，極深研幾，得其會通，又慮觸當世諸侯之忌也。正言之不可，乃寓微言於《十翼》之中。所謂「其稱名也小，其取類也大。其旨遠，其辭文。其言曲而中，其事肆而隱」者，非夫子之自道邪！於是更廣其旨以修《春秋》，刪《詩》、《書》，訂《禮》、《樂》，而古先聖王之典禮，乃燦然大備於六經。永如日月之經天，江河之行地，與天地法象，並昭千古。此孔子所以為述而不作，而功在生民者，非《易》又烏乎知之？

訟獄

〈訟・彖傳〉曰「上剛下險，險而健訟」。訟者爭也。君子平其爭則訟解。〈傳〉曰「訟不可長」。訟不可長，則不至成獄矣。故訟者，民事之爭，尚情感理喻而不必恃乎用刑。九五曰「訟元吉」，是能平其爭而使無訟者也。訟之凶在終於訟而不可解，則成獄矣。噬嗑曰「亨利用獄」，〈象傳〉曰「君子以明罰敕法」，則不能不用刑以辟以止辟矣。噬嗑之象上離下震䷔。離者明也，萬物皆相見，則物無遁形，以示治獄者必明察庶物，一無壅蔽。中爻三四五為坎，坎為法律，為智，為水。二至四為艮，艮為手，為山，為止。下震為動，治獄者即明且智，用法如水之平，絕無偏倚【坎離皆中正象】。無論在下者變動百出，皆能明燭其隱。執法如山，止而不動，所以能止一切之動，而令悉合於法【噬嗑，合也】。衹此六畫之象，已將近世司法之精義，包括無遺。蓋古聖王之治天下也，道之以德，齊之以禮，刑罰但以濟禮之窮。禮以待君子，刑以治小人。人之情無不樂為君子而甘為小人者，故人人能範圍於禮，而刑罰可以不用。自上失其道，君子弗用，小人譸張，不恥不仁，不畏不義，不見利不勸，不威不懲，始訟獄繁興。故睽之六三曰「其人天且劓」【天同而即髡字去其髮髡也】，〈困初六〉曰「臀困於株木」，九五曰「劓刖」，睽「失道」，困「剛揜」。理窮數極【《雜卦》困數三十，睽數三十六。四九三十六而乾道窮，五六三十而天地之數極】，禮崩樂壞，不得不用刑以濟之。所謂窮則變，非《易》之常道也。聖人猶憂之，慮後世淫刑以逞者有所藉口也，特於豐著之。曰「君子以折獄致刑」，言刑非折獄者不能妄用也。於旅曰「君子以明慎用刑而不留獄」，言用刑者宜審慎迅速不可留滯也。於中孚曰「君子以議獄緩死」，恐折獄者之或猶有冤濫，更議擬之而求其當也。嗚呼！《易》道之生生，與聖人贊《易》之深心，可以見矣。

司法獨立

司法獨立者，近三十年來之學說也。我國自三代以降，於古人設官分職之遺意。久已泯棼而莫可紀極。以行政官操生殺之柄，威福自恣，積非成是。恬焉安之而莫以為妄，而不謂《易》象已明著之，孔子贊《易》更一再言之。賁之〈象〉曰「君子以明庶政无敢折獄」。明示以折獄之必有專職。行政者雖明，亦无敢越俎，非司法獨立之精義乎？〈豐・象〉曰「君子以折獄致刑」。明示以用刑為折獄者之專責。凡非折獄者，皆不許有用刑之權，非司法獨立之明證乎？蓋豐與噬嗑為同體之卦【火雷噬嗑，雷火豐】，噬嗑曰「利用獄」，故孔子更於豐申明其義以見除此之外，雖賁為噬嗑之往來卦，亦无敢折獄。其謹嚴如此。近世詡為新學說，而《易》象已深切著明於七千年之前。《易》道之廣大悉備，此其一端矣。

教育

近世教育制度，發軔於歐西，裨販於日本。規模弘遠，成效彰著。適值我時衰俗敝之秋，以國力之不競，舍興學無以為圖強之本，遂盡棄其學而學焉。而不知現世所行之學制，為我國所采取而未能遍舉者，無不悉備於《易》象之中。河南張之銳氏，近世以新學講《易》者也。其論近世教育，足與《易》相印證者，略謂《易》之教育，約分五種：一曰「蒙養教育」，二曰「國民教育」，三曰「人才教育」，四曰「通俗教育」，五曰「世界教育」。蒙之「蒙以養正」，蒙養教育也。蒙養本於家庭，故九二曰「納婦吉子克家」，以明克家之子，必有賴於母教也。「包蒙」之包，亦作「彪蒙」，與革旁通，以明「豹變」、「虎變」之大人，皆正始於彪蒙也。蠱之「振民育德」，國民教育也。國事之敗壞，由於民氣之萎靡頹喪。昧匹夫有責之義，故先甲後甲，教令一新，以振民氣。〈傳〉曰「蠱元亨而天下治」。六十四卦言天下治者，除乾元用九外，惟此一卦也。臨之「教思无窮容保民无疆」，人才教育也。政以臨民，培植政治之人才，非有專門教育不為功。蓋普通教育，有一定之教科，有不二之主義。而專門教育，則任學者自由研究。蓋人類之知識不可限量，不能限學者之思想，而範之以有盡之課程，故曰教思无窮也。〈觀·象〉之「省方設教」，通俗教育也。四方之風氣不齊，習尚亦異，故必省其方俗之所宜，觀其民情好尚而設教始當。〈无妄・象〉曰「君子以茂對時育萬物」，世界教育也。《中庸》曰「能盡人之性則能盡物之性，能盡物之性則可以贊天地之化育」，大亨以正，使天下萬物各正其性命，各全其天賦之能，而後教育之道始達於圓滿之一境，則尚非近世言教育者可能幾及焉。以上張說之大恉如此，未知於近世師範之學，有當否也。

死生之說

死生亦大矣！《繫傳》曰「原始反終，故知死生之說」。始終者數也，天也。萬物數，一始十終。始子一丑二，而終於酉十，戌亥无數。萬物自有而入无，為死之候。乾居西北戌亥之地，故无方无體【太虛之象】人而克全其為人，則全受於始者，全歸諸終，終則反乎太虛。精氣不滅，與造化同游者神也。是以君子有終【君子之死曰終】。終則有始，順乎天行，自有而入无者，亦自无出有。乾知大始，復藏於坎。一純二精【坎子一，坎艮之間丑二】，至艮寅三而仍為人。此生死循環，佛家輪迴之說所自來也。人而不能全其為人，則自失其人道，斲其生理。全受於始者，不能全歸於終。數盡則死【小人曰死】，形消骨化，餘氣無歸，游魂為變者鬼也。變則失常，依其生前所自造之因而證其果，則為人為物，所趣各殊。此佛家輪迴六道之所由分也。故生者死之始，死者生之終，死於此者生於彼。《易》道乾息於坤，坤即消於乾。莊子曰「方死方生，方生方死」，立論之最精者也。聖人作《易》，窮造化之原，洩陰陽之秘，無非示人以所以全其為人之道。原始反終者，即由終而反始。老氏佛氏，皆由終反始，皆由後天而反諸先天，由有而反諸无，由形而反諸氣，由氣而反諸神。實即由生而反諸死，故曰原始反終。反終者，不續終也【未濟不續終也】。不續終，則始無暨極。故老氏曰「元始乃長生而不死」，佛家曰「无始乃无始而無終」【乾西北為无，乃由有而反諸无者也。故老氏之无為萬有之根，佛教之无為不生不滅之本。乾為金為圓為剛，老曰「金丹」，佛曰「金剛」，而《易》曰「終日乾乾」。乾乾者。上乾為咸乾䷞，下乾為无恒乾䷟。咸无也，恒有也。觀其所咸，而天地萬物之情可見。觀其所恒，而天地萬物之情可見。蓋斟酌於有无之間，而用其中，而要皆殊塗而同歸者也】。无始无終，夫然後歸於太極，則無所謂《易》矣。《易》之立教，為中人說法，故執兩而用其中。然聖人致治之極功，則亦曰無為而治；德成而默契乎天，亦曰予欲無言。則亦與由有而反諸无者，初無二致焉。故《易》者逆數也。儒與佛老之立教雖異，而道无不同。蓋天地之數，至三而備。天地萬物，舉莫能外。損之六三，曰「三人行則損一人，一人行則得其友」，始終生死之道，不外乎此三者。後之立教者，可等諸自檜以下矣。

鬼神之情狀

《中庸》曰「鬼神之為德，其盛矣乎？」《繫下傳》曰「過此以往，未之或知也。窮神知化，德之盛也」。然則鬼神之為德，又何以知之？曰：以幽明之故，坎幽離明，陽變陰化，天地萬物，無一非氣與形二者之相迭更。既原始反終而知死生之說，則精氣為物，游魂為變，鬼神之情狀亦可由是以知矣。精坎也，魂離也。故天地八卦，六爻上下，上五天爻為天《易》，三四人爻為人《易》，二初地爻為地《易》。游魂歸魂，復取三四兩爻，則為鬼《易》。三四兩爻，有當不當之別。克全乎其生之德者，即不失其死之道，乃得當而為神。不能全乎其生之德者，亦失其死之道，即不得當而為鬼【生之德立人之道，曰仁與義是也】。苟生而既反乎人道，是不待其死已失其為人，尚何鬼神之有？卦象天地生人，始乾三中爻坎子，終地十兌酉。終始死生，反復有游魂歸魂，而以三歸之地十歸妹，為天地大歸魂卦，而六十四卦終焉。歸妹東震西兌，其先天為東離西坎，日魂月魄，合為天地中生人精氣。子一丑二，為天地始合【子丑日月。天地之數，合一二為始，合五六為中，合九十為終】。一主日，二主月。子一日，至酉十月。故人十月而生，此日月魂魄合，精氣始也。陰陽之道，始坎終離，魂升魄降。離午七未八，日魄七日不復，月魄八月有凶。離上坎下，歸魂不歸，而游魂為變者也。是故八卦之六變為游魂，仍為三爻變。至七變則復歸本宮，游魂乃有所歸。苟不復本宮，則游而不歸【乾宮游魂為火地晉，七變復。下卦三爻乾，成火天大有，若不復乾之三爻，而依次以四爻變，則成火山旅。游入離宮，而游魂為變矣】，必七日而後來復【火山旅為離宮二世卦。再七變成天火同人，為歸魂上卦，始復為乾】。復而反，丑而子，氣來信為神。復而不反，午而未，氣往屈為鬼。往來屈信，均以天地之數可推而知之。季路問事鬼神。子曰：「未能事人焉能事鬼」。問死。子曰：「未知生焉知死」。此即原始反終之說。言之所不能盡者，聖人以象顯之，以數明之。精氣為物，游魂為變，於六十四卦之象數推衍，皆合乎物理之自然。或有或無，各依其類，而未可概舉也。故經文有明言者，不明言者。明言者以舉其例，而不明言者皆觸類而知之矣。如風火家人，夫夫婦婦父父子子而家道正，人情之各得其正者也。而反乎人情者，則為鬼之狀。故睽曰「見惡人」，曰「載鬼一車」。雷天大壯，大者壯也，大者正也，壯者狀也，即正大之狀也。能通乎正大之狀者，則知鬼神之情狀。故觀曰「觀天之神道」，曰「以神道設教」。此《易》言鬼神情狀之最著者也。

天地大義人終始

乾坎艮震巽離坤兌八宮，六十四卦，終於雷澤歸妹。歸妹為兌宮歸魂，而兌又居八宮之終，故歸妹為天地大歸魂卦。歸妹上下錯為隨【澤雷隨】，隨「元亨利貞，天下隨時，出門交有功，男之始也」，歸妹「女之終也」【《雜卦傳》】〈象〉言「人之終始」，則合男女而言之也。歸妹上卦震東甲乙，帝出乎震，甲不為首首乙，故曰「帝乙歸妹」。下卦兌西庚辛，前坤後乾，坤乾為地天泰，故泰之六五亦曰「帝乙歸妹」。泰反為否，〈否・象傳〉曰「則是天地不交而萬物不通也」，而〈歸妹・彖傳〉亦曰「天地不交而萬物不興」，泰否「天地反類」【《雜卦傳》曰：泰否反其類也。邵子曰：天地定位，泰否反類】。皆東西震兌出入反復，而日月寒暑往來【離日坎月，乾寒坤暑】循環不窮。坎離既濟定，有歸妹在中，而南北離坎未濟不續終者。首尾續終【〈未濟・彖傳〉曰「不續終也」。《雜卦》歸妹在既濟未濟兩卦之中】。故曰「天地之大義也」。歸妹漸相錯成隨蠱，故〈漸・彖〉曰「女歸吉」，〈蠱・彖傳〉亦曰「終則有始」。蓋蠱之始，乃由故之已終而新復更始。歸妹之終始，乃續終其始。故〈象傳〉曰「永終知敝，天地大義」者，夫婦之道也。人類之所以不絕，以有男女夫婦，生生不已，終則有始。家人為夫婦之正，故〈傳〉曰「家人男正位乎外女正位乎內，天地之大義也」。然天下之事，有常有變，有得有失。先王之制，女子十五而笄，男子二十而冠，為婚媾之始。女至二十而嫁，男至三十而娶，為最遲之限，此婚媾之常。得其時者也。逾此限則為失時。但或於此時而更遇變故，如父母之喪之類，則至二十三年而嫁。此婚媾之變，失其時者也。處變失時，乃人情之大可憐也。故先王亦不以常制限之。能守正不阿，為漸之女歸，則固協於禮而得吉。即不能固守其正，如歸妹之說動而隨，而天地之大義。亦仍不可廢。所謂聘則為妻，奔則為妾。但以禮絀之，而不以法禁之也。故特著之曰「天地大義人之終始」，深望後之人能慎終於始，不至變常而失時，庶免乎凶，而維人道於不敝矣。意深哉！

學易筆談　卷三

革治歷明時

〈乾九四・文言〉曰「或躍在淵，乾道乃革」，以九四去內卦之終，而居外卦之始，為新陳代謝之際。故《雜卦傳》曰「革去故也」【乾二之坤五，乾成同人，坤成比。再以乾四之坤初，乾成家人，坤成屯。屯反蒙，蒙通革。家人反睽，睽上下交錯亦為革】。革上兌下離䷰，〈象〉曰「澤中有火革，君子以治歷明時」。其所以治歷明時者，仍在九四之一爻，與乾之九四爻，實互相發明者也【《周易折中》以革九五為成卦之主，於《彖》、《象》之義無當也】。乾坤二策，合三百有六十，當朞之日。變通在四時，時各九十日。八卦分值一年。一卦盡，得四十五日【五日為一候，三候為一氣，八卦一爻主一氣，三氣四十五日而一卦畢】。乾九四已入外卦，內卦三爻之氣已盡，故曰「乾道乃革」。兌離為西南之卦，金火相乘【四時：春木生夏火，秋金生冬水，冬水又生春木，惟夏秋為火克金，故金曰「從革」】。志不相得乃革，故〈彖〉曰「己日乃孚」。己者土也，以坤土行離兌之間，孚而信之，革道乃成。〈彖傳〉曰「天地革而四時成」。虞仲翔氏云：「歷象謂日月星辰。離為明，坎為月，離為日，蒙艮為星【革通蒙】四動成坎離。日月得正，謂四爻動外卦變坎，成水火既濟。日月得正，歷象正而時序明矣」。王弼云：「歷數時會存乎變」。則渾括其意，義雖當，初學視之益茫然矣。蓋革象下離為日，上坎為月，而九四一爻奇於其間，致日與月，不能相齊。日有餘而月不足，三為終，四連於三，歸餘於終之象，歸日之餘於終，積而成月，則閏也。積閏為章**【七閏十九年為一章】**積章為蔀**【四章為一蔀，二十蔀為一遂，三遂為一首，七首為一極。詳《周髀算經》】**。章蔀之名，不見於革而見於豐。豐六二、九四皆云「豐其蔀」，上六「蔀其家」，六五「來章」，蓋豐五變則成革也。孔子贊《易》，於一字一義，無不與卦爻往來脈絡貫通。非參互錯綜以求之，又烏能得其意之所在哉！**【凌銳按：革五爻皆當位，惟九四一爻不當位。故曰「革而當其悔乃亡」】**

辨納甲爻辰

京氏卦納甲：乾貞子，坤貞未；乾納甲壬，內子外午；坤納乙癸，內未外丑；六子之卦，各按其所納之干，而依乾坤之爻以為序。震貞子，坎貞寅，艮貞辰。巽從坤而內外相易，貞丑。離貞卯，兌貞巳。乾子寅辰午申戌，左轉；坤未巳卯丑亥酉，右行。陰陽相間，而周十二辰。鄭氏爻辰：乾貞於子左轉，子寅辰午申戌。間時而治六辰，與納甲同。坤貞於未亦同。乃由未而酉亥丑巳卯，則與乾同為左轉。後學因此，每多歧誤。或謂康成說《易》本《乾鑿度》，故與京氏不同。然《乾鑿度》云「乾貞於十一月子，左行陽時六。坤貞於六月未，右行陰時六。歲終次從於屯蒙，屯蒙主歲。屯為陽，貞於十二月丑，其爻左行。以間時而治六辰。蒙為陰，貞於正月寅，其爻右行。亦間時而治六辰，歲終則從其次」云云。乃以六十四卦依《序卦》之次，前卦為陽，後卦為陰，每兩卦分主一歲。故三十二歲而一周，與爻辰之說不相蒙也。錢溉亭《述古錄》謂「京氏本律呂之合聲，鄭氏本月律」。其說具見《周官太師》鄭氏注：「太師掌六律六同【疏云：六律左旋，六同右轉】以合陰陽之聲。陽聲黃鐘子，太簇寅，姑洗辰，蕤賓午，夷則申，無射戌。子寅辰午申戌，其次與乾六爻左旋同也。陰聲大呂丑，應鐘亥，南呂酉，林鐘未，小呂巳，夾鐘卯，則丑亥未酉巳卯，其次與坤六爻不相合矣。鄭氏以律呂相生為主，則六律六同皆左旋。以律為夫，以呂為婦。婦從夫，故皆左旋」。是京氏之納甲，與《乾鑿度》同主合聲。而鄭之爻辰，則主相生，非本於《乾鑿度》者也。辛齋按：陰從於陽，陰陽之體也。河圖一三七九、二四六八皆左行者是也【若陰陽分言，則陰逆陽順。陽自一三五七九，而陰則從四起，為四二十八六。故五位相得而各有合。若如舊說，則五與十無相合之理。詳見《易數偶得》】。陽左旋陰右轉，陰陽之用也。洛書之一三九七左旋、二四八六右轉是也。非順行不能相生，非逆行不能相合，《易》之體用無不如是，明乎此，則聚訟不決之懸案，可片言而斷矣。或問：既如子言，則京氏既主合聲矣，何以坤之未巳卯丑亥酉，又與陰聲之丑亥酉未己卯不同也？曰：此即洛書七與九、二與八，易位之理也。故巽之六爻則為丑亥酉未己卯矣。此中玄妙，具有至理。神而明之，非言所能盡焉。

爻辰之星象

或問鄭康成氏爻辰說《易》，以星象證爻辭，而原注已佚。從《禮》注與《乾鑿度》注搜輯者，寥寥無幾。近世戴棠氏，撰《鄭氏爻辰補》。而全《易》三百八十四爻，各取《甘石星經》及《開元占經》所載諸星名，以印證爻辭，無不恰合。詎伏羲之播爻，文王之繫辭，果一一仰觀天文以取象乎，何巧合若是？曰：伏羲畫卦之時，文字未作，器用未備，又何有星名？蓋一畫開天，奇偶以生。仰觀俯察，法象於天地，變通乎四時。陰陽剛柔，動靜變化，而洽於造化數理之自然。而天地之運行，人物之遞演，自不能出此常軌之外。故先天而天不違。至黃帝以黃鐘定律，準度量，定權衡，悉本於伏羲之卦。而窺天測地，定日月星辰以紀歲時。然天廣無垠，既以象限立儀【象限儀分圓周為四，即法乎四象。儀者，分陰分陽，即法乎兩儀】，以分躔度次舍，而不可無以名之以資識別也。於是各按八卦之象數以定其名。故天星之名，大都出自卦象，非卦象之強合星名也。鄭氏爻辰以星名證其爻義，已不免倒果為因。必逐爻求象於星，而以爻辭附會之，以期或有一字一義之合；無論其未必盡合，即合矣，於經義仍未必有所發明。是亦可以不必矣。

陰陽上下往來

《易彖傳》言「陰陽上下往來」，後儒或主卦變，或主錯綜【此指來氏之所謂錯綜】眾論紛若，莫衷一是。而卦變之例，荀虞以下既各不同，而同一虞《易》，其為圖也又參差不一。朱子既圖卦變，又取《彖傳》之言往來者十九卦，編為歌訣。然與其圖，已不相符合。且《彖傳》之言往來上下者，亦不僅此十九卦。故證以經文，參諸卦象，自以主兩卦之一往一來者【即來氏錯綜】，其說較優。蓋文王之《易》，本以兩卦反復一往一來。則《彖傳》以釋《彖》，自必於此兩卦推勘其義，理至當也。上卦為外為上為往，下卦為內為下為來【此卦之下即彼卦之上，此往則彼來，彼上則此下】。上卦二陽一陰者，陰上進而往。二陰一陽者，陽上進而往。下卦之為來亦然。故《孔疏》云「凡言往來者皆據異類而言」。若三陰三陽之卦，則上下並言。泰否之兼言往來，咸蠱之兼言上下，噬嗑賁渙節言來言上言分是也。四陰四陽之卦，則以一陰一陽之在上下者言，晉升无妄大畜訟需是也。二陰二陽，則以陰陽之在上卦者言，蹇解鼎睽是也。五陰五陽者，以一陰一陽言，復姤是也。似較卦變之茫無一定者，差可依據。然此但以上下兩象而言，間有以專重之一爻為主者，則又不在此例。乾坤為《易》之門，往來者必於此門。二陽一陰者乾體，而陰往來上下於其間也。二陰一陽者坤體，而陽往來上下於其間也。上下無常，剛柔相易，原非可執一例以求之。但初學者不可不先求一隅之可舉者以為根據耳。

經卦別卦

《周禮・太卜》「掌三《易》之法，《連山》、《歸藏》、《周易》。其經卦皆八，其別卦皆六十有四」。段若膺云：「《連山》、《歸藏》、《周易》三《易》，每《易》有八，每八分為六十四，故云其別卦。經卦即乾坤震巽坎離艮兌，別卦即因而重之之六十四卦也」。楊用修《丹鉛錄》云「別當作冎。从重八。八八六十四，故云別卦」。蓋別訓分，八亦訓分。呂从八八，謂分而又分。八八為六十四，正合八卦重為六十四卦之義。可見古人修辭之學，其用字之精當，迥非後人所可及也。

震巽之究

《說卦傳》「震其究為健為蕃鮮，巽其究為躁卦」。健為乾，蕃鮮指巽。躁卦即震也。攷其他六卦，皆不稱究，獨於震巽兩卦言之何也？物有始有壯有究，震巽陰陽變化之始也。震以一陽變於坤，坤成震而乾成巽。原始要終，可得其究。至於坎離，為陰陽之壯，又得乾坤之中，不至極於一偏。艮兌已為陰陽之究，所謂其上易知。故艮成言，兌說言，皆無須推極其究者也。惟巽之究為躁，似與其本性相反。而震之究為健，則為復其本性。為蕃鮮則為極其功用，其究同而究不同，則陰陽之分際然也。蓋陽為萬物之本【天地五十五數，陽奇陰隅，而陰陽合數則仍為奇。一六合為七，二七合為九，三八合為十一，四九合為十三，總數五十五皆奇也。故曰陰必歸陽】。非若陰之為用有限也。

血卦乾卦

或問：《說卦傳》「坎為血卦」，《荀氏易》作「血衈」。說者謂血為人身之水，以病故衈然歟？曰：否。坎為血卦，猶離之為乾卦也。六子惟坎離得乾坤之中，特稱卦以別之。離為乾體，故曰「乾卦」。坎為坤體，故曰「血卦」。血坤也。〈坤上六〉曰「其血玄黃」，〈傳〉曰「猶未離其類也，故稱血焉」。以見血為坤之類，是坎之稱血卦，與離之稱乾卦為例正同，未可以血衈改之也。或曰：離之為乾卦，乾讀若干，乃燥萬物者莫熯乎火，故曰乾卦。與乾坤之乾，音訓其可通乎？曰：《鄭注》云「乾當為幹，陽在外作幹正也」。虞《易》亦同。而張湛云「幹音乾，則音固可通」。《易》之用字，恆以形聲相類者，分見互用，以相鉤貫。焦氏《通釋》

言之詳矣。而《說卦》言象，尤往往舉甲以概乙，又或對舉相互以見意者。如乾為圜，則坤之為方可知。巽為臭，則震為聲可知。此以離為乾卦，以與坎之血卦相對。貞者事之幹也。乾貞在坎，而著幹之義於離，離其類為血，而存血之文於坎，交互見意，錯綜成文，可謂極天下之至精至變者矣！故《易》之為書，廣大悉備。孔子贊《易》之文，悉與相稱。一名一字，於形聲訓義，均鉤深致遠，無不各有精義存乎其間，非言語所能形容也。舉一三反，是在讀者之神而明之。

馬與木取象獨多

或問《說卦》之取象，震坎皆言馬，合之乾共三卦。巽為木，而坎於其木也堅多心，離其於木也為科上槁，艮於其木也為堅多節，凡四卦。乾又為木果，而震為蒼筤竹，又其於稼也為反生，亦木之類。何馬與木之取象獨多也？曰：此為切於人生日用者言之。行者以馬，居者以木，為用廣，故取象多也。又周以火德王，馬為離午之精，行地無疆，周乎天下。故乾坤坎離皆言馬。伏羲以木德王，木者火之母也。損上益下，木道乃行。天施地生，其益无方者木也。故《易》言馬與木為獨多也。

虞《易》平議

漢《易》之存於今者，惟虞氏注未盡亡佚。經勝清惠定宇、張惠言二氏之搜輯演繹，儼然首尾貫串，而規模畢具矣。顧宋學家及同為漢學之馬、鄭者，悉力攻擊之。或謂其納甲之說，以魏伯陽《參同契》而擅改聖經之卦位；或謂其之正之說，全背《彖》、《象》傳義。王氏《經義述聞》，辨駁尤甚。略謂仲翔發明卦爻，多以之正為義。陰居陽位為失正，則之正而為陽。陽居陰位為失正，則之正而為陰。蓋本《象傳》之言位不當者而增廣之，變諸卦失正之爻以歸於既濟可謂同條共貫矣，然經云位不當者。惟論爻之失正，以決其悔吝之由。示觀象玩辭觀變玩占者，知所警耳。夫爻因卦異，卦以爻分，各有部居，不相雜廁。若爻言初六、六三、六五，而易六以九；言九二、九四、上九，而易九以六言，則爻非此爻，卦非此卦矣。虞氏以為變而之正，實自失其本體，不且紊亂而無別乎？遍攷《彖》、《象》傳文，絕無以之正為義者。既已無所根據，乃輒依附於經之言貞者，而以之正解之。如注〈坤〉「利牝馬之貞」，云「坤為牝，震為馬。初動得正，故利牝馬之貞」。注「安貞吉」，云「復初得正故貞吉」。案《象》曰「牝馬地類，行地无疆，柔順利貞」，又曰「安貞之吉，應地無疆」，皆以坤純陰言之，未嘗以為初爻之正也。且如其說，文王於〈復卦〉繫於「利牝馬之貞」，不更合耶？何為紛紛然由此之彼，乃以彼釋此耶？以下逐卦指駁，斥謂盡亂聖人之成法。又駁其旁通之說，謂《易・彖》及《大象》惟取義於本卦。健順動巽陰明止說之德。天地風雷水火山澤之象，無不各如其本卦，義至明也。虞仲翔以卦之旁通釋之，雖極竟彌縫，究與《經》相牴牾。如〈履・彖〉曰「履，柔履剛也」，虞曰：「坤，柔乘剛，謙坤藉乾，故柔履剛」。又「履帝位而不疚」，虞曰：「謙震為帝，坎疾為病，至履帝位坎象不見，故履帝位而不疚」。此謂履與謙通，謙上體有坤，互體有震坎也。然《經》云「說而應乎乾，謂下兌上乾也」。若取義於下艮上坤之謙，則是止而應乎坤矣，豈「說而應乎乾」之謂乎？亦逐卦指駁，謂《彖》、《象》釋《易》也，不合於《彖》、《象》，尚望其合於《易》乎？王氏之說，辨而詳矣。然六爻發揮旁通情也，辭也者各指其所之，而變卦以不當位之爻變而當位。又古今說《易》家所不廢，則旁通與之正，要不可謂非《易》中之一例。第必執此一例以概全《易》，其所不通者亦必強而通之，不得不謂虞氏之一蔽。必如王氏之說，則《彖》、《象》之外，更不容有一義之引伸比附，則廣大悉備之《易》象，恐學者更未易明也。況《彖》、《象》所釋，或含意待申，或僅舉一隅，或專重一事者，其例正多。故孔子曰：「觀其彖辭則思過半矣」，又曰：「書不盡言」，未嘗以《彖》、《象》所釋為已盡，更不容他人置喙也。虞仲翔生於易代之際，世道人心，江河日下。說《易》大師，有曲說阿時以聖經為羔雁者矣【如荀慈明輩是也】。故憤時疾俗，或不免有過激之論。如以坤初為「子弒其父臣弒其君」，謂坤陰漸而成遯弒父，漸而成否弒君，於象義亦未允當**【坤消至剝而乾象滅迷不復，常大變以其國君，凶方為家滅國滅之象。近書《周易指》已辨正之】**。要皆有為而言。其納甲消息，皆與荀氏升降之說針鋒相對，意尤顯然。卒以之正立論，明天地大義。以既濟定也為歸，期人心之不正者胥歸於正，於是乎世亂或可少定。此虞氏之苦心孤詣，千載而下猶皦然可見者也。嗚呼！今之時何時乎？世道人心，視三國紛爭之際為何如？人材之消乏，視三國紛爭之際又何如？仲翔以梗直不見容流俗，被擯嶺表，尚不忘情於世，欲以《易》道濟之。相傳廣州六榕寺，猶仲翔講《易》之遺趾，流風未沬。今有其人，吾願執鞭以從之矣。

半象與兩象易

虞仲翔氏說《易》，有半象與兩象易之兩例，後人多非議之。如解「小有言」為震象半見，解〈小畜〉「密雲不雨」為坎象半見，蓋皆以三畫卦之上兩畫，或下兩畫言之。後之說《易》者，駁詰非難，不勝備記。如焦理堂說《易》，固主虞氏旁通者也。乃於半象亦攻之甚力，謂「乾之半，亦巽兌之半；坤之半，亦艮震之半。震之下半，何異於坎離之上半？坎之半，又何異於兌巽艮之半？求其故而不得，造為半象，又造為三變受上之說。試思半象之說興，則履姤之下，均堪半坎；師困之上，皆可半震。究何從乎？朱漢上譏其牽合，非過論也」云云。嗚呼！漢上固宋人之深於象數者，而焦理堂之《易通釋》，亦能貫串全經確有心得，非一知半解人云亦云者比，乃亦有此似是而非之論，可見解人難索。象學之發明，正未易言矣。焦氏所指駁者，驟觀之似極有理，而實於象學茫然未辨也。虞氏半象之名，未能達意，且別無詳晳之釋文，宜淺近者之詫為無理焉。蓋八卦之象，惟乾坤坎離，反覆皆同。震艮巽兌四卦，則為二卦之反覆。震反即艮，兌反即巽。故孔子《雜卦》曰「震起，兌見，巽伏，艮止」，又曰「離上而坎下也」。坎離雖不可反易，實即震艮巽兌之中體。下震起而上艮止即為離，下巽伏而上兌見即為坎。八卦之變化，皆此震起艮止巽伏兌見所往來。若去此四者，乾坤坎離皆為死物，無易可言矣。故六爻之卦，初爻為震爻，二為坎爻，三為艮爻，四為巽爻，五為離爻，上為兌爻。虞氏所謂震體半見者，即震爻也。坎象半見者即坎爻也。六爻皆乾坤之體，故乾坤不可分爻。焦氏謂乾之半坤之半，正見其於卦象未通，未足以闢虞氏也。虞之失，在半象二字之辭不達意，謂其立名未當則可，謂為無所適從不可也。至虞氏之所謂兩象易，實即上下錯。孔子《雜卦》亦即兩卦之上下交錯。六十四卦以交錯見義者，不勝枚舉。如履上下錯【上天下澤易上澤下天】為姤，履柔履剛也，姤柔遇剛也。屯上下錯為解，屯雷雨之動滿盈，解雷雨作而百果艸木皆甲坼。恆上下錯為益，恆立不易方，益為益无方，皆兩象易也。

苟以為非，則孔子之《彖傳》亦盡非乎？辛齋非宗虞氏《易》者，但以是非為去取，絕無成見。恫向之言《易》者，蔽於門戶之見，動輒是己而非人。故特著之，亦以自警焉。

《說卦》象重出三卦

《說卦》象重出者三卦，「震為龍，艮為狗，兌為羊」，皆已見於第五章，而第八章又重出。八章「震為雷」之下，考《虞氏易》及《李氏集解》均作駹，注云蒼色。震東方，故為駹。蓋馬八尺以上為駹，駹與龍，音亦同也。八章之「艮為狗」，虞氏及《李氏集解》，皆作拘。虞注云「指屈伸制物故為拘」**【按：〈隨上六〉「拘繫之乃從維之」，即此拘也】**，而朱氏《漢上易傳》曰「上言艮為狗，乃狗馬之狗。此言為狗者，熊虎子未有文猶狗也」。虞翻以兌艮為虎，艮寅位也，艮究成兌，故艮為虎子，未免迂曲矣。艮為羊之異說滋多，虞作「羔」，注云「女使」，《集解》同。鄭作「陽」，注云「此陽謂養無家女行賃炊爨，今時有之，賤於妾也」。王氏《經義述聞》，謂「羔與羊，《書》、《傳》無訓女使」者。羔當為恙字之誤，恙亦通作養。辛齋按以上諸說均有根據，惟無論為羔為恙為養，均須竄易經文，則不若依鄭說讀羊為陽。羊陽本通用，《春秋左氏傳》「夷羊五」亦作「夷陽五」，可不必改經，而於諸家之義均可通矣。

象義一得

八卦取象，精義入神，其微妙迺至不可思議。漢儒言《易》，不離象數，惜多散佚，已無完書。唐人以王弼為宗，言象者不著。其後如宋之邵子，及朱氏子發，與林氏黃中，鄭氏剛中，邱氏富國，黃氏東發；元之胡氏一桂，王氏申子，熊氏與可任重，龍氏仁夫；明之來氏矣鮮，黃氏道周；清之刁氏蒙吉，胡氏滄曉，惠氏仲儒定宇，萬氏彈峯諸家，皆於象義各有發明。而姚氏與端木氏二家【《姚氏易》及《周易指》】能原本經傳，發抒己見，不依傍昔賢門戶，尤為卓絕一時。雖或有所偏，其精到處皆確切不移，不可泯沒。辛齋為學日淺，僅就昔人之所未言，或言而未盡者，聊以助學《易》者之興趣也。

凡言象者，不可忘《易》之義。《易》義不易者其體，而交易變易者其用。故八卦之象，無不交錯以見義。故乾為圜而形著於坤，離為日而光被於月。正秋者西也，而日行東陸。出震者東也，而日行西陸。執片面以言象，象不可得而見。泥一義以言象，象不得可而通也。

凡言象者，不可忘其數，天一地二天三地四天五地六天七地八天九地十。黃帝而後，皆以干支紀之。卦有定位，即有定數【如坎子一，艮丑二、寅三至兌酉十，乾戌亥數無】。《易》數乾元用九，乃天一不用，用地二至地十。數定而象之無定者，可因數而定。故觀象必倚數。

如體物者必準諸度量，測遠者必察其角度。自舍數言象，而象茫如捕風矣。凡言象者，不可不明其體。體者用之主也，故卜筮者亦曰取用【每卦六爻，先取所用者一爻為主，即體也】。以所用者為主，而後察他爻之或從或違或動或靜，為利為害，吉凶始可得而斷焉。

用有大小，象則因其小而小之。因其大而大之，如乾也。大則為天，小則為木果，如坤也。大則為地，小則為布為釜，坎為大川，小則為溝瀆。離日大明，小亦為螢火。小大無方，各隨其體。明體以達用，象之用乃無窮矣。

言凡象者，不可不視其所以。以者與也，及也【《易》曰「不富以其鄰」及「剝牀以足以其國君凶」，「拔茅茹以其彙」，諸「以」字皆與「及」字同訓】。卦因而重之，重為六畫，實具兩象。兩象必以其一為主，則必有所與。而六畫之二三四五中爻之象及其變動所生之象，無一而非與也。所與者而善，乃吉之幾。所與者而不善，乃凶之兆。而善惡又有大小之殊，所與者又有遠近之別，《繫傳》曰「遠近相取而悔吝生」，又曰「凡《易》之情，近而不相得，則凶或害之，悔且吝」。故必觀其所與者之善惡之大小，及情偽遠近，然後吉凶生而悔吝著，庶乎可得象之用焉。

凡言象者，不可不觀其所由。《繫傳》曰「辭也者，各指其所之」。此有所之者，即彼有所由。《文言》曰「臣弒其君，子弒其父，非一朝一夕之故，其所由來者漸矣」。蓋於坤之第一爻「履霜堅冰」，為三百八十四爻之所由來者，舉其例焉。觀象者先明定其體象之所在。而更觀其所由來。如乾之姤，若用乾為天，則下巽為風，此風所由來為乾。乾為西北之卦，即西北風也。乾為冰為寒，則其風必寒。若用乾為木果，則巽不取象於風，當取象於蟲。因巽所由來為乾，既用為木果矣，則木果豈能生風？自應作蟲斷焉。舉其一例，餘可類推。不觀所由，象烏乎定哉！

凡言象者，不可不察其所安。安也者，位也。《繫傳》曰「君子安其身而後動」。觀象者既定其主體之所在矣，必察其所在之處，能否得位。位得矣，必察其位之能否得時得用，而後其象始可得而言。如用巽為木，則必察其所處之位為甲乙。或為丙丁壬癸，或為庚辛，為甲乙則當，為丙丁則相。為壬癸則生，而庚辛則死，既當或相與生矣，則更應察衰旺。並視所與者及所由者之如何，則象之情可畢見矣，如巽木處甲為剛木，所由來為乾，必為堅強之果木；所與者為艮，必是園林；為坤而壯者【如在四季月之終或戊己日時】，為廣土；其衰者【如春令或甲乙日之類】，則為盆缶。其他可準此。

凡言象者，不可不明消息。消則滅，息則滋。如復姤臨遯之十二卦，消息之大焉者也。乾息坤，坤消乾。陰陽之大義，造化之橐籥，物理所莫能違，人事所莫能外。故物無大小，事無巨細。言象者必先明乎消息盈虛之故，而象始可明。凡一卦本體之消息，或因時言之，或以位論之。當其消焉，象雖吉而未可言福。當其息焉，象若凶而益長其禍。其時值消而位當息，或位據息而時見消，則須辨其重輕，而異而分劑。或可亭毒均處而劑其平，或雖截短補長終莫齊其數。則又勢為之，未可泥於一端也。蓋勢之所趣，每善不敵惡，福不勝禍，一薰一蕕，十年尚猶有臭。一朝失足，而畢生之功盡棄。此君子之所以戒惡念之萌，而《易》道之所以扶陽而抑陰，嚴堅冰之防於履霜之始也。

言象之大要如此。故夫陰陽之順逆，五行之休廢，氣數之盛衰，均不可不辨焉。嚮之言《易》者，曰吾治經，非以談休咎，奚用此術數為？而不知《易》以道陰陽，原本天地之數，以著天地之象，以通神明之德，以類萬物之情。非數則無以見《易》，非數即無以見象，未有象不明而能明《易》者也。舍象以言《易》，故宋儒之性理，往往流於禪說而不自知。舍《易》以言象，方士之鼎爐，每每陷於魔道而殺其身。唯之與阿，相去幾何？然方士之說，不足以惑人，尚其為害之小者也。

易學自邵子以前，無八卦之圖。故言象者，除納甲以外，皆卦自為象。其有通兩卦以言者，即卦變及覆卦【來氏曰綜】耳。未有求之於八卦者，先天八卦無論矣。即後天八卦方位，亦鮮探索。惟「西南得朋」，「先甲」、「先庚」等《彖》、《象》，注家或求諸卦位，餘則罕見矣。至先天八卦，更為言漢學者眾矢之的。焦氏之《易通釋》亦祇以旁通貫串各卦，終不承認八卦之有先天也。今按之六十四卦之《彖》、《爻》，其取象之所由，無不原本於先天後天兩圖。苟明其例，則逐卦逐爻象義相合。如按圖而索驥。否則各爻之象，有決非本卦與互卦及旁通所有者。如山風蠱，六爻有四爻言父，一爻言母。而父母之象，從何而來？不於先後兩圖求之，雖輾轉穿鑿，終不能得。迨攷諸先後天，則知先天艮巽之位，即後天乾坤之位。乾父坤母，其所由來瞭如指掌矣。又如《象傳》天火〈同人九五〉曰「同人之先，以中直也」，「先」字從何而來？無從索解。攷諸先後天，則後天離位，即先天乾位，更明晳矣。故先天後天二圖，實闡發全《易》之秘籥。非但無可駁議，而先後二字，亦決不可易。或改先天為天地定位圖，後天為帝出乎震圖，乃昧於先後之義者也。惟邵子以先天圖為伏羲所畫，後天圖為文王所定，則殊可議。蓋兩圖實體用相生，不能離拆。伏羲既作先天八卦，決不能無後天卦以通其用，故先天後天，與重卦六十四，皆一時並有。其六十四卦之大圓圖與方圖，或為邵子所發明，未必為伏羲氏之所畫也。

漢《易》家駁先天圖者，曰：「離南坎北，《說卦傳》明定之方位也。乃以西北之乾置之南，西南之坤移之北。離為火故南方熱，坎為水故北方寒。今以乾居南方，則乾為寒為冰，豈不大謬？」一當時以為名言。孰知南極北極，固皆為冰洋，今則三尺之童亦知之矣。駁議已不值一笑。然南北冰洋之發見，近三百年內事耳。乃何以伏羲畫卦時，已預有是象，謂非天下之至神乎？

乾為圜。圜者，渾圓，非平圓也。故《易》道之圓象，直四面凌空，不能僅觀其一面。鄉之言象者，目光不出於書外，泥於紙上之一圈，以為圓。錢竹汀至以地勢北高南下，駁乾南坤北之圖。具此目光以觀象，何異鄉愚觀李思訓山水。雖尺幅千里，以為不如春牛圖之得情，豈不辜負良工心苦！

乾為天，亦渾圓之天。故初潛而上亢。南極入地不見，潛也。北極出地，亢也。若在赤道以南觀之，則北極入地，而南極出地。若於正中赤道下觀之，則南北極皆不見，而成大過象。故大過曰「顛也，本末弱也」。

六爻以三四兩爻為人爻，合言之，則上天下地中人。三極之道，與天地參者也。分言之，則人於天地間，只佔三分之一。故乾以六爻言天行，則六龍皆為星象。言人道，則六龍以喻君子。言地勢，則中二爻為人居之地。初九、九二、九五、上九，皆龍之所宅。龍所宅，則海洋耳。即一卦分合言之，無不各具至理。舉乾而他卦可隅反矣。

坎陷也，險也。說者謂以一陽陷兩陰之中，故險也。似矣，而未盡也。論卦象，坎為坤體，坤為順，何險之有？然正以上下皆順，如一人處至順之境，則陷溺其中而不自知。上下皆順，惟我是從，則更無匡弼輔導之資，其險莫險於是矣。反觀夫離，以一陰陷二陽之中，厥狀相等，何以不曰陷曰險，而乃曰麗？則離為乾體，乾德剛健，能匡輔之，乃剛柔相濟，自無險陷之虞矣。聖人取象之精，意極深遠。徒以陰陽言之，不免皮相之論也。

巽為雞，離為雉。雉俗呼為野雞，亦雞類也。巽既為雞，何不足以概雉，又特著於離？似近煩複矣。乃細察象義，則巽二陽在上，陽以象雞之翅。二陽重疊不分，故雞不能飛。離則兩陽在外，兩翅開張，故雉能飛。取象之妙，其細微不遺如此。兌為羊，說者謂羊性外柔內剛，故《陰符》曰「猛如虎狠如羊」。羊見死絕下畏避，且不號呼，切齒瞪目以就刃，剛狠極矣。而外極柔順，故以象兌之外柔內剛是也，猶未盡焉。兌，正秋也，五行屬金。土能生金，兌金為羊，故土可種羊，而土之怪亦曰羵羊。象理物理之妙合。實不可思議。難者曰：坤土為牛，火能生土，何以火不能種牛？巽木為雞，水能生木，何以水不能種雞？曰：物各有理，非可概論。羊於辰屬未，坤貞未土，故土之生羊，不盡因於土金之相生焉。他物之生，各有原理。恨吾人學識尚淺，未能悉知之耳。

坎為水，離為火。水火天地之大用，道家謂為人生之至寶。修道之功，歸結於取坎填離。而平時所致力者，所謂龍虎升降。二五交搆，皆不越坎離之功用。古來傳記，所載物類能煉形修道者，惟狐為最多。且其收效之易且速，恆為人類所不及。雖為經史所未載，然不盡為荒唐無稽之語，可斷言也。要皆未能證明其理，乃攷之於《易》，狐為坎象【《荀九家補》】。

而水火既濟、火水未濟之兩卦，皆取象於狐。夫既濟未濟，非道家之乾坤，《參同契》之關鍵乎？乃文王作《彖》，周公繫《爻》，皆取象於狐。則狐之性靈形體，必與人近。或其內體有特異之機能，合於水火升降之作用，有非為人所及者，故能事半而功倍。古聖必已確知其故，因以繫諸離坎交媾之兩卦，非偶然也。但非詳於動物生理學者，不能剖此疑團。在北京時，曾以質諸大學教習日耳曼人沙某。沙亦向喜中國古學。而精於生理解剖者也。辛齋詳語其故，而沙乃鼓掌狂喜曰：「此足與吾國學者之研究相印證矣！近年解剖之學日精，凡人類與動物之身體之結構，無不明晢其作用：如人之腦筋有十二對，若者司視，若者司聽、司嗅，無不條分縷析。獨狐之腦筋，異常繁複。經多數博士之攷驗，迄今尚未能解決。今由《易》象，可得其端倪。即從心腎兩臟以探察之，或可得其要領乎？」即此以觀，可見吾人於科學知識未能充分，而《易》象之精深奧衍，則斷非一知半解之腐儒所可擬議矣。

凡卦之象，合言之各有陰陽剛柔之別。陰陽以氣言，剛柔以形言。如乾為天為剛，坤為地為柔，坎為水為氣之形，離為火為形之氣，是也。而分言之，每卦又各自有其剛柔氣形之用。如乾為天為圜為父為君，又為玉為金為寒為冰，又為大赤，為良馬為老馬為瘠馬為駁馬，又為木果。說者謂乾元資始，天與圜乾之體也，父與君，人之元也。玉與金，物之元也。寒與冰，氣之元也。大赤，色之元也。馬與木果，動物植物之元也。又來瞿唐云：「乾為馬，良馬其本體也。時變為老，形變為瘠，色變為駁」，皆能得觀象之要者也。學者由此類推，更可得無窮之精義。如為玉為金，金玉乃物質之最堅最精最純者。《乾．文言》曰「剛健中正，純粹精也」，故以金玉象之。然物質之發明，日進無窮。近世所寶貴之金剛石，在畫卦時未必有是物也。而乾之剛純粹精，已酷肖其象。故自金剛石出世，而金玉失其貴。擬乾之象，當亦以金剛石為最肖矣。蓋乾乃純粹之氣，而凝合成形，又極剛極堅，無物足以比擬。據近世化學家所攷驗，金剛石乃純粹之炭氣所凝結，化之仍散而為氣，絕無渣滓。夫至精至純至剛至堅，又光明通達，聚之成質，而散仍復為氣。非乾之全德，又烏足以肖之？此象之可以物理之確當而補之者也。

凡卦之擬象，有自其陰陽之本體言者，有自其陰陽既合以後言者。如乾道成男，坤道成女，為男為女，是各就其本體言也。若乾為父，坤為母為婦，則自其陰陽既合以後而言也。凡卦之擬象，有取其全體者，有取三畫中之一畫者。乾坤為陰陽之宗，故取象皆以其全體。六子各分乾坤之一爻，故取象亦各就其一爻而言。如震巽以下爻，坎離以中爻，艮兌以上爻是也。

六子既各分乾坤之一爻，故即分乾坤之象。如乾為馬，震坎皆言馬。坤為牛，離亦為牛。坤為腹，離為大腹。乾為首，坎為大首。「大腹」見於《傳》而不見於《經》，「大首」見於《經》

而不見於《傳》，此尤見經傳互相發明之妙也。

震為聲。凡天下之聲，無不由動而發者也。震為羣動之宗，故又為聲。然《說卦傳》未言震為聲者，以巽之為臭對照而可得者也。《說卦》言象，往往於相對待者舉其一端。如舉坤為眾，知乾之為一。舉乾為寒，知坤之為暑。舉坎為憂，知離之為樂。此以對卦互見其義者也，亦有反對互見其義者。如震為大塗，而艮為徑路。巽為疑而兌為決。此皆《說卦》所明言者，則其未明言者可類推而知矣。如舉巽為長為高，則知兌為眇小為纖細。舉艮為門闕，則知震為盤桓。非神而明之，象義莫能見矣。

坎為水，離為火，其單象也。而陰陽既合，而離又為電為光為熱。物理之作用，非水不能溶解，非光熱不能融合。無論動物之生，不能離水火與光力熱力，為循環之挹注。既礦物諸質，其凝結之初，亦無不由此。故以電光熱之力，無物不可化分，亦無物不可以化合。故《易》以坎離為六十四卦之中樞，而殿之以水火既濟火水未濟。或問：乾為天，又為木果。小大之不倫，何懸絕若是？曰：天者元也，元無所不至。木果雖小，即乾之貞，而為元之所伏也。〈剝・上九〉曰「碩果不食」，反而為復，貞下起元，故終則有始也。其取象於木果者，以其形圓。圓內有核，核內有仁，仁內即元之所存【詳見前卷元字精義】，物雖小而生意無窮。至初爻變為巽，則元已不可見。故巽為不果，又為伏。伏者即謂元之伏藏而不可見，即无首之義也。《易》象之妙，極深研幾，無一字不有精義存乎其間。

或問：乾為木果，即乾上爻之象乎？曰：「碩果不食」，上爻之象也。而窮上反下，則為初爻。故「木果」二字，須合兩爻以見義。經於〈剝・上〉曰「碩果」，曰「不食」，二字均有分寸，不可不深思熟察也。

或問：乾乃純陽，何以為寒為冰？曰：陽畜於陰，寒與冰，皆以陰畜陽。乾居西北，固陰沍寒。陰陽相薄，凝而為冰**【所謂陰陽既合以後之象也】**。故乾西北對東南巽。乾巽曰小畜，乾居西北，於先天之位為艮，艮乾曰大畜，大畜小畜而陽始生，猶必潛以養之，勿用以守之。剛健純粹，夫豈一朝一夕之故哉！

或問：艮為虎，兌亦為虎。艮為虎，乃荀九家之說。按之於《經》，則履之「虎尾」，革之「虎變」，皆似兌象。究何從乎？曰：履與革，固有兌象。而頤之「虎視眈眈」，則艮象也。此即前文所謂以對卦而相通之一例也。攷八卦之象，艮為狗，因艮外剛而內柔，狗之性似之，故為狗。然艮有成終成始之德，能與剛德相終始，則為虎。兌之本象為羊，履之「虎尾」，革之「虎變」，曰「尾」曰「變」，明非兌之本象也。至兌之為虎，乃另屬一義。兌居西方，上直昴宿白虎之位，亦如乾卦之取象蒼龍，則因位而取象。與剛柔之說無與矣。

或問：坤為布為釜，乃坤之本象乎？曰：非也。此皆陰陽化合而生之象也。坤與乾合，則陰陽經緯而有布象。坤得離坎，則水火濟用而有釜象或缶象。缶亦釜也。《易》有缶而無釜，因上古火化之始，未有釜也。觀比之盈缶，坎用缶，離鼓缶，可會通其義矣。曰：陰陽經緯，既乾坤相合之象，何獨於坤言之，曰：陽氣而陰質也。曰：乾亦有稱布乎？曰：有諸，乾施坤受，施亦布也。布五行於四時，乾之布也。布同而義殊矣。妙哉！《易》之為書也。

或問：離為鼈、為蟹、為蠃、為蚌、為龜。此五者，惟龜象見於頤與損益，餘象皆不見經傳，其義何居？曰：五者皆水族也。不屬諸坎而屬諸離，以見陰陽互藏之妙焉。舊說以五者皆甲蟲，外剛內柔，故以取象。是矣，而未盡也。離中虛能受，故能納五行之精。得巽木之精為鱉，得震雷之精為蟹，得兌月之精為蚌，得乾金之精為蠃，得坎艮之精為龜，而皆受化於坤土。觀象於頤可得其義。推而廣之，其象可見也【焦氏《易通釋》謂《易》之言敝即鱉也，言解即蟹也，言贏即蠃也，言邦即蚌也，於義亦通】。

或曰：坎為月，今以兌為月，是非邵子之象乎？曰：非也。卦之言象，以相對見義。坎離相對，離為日，則坎為月。離為火，則坎為水。兌之為月，對於震巽取義。《易》之言月者，除日月對舉者則指坎。餘皆指兌言也。

或問：《繫下傳》「龍蛇之蟄以存身焉」，是否指乾卦之象？曰：然。咸卦三爻至五爻互乾，乾四爻之「上不在天，下不在田，中不在人」者，以此四爻乃在乾卦之中。〈咸・象〉曰「君子以虛受人」者，即此一爻，故稱龍蛇。龍蛇者，未確指其為龍為蛇，與「或躍在淵」之「或」字相應者也。蓋乾之對宮為巽，巽於十二辰，貞在辰巳，辰為龍，巳為蛇。躍者，超越而上之名，言四爻能超躍越過巳之一位，即及於離午而為飛龍。不能及於離午，則在巳而為蛇。辭意極為明晢。按之於象數，無不絲絲入扣者。聖人之文，真與造化同工也！

或問：《說卦》「離為龜」，乃六十四卦之有離者，均不言龜，獨見之於頤與損益何也？曰：頤與損益，皆剛外柔內，有離之象。來氏所謂大象是也。頤與損益，大象似離，故言龜。亦即聖人示人以取象之一例焉。曰：在損益皆稱「十朋之龜」何也？曰：十者，取其最多之數，即天一至地十之數也。朋者，陰陽相合。以天一地二天三地四，數各有合，故曰朋。此「龜」字與震卦「億喪貝」之貝字同。古人無錢布，龜與貝皆寶貨之一類也，故以象言之。頤之龜乃活龜，而損益之龜則龜版耳。

或問：巽為寡髮，《李氏集解》作宣髮。虞注曰：巽為白，故宣髮。將何說之從？曰：兩說皆可通也，巽為長女。凡女之愆時未嫁。及早嫁而生育過多者。血皆失其經而髮禿。故曰寡髮。禿必於前額，故亦可曰宣髮。《攷工記》「半矩謂之宣」，似宣之義更能形容酷肖，較寡字尤周到也。

或問：巽為近利市三倍，其於象也何居？曰：此象之微妙，非通全卦而觀之，僅就巽之三畫以探索之，無從得其義焉。巽為入，有入而无出，得坤吝嗇之性。然坤柔順，故雖吝嗇，尚不致為貪。而巽之體，則乾體也。以乾體之健，行坤性之吝，更兼其本性之入。三者合之，所謂三倍也。然則近利市三字之象，又從何而來也？曰：此則須索之於八卦方位也。八卦巽居東南，其前則東震也，其後則南離也。離與震，火雷噬嗑。日中為市，致天下之民，聚天下之貨，交易而退，各得其所，蓋取諸噬嗑。今巽之方位，適介於噬嗑上下卦之間，非近利市而何？故聖人之於象，一字一義，必有根據。潛心以求之，多方以索之，方能知其妙。若以不解解之，其奧義終莫能得也。

或曰：宣髮與近利市三倍，其象義之妙既聞之矣。而巽又為多白眼，亦必有妙義，可得聞歟？曰：此則前人已有言之者矣。曰離柔居中，為目之正。巽陰反下，而二陽上，故多白眼。似為來氏之說。於義頗近，尚未明暢。請申言之。離為目，巽之下，即離之上也。離之下，即兌之上也。此即虞氏所謂半象。故經文於兌稱「眇目」，履與歸妹皆兌，皆曰「眇能視」是也。以兌例巽，則巽亦眇耳。惟巽又為白。白者，上二陽也。是巽之眇，白且占三分之二。非多白眼而何？「多白眼」三字，不啻將巽之眇活畫出來。神哉化工之筆也！

或問：坎，其於人為加憂，為心病，為耳痛。舊解為陽陷陰中，心危慮深，故加憂。憂之甚為心病，心以虛為體。剛畫梗於其中故病。惟耳亦然。坎為耳，外陰內陽，取象陽之聰也。又為耳痛，象陽畫之梗於其中也。其說當乎？曰：否否。坎曰惟心亨，正以陽之正中也。

若以陽之梗於中為病，則天下之心，殆無不病者矣。陽梗於中為耳痛，則天下之耳，將無不痛者矣。其說之誣，不待辯矣。坎為耳、為心，其本象也。其為加憂，為心病、為耳痛，則因所處之時與位而言。所謂陰陽既合以後之象，陰陽合則變化生，曰憂、曰病、曰痛，明明既動以後之事，烏得以本象之陰陽言之？比樂師憂，同一坎焉，何為於比則樂，於師則憂？豈比之坎剛畫梗於其中，而師之坎則無剛畫梗於其中耶？豈比之坎陽陷陰中而師之坎陽出陰外耶？同一坎也，同一坎與坤也，同為一剛而五柔也，乃憂樂頓異者，則惟其所處之時與位之不同耳。然憂與樂，固同此心焉。處憂則憂，當樂而樂。或先憂而後樂，或先樂而後憂。時與位無定，君子處之無成心焉。故曰加憂。加者非所固有，從而加之之辭。〈坎・象〉曰「惟心亨，往有尚」，尚即加之義也。物失其中為病，艮之「危薰心」，心病也。不安其中亦病，咸之「憧憧往來」，亦心病也。坎者通也，失其通為痛。噬嗑之「荷校滅耳」，《傳》曰「聰不明也」，乃耳痛也。未聞剛梗於中之為病、為痛也。腐儒不明象義，又不熟經文，僅知於一卦三畫中求象。求而不得，於是以剛柔之卦畫，以己意揣測而附會之，而不顧其理之是非。此言象者之所以授人口實也。

坎之為矯輮，亦非其本象也。凡物件之矯輮者，必先炙以火，而以水定之。故坎象之為矯輮，亦必在與離相合，或在與離通變之後，而弓輪則更因矯輮推而及之者也。蓋物之有弓與輪，乃為矯輮之最著者也。《易》象有相因而及者，如艮為門闕，因更為閽寺；兌為口舌，因更為巫，皆與此一例也。

或問：象之言數，是否即「七日來復」、「八月有凶」，與「十年不字」、「十年勿用」之類？曰：非也。此乃言爻與卦之數。雖與象不盡無關，然不可即謂象之數也。然則象之倚於數者如何，可略舉其例歟？曰：《易》之為書，參天兩地而倚數。三畫成卦，參天也。因而重之，兩地也。六畫而分三才，又參天也。三才而迭用柔剛，又兩地也。用九、用六，又參天而兩地也。故《易》之立言，殆無一不倚於數。詳言之，非短辭所能罄，當別論之。象之倚數，亦不能離乎陰陽。陽數參天，陰數兩地。參兩之數，無不原本天一至地十之五十五數，而折為五行，分寄於象。故象之言數，以根於五行及九宮之數為多。而五行各有始有壯有究，數又有別也。《易》窮則變，窮於數也【天數極於二十有五，地數極於三十，天地之數窮於五十有五。故生數終於五，成數始於六，天地生成之數合於五。六乃為天地之中，七則反以天之五分陰分陽。故干之數十。以地之六迭用柔剛，故支之數十二，十三則凶。陰九陽六，六九五十四，為窮之災。而五十六為凶之始，而九十六與一百零六皆凶數】。是故欲明象之數，必先別其時位。時有三候【即始壯究也】，位有三等【即初中上也】，明乎此，於「象倚於數」之理思過半矣。

逸象

《易》象掌於太卜，周室板蕩，典章散迭。東遷而後，未能盡復故物。孔子《說卦》所傳，即為掇拾殘闕之遺，而又歷經劫火，簡策散失。比及西漢，兩篇《十翼》，猶闕《說卦》三篇。後得河內女子發於廢屋，即今之《說卦》是也。卦象殘闕，自所不免。《荀九家》補象，乾有四、坤八、震三、巽二、坎八、離一、艮三、兌二，都三十有一。朱子已取以列入《本義》。而孟氏之逸象，又十倍於《九家》。計乾之象六十有一、坤八十一、震四十九、坎四十七、艮三十七、巽二十、離十九、兌九，共三百二十三，亦云夥矣。而後儒如何妥、于令升、侯果、朱震、來知德，及勝清毛錫齡，亦均有補象。要皆采自二篇《十翼》者為多。如《九家》所補之三十一象，惟坤之帛與漿，震之為鵠，巽之為鸛，未見於經，餘皆經傳所有者也。《易》道廣大，無所不包，象足以盡物，物不足以盡卦。《易‧說卦》於《象》曰「其於」物也，「其於」人也，亦舉一隅而已。觸類旁通，非列舉所能盡也【《荀九家》者，荀慈明集九家《易》解，為書十卷，見於《班書》。而《文獻通攷》引陳氏說，謂漢淮南王所聘明《易》者九人，荀爽嘗為之集解。但陸氏《釋文序錄》列九家姓氏為京房、馬融、鄭玄、宋衷、虞翻、陸績、姚信、翟子元、荀爽，與前說不同。但攷陸氏所列諸家，無論時代後先，且立說各異，有相冰炭，決非可合而為一者。姑錄其說以備參攷可耳】。

學易筆談　卷四

君子有攸往

〈坤．彖〉曰「君子有攸往」。讀者於此一句，往往忽略，順口讀過。而自漢以後，講《易》者無慮千數百家，亦均未著眼於此。宋儒或以為占辭，以君子指筮者，則更為無稽。須知此卦為六十四卦之第二卦，上承六十四卦第一卦之乾卦。文王於〈乾．彖〉，只繫以「元亨利貞」四字，以概括乾德，即以概括六十四卦。以乾為天行，蕩蕩莫名。舍此四字，實無可以表示乾德而概括無遺者。坤以承乾，故亦首繫以「元亨利牝馬之貞」。「牝馬」二字，綰合乾坤，以示陰陽合德，剛柔有體。所謂立天之道，立地之道者，皆以此「元亨利貞」四字挈其綱矣。然天地之道，非人莫明；天地化育，非人莫參。先聖作《易》，原以明人道以立人極。故於〈坤．彖〉「貞」字之下，即大書特書曰「君子」，所以正名定分，乃《周易》開宗明義之第一特筆也。讀者疑吾言乎？試即文王六十四卦之《彖辭》索之，可比較而得之矣。謙為人道之卦，曰「君子有終」。否曰「不利君子貞」，同人曰「利君子貞」，皆此君子也。周公繫爻於〈乾三〉之「君子終日乾乾」。孔子贊《易》，六十四卦《大象》之「君子」，皆述文王之意，所以闡發此一句「君子」兩字者也。乃後人猶不注意，不將前聖後聖垂教之苦心，一筆抹煞乎？「有攸往」者，乃鄭重指導之辭，三字具有無窮深意，亦不當忽略讀過。此「有」字，乃全《易》開卷第一「有」字，即《序卦》「有天地然後有萬物」與「有男女有夫婦有父子及禮義有所錯」之有。言既有「乾元亨利貞」，既有「坤元亨利牝馬之貞」，而後君子始「有攸往」之可言矣。攸者，安也，久也；往者，進也。上言乾坤之「元亨利貞」，乃天地之道，循環而無端者也。而君子以參贊天地，乃進化而不已者也。故曰「有攸往」。與近世哲學家所謂天行之往復為循環線，人治之進化為螺旋線，其理正相脗合。以下六十四卦皆根此立言，以明人事之是非得失而定吉凶。自讀者將此重要之經文滑口讀過，宋人不得其解，更以君子二字為指箴者而言。於是全《易》，《彖》、《象》，皆索然毫無生氣。孔子之《大象》所謂「君子以」者，亦味同嚼蠟矣。

得朋喪朋

「坤利西南得朋，東北喪朋」二語，注解不一。王肅以下，大概以朋為陰類，西南離巽兌皆陰卦，故「得朋」。東北震坎艮皆陽卦，故「喪朋」。以喻女子在室得朋，猶迷而失道；出嫁喪朋，乃順而得常。陰必從陽，離喪其朋類，乃能成化育之功，而有安貞之吉。史徵、崔憬，及程朱《傳》、《義》之解釋，大略如此。其於文義，終覺牽強。言虞氏學者，以納甲為言。以坤之得朋，為月之得明，則以朋為陽矣。辛齋以為欲解釋此二語，必先定朋字之確詁。究竟指陽說，抑指陰言？按西南固坤之本位，坤中爻二三四䷩為益【益卦二三四爻為坤】，坤三四五為䷨損【損卦二三四爻為坤】。故損之五，益之二，皆曰「十朋之龜」。此十朋，即〈坤・象〉「得朋」「喪朋」之朋也。而損之六三，曰「三人行則損一人，一人行則得其友」，以損之義為損下益上。損泰䷊下卦之三，以益上卦之上，泰變為損，下乾【乾，子丑寅三人】去其一爻，故曰「三人行則損一人」。損此一爻以益坤上，雖成損，而上與三仍得陰陽相應，故曰「則得其友」。據此以觀，則陰以得陽為朋，陽以得陰為友，其例甚明。而〈坤・象〉之「朋」可得言矣。坤方於十二辰為未申之位，於消息卦為否為遯。否下卦坤，故「先迷」。上卦乾，故「後得主」。坤間辰六爻，未巳卯逆行，自西至南，由遯至乾，皆陽爻日增，故曰「西南得朋」。自乾以後，而東而北，夬壯泰臨復。陽爻遞減，故曰「喪朋」。至戌亥歸坤，純陰無陽，朋喪盡矣。更逆行至酉，為坤之終位【兌酉數十，十亦為終】。值兌之正位，兌九四之喜有慶也。故曰「乃終有慶」。則自「先迷後得主」以下，可一氣貫串，無一字不腳踏實地矣。至「十朋」之義，原為天一至地十之數，各相有合。在坤言坤，以陰得陽，故曰「十朋」，與前說亦相合也【以消息言之，「得」者息也，「喪」者消也。得喪者，即消息二字之代名也。以坤消乾至東北而乾陽消盡，反為純坤。喪朋之為消陽，可無疑義矣】。

履霜堅冰至

〈坤初六〉「履霜堅冰至」。舊說尚無悖於義，惟以「堅冰」二字為疑。於是臆說紛紜，妄相揣測。而於聖人立言之本旨，相去愈遠矣。須知此爻乃坤卦初爻，乃六十四卦陰爻之第一爻，亦即以陰消陽之第一爻也。剛柔始變，陰陽大化根本所自立之初，豈可輕易忽略看過？周公繫爻，鄭重言之曰「履」。履者何？踐履也。以「履」冠六十四陰爻之初，以明人生涉世之初步也。離卦之初曰「履錯然」，以殿《上經》，以示有始必有終。兩「履」字遙相呼應，非泛文也。孔子韋編三絕，深能契合文周之心，故《繫傳》於三陳九德，獨舉一履。再三反覆，推勘盡致。以明立德之本。雖僅舉九卦，而六十四卦可以意推之矣。故「履」之一字，即以為全《易》之綱領，為聖人以《易》立教精義之所在，亦無不可也。豈可輕易忽略看過哉！「堅冰至」，原非坤初爻之候，乃周公以繫於初爻者。雖曰防微杜漸之意，然實《周易》之一種特別筆法，學者更不可不知也。陽順陰逆，坤乃陰卦之宗。故聖人繫辭，皆用逆筆，特由「至」字反說到「初」。觀乾曰「元亨利貞」，坤曰「元亨利牝馬之貞」，其文氣亦皆一順一逆。孔子贊坤，亦以「至」字開口，真能與文王周公心心相印者矣。觀象玩辭，不可不於此等處加之意也。

不習无不利

〈坤六二〉「習」之一字，亦《周易》最要之眼目也，亦不可忽略看過。初曰「履」，以明人生涉世之始也。二曰「習」，以明涉世後必至之一境也。緊接上文，一氣而來。霜猶履也，堅冰至則已習矣。人之生，性相近也，習則遠矣。善惡分途，積微成著，無不由習之一字而來。聖人慎所習，惟立教以濟之，故坎特著曰「習坎」【坤二爻坎位也】。孔子《大象》曰「君子以常德行習教事」，而《論語》曰「學而時習之」，此皆善用其習以立人道者也。自世運遞降，天德王道已成故事【蠱，故事也】。後世雄才大略之君相，恆利用「習」之一字，為操縱斯民之具。非常之原，黎民懼焉。乃施之以漸，令習而安之，則習非且可以勝是矣！【如革命之說，初聞者無不掩耳卻走，駭為非常。乃一再試之輿論和之。曾幾何時，昔之掩耳卻走者，或且醉心從之矣。此即習之說也。近世歐美大政治家，欲有所設施，恆先建議以造成輿論，使人民習見習聞而後行之。舉重若輕矣】然聖人之化民成俗，尚道德不尚事功。操縱之術，非所屑焉。端民習於就學之始，薰陶而善良之，化行而俗美，則施之於事。不習自无不利，此豈一朝一夕之故哉！周公繫「習」於坤之二爻，以承「履霜堅冰」之後，其用意至深遠矣！

乾坤之字法

乾，天行也。坤，地道也。天運於虛，地徵諸實。故乾以言道，坤以言德。道運於虛，德徵諸實也。詳玩兩卦《彖》、《象》，乾曰「元亨利貞」，坤則曰「元亨利牝馬之貞」。全卦六爻，乾則象以「潛見躍飛亢」及「乾乾」「惕若」，皆用虛筆。而坤則曰「履」、曰「習」、曰「可貞」、曰「括囊」、曰「黃裳」、曰「血」，筆筆皆徵實矣。聖人之筆，妙極神化。孔子贊《易》，為衰世之救濟，略天道而言人事，由下學以希上達。故首重立德，由立德以明道。然明道與立德，均非辭無以見焉。是以《文言》曰「修辭立其誠」。上下兩篇之《繫辭》，又各為之傳，又特表而出之曰「以言者尚其辭」，又曰「所樂而玩者爻之辭焉」，皆教人以學《易》之方也。卦有小大，辭有險易，言小大而陰陽可知，言險易而順逆虛實可知。學者必潛心玩索，始能微顯闡幽。茲略舉乾坤兩卦之字法，餘卦可類推，而《十翼》之辭亦可類及矣。

咸甯咸亨

〈乾・彖〉曰「首出庶物，萬國咸甯」。〈坤・彖〉曰「含弘光大，品物咸亨」。此以贊乾坤化育之功，皆陰陽合德，交相為用。乾用九以變坤，坤用六以承乾。僅一咸字，已將乾坤兩卦綰合，有天地絪蘊之妙。咸者上兌䷞下艮之卦，乾在坤中，所謂二氣感應以相與，天地感而萬物化生者也。夫庶物與萬國，皆坤象焉。乾元首出，久道化成。於是乎有咸甯之慶。弘與大，皆乾象焉，而坤能含之光之【凡陽必得陰而始光。如日，必遇地與月，或其他能受光之質，而光始見也】，於是乎品物有咸亨之象。然而乾之咸甯，甯於坤焉。而坤之咸亨，亨於乾焉。交互錯綜，妙合無間。神哉化工之筆也！至臨之「咸臨」，姤之「咸章」，皆以一「咸」字以形容陰陽搆合之妙。臨數一二，一二為子丑，子丑陰陽始合。姤數七八，七八為午未，午未天地相遇，為陰陽中合。與乾坤兩卦之「咸」字，互相印證，互相發明者也。

咸感

〈咸・彖傳〉曰「咸，感也【舊說：咸感無心，兌說無言。無心之感，其感始至。無言之說，其說乃大】。二氣感應以相與」。蓋物理必異性者乃能相感，而善感者莫如人。人之善感者，莫如男女，尤莫如少女少男。故以少女少男之卦名之曰咸。而咸卦六爻，又均取象於人身，則以感覺之最靈且捷者，更莫過於一身焉。六爻初拇，二腓，三股，五脢，六輔頰舌。四當為心，乃不曰心，而曰「憧憧往來」。以心不可見，且咸之感，本無心也。卦爻取象之精細，可謂剖拆毫芒。至義蘊之妙，更有非言語所能形容。細玩逐爻之辭，見深見淺，必有所得焉【物理：異性則相感相吸。兩性既感而吸合，則原有之兩性相消而等於无。故咸又為无。又咸從戌從口，戌亥數无。先天卦艮居戌口，與兌相對，故兌艮為咸，而咸為无。後天卦乾居戌亥，故乾亦為无】。

萬物庶物品物

「大哉乾元！萬物資始」、「至哉坤元！萬物資生」。此言盈天地間之事事物物而約其大數，即上下二篇之策，萬有一千五百二十以當萬物之數者是也。〈乾・彖〉曰「品物流形」，〈坤・彖〉曰「品物咸亨」。品物者，物之既成，可以類而別之，故曰「品」。「品物流形」者，乾流坤形也，坎也。「品物咸亨」者，坤承乾亨也，離也。可見乾坤二〈彖〉，無一字不互文見義者也。至「首出庶物」，不曰「萬」，不曰「品」者，乃合萬與品而兼言之，對於首而言也。通言萬物，未分類也。物而曰品，則「方以類聚物以羣分」矣。既類聚以羣分，則必有一焉超乎其類統乎其羣者。即首出之義，而不為首者皆庶也。故曰「庶」者，對於首而言也。不曰「首出萬物」、「首出品物」，而必曰「首出庶物」。可見聖人修辭之精，無一字虛設，無一字苟且焉。

損益盈虛

《下經》之損益，猶《上經》之泰否也。《上經》始乾坤，至小畜履凡十卦。陰陽爻各三十，而繼之以泰否，為乾坤變。《下經》始咸恆，至蹇解亦十卦。陰陽爻各三十，而繼之以損益。咸恆為乾在坤中，損益乃坤在乾中也。天行人事，均不外乎否泰往來損益盈虛而已。舊說泰損下益上**【損下卦之九三以益上卦之上六】**，則成損。否損上益下**【損上卦之上九以益下卦之六三】**，則成益。然則否泰往來，損益盈虛，其所以轉移變化之機關，俱在三爻。三爻者，人爻也。以明否泰損益皆在於人，而天地無與焉。天行之否泰，人得而轉移之。人事之否泰，天地無如何也。孔子於乾之九三，反覆申明其義。曰「與時偕行」，在損曰「與時偕行」，在益曰「與時偕行」。否泰者時也，損益者人也。與時偕行，則否可轉泰。不能與時偕行，而與時偕極，則無泰而非否矣。與時偕行者何？即所謂「終日乾乾，乾行者是也」。然而經文於損，獨曰「有孚元吉」者何也？曰「損上益下」，其理近而易明，其事順而易行。故否泰之轉移尚易，然否轉為泰，泰復轉為否，泰否往復，循環不已。又烏能日進無疆？吾國數千年歷史皆一治一亂，循環往復致人事永無進步，不能與世界列強相抗衡者，正以吾人祇知以益求益，而不能以損求益。故極其功只能轉否，而不能化否。能化否，則否變同人。同人而進於大有，世運始有進步。始避泰否之循環線，而入於傾否之螺旋線，然後得合於進化之正軌也。故孔子又於益之〈彖傳〉申明之。曰「益動而巽，日進无疆」。此損益之大道【天行先泰而後否，人事先損而後益】，先聖之象已明示之。孔子贊《易》，又一再言之。乃三千年來竟無一人能察聖人之象，昧聖人之言，以求日進而无疆，坐令錦繡之乾坤，困於一治一亂之輪迴，而無發展之機，不亦深可痛哉！辛齋何人，於古先大師大儒之學，曾不能仰望其肩背，詎謂能發前人所未發，明前人所未明，以補數千年之罅漏？或者時事相催，劫運當復，天誘其衷，困諸囹圄，導諸良師，開其一隙之明，畀引其端。庶聖意不致終晦，後人得藉此發揮而光大之，以臻世界之大同，未可知也。九仞之山，成於蝗垤。辛齋其亦一蝗而已。

水火亦有二

八卦播五行於四時，木金土各二，惟水與火各一。震巽木有二也，兌乾金有二也，坤艮土有二也，惟離火坎水各一。先儒謂離坎居中，中不可有二，故水火均一也。又謂木金土皆有剛柔，惟水火無剛柔可分，故不能有二。然以十干分配五行，則水火木金土各有二。以十二辰分屬五行，則水火木金各有二，而土有四，則水火不二之說又不可通。辛齋以為八卦於水火，亦各有二，與木金土無異焉。離為火，震為雷，雷亦火也。坎為水，兌為澤，澤亦水也。震為雷，震之一陽出於坎。陰根於陽，《內經》所謂「龍雷之火」，乃真火也。故於十干屬丙，而離火屬丁。兌之一陰麗於離，故曰麗澤兌。陽根於陰，其義取明水於月，乃真水也。於十干屬壬，而坎水屬癸，水火同源，陰陽互根，皆歸本於太一。俗儒未察五行之原理，以卦只有八，而五行之分陰分陽，其數有十，遂無可措置。曲為之解，遂有水火不二之說，而不自知其不可通也。

九宮八卦之真諦

八卦坎一，離九，震三，兌七，乾六，巽四，坤二，艮八，乃九宮之數，即洛書數也。後人不得其解，異說紛紜，各執一是，而互相駁難，究莫能得其要領。此由於不知九宮之真諦，無怪其開口便錯也。九宮本於太一，以一行九，如乾坤之周流六虛，分陰分陽，循環無端。一九三七二四六八，即陰陽太少之四位焉。陽為氣，陰為形，氣與形有純駁，而太與少別也。一九太陽，純乎氣者也。故坎離居之。二八少陰，純乎形者也。故坤艮居之。三七少陽，氣與形相兼者也。故震兌居之。四六太陰，純乎形亦純乎氣者也，故乾巽居之【**巽為柔木，得氣之初，成形最早。乾為金剛，得氣最純，成形最堅。故柔木燒之而無炭，金剛化之而無質。此所以為太陰，陰極生陽，而玄牝為萬化之根也**】。支支節節而解之，一卦一象以求之，其泥而不能通也宜矣。

天地絪縕男女媾精

《上經》首乾坤，《下經》首咸恆。咸恆天地合體之卦也。泰否損益，亦天地合體之卦也。乾坤合德，見於咸恆。泰否交構【泰否為天地交】，見諸損益。故「天地絪縕，萬物化醇。男女媾精，萬物化生」，贊諸損之六三。天地絪縕，陰陽首交，而物以氣化。男女媾精，雌雄尾接，而物以形化矣。形能奪氣，物既成形，專於形化，而氣不復化，亦致一也。是故天下之物，其初生者無不以氣化，天地之始合也。天地終合，萬物畢具，形成名立，氣為形奪，而氣化者少矣。然終則復始，氣機之流行，仍無少異。即氣化之用終不可絕，不但形之微者仍歸氣化【如無骨之虫類是也】，即形化者亦或感於氣。而蛻化，而變化【如雀化蛤，魚化雀，沙魚化鹿化虎，人亦有時化虎之類】。生生化化，神妙莫測，皆資始於乾元，資生於坤元，實資於天元一【數學以立天元一御無窮不盡之數，亦此理也】。天元一不用【以不用為用，故其用不窮】，用地元二【一二天地合三，三生萬物】。天元一子，地元二丑，子丑天地始合。絪縕氣化之候，在卦子一復，丑二臨。復一小不用【復小而辨於物】，用臨二大【臨下兌，兌數十，十數盈數也，故大】。故臨之初九、九二，皆曰「咸臨」【咸，乾在坤中，以陰含陽，陽動陰中，陰陽合德，資始資生，二而一矣】。而乾坤二《彖傳》，孔子皆以一「咸」字形容之。咸臨於初爻，初應四，四曰「至臨无咎」，即「至哉坤元」之「至」也。咸臨於二爻，二應五，五曰「知臨大君之宜」，即「大哉乾元」之「大」也。乾大坤至，天地之氣，充滿流行，密合無間。天地絪縕，萬物化醇也。一二合生三，天地合生人。一氣而二形，一精而二純，子丑二而寅三為人道。在卦為泰，泰為通。天地之氣，以人而通。乾道成男，坤道成女。乾交於坤，坤交於乾，而咸恆夫婦之道立。損益盈虛，相為消息，男女媾精，萬物化生也。故孔子於損之六三爻言之。

二與四，三與五

二與四，三與五，全《易》之重要關鍵也。不明乎此，則《彖》、《象》終莫得而解。故孔子於「原始要終」一章，特詳言之。然此章文義深奧，學者莫明其妙，甚或不能句讀，因之異說蠭起。《易傳燈》甚至疑為偽作。是二三四五之說終不能明，故特將此章全文詮釋之。而後剛柔變易之道，始可得言也。《繫傳》曰「《易》之為書也，原始要終，以為質也。六爻相雜，唯其時物也。其初難知，其上易知。本末也。初辭擬之，卒成之終」。此一節明設卦觀象之法。《易》之為書，上下二篇，皆原始要終。《上經》以乾坤始，坎離終。《下篇》以咸恆始，既未濟終。即全《易》以乾坤始而坎離終**【乾坤坎離為先天南北東西之中。乾坤純陽純陰，其體始終不易。坎離為陰陽之中，其體亦始終不易。故後天以離坎代乾坤之位。六十四卦原始要終，皆乾坤坎離而已。六十四卦有其始終，一卦亦各有其始終。乾坤坎離以為之體，而離變其終則為震，震反則為艮。坎變其始則為兌，兌反為巽。而離變其始亦為艮，坎變其終亦為巽。巽艮反仍為兌震，則六爻相雜矣。「六爻相雜，唯其時之不同」。而陰陽之變化，其成象各異。「其初難知」變之始也。「其上易知」，物之終也。初立其本，終得其末。初率其辭，而揆其方。既有典常，卒能成其終。而一卦之體用可見矣】**。而一卦六爻相雜，唯其時物，亦各自有其始終。初難上易，有本末之分。知其所先後，則擬之於初者，卒能成其終。此就全卦六爻而言之也。然初者物之始，而用未著。上者時已過，而用或窮。故又曰「若夫雜物撰德，辨是與非，則非其中爻不備」**【物者，陰物陽物之總名。雜物則陰陽迭居其位而文生矣。撰者有選撰、擬議之意。因陰陽之雜居，其德不同，則是非可辨矣】**。又曰：「噫！亦要存亡吉凶，則居可知矣。知者觀其彖辭，則思過半矣。」**【此又詠嘆以長言之，而申明上文意也。來知德氏以「亦要」為句，而「要」讀腰，謂即指中爻，似屬牽強。「亦要」者，即大要云爾，猶言約舉其大概也。居者，剛柔迭居，屯見而不失其居，即二四、三五是也】**。二四、三五，已過全卦之半，此四爻皆謂之中者。以二五乃上下卦之中，三四又二與四、三與五之中也。

故又曰「二與四同功而異位，其善不同。二多譽，四多懼，近也。柔之為道，不利遠者。其要无咎，其用柔中也。」此即所謂「下中爻」也。二至四合成三畫卦一。既成一卦，又自有其上下之位。既分上下，其善與不善，便有不同。統觀六十四卦，凡二爻每多佳譽，而四爻每多恐懼。何哉？因四之位近於五，而四為柔爻。柔之為道，逼近於剛者不利，故多懼。而二雖同為柔爻，則遠於五矣。遠者大要可以无咎，況二又為下卦之中，柔而得用，此其所以多譽也。又曰「三與五同功而異位。三多凶，五多功，貴賤之等也。」此即所謂「上中爻」也。三至五，亦合成三畫卦一。而六十四卦之三爻多凶，而五爻多功。何哉？則以五貴而三賤。五得位得中，而三則非所論也。綜二四、三五而言之，二與四柔爻也，三與五剛爻也。故又曰「其柔危，其剛勝耶？」二四雖同為柔，惟四獨危。三五雖同為剛，而五獨勝。此總論二四、三五之位。而成卦以後，則剛柔雜居。柔者或以柔而益見其危，剛者或過剛而更著其凶。存亡凶吉，觀其「居」，則可知矣。

柔乘剛

《易》柔乘剛之爻，皆二三五。始於屯之六二，「陰陽始交而難生」。難由於六二之「乘剛」也【乘非二乘初之謂，乃坤六二之柔爻乘乾九二之剛爻。以柔敵剛，剛為所覆，而伏於下，故曰「乘剛」】。凡柔乘剛有其漸，始則柔遇剛【姤，遇也，柔遇剛也】。遇而不以為異，漸而柔乘剛【履，柔履剛也】。履而不止，漸而柔乘剛。乘剛而不止，終之即柔變剛【剝，柔變剛也】。至柔變剛而乾爻二三五，均為柔乘。乃柔乘五剛。六十四卦終於柔變剛，乃剛決柔矣。始柔遇剛，而姤柔壯，壯震起，不艮止之，而震起者皆乘剛爻矣。二三五乘剛爻，天地三人爻睽不同人，遇剛敵剛而乘剛，莫凶於三爻矣。是故乘剛，始〈屯六二〉「乘馬」。屯「乘馬」出之井，井二三五剛爻不可柔乘。柔乘則剛揜，剛揜則困。故乘剛莫凶於困之六三爻也。是以〈震六二〉「乘剛也」；〈噬嗑六二〉，「乘剛也」。天地乘剛爻皆於六二。乘剛難始，即難在三五。三五天地日月候。三柔乘，困剛揜。五柔乘，豫貞疾。皆日月揜食象也。

柔乘剛，則坤有尤，而乾有悔。故《易》无尤之爻，恆在二四五。尤，異也。睽，異也【睽三五柔】。西南坤柔道，以物見異為有尤，乃乘剛也。東北艮終止之，以終止坤柔，不見異，不乘剛，而終以无尤。故於天地西南【離兌】睽異，而終於東北蹇難，艮止之。二三五震起，而柔乘剛者，皆二四五。反震而艮止之，則終无尤矣。是以屯二，乘剛也。屯震反艮，屯成蹇，蹇二終无尤也。噬嗑二，乘剛也。噬嗑震反艮，噬嗑成旅。旅二，終无尤也。豫五，乘剛也。豫震反艮，豫成剝，剝五終无尤也。柔剛二三五終无尤，二四五天地中，三四反類，故〈困三〉「乘剛也」。困反類賁，賁四終无尤也。是以无尤皆二四五柔以艮止，乘剛皆二三五柔以震起也。

二三五不柔乘，二四五終无尤，於是坤无尤而乾悔亡，為貞吉悔亡。故《易》貞吉悔亡爻，恆為二四五。乃坤柔不乘剛，乾剛不柔乘，是以坤貞吉而乾悔亡。坤貞吉，貞於坎；乾悔亡，悔於離。天地南北離坎，《易》日月一二明始，故正北方卦子丑，坎艮蹇貞吉；南方卦午未，離坤晉悔亡；而晉以下子丑二初貞吉，上午未三五日月明悔亡。內子丑一二，家人內也。外午未七八，睽外也。家人二貞吉而初悔亡，內也。睽五悔亡，外也。天地內外陰陽，陰不可過乎陽，內陰壯不可也。故家人內有恆不可有壯。是以家人二貞吉，而恆二悔亡。恆二悔亡，爻止二字，即大壯二貞吉，爻止二字。為內陰不可壯而止之。於是正北方坎卦內正，而南方離卦无悔。可大壯往外，是為大壯內二貞吉，而外四五貞吉悔亡而无悔也。天地坤始柔不可壯，壯則乘剛，坤有尤。乾後剛不可不壯，不壯剛柔乘剛，乾有悔。是以大壯於坤柔壯止，於乾剛晉進。大壯正大，天地之情可見，而二四五貞吉悔亡而无悔可也。《易》於南北離坎，乃未濟上下卦。大壯二四五剛柔爻，即未濟離坎二四五剛柔爻，故大壯二貞吉。坎貞吉，大壯四貞吉悔亡，坎離貞吉悔亡，大壯五无悔，離貞吉无悔，故南北乃天地未濟離坎六十四卦終也。故二三五、二四五，剛柔中爻，為全《易》至要關鍵。不明乎此，《易》不可得而言也。

乾陽二三五在井【乾初九天一勿用，用地二陰陽合德。故乾陽不曰一三五，曰二三五】。故井初下也，時舍也。與乾初下也時舍同也。三多凶，惟〈井三〉「王明受福」【坤陰〈晉二〉「受茲介福」，〈既濟九五〉「東鄰殺牛，不如西鄰之禴祭實受其福」。〈象〉曰「實受其福，吉大來也」。〈困九五・象傳〉「利用祭祀受福也」。經傳言福者，祇此四爻而已】。坤陰二三五在噬嗑，故曰「噬嗑合也」，言陰與陽相合也。先王分疆畫界取諸井，日中為市，取諸噬嗑。燮理陰陽，以養萬民，得二四、三五之用也。井反為困，二與五同也。而三則變九為六。〈彖傳〉曰「困剛揜也」，即井九三之陽為柔所掩，故曰「剛揜」。困數三十六。天地數窮，窮則變，變則通，而通在井二三五。乾陽出用，俱在三四人爻反覆。故二與四、三與五，內重要之關鍵，尤在三四也。

用九用六

卦用七八，爻用九六。七八其體，九六其用。故六十四卦無一非九六之用。孔子首以乾坤發明之，以示六十四卦無一非九六之用，實無一非乾坤之用也。然坤以從乾，地道無成，坤之用皆乾之用，六之用皆九之用，故特於《乾・文言》一再申明其義，曰「乾元用九，天下治也」，「乾元用九，乃見天則」，又曰「天德不可為首也」。先儒於「用九用六」二語，解釋不一。或以占變，或以剛柔，或泛論君臣之道，或比附天地之氣，或以「羣龍无首」四字望文生義，或以「用六永貞」一言互明其旨，而皆未有確切不移之說，為至當不易之論者。揆厥原因，實由蔡墨之一語，曰乾之坤「見羣龍无首吉」。故主占變之說者，皆以用九為純乾變純坤，用六為純坤變純乾。其他泛言義理言君臣，更悠悠無可捉摸矣。夫經文既明明曰九曰六，則釋經者自當先從九六二字研究，得其確詁，然後推究用九用六，及所以用九用六之原，而證之以經，方為有據。端木鶴田氏曰：「用九者，天一不用，用地二至地十」。誠為最扼要之論矣。夫先聖既以九六命爻，自無爻非用九用六也。既稱之曰九曰六，則必根據於天一地二之數可知也。今以天一地二之數推之，惟一與九不變。一不變者體也【以一乘十乘百皆仍為一，而乘三乘四仍為三四。與二合則生三，而一之本數乃不見，故一不用】。九不變者用也【凡以九徧乘他數，無一非九。如二九十八，一八九也。三九二十七，二七亦九也。至九九八十一，八一亦九也】。故自九乘一以至十，其積數為三百八十四，乃全《易》六十四卦之爻數也。而自一以後遞加至十，積數為九十九，加至百為九千九百九十九，而皆虛其一。故一不用，不為首，而《易》之全數皆用九之數。坤之用六曰「利永貞」，天下之道貞夫一者也，則正與九對。由此推之，自二至八，其五位之相得相合，與卦位爻數之相得相合，均可次第而明。然後驗之於日月，徵之於四時，考之於聲音律呂，發而為禮樂政治，人倫道德，皆一以貫之。而八卦六十四卦三百八十四爻，亦一以貫之。持論皆有實據，而非徒托之空言矣【九六之用皆出於數理之自然，非人力可能加減。參看《易數偶得》各圖自明】。

《大學》、《中庸》、《易》象

《大學》、《中庸》，皆本於大《易》。以象證之，幾無一句無一字，不與卦義卦數相合。數始於天一，卦始於坎子【八卦之位，坎北方子，其數一；艮東北丑寅，其數二三；震東方卯，其數四；巽東南辰巳，其數五六；離南方午，其數七；坤西南未申，其數八九；兌西方酉，其數十；乾西北戌亥，其數无。乾无也，於文天屈西北為无】。子天一不用，乾初勿用，用始丑地二【用地二至地十而一勿用，是為乾元用九】。子天一復，復小。丑地二臨，臨大。坎習教事【〈坎・象〉曰「君子以常德行習教事」】，教者斅也。臨內卦兌，兌為學。子一至兌十，一始十終，而艮成終成始，念終始典於學，故曰「大學」。大學終始在艮，即在於〈乾九二〉【乾初一子勿用，用地二丑。地二丑乃坤二之數，乾坤合德，故坎子隱伏丑二兌見。故乾二曰「利見大人」】。九二「君子學以聚之，問以辨之，寬以居之，仁以行之」，大人之學也。大人之學，由於謹小而慎微。庸言之信，庸行之謹，閑邪存其誠，善世而不伐，德博而化，乃龍德而正中者也。故曰「中庸」。故《大學》、《中庸》皆本於《易》，皆始於乾之九二。九二乃坎離爻。坎離南北正中，君子中道而行。《大學》由離而至坎，《中庸》由坎而至離。離坎上下，水火既濟。聖功王道，備於此矣。大學之道，道本於天【乾為天戌亥數无。以无出有，乾知大始，冒天下之道，貞下起元，而元在坎子天一】。天一坎數，由一生二，陰陽合德，故曰「一陰一陽之謂道」。子一丑二，於天象為日月，子與丑合【一二天地始合】天地合德，日月合明。明也者，離也。離坤【八卦離之右為坤，火地晉】乃晉卦，〈晉・象〉曰「君子以自昭明德」。「自昭明德」者，乃君子戒謹恐懼慎獨之功。其象著於西南離坤，而其本則仍在東北。故坎與艮，水山蹇，君子以反身修德。艮與坎，山水蒙，君子以果行育德。坎艮反復，蒙以養正，而聖功基於此矣。然君子之德，非獨善其身已焉。己立立人，己達達人，重離繼照。〈象〉曰「明兩作離，大人以繼明照於四方」。故曰「在明明德」。

離南方之卦，在先天乃乾之位也。乾與離，天火同人。同人親也。乾君坤民，乾施坤受。離以乾體包孕坤陰，其親也至矣。故曰「在親民，在止於至善」。善者，乾之元也【《文言》曰「元者善之長也」】至者，坤之元也【〈坤・象〉曰「至哉坤元」】。乾元一，坤元二。乾一勿用，用在坤二。乾坤合德，則至善也。一生二，二生三，三乃艮之數。艮，止也，止於至善者也【一二三，三生萬物，子丑寅天地人。建子一復丑二臨寅三泰，泰通而天地人之道通，萬物咸備於我。此所以為君子立德之本，三者為《大學》之綱領焉】。知止而后有定，【乾為知，艮為止，知止為乾坎艮三位，艮反身修德，反諸坎。所謂含三為一是也】。知止反身修德，止於至善，則陰陽合德而既濟定【既濟定也。既濟六爻皆當位，皆一陰一陽，此之謂道】，定而后能靜【乾動坤靜，止於至善。以乾合坤，由動而返諸靜矣】，靜而后能安【坤先迷後得主，後順得常。安貞之德，應地无疆】，安而后能慮【由艮而返諸坎者，復由坎而出諸艮。坎為思慮。《傳》曰「能說諸心」，坎也。「能研諸侯之慮」，艮也】，慮而后能得【乾坤合德，乾以易知，坤以簡能，易簡天下之理得矣】。

物有本末【天地之數，子一丑二寅三，三生萬物，皆始於丑二。丑屬牛，牛大物也。故物從牛，星紀起於牽牛。本末皆從木，木下為本，上為末。寅與卯屬木，《易》象三才天地人，乾天坤地艮人，三才之數不齊，皆齊於巽木。故巽也者齊也。齊之以巽，巽震成益，木道乃行。象也者，材也。材成輔相，而天地人之用以彰】，事有終始【坤為有，乾為事。坤以從乾，故坤曰從事，從乾之事也。乾以統坤，故乾用格物，格坤之物也。乾始坤終，一始十終，而成終成始於艮。則終則有始，物无盡而事无窮】，知所先後【有本末終始，則有先後。先者體也，後者用也。先後一德。明德體也，在所先也。明明德，用也。在所後也。艮其止，止其所也。故所先所後皆在艮，而知其所先後則在乾。乾知太始】，知所先，則先天而天不違。知所後，則後天而奉天時。則庶幾近乎道矣。

古之欲明明德於天下者【乾坤一古今。乾以先坤，古以鑑今。乾鎮而靜，性也。感於坤而動性之，欲也。人各有欲，欲貴知止。欲能知止，知止於至善，足以自昭明德矣】，明明德者，明兩作離，大人以繼明照於四方，是所謂由離而到坎者也。知所先，必先治其國。由離而巽【南方離，東南巽】鼎，鼎通屯，屯建侯，鼎凝命，治其國也。由巽而震，巽為齊，震巽恆，夫婦之道。上承巽離風火家人，齊其家也。震反為艮，反身修德，修其身也。修身為本，自離至艮，由天下國家而反諸身，德之由用而歸之體也。更由艮而坎，坎維心亨，正於天一，正其心者也。由坎而乾，意出於心。乾為言，而艮成之。從成從言，誠也。誠其意者也。知者徹始徹終，聞一知十。由乾而兌，乾知大始，知至至之。從坎一至兌十，致其知者也。由兌而坤，坤為物，與艮對。艮手格之，故曰「致知在格物」。自艮而至坤終焉。此德之體也，皆知所先也。

知所先，則知所後。物格而后知至【至者坤也】，知至而后意誠，意誠而后心正，心正而後身修，身修而后家齊，家齊而后國治，國治而后天下平。是由本而及於末，由體而達諸用。於八卦從坤而兌，兌而乾，乾而坎，坎而艮。艮為修身，修身齊家之始，成終成始。而震而巽而離，更復於坤。所謂全體大用，無不明矣【坤為地，天之下也。坤體承乾。坎，平也，亦由終而反始也】。

故大學之道，首明明德。明兩作離也。終天下平，衹既平，坎也。坎離正中，由體達用，則水火既濟功成，剛柔正而位當，知止而后有定【既濟定也】，《易》道備矣。自天子以至於庶人，壹是皆以修身為本，言人類階級至不齊焉，惟道能齊之。名類大小至不一焉，惟道能一之。齊之一之，故曰壹是以修身為本。艮為身，艮止，止其所所先所後，無不歸於至善矣。

其本亂而末治者，否矣。修身為本，身不修，既濟道反，初吉終亂【既濟「初吉終亂」】，本末易位。二之五亦五之二，為天地否矣。否泰反復損益，益下不厚事，而損錯雷風相薄，天地變化，治亂之消息甚微。君子明乎消息盈虛，知所先後，明乎厚薄【剝「上以厚下安宅」則反復】，安土敦仁【修身】，而治可保矣。故曰「其所厚者薄，而其所薄者厚，未之有也」。

「此謂知本，此謂知之至也」。古本《大學》經文之末有此二句，今本移此二句於「大畏民志此謂知本」之下，作第五章。與「親民」之為「新民」，皆程子所改定者也。實則「親民」親字，含有教養二義。改作「新」字，僅有教之一義。則《傳》所稱如保赤子及同好同惡諸義，均贅文矣。證之於《易》，親字非譌尤確而可信，故并及之。

「中庸」之中，即離坎中正之中。庸者從庚。陰陽之義，用始乙庚【故蠱先甲後甲，巽先庚後庚】。後天震出東方，首出庶物，萬象更新，故納甲以震納庚。而庚之本位則屬西方，西正秋兌，震仁兌義，立人之道。故庸字之義，乃合震兌二象，兼仁義之用者也。程子曰：「不易之謂庸」，朱子曰：「庸平常也」，均非確詁。〈乾九二〉「庸言之信，庸行之謹」，兌言震行，取象尤極顯明。

天命之謂性，惟天之命，於穆不已。天者，乾也。天命則乾元資始，而始於坎，即坎中之一陽，所謂性也。孔子贊《易》，利貞者性情也。又曰「一陰一陽之謂道，繼之者善也，成之者性也」，又曰「成性存存，道義之門」，又曰「窮理盡性以至於命」。言簡意賅，源委分明，直截了當。後之言性理者，累千百萬言，枝枝葉葉，糾紛纏繞，其本根反不易尋覓矣。

率性之謂道。率者率也，即成性存存也。率性之謂道，非性之謂道也。道本於天，性亦受於天。人能不失天賦之性，即能合於天之道矣。於《易》象坎為性，性隱伏不可見者也。坎常德行，習教事，教人明於天之道而察於民之故，凡皆所以成其性也。故曰修道之謂教。

性不可見，感於物而動，則情也。情亦不可見，而見乎色【喜怒哀樂見於色】，見乎辭，見乎行。性貞天一者也。動則情見乎色、見乎辭、見乎行。其為喜怒哀樂者，則不一矣。於是由艮而震，而以巽齊之。則不一者一，而合乎道。故道也者，不可須臾離也，可離非道也。此象之由坎而至於離者也。

戒慎乎其所不睹【離目睹】，恐懼乎其所不聞【坎耳聞】，莫見乎隱，莫顯乎微者，皆坎為心，隱而顯，微而著者也。坎心天地中，故喜怒哀樂之未發謂之中。坎一發而十至【兌十】。

坎兌為節，故曰「發而皆中節」。先天乾坤南北中，後天震兌東西和【萬物出震】，故曰「致中和天地位焉，萬物育焉」【《易》與天地準，東震西兌，準平震卯兌酉。日月出入，天象半顯半隱。正北坎，西北乾，東北艮，皆隱而不見也。天地之氣，始於亥子之間微也】。坎一復小，故小德川流。丑二臨大，故大德敦化。一二天地中，天下之大本也。天一勿用，用丑二艮成言。成言為誠，先坎後震。雲雷屯，「經綸」，故唯天下之至誠，為能經綸天下之大經，立天下之大本。天一勿用，用二至十。故凡為天下國家有九經，所以行之者一也。

正北坎，西北乾，東北艮。乾天道，對巽為直。來者信也，由亥出子。坎一兌十，動而直，直而中節，唯聖者能之。其二屈往【往者屈也】，故曰其次致曲。本東方艮人道，艮成言，曲能有誠。艮寅泰通，震出用事，萬物甲坼。誠則形也，巽物絜齊。形則著也，離皆相見，著則明也，皆由坎以至離者也。明動變化，由離坤而兌乾，故曰唯天下至誠為能化。

誠者艮也，不誠無物，是故君子誠之為貴，與《大學》之壹是皆以修身為本，象義皆同，後先一貫者也。蓋艮寅為人位，曾子稱思不出其位，惟日三省，故獨得孔子一貫之傳。《大學》、《中庸》，皆端本於修身，即皆本於艮寅之一位，重乾爻辰二爻在寅，故《大學》、《中庸》之義，皆出於乾之九二也。顧孔子贊《易》，於立人之道，其樞機又在於三四兩爻何也？曰：此六爻之義也。論六爻三極，三四為人爻，曰人極；而三四兩爻，居內外之際，合言之，則為兩卦之中；分言之又為內之終而外之始。六十四卦之反覆上下，無不由此。故《易》之言人道於三四兩爻。《中庸》、《大學》，以卦位言之。故均以艮寅明修道之本，皆所謂同條而共貫者也**【誠者物之終始。艮者成終而成始也】**。

誠為艮，而至誠則為乾。至誠之道，是反身修德。由艮而反諸坎，由三而反諸一，即所謂涵三為一也。涵三為一，太極之象。太極以无含有，自坎至乾，是即由有而入无**【乾西北戌亥數无】**。无思也，无為也。寂然不動，感而遂通天下之故，不疾而速，不行而至，乃天下之至神，故至誠之道可以前知。

西北乾天道，東北艮人道。天地人，子丑寅，三建用中，建中立極。丑艮為身，寅艮為庶，三庶也，故曰「本諸身，徵諸庶民」，子天建，丑地建，寅人建，為「三王」、「三統」，故曰「考諸三王而不謬」。於乾知天，故曰「質諸鬼神而無疑」。「於艮知人」，故曰「百世以俟聖人而不惑」。此天地子丑而本諸戌亥，君子以一誠終始之，即以艮終始之也。誠則形，形則著，著則明，明則動，動則變，變則化。西北乾庸言庸行終之，乾戌遠，坤申近，知遠之近也。東南巽辰，風自乾亥，知風之自也。乾亥微，艮寅顯，知微之顯也。君子入德深藏乾亥下，人所不見，潛也。西北隅屋漏相在爾室，乾為斧為鉞，不怒而民威於斧鉞也。西北乾天至神道，丑用中本末盡以在之。乾天神道，於震無聲，於巽無臭，故曰「聲色之於以化民末也，上天之載無聲無臭至矣」。

此「中庸」乾九二正中，庸言庸行，閑邪存其誠，善世而不伐，德博而化。《中庸》一篇，以化終之也。

十字架

泰西之十字架，相傳以為耶穌代眾人受刑釘死於十字架上，故尊奉之，以為耶穌流血之紀念。此宗教家附會之說，不足信也。其實十字架者，乃數學之交線也。數不交不生，如兩線平行，各不相交，雖引之至於極長，縱環繞地球一周，仍為兩平行線而已，不生數也。惟兩線相交，成十字形，動則為圓，靜則為矩，而三角勾股八線，皆由此生焉。此乃幾何原本之原本，實數學之初祖。與我國相傳之兩儀圖【今通俗皆稱為「太極圖」，其實此圖分陰分陽，有黑有白不可謂之太極，當名為兩儀圖，較為愜當。北方亦有稱之為陰陽魚兒者，魚字亦儀字之傳訛也】。天然之配偶也。兩儀為理學之祖，由兩儀生四象，四象生八卦，變化無窮，莫不肇端於此一陰一陽。一陰一陽之謂道。道也者，形而上者也。交線成勾股成三角八線，推衍無盡，莫不導源於此一縱一橫。一縱一橫數也。數也者，成器之所先也。形而下者也。故道運於虛，而數徵諸實。我國數千年來，專尚儒家以空言談經，鄙術數為小道，崇虛黜實，末流之弊，舉國皆無用之學。所謂形而上者，幾墜於地矣。泰西之學，則不尚空談，立一說必徵諸實驗，制一器必極其效用，不以理想為止境，不以無成而中輟，千迴百折，精益求精，於是科學功能，幾侔造化；器物利用，無阻高深；形學發達，於斯為盛。然極其弊，則謂世界將可以力爭，強權幾足以勝天演。物慾無限，而生人者適以殺人，殺人者即以自殺。物質之文明，浸成儳焉不可終日之勢。此倚重於數之一偏，與倚重於理之一偏，各趨極端。其末流之失，亦正相等也。夫理與數，本不可以須臾離。故聖人倚數，必參天而兩地。故形上之道，與形下之器，雖相生相成，無偏重亦無偏廢。舍道而言器，則器為虛器。離器而言道，則道盡空談。三代傳統，一揆諸道【故曰「道統」】，不但禮樂政刑，悉本度數【度生於律，律本黃鐘，子丑一二】，即德行言語【言語即文章也】，亦無不各有其典則【《孝經》「先王之法言法行」。法者，即合於度數者也】。故節以制度，以議德行，而《大學》治國平天下之道，必本於絜矩也。道不可見，故聖人示之以象。象無可稽，故聖人又準之以數。數與象合，而道無不可見。制器尚象，而器以立。載道以器，而道不虛。理象數一貫之道，皆出諸《易》。自王弼以玄理說《易》，後世畏象數之繁，因靡然從之，創掃象之說【弼以玄理說《易》，運實於虛，歸有於无。芻狗天地，糟粕仁義，更何有於象？後儒既主其說，乃辟其玄談，是買櫝而還珠，亦非弼之所及料也】。自是象數與《易》，又離為二。周子傳太極圖【實即兩儀，以為繼述道統之圖】，道果在是矣，而器已無存【禮樂政刑皆器也】，則道亦不亡而亡矣。諺曰「皮之不存，毛將焉附」，其是之謂歟？是故三代而後，易學晦盲，數學流於西方【西人於借根方名之曰「東來法」】，理學顯於有宋。即此一縱一横之十字架，分陰分陽之兩儀圖，足以為東西近世學術源流之代表矣。近西人極物質文明之益，即倦而知返，更探其原於哲學。我受理學空疏之害，尤備嘗苦痛，力求自拔於沉淪。是東西人心，已同有覺悟之機。所謂通其變使民不倦，《易》窮則變變則通通則久，其在斯乎！故合中西之學，融會而貫通之。以此所有餘，助彼所不足；截此之所長，補彼之所短，一轉移間而各劑其平，各得其當，非《易》道又烏能貫而通之！夫十字架與兩儀圖，各產生於數千年前。一東一西，不相謀面。自西教東漸，於是天然配偶之兩代表，乃日相接近。又迭經幾許之歲月，始得消除種種之障害隔閡，而日即親洽，今殆去自由結婚之期會不遠矣。結婚以後，必能產生新文明之種子，為我全世界放一異采。吾將摻券期之，拭目俟之矣。

辨无極

宋以前言《易》者，未有圖也，而太極更不可圖。自周濂溪始為太極圖，又於太極之上添一无極，曰「无極而太極」。後儒因之，遂以太極為第二位，似乎太極之前，更有一无極之圖恍然在於心目間者，而不知其說之不可通也。《繫傳》曰「《易》有太極」。極者，至極而無對之稱。物各有極，故曰「天極」，曰「地極」，曰「人極」。陽有陽極，陰有陰極，所以別之曰「太極」。太者，至尊無上之稱，原以對三極及其他諸極而言也。即曰太極，則太字之上，又何能更有所加？況无者，有之對也。既可名之曰无，則无之對便是有。若云无極而有極則可，无極而太極，則文不當而辭不順也。夫太極者，渾淪無端，立乎天地之先，無名可以名之，無象可以象之。老子所謂「有物無形，先天地生，无以名之，強名之曰「道」」者，庶乎其近之。《易》道元亨利貞，而太極者，乃元之所自出。今之言幾何學者，曰點綫面體，此物質之元亨利貞也。故物之形皆起於一點，謂之起點。而以精神上言之，則必有以立乎此起點之前者。方能得此起點，譬有二人於此，甲繪平圓圖，而乙繪立方圖。平圓立方，各有其起點，起點之形式同也。而繪成以後，則圓者自圓，方者自方。則因甲於起點之前，其胸中之所蘊蓄者，已完具一平圓之形象。乙於起點之前，其胸中之所蘊蓄者，已完具一立方之形象。此蘊蓄者，即為平圓與立方之太極也。然當其未落筆以前，又烏從而見之？烏從而聞之？所以云萬事萬物各有其太極，而《易》有太極，則在兩儀未判陰陽無始以前，先天渾沌之中，自有此肫然穆然。孕育萬物，具足萬理之渾淪元氣，以立乎天地之先，而為造化之主宰者，無形可象，無名可稱。孔子稱之為太極，已至矣盡矣。更何能於此外再加一字，再著一筆乎？

加一字，著一筆，即非太極矣。惟周子之所謂太極者，即有其圖，圖中有黑有白，有陰有陽，是即兩儀四象，實已不可謂之曰太極。故又加一无極於其上。蓋為中人以下說法，非有跡象可指，不能以言語形容，乃繪此圖以明一陰一陽之道所由來，使人可一覽而得，其用心亦良苦矣。但以本无迹象之太極，以迹象求之，終有語病，無論如何設辭，終覺似是而非【太極沖溟無形，可以意會，不可以言傳。言傳則有聲，有聲非太極也。著筆則有象，有象非太極也】。若讀者不善體會，以辭害意，是將使太極之真相，終無由了解。所謂「差以毫厘，謬以千里」矣。可不慎哉！

《易》注舊說之誤人

生生之謂《易》，故《易》道遏惡而揚善，好生而惡殺，此所以扶陽而抑陰也【陽以象善，陰以象惡也】。自專制帝王，借經術以愚民，而頭巾腐儒，又逢惡助長，曲借經文為干祿固寵之具，於是正義湮晦。古聖救世之經文，幾反為賊民之爰書矣。尊君而抑臣，貴君而賤民，受誣之甚，莫過《易》與《春秋》。蓋《春秋》亦原本于《易》者也。來瞿塘氏《易注》，尚為善本。乃其釋乾元用九，亦云為人君者體春生之元，用秋殺之元，一張一弛，為天道之法則。導千古人君以殺人者，皆此等曲說階之厲也。夫春生秋殺，《易》固無此明文。後儒以此明天地之氣，盈虛消息，亦如陽死陰生，陰死陽生之類。非春以生之者，至秋必殺之，天地預存一必殺之心也。帝王亦人耳，以人殺人而謂之道，而謂之天道之法則，可謂誣聖蔑經之甚矣。孔子懼人之誤解也，故特於《繫辭傳》鄭重以明之，曰「吉凶與民同患」，又曰「其孰能與于此哉！古之聰明睿知神武而不殺者夫」！聖意之深遠，亦可謂周且至矣，而謬誤仍若此。諸注類是者，不勝枚舉。聊舉一二，以見讀注者，當具隻眼。以辭害意且不可，況經本無其辭，而以意出入之，其誤天下後世也大矣。

七色變白

日光具七色光線，而此七色之光線，動而合成一色，則為白色，此近世泰西科學家所發明也。現時學校儀器中，有一種圓形之平面版，其上分繪七色。附一機輪，以皮帶聯之，搖其輪令此圓版之旋轉極速，則祇見白色【另以青黃二色之版轉動則成綠色，紅青二色者則成紫色，其他之色之配合亦各如其應得之色，而色之深淺則以兩色所占面積之多寡而分，與兩色之顏料相調合者無異。惟七色則只成白色】。即所以證明七色變白之說也。凡高等小學以上之學生，殆無不知有此者矣。然我國舊學家，固未有言之者也。不料《易經》於數千年以前，早已發明之。象義明晰，確切不移，與西人之說正相吻合。其象即見於山火賁之一卦䷕，賁離內艮外，離為日，離居九位，九宮之色。一白，二黑，三碧，四綠，五黃，六白，七赤，八白，九紫。數雖九，而白居其三，併之仍為七色。離為日而居九位，則自當有七色，與西說正相同也。由九三至六五，中爻為震。震，動也。震動而離之七色皆變為白，故六四曰「白馬翰如」【翰如即轉動極速之狀也】。至上九曰「白賁無咎」。曰「白賁」，則全卦皆變白矣。與七色變白之新學說，完全脗合，無一絲一毫之勉強穿鑿。而「翰如」二字，則幾將近日學校所用之儀器，并其轉動之狀曲繪而出，可謂神妙不可思議矣。子曰「《易》之為書也，廣大悉備」，略指其一而已可見矣。惜我國讀《易》者，皆忽略讀過，更無科學之知識與眼光以研究之，宜乎其不可解者多矣【朱子注《易》，至理有不可通，輒以不可解或未詳二字了之。然尚能闕疑者也。後人或錯綜其象以求之，或為卦變、爻變以附會之。但求於象可以聯屬，不顧義理之是否可通，與本卦之才物是否應有此理者，蓋比比矣。如賁卦之白字，或以為巽為白。而本卦無巽，則曰艮錯兌，兌反巽也。或以六五變則上卦為巽，故言白也。而不顧巽之義為入為伏，與本卦之義固皆無當也。唯中爻為震，震下伏巽，動而為白，義尚較近。然不以新說參證之，又烏知古聖取象之妙，實與造化同工，斷非拘拘於一爻一卦之單辭所能悉解也】。

西教士之《易》說

西教士花之安氏，頗注意於中國之經籍，曾著《自西徂東》一書，謂畫卦之伏羲，乃巴比倫人。巴比倫高原，為西洋文化策源地。伏羲八卦，以乾為天，以坤為地，至今巴比倫人猶稱天為乾，地為坤，此一證也。又巴比倫亦有十二屬象，與中國之十二辰大略相同，其證二也。或因花氏之說，更加推求，謂伏羲畫卦，以備萬物之象。宇宙偉大之象，無不列舉，如天地水火風雷山澤，以配八卦。而海為天地間最大之一象，獨付闕如。而舉澤以為山之對，則亦一疑問也。巴比倫介歐亞之間，四面皆大陸，距海最遠。其間惟裏海死海，為瀦水最大之區，故稱之為澤，亦足證花氏之說不盡無因。花氏更稱巴比倫古代之王，有號福巨者，與伏羲二字音亦相近。當即為始畫八卦之人，亦可謂讀書得間矣。但我國上古之史，雖無可稽攷，然自伏羲而後，代有傳人。一畫開天，即文字所造始。儷皮為禮，已姓氏之足徵。在中國之佚聞古蹟，無有可為伏羲來自遠方之證者。況伏羲之陵，猶在中州，至今無恙。其果否為伏羲埋骨之所，雖無從徵實，但有一事足以參證，有決非人力所能為者。則古聖揲以求卦之蓍草是也。孔子曰昔者聖人之作《易》也，幽贊於神明而生蓍。至今蓍草所產之地，厥惟伏羲文王周公孔子之墓，而他處無有也【惟近今所生之蓍不及古時之長，余嘗采蓍於孔林，最長者乃不滿今尺三十寸，以合周尺僅四尺餘。所謂六尺及盈丈者，詢之孔氏，云久未得見矣】。夫文周與孔子之墓，固確為聖穴，決無可疑。則伏羲之陵而有蓍草，亦斷然足證其非妄矣。其非巴比倫產，可不辨自明。或者當伏羲之時，西北之人物殷繁【其時東南皆水，陸地不多】，治化流被於歐亞兩州之交，故巴比倫得有伏羲之學說【逮洪水為災，地形改變，流沙阻隔，西道遂不復通，故禹域西限流沙】，未可知也。至八卦之象無海，則有說焉。夫江河海洋，皆後起之名辭。伏羲時文字未興，烏得有此析類之名？卦象水火山澤，皆以對舉為文。海固無可對也，故以澤對山。洪荒之世，世界一澤國耳。舉目所見惟山與澤，則亦以山澤象之耳。《周易》為中古之書，取象較廣。坎為大川，大川亦即海也。焉得以數千年後之名詞，而致疑於上古之世哉！

化學之分劑與象數合

西人物質之化分，譯之為化學者，乃近世紀所發明者也。不謂地隔三萬里，時閱七千年，而吾《易》之象數，能與之一一脗合，無毫釐之差。嗚呼！是所謂範圍天地而不過，曲成萬物而不遺者，豈空談性理所能悉其奧旨哉！張氏之銳《易象闡微》，取氣之分劑性質，以卦位爻數乘除推衍，無不妙合。尤奇者，陽三而陰二，足證古聖參天兩地之數，固俟之萬世而不惑者也。

《易》以陽為氣而陰為質，乾坤氣質之總綱，六子乃氣質之分類。故氣質之分晰，當於六子求之。輕氣【亦曰水素】比較各氣重量為最輕，於《易》為震象，以乾通坤初，出於震之卦氣也。震初一陽始復，其幾甚微，故其氣甚輕【地山謙，坤艮皆重也。乃曰謙輕者，亦以三四五爻之互震也】。震為動為陽，陽之氣輕清而上升，故坤變為震。動而氣升，則乾即成巽而為風。蓋乾陽之坤，熱漲上騰，而乾之本體反虛。他處空氣入而補之，因動盪而為風也。凡卦爻本體，不能互成他卦者，當為獨立之原點。其可以互成他卦者，即為化合之合點。如䷜坎五陽以上無互體，為獨立養氣【亦曰酸素】原點。下互艮為淡氣，此即養氣常與淡氣相合之象也。若五陽下降至四，則亦互震體，而變為雷雨作解。此即輕氣上升，與天空養氣化合而成雨之象也。又如䷲震初陽無互體，為輕氣獨立原點。四陽互艮互坎，此亦與淡氣相和，及化合成雨之象也。坎五之陽由乾二來也，以陽三【爻體陽三陰二】與五位相加為八，以二乘八得數十六。震初之陽，由乾四來也。以陽三與初位相減為二，以二除四，仍得二二：十六，二一：八，故輕氣之分劑數【亦曰原子量】為一，養氣之分劑數為八，一以乘得數，一以除得數也。

淡氣【亦曰窒素】者，愛力甚小。而其性安靜無為，其作用但在節止養氣之太過，故知此氣必為艮之卦氣【艮靜而止】也。如䷳艮九三上九兩陽爻，皆為淡氣。上九之陽由乾三來，九三之陽由乾上來。以陽三與上位六相加則為三，三以陽三加入三位，則為二三。艮下體之卦位，其和數為六【初二三之和】。上體之卦位，其和數為十五【四五六之和】。六與十五之和數為二十一，以三除之得七，後以二乘七得十四【以三除者陽，加於上位得三，陽數也。以二乘者陽，加於三位得二陽數也】。為淡氣一分劑數。輕養二氣之乘除，以反對為用，淡氣則自為乘除。由此推之，可見卦氣每生一物，必變化其方式。方式不同，故形質有異也。

輕淡養為三少陽氣類原點。此三氣者，常混合彌漫於空中者也。試以三類氣質合成卦象如䷃，即蒙卦也。上艮為淡氣，下坎為養氣。九二六三六四互震為輕氣，九二至上九共歷五位。陽自初至二進一位，自初至上進五位。養氣即生，則應消去淡氣一位。故養氣居空氣五分之一，淡氣居空氣五分之四，而輕氣體積則甚小。輕養淡三氣混合彌漫而成蒙象。蒙象者，其地球表面之蒙氣乎？

綠氣【亦曰鹽素】能漂白物色，其臭甚烈，能傷人，此巽之象也。《說卦傳》「巽為白，又為臭」，又曰「巽也者言萬物之絜齊也」，皆綠氣之性能功用也。如䷸巽象，下體陽爻，積與位之和為十一【陽三加二位為五，陽三加三位為六，合之為十一也】。上體陽爻積與位之和為十七【陽三加五位為八，陰三加上位為九，合之為十七也】，下體陰爻積與位之和為三【陰二加初位為三】，上體陰爻積與位之和為六【陽二加四位為六】，以三減六得三，以初加四得五。三五相加，再與十一十七相和，即等三十六，為綠氣之一分劑數【綠氣之一分劑數或作三五一五】。

炭氣【亦曰炭素】為有形質之氣，故化學家謂之非金類，而煤炭所含者為最多。若在氣質內，則常與養氣化合，所謂炭養二是也。蓋炭氣之原點屬離，離陰卦也。陰常附陽【離麗也，必附麗於他物而始見。離為火，火必附於物始燃】，是為有形質之物。故炭氣與綠氣，不能如輕淡養三氣，能卓然獨立於空氣界也。☲離卦二陰自坤五而來，下體陽爻積與位之和為十【陽三加初位為四，陽三加三位為六，合為十也】。上體陽爻積與位之和為十六【陽三加四位為七，陽三加上位為九，合為十六】。以上體陽五位數，除下體陽爻積與位之和，得數二。以下體陰二位數，除上體陽爻積與位之和得數八。二與八之較六，即為炭氣之一分劑數【綠氣一分劑數由和而得，炭氣一分劑數由較而得方式亦不同也】。

六子之卦，震坎艮巽離，皆有其自成之原點。惟兌獨無，蓋陽數大，陰數小，陽順生，陰逆生，陽始於震。陰始於兌，震之原點為一，則兌始生之陰數，必更小於一。退入零位，幾不可見，必不能成為獨立之原點矣。求之於化學氣類中，惟喜氣於兌象為近。兌為悅，悅喜意也【喜氣嗅之令人狂笑】。攷喜氣為淡養所合成，西名為N_2O。此亦足證兌無自生之原點矣。

喜氣之分劑數為二十二，即八與十四所合之數【養氣一分劑數為八，淡氣一分劑數為十四】。淡氣為艮象，養氣為坎象。艮之上體三爻積與位之和為二十二【陰二加五位為七，陽三加上位為九合之為二十二也】，坎之上體三爻積與位之和亦二十二【陰二加四位為六，陽三加五位為八，陰二加上位亦八，合之亦為二十二也】。以艮之上體，合兌之下體，則為䷨損卦。以坎之上體，合兌之下體，則為䷻節卦。兌下體三爻積與位之和為十四【陽三加初位為四，陽三加二位為五，陰二加三位為五，合之為十四也】，以下體兌之十四，減上體艮之二十二，即得坎養之八。以坎養之八，復減上體坎之二十二，即得艮淡之十四。故八與十四之和，即喜氣之分劑數。其數之妙合，極參伍錯綜之致，而無不脗合，誠不可思議矣。

以上輕【震象】養【坎象】淡【艮象】綠【巽象】炭【離象】喜【兌象】六氣，即乾坤二元所化生，震坎艮三少陽，巽離兌三少陰之六元象也。然三少陽所成之原質有三類，而三少陰所成原質祇有兩類。可見陽三陰二之定則，雖造物者亦不能越此範圍【五行之數亦天三地二，天地之生數亦天三地二】也。此外之原質，若碘，若硼，若金類，若非金類，為數甚夥。苟能各按其天然分劑之數與其品性，依卦象變化之條理，以方程求等之法細繹之，當無不有一定之公式，可斷言矣。

《化學鑒原》云「輕氣與諸質化合，其性大似金類」【與鋅或銅化合，顯此性尤大】，故疑為氣質金類，如汞為流質金類是也。輕氣與汞，若汞與鉑，雖視無金光，而叩之不堅，亦不足為必非金類之據。汞加熱可化為明氣質，亦與金類為例，是可見輕氣亦或為金類也。又云「輕氣雖為萬物中至輕至稀之品，而分劑數為最小者，然依其分劑數而計其愛力，則甚大也」。如一分重之輕氣，能與綠氣三十六分之重化合，能與溴八十分之重化合，與碘一百二十五分之重化合。極少之數，亦足支配此各質而變化其性。且所成之質，最難分析。化學以為極少之分劑，而生極大之愛力性，為甚奇也。按化學家疑輕氣為金類，而不敢下確定之斷語。又奇其分劑數小而愛力極大，此由不明輕氣所以化生之原理也。若以《易》象證之，則所疑者皆渙然冰釋矣。蓋輕氣為震象，震者乾始交坤，其象恆通乾【震為乾之長子】。《說卦傳》「震其究為健」，健即乾也。乾為金，震者金氣之初發動者也。知輕氣之為震，則知輕氣為氣類之金可無疑矣。一陽初復，故分劑數最小，所謂復小而辨於物是也。其感動力反甚大者，以乾健而震動也。震為物之始生，此天地之仁氣也。且又為最尊最大之乾卦最肖之長子，然則能以至小之分劑數化合最大之分劑數，而顯最大之愛力者，又何足怪乎！

以上諸說，不但足與物理相發明，尤足以證明象之切切實實，非模糊影響而意為擬議者也。向來說《易》者，以空談性理為高，能精研象數者已不可多得。間有談象數者，又莫明象數之原理，於是東牽西扯，曲折附會以求合，而不知去《易》之道愈遠，而象數反為說《易》

之累矣。故顯明象數，必知物理。離物理以言象數，亦與離象數而談性理者，敝正相等耳。

佛教、道教之象數備於《易》

《易》之為書也，廣大悉備。範圍天地，曲成萬物，故凡世界所有，無遠近，無今古，均不能出於《易》教之外。道教、佛教，皆後起者也，而佛教創始於西域，更與中國之文化無關。乃聖人之作《易》，早定其數於三千年以前，而概括其教義於卦象之中，并其科儀名類，亦皆一一列舉而豫定之。乃後來者冥然罔覺，順天地之理數，以自力進行。初未與《易》相謀，而事事物物胥一一準之，莫能相悖。始信孔子「天且不違況於人乎況於鬼神乎」之贊，為確有徵驗，而非以虛義為頌美之辭焉。

蓋天地之數，自天一地二至天九地十，八卦之入用準之。至乾而數為无，黃帝甲子，幹五支六，各分陰陽，以合八卦之用。至乾終戌亥，而數有孤虛【子一丑二至酉十盡於兑，至乾數无而於辰為虛。其對宮則為孤】。故乾坤陰陽皆極於巳亥，巳陽極陰始，亥陰極陽始。陰陽終始於巳亥，而巳亥實為天地陰陽之兩端【端者始也】。聖人合陰陽之撰，通神明之德，先後皆履端伊始。巳上先天乾兑卦，巳履端始；亥下後天乾兑卦，亥履端始。是以聖人於巳亥萬物終始，執其兩端，而用其中於民【天地子午正中，子一勿用。用子正在丑，用午正在未】。

乃子丑中，天地協，使民協於中。南北乾坤坎離正中，堯舜通變宜民，垂衣裳而天下治。取諸乾坤，坎離水火，百姓日用而不知是也。故「人心惟危，道心惟微。惟精惟一，允執厥中」**【子坎一，道心；寅艮三，人心，子一純，丑二精，子丑天地正中】**。「中庸」乾二用中**【說見前】**，皆天地大中之道，帝王立極，聖人立本，於己亥執其兩端，子丑用其中於民。斯堯舜之道，文周孔子所繼述，即《易》道用中之旨也。

兩端各倚於一偏。東南偏辰巳，有陽无陰。主有生無死，道教是也**【道教主長生不死】**。西北偏戌亥，無陰無陽**【乾數无】**。主無死無生，佛教是也。以其偏於一端也，對於用中而言，謂之異端。然天地既有其數，既開其端，即皆有其教。天地南北，子一陽，物出有，道教始。午一陰，物入无，佛教始。故子出而辰巳有者陽，於午一陰未生，入无之佛未見。其象有，有者皆道教。孔子刪書斷自唐虞。唐虞日中天，南北用中，日未過中，其唐虞以上書是道教**【黃帝為道家之祖，廣成空同皆道家言】**，非用中之道，故刪書刪之。而《易》之書所以明道，不明道教，是缺南北一偏，則《易》不備，不足以明道，故《易》象往來。自子一出有，其數逆來，起子西北來，而午東南，其卦為水天需，為火風鼎，其象為水火逆運，而以求有生无死。此其有陽無陰之一偏也。東南象也。是以西北來東南，其對卦言姤**【西北乾對東南巽，為天風姤】**言復**【西南坤對東北艮，反震為地雷復】**，姤姹女而復嬰兒，需鼎服食以求長生之道者也。變則鼎折足需于泥而道敗，有生有死，有〈需〉「不速之客三人來」，道家所謂「三尸」、「三彭」是也。故《易》四三為人爻，而游魂歸魂為鬼《易》【游歸亦在四三兩爻。凡上五爻為天《易》，四三爻為人《易》，二初爻為地《易》，游魂歸魂為鬼《易》】。精氣為物，游魂為變，是故知鬼神之情狀。精氣為物者神，其道所謂神仙是也【艮寅人道，艮為山，故仙字從山從人。艮止其所，人極所自立也】。游魂為變者鬼，其道所謂尸彭是也。先天乾坤之位，而後天離坎居之。火上水下，其道未濟，魂升魄降【離魂坎魄】，是死道也。故道以逆行。降炎上之火，升潤下之水，龍飛在天【震為龍，震下一陽由坎而出，龍飛在天，即取坎填離之說。丹家所謂龍從火裡出者是也。震位東方亦青龍之位，其德為仁。仁屬陽，主升，乾九五爻其候也】，虎履其尾【兌為虎，兌上一陰為陰之始，而位于正西白虎之位，其德為義。義屬陰，陰主降，降則變兌見為巽伏。故道家曰伏虎，又曰虎向水中生也】，皆於三四兩爻反復其道。九四六三，陰陽反復，是為雷澤歸妹，故歸妹天地大義人終始，為六十四卦之大歸魂卦也。先天乾，後天離，火天大有；先天坤，後天坎，地水師。大有眾也，師眾也。三人為眾，皆需之不速之客三人，故魂魄具而三尸即伏于中，是必損之三人損一，而後致一得天地之道。是《易》於道教明著其象，而魏伯陽之《參同契》，借《易》卦以明丹學，與《易》義無涉者，猶不與焉。儒者禁言異端，於他書則是，於《易》則非。《易》備萬物萬象，此道教東南一偏象，不可不知者也。

天地南北子一陽物出有，為恆有象【先天西南巽，東北震，為雷風恆象】。午一陰，物入无，為咸无象【先天東南兌，西北艮為澤山咸象】。咸无，佛教也。午一陰生，午而戌亥，萬物歸无，為後天西北乾象。咸无反恆有，《春秋・莊七年》「夏四月夜，恆星不見」，為周莊王甲午，即佛誕生之日矣。佛誕生，天地咸象感，而恆星不見，而《易》已早徵其兆於先後天卦矣。故八卦於咸无順往，自東南午，而西北子，其卦為風火家人，為天水訟。家人由內出外，訟違行不親，其象為火水順滅，而以歸无死无生。此其无陰无陽之一偏也。西北乾剛乾金，故佛金剛不壞。佛說經金剛獨顯，為咸感應象。西北戌，入夜明滅，而佛始燃燈，西北天地以濟不通，而佛度彼岸【《易》利涉大川，皆由坎之乾東北往西南卦】。天地數有无，以輔相左右民。左為輔，天地數甲三庚九，三九為二十七輔，是乾震无妄卦，乃天地有之數，而知无者妄也。右為相天地數辛四乙八，四八為三十二相，是巽坤觀卦，乃天地无之數，而知觀者空也。故佛說以三十二相觀，不可以三十二相觀。是以戌西北巽入无，辛四西北物往來入无。有乙八辛四，坤巽入，升不來，而四於東南巽不果。西北乾木果，故佛說四果，謂入而實無所入，往來而實無往來，不來而實無不來，有法而實無有法，為四果，皆西北四戌入无數。四西北右相合一【合子一】，即是一合相，而無見有，即非一合相，皆西北數西北相也。西北戌亥數无為空，而乾為門，故佛教曰空門。先天西北艮，艮為山，故佛門曰山門，佛祖曰開山。先後天乾艮合為遯，故又曰遯入空門。全《易》陰陽爻數，各一百零八，故佛之紀數，皆一百零八。西北陰，陰數窮於六，故佛至六祖而止【陽數窮於九，故道家丹以九轉】。西北咸，神无方而《易》无體，不疾而速，不行而至。咸感至神，故佛道感應至神。《易》備萬物萬象，此佛教於西北一偏象，不可不知者也。以上據端木鶴田氏之說而推衍之，其義尚多未盡，然亦可見其大概矣。

學易筆談二集　序一

客難余曰：「理莫邃于《易》，物莫大于天地。今者行星之說發明，地球繞日，月繞地球，眾見確鑿。吾子治《易》，《易》說「天動地靜」，「天圓地方」，「天地日月對待」。多與現象午。其何說之辭？」余曰：「唯唯，否否，不然。《易》言天，元也，无也。故曰「乾元用九，見羣龍无首」。又曰「乾元用九，乃見天則」。天之蒼蒼，其正色邪？吾人視力窮極之際綫，搆此渾圓虛狀。其實无之所在，即天之所在。无極也，太極也。北辰也，大一也。天元也。无在无不在，故曰天在山中。天本大虛，可見者日之實。離也者，萬物皆相見。故日代表天為主體，所生為星，星繞地行為月。後天離居乾位，坎居坤位。乾坤升降成離坎，太極生兩儀。老陽退居西北，故王育說「天屈西北為无」，《說文》曰「東，日在木中也」，「果，日在木上也」，「杳，日在木下也」。帝出乎震，相見乎離，滋荄乎明夷。大有之「火在天上」，革之「火在澤中」，明夷之「明入地中」。言日、言火、言明，皆以離代乾之作用。故曰「天與火同人」。建寅之月辟泰，次大壯，次夬，次乾，次姤，次遯，次否。十二辟中，具乾體者七卦。及觀而乾消，及復而乾息。復之〈象〉曰「七日來復」，乃「七乾來復」。故恆言以幾日為幾天。「至日閉關，商旅不行，后不省方」，乃全世界休以待息之通義。臨倒為觀，觀辟八月，故臨之〈象〉

「至於八月有凶」。「至」者，鳥飛自高下至於地，「倒」之古文。此聖人觀象之微恉也。若夫動靜方圓，《易》說極顯。坤之〈象〉曰「坤至柔而動也剛」，明言地體之動，至靜而悳方。方限於悳，則形圓可知。又曰「承天而時行」，承天即繞日之碻詁。「時」於古文為旹，从日从㞢。㞢訓往，地繞日往東西轉動為晝夜，南北升降成寒暑，故曰「與時偕行」，「與時偕極」。《三統曆》曰「太極元氣含三為一」。天也，日也，乾也。元也，无也，義一而各有所指也。虞翻氏以元詁乾。故六爻發揮，旁通之正，歸本於乾元用九，要成於既濟定。公羊氏以元統天，故《春秋》張三世，文致太平，撥亂反正。《文言》之「各正性命，保合太和」，地球百年之運，必有一日實現。知幾其神，經將為讖。余聞諸先兄沐羲氏之論《易》如此。

海甯先生通古今中西以治《易》，為今世哲學家。余讀其《筆談》，沕乎其邃也，肅乎其未有涘涯也。逃空虛者聞人足音跫然而喜，況有謦欬其側者乎？茲遘其《二集》脫藁，問敍於余，書以質之。

民國八年十二月　新化羅永紹

學易筆談二集　序二

辛齋老友，別三十年矣。在光緒丙申丁酉間，創《國聞報》於天津，實為華人獨立新聞事業之初祖。余與夏君穗卿主旬刊，而王菀生太史與君任《日報》，顧余足跡未履館門，相晤恆於菀生之寓廬。時袁項城甫練兵於小站，值來復之先一日，必至津。至必詣菀生為長夜談。斗室縱橫，放言狂論，靡所羈約。時君謂項城他日必做皇帝，項城言我做皇帝必首殺你。相與鼓掌笑樂。不料易世而後，預言之盡成實錄也。次年《國聞》夭殂，政變迭興，遂相契闊。去夏偶於友人案頭，獲睹《學易筆談》，云為君之新著。展卷如遇故人，攜之而歸，未暇讀也。冬寒多病，擁爐攤書，閱未終卷，愜理饜心，神為之旺。而友人又致君意，謂《二集》亦已脫稿，乞為序言。自維素未學《易》，而君之所言，乃與吾嚮所學者靡不忻合。憶當年余譯斯賓塞爾《勸學編》，暨《原富》諸書，皆發表於《國聞旬刊》，修辭屬稿，時相商兌，得君諍論，益我良多。今我顧何益於君之書？言之奚為？然聲應氣求，又烏得無言？嗚呼！予懷渺渺，慨朋舊之多疎；千古茫茫，欣絕學之有託。述陳跡，證夙聞，亦聊況於雪泥鴻爪云爾。

庚申冬日，　幾道嚴復

《易》有太極，是生兩儀

孔子《繫傳》「《易》有太極，是生兩儀」一節，實總挈全《易》之綱領。而「《易》有太極」四字，尤為神化之筆。後之人千言萬語，所不能盡其形容意義者也。伏羲一畫開天，則《易》固始於一畫。至一畫以前，則伏羲未嘗示其象，文周未嘗繫以辭。後之人何從而測之？孔子讀《易》至韋編三絕，極深研幾，以追溯文王演《易》以前，伏羲畫卦之始，必有立乎其本，以亭毒萬象含蓋一切者。在此一畫之先，是非可言語以形容之，非可以物象擬議之者也。於是假定其名曰「太極」。夫極者，至極而無對之謂。如陽之至曰「陽極」，陰之至曰「陰極」。六爻之動，有天地人之三極，故特加「太」字以別之，以示更無可加乎其上者矣。宋儒於「太極」之上，妄增「無極」二字，曰「無極而太極」，是皆誤於太極之有圖【宋人所傳太極圖，皆周子動靜陰陽五行之圖，上作一圈，以象無極，下為黑白三層交互之圓形，更綴以金木水火土。而下聯作二圈，為乾道成男，坤道成女，以象化生萬物。原出自《道藏》。至近時所傳黑白交互各半，黑中有白點，白中有黑點之圖，則宋末始出。云蔡季通入蜀訪求得之。隱者祕為至寶，故朱子亦未之見。至明初始大行於世。來知德氏更畫一圖，亦黑白交互各半。去其兩點而空其中，亦謂之太極圖，而以此為古太極圖。兩圖均較周子所傳之圖為簡明切當，且陰陽交互循環不絕，而自微而著而盛，亦與先天卦畫相準。然即有黑白、有陰陽，只可名之曰兩儀，不能稱之謂太極矣。今北方俗稱此圖曰陰陽魚兒，蓋以其形似兩魚相交午也。辛齋以謂易魚字為儀字，曰「陰陽儀圖」則名稱為至當矣】。

夫太極豈可以圖見哉！太極果可圖，則伏羲又何必畫卦？文王亦即圖以衍《易》可矣。豈非較乾坤更簡更易乎？維其無可見，故不得不以兩儀四象八卦以明之耳，漢人注太極，說各不同。馬融曰：「太極北辰也」，虞仲翔曰：「太極太一也」，鄭康成曰：「極中之道，醇和未分之氣也」。而其注《乾鑿度》，則又同馬說，曰：「太一北辰之神名也」。按《禮運》曰「禮必本於太一，分而為兩儀」，蓋漢以前太極與太一相並稱焉。韓康伯注「有必始於无，故太極生兩儀。太極者无稱之稱，不可得而名。取有之所極，況之太極者也」，語極明晢，意亦確當。孔穎達《正義》，謂「天地未分以前，元氣混而為一，即太初、太一也。老子云：「道生一」，即此太極是也。是解太極雖未甚誤，已落言詮。至周子直曰：「無極而太極」，竟與「《易》有太極」之語意、之妙用，全不相顧矣。宋儒太極圖說，累千萬言，愈說愈見支離。朱子與陸梭山、象山二氏，辨駁之書，往復數四，究未免強詞奪理。總由心目中既存有黑白分明之圖，太極之真面目，早已失却，更何從辨其是非？余《筆談》前集中，曾辨其誤，略而未詳；今欲詳說「《易》有太極」之一句，不能不將太極之真際，更明辨之也。是故太極之上，斷無能更加以字者。維孔子神化之筆，純用逆筆倒提而上，曰「《易》有太極」，於太極上更加「《易》有」二字，是豈尋行數墨者夢想所能及哉！學者往往將「《易》有」二字，忽略讀過。古今注家，亦曾無於此二字加以詮釋者，是可憾焉。夫「《易》有太極」一句，當先以四字連下二十四字一氣讀之。曰「《易》有太極，是生兩儀。兩儀生四象，四象生八卦，八卦定吉凶，吉凶生大業」。可見無太極，便是無兩儀無四象八卦與吉凶大業，并無《易》矣。故四象八卦吉凶大業，皆涵育於太極，而全《易》皆太極所產生者也。此所謂以逆筆倒提而上者也。更當以「《易》有」二字重讀之。此有字，即是《序卦》「有天地，然後有萬物。有萬物，然後有男女。有男女，然後有夫婦。有夫婦，然後有父子。有父子，然後有君臣。有君臣，然後有上下。有上下，然後禮義有所錯」，諸「有」字相一貫，世界萬有皆由此「有」字發生者也。孔子贊《易》，特於此表「《易》有」二字，以明立教之旨，以示與老子之《易》以无立教之不同。蓋伏羲之《易》，涵三為一者也。神農之世，去伏羲之教未遠，故《連山》之《易》，用艮成始成終，兼有无以立教，尚能用其全者也。黃帝《歸藏》，首坤，以藏用為主。堯舜乾坤，垂裳而治，則即《周易》首乾之所本也。首坤藏用，則以離歸於坎。首乾用九，則帝出乎震。藏用則主无，出震則主有。此《易》教派別之不同，亦即立教宗旨之所在。故孔子特以「《易》

有」二字，鄭重以明之。又於上下《序卦》不憚反覆而申言之。而《序卦・上經》不序乾坤，首受之以屯。《下經》不序咸，首受之以恆。屯者震未出坎，明用九之始。恆者震出巽齊，明久道之化成。且咸，无也。恆，有也。去咸而序恆，更以明有之義焉。此「《易》有」二字，又何可輕易讀過而不加思索乎？然三《易》之派別雖異，而卦象、爻義則一。所謂觀變於陰陽而立卦，發揮於剛柔而生爻，和順於道德而理於義，窮理盡性以至於命。則無勿同者，但取用各別，有重輕先後之分耳。俗儒讀《易》，卦義象數之未明，動輒以詆老子。自謂翼聖，又烏知孔子所以贊《易》之意哉！【數始於一，一生二，二生三，三生萬物。故三《易》之首乾、首坤、首艮，猶三統之建子、建丑、建寅焉。子一丑二寅三，乾一坤二艮三。知三統之所以異，即知三《易》之所以同。其理一焉。今讀《周易》，當知《周易》之下所伏者即《歸藏》。是合《周易》、《歸藏》，而始終之，即《連山》。是然則《連山》、《歸藏》其書雖亡，即謂之未亡也亦可】。「《易》有太極」之下，繼之曰「是生兩儀」，此「是」字，又是極重要之字，不容忽略讀過者也。而學者均以虛字目之，向之注《易》者亦從未有詮釋及之者，更何怪注釋之無有是處哉！乾初爻之《文言》曰「不見是而无悶」。未濟之上九之〈象〉曰「有孚失是」。試問周孔二聖人，何故以此兩「是」字，為三百八十四爻之初終，為全《易》之首尾？是豈無故而適相巧合哉？蓋此兩「是」字，即「是生兩儀」之「是」。於文，日正為是。立表日中，則天地定位，東西分焉。東為陽儀，則西為陰儀。故曰「是生兩儀」。乾初一爻，於十二辰為子。潛伏坎子之下，故曰潛龍。未濟上爻為離午。日中立表，子午正，則影不見。故乾初曰「不見是」，而未濟上曰「失是」。其初難知，其上易知。此全《易》首尾，續終以是之義，即「是生兩儀」之「是」。經傳明顯可見。讀者不求甚解，忽略看過，而《易》義不可見矣。青田端木氏有圖，惜其文奧衍，似故為艱深不令人解者，特圖其意。學者能熟讀詳玩此八字，則全《易》殆迎刃而解矣**【參看本集卷二〈太極圖新說〉】**。

《老子》曰「有物混成，先天地生。寂兮寥兮，獨立而不改，周行而不殆，可以為天下母。吾不知其名，字之曰道，強名之曰大」。《佛經》曰「有物先天地，无形本寂寥。能為萬象主，不逐四時凋」。《莊子》曰「夫道有情有信，无為无形，可傳而不可見。自本自根，未有天地，自古以固存。神鬼神帝，生天生地。在太極之先而不為高，在六極下而不為深。先天地生而不為久，長於上古而不為老」。《列子》曰「氣形質具而未相離，故曰渾淪」。此佛老諸子之言太極也。其意雖是，而皆有語病。蓋求之太深，反著迹象，不如韓康伯之注為簡切著明也。然韓氏所謂有必始於无，實為周子无極而太極之所本，亦不免以詞害意也。蓋太極無有无可言，言有者固非，言无者亦未為是。宋儒斷斷致辨，終難得當者，因認定太極為理，曰「太極者理而已矣」。故雖累萬千言，愈說愈歧，却總不肯自認為錯，而力斥言氣者為非。

不知太極亦無理與氣之可言。若可指之為理與氣，又何名為太極乎？若太極果理而已矣，則天理者可云天太極乎？朱注「天命之謂性」，曰「性即理也」。然則性亦即太極乎？故專言理與專言氣，其蔽一也。邵子言天地一太極，而萬物各有一太極，最為通論。孔子曰「《易》有太極」，此《易》之太極也。萬物之生，無不各有其陰陽，即無不各有一太極。故太極者，可大可小，無聲無臭。非但不可方之以物體，亦不能擬之以形容。《筆談》前集曾以譬喻明之，茲不贅述。

《文言》釋義

《文言傳》為《十翼》之一，亦有以《乾文言》、《坤文言》分而為二者。自王弼以後，皆編入乾坤二卦之下，不復分篇。然「文言」二字之義，古今注釋者數十家，各執一說，無一是處，良可慨也。姚信曰：「乾坤為《易》門戶。文說乾坤，六十二卦皆放焉」。劉瓛曰：「依文而言其理，故曰『文言』」。《正義》曰「《文言》者，是夫子弟七翼也。以乾坤《易》之門戶，其餘諸卦及爻，皆從乾坤而出，義理深奧，故特作《文言》以開釋之」。陸德明曰：「文飾卦下之言也」。梁武帝曰：「《文言》是文王所制」。《程傳》曰「它卦《彖》、《象》而已，獨乾坤更說《文言》以發明其義」。朱子《本義》曰「此篇申《彖傳》、《象傳》之意，以盡乾坤二卦之蘊。而餘卦之說，因可以例推云」。任釣台《周易洗心》曰「孔子欲明乾坤二卦之蘊，首述文王語以發端，故謂之《文言傳》」。惠氏《周易述》注曰「《文言》，乾坤卦爻辭也。文王所制，故謂之『文言』。孔子為之傳，故謂之『文言傳』」。毛西河《仲氏易》曰「繹文王所言，故名『文言』」。阮氏《研經室集》曰「《左傳》云『言之無文，行而不遠』，孔子以用韻比偶之法，錯綜其言，而自名曰『文』」。綜以上諸家之說，姚孔程朱，均以乾坤為《易》之門戶，故特加《文言》以闡發其義蘊，意亦良是。然何以名曰「文言」，仍未能解也。劉氏謂依文而言其理，則《十翼》又何一非依文而言其理者？乃獨以此一篇曰「文言」，其說之不可通也審矣。陸德明謂文飾卦下之言，則六十二卦，皆有其卦下之言。毛氏謂繹文王所言，則《彖傳》、《大象》，皆繹文王所言也。何以不名曰「文言」？其失亦與劉氏等耳。梁武帝謂文王所制，則全《易》卦下《彖》文，皆文王制也。何以反謂之「彖」，而不謂之文？況《傳》中「子曰」凡數見，非文王所制可知。任氏特加首述文王語以發端，以矯梁武之失。然「元者善之長也」數語，雖曾為穆姜所稱引，以何所據而確指為文王之語乎？不足徵也。阮氏之言，似較近理。然六十四卦之《小象傳》，與《雜卦傳》，無不有韻。而《彖傳》之用比偶者，如泰否坤謙豫賁等卦，既指不勝屈。而上下《繫傳》之比偶錯綜，亦無異於《文言》。其不能以此為《文言》之證也，亦斷可識矣。歷來之注釋，既未得當，以致疑論百出。或以為六十四卦皆有「文言」，因簡編殘闕，獨存乾坤二卦。《繫傳》中如「鳴鶴在陰」，及「憧憧往來」諸爻，皆各卦之《文言》也。於是有將此諸爻，竟移竄各本卦之下者矣。或以為《文言》本在《繫辭》之中，先儒因其六爻完備，故摘出以歸乾坤二卦矣。瞽說謬論，不可枚舉。明季之喬行中、清初之黃元御等，竟敢妄逞己見，將孔子《繫傳》顛倒錯亂，另為編次。瀆經侮聖，更為肆無忌憚之尤。易學之晦盲，誠非一日矣。然則是篇獨以「文言」稱也，曷故？曰：孔子之《文言》，孔子已自言之矣。證之他人，不如仍證諸孔子；證之他書，不如仍證之於《易》為確當也。此文字，非文辭之文，不能以偶句韻語當之。陰陽雜，謂之文。孔子之《繫傳》曰「爻有等，故曰物。物相雜，故曰文」。乃此「文」字之確詁也。蓋六十二卦之爻，無不陰陽相雜。惟乾坤為純體之卦，爻不相雜。爻不相雜，則人將疑為無文也。故特著《文言傳》以發明之。夫乾坤二卦，雖為純體，而六爻之位，則仍有等。有等，則仍相雜而成文。故《文言》云者，「雜物撰德」，皆以其陰陽相雜言之。以明乾坤為陰陽之統，乃六子所自出。文雖繫於乾坤，而爻則震巽艮兌坎離也。故乾有「樂行」、「憂違」，與「風虎」、「雲龍」，「水溼」、「火燥」之文。坤有「敬內」、「義外」、「直方」、「草木」及「黃中通理」、「陰疑於陽」之文。皆非指一卦而言也。乾父三索盡於艮，艮成言。坤母三索盡於兌，兌說言。有艮成言，兌說言，於是乎有乾坤之「文言」。乾為六十四卦之宗，而陽出於陰。純陽之內，含有真陰。故乾

「元亨利貞」，自具四德。坤以承乾，陰非得陽，則文不著。故坤「元亨利牝馬之貞」。初六履陽陰始凝，六三含陽則稱章，六五正陽則文在中。皆陰陽相雜，而陰有待乎陽。是以〈乾文言〉繁而〈坤文言〉簡也。乾坤《文言》，結以「天地之雜也」一句，又申之曰「天玄而地黃」，《文言》之義盡於此矣。至自屯以下六十二卦，無一卦非陰陽相雜，即無一卦非乾坤相雜。既相雜則其文已見，各爻之象，固已雜撰乎陰陽。初不待別著《文言》，而義已顯著矣。此《文言》之所以獨見於乾坤二卦也。孔子《十翼》，終以《雜卦》，以明全《易》之無一文不雜。雜之即文之也。《易》之雜字，皆陰陽相雜，實兼文章二字之義【**青與赤謂之文，赤與白謂之章。文章亦雜撰而成也**】。曰「天地之雜也」，猶之曰「天地之文章也」。自後儒以俗義詁經，釋雜字以為夾雜，為雜亂，皆非美義。遂有疑《雜卦》非孔子所作者；有謂《雜卦》但取各卦相雜，無甚意義者。「雜」字之義不明，宜「文言」之名亙古莫能解矣。

《雜卦》舉例

《雜卦》者，卦之雜。《文言》者，爻之雜。《文言》與《雜卦》，皆卦爻精義之所在。能明乎《文言》之義，則可以言六十四卦之爻。明乎《雜卦》之義，則可以言上下二篇之象數矣。自漢以來，經師大儒於《雜卦》之義，均未有發明。孟氏曰：「雜，亂也」。虞仲翔曰：「《雜卦》者，雜六十四卦以為義。其於《序卦》之外別言也。昔者聖人之興，因時而作，隨其時宜，不必皆相因襲，當有損益之意也。故《歸藏》名卦之次，亦多異于時。王道踳駁，聖人之意，或欲錯綜以濟之。故次《序卦》以其雜也」。韓康伯注曰：「《雜卦》者，雜糅眾卦，錯綜其義。或以同相類，或以異相明也」。孔氏《正義》曰「《序卦》依文王上下而次序之。此《雜卦》，孔子更以意錯雜，而對辨其次第，不與《序卦》同」。王夫之曰：「雜者，相間之謂也。一彼一此，一往一復，陰陽互見，而道義之門啟焉。屯蒙以下四十八卦，二十四象，往復順逆之所成也。乾坤坎離大過頤小過中孚，綜而不失其故，則以錯相並。否泰隨蠱漸歸妹既濟未濟，四象而成八卦，則錯綜同軌。《周易》以綜為主，實則錯綜皆雜也。錯者幽明之迭用，綜則用其明者也」。以上諸家，語無一當。孟氏所謂亂，非雜亂之亂，乃篇終之意。後人誤解雜字，實先因誤解孟注之亂字也。虞君頗有所見，惜未能闡發其意。韓孔以下，皆意為揣測而已。鄭少梅東卿曰：「《上經》起乾坤至坎離三十卦，《下經》起咸恆至既未濟三十四卦。此《序卦》所述以為二章也。《雜卦》雖合為一章，无上、下《經》之分。然自乾坤至困亦三十卦，自咸恆至夬亦三十四卦。由是推之，則其雜之也，豈無說而苟然哉！是必有如卦氣先天之說而《易》師失其傳矣」。萬彈峯曰：「《說卦篇》專言象數，《序卦篇》專言義理。《雜卦》與《繫辭》，則象數義理兼而有之。八卦皆言其象，餘卦皆言其理。大過以下舉互卦之義，以明六十四卦之根皆自此起也」。刁蒙吉曰：「《易》之有《序卦》，學之始也。博文約理，有序而不可雜也。《易》之有《雜卦》，學之成也。變化從心，雖雜而不失其序也。《序卦》分也，《雜卦》合也。由分可以得合，既合其中仍分也。何以合而分也？首以乾坤，一大男女也，而萬事萬物无不在其中矣。終之以男女，一小乾坤也。而類聚羣分，不能外乎是也。此起止之合也。然《上經》三十卦，《下經》三十四卦，其界限未嘗不分。自師比八卦而以《下經》之損益交合之，自咸恆八卦而以《上經》之否泰交合之。此樞紐之合也。損益後歷大畜无妄而合之以萃升，否泰後歷大壯遯而合之以大有同人，此對待之合也。列震艮於前，而以巽兌等六卦分足三十卦之數。留大過頤於後，而以坎離等六卦合居三十四卦之中。此錯綜之合也。至大過以下，則以分為合矣」。王困翁曰：「先儒謂《雜卦傳》為反對作是也」。然五十六卦皆反對，後八卦偏不反對，可知不專為反對作也。胡雲峯謂「為互卦作是也」。然六十四卦只互得十六卦，每八卦互兩卦。若專為互卦作，何不以類互？則知不專為互卦作也。劉芸莊謂：「為卦變作，以互為次是也」。然自隨以下十二卦，偏不以互次，則知不專為卦變作也。愚謂反對之義，雜見於卦變之中，而互卦因之。兼是三者，故名《雜卦傳》云爾。以上諸家之說，似較前者為有進矣。然於《雜卦》精義，仍鮮發明。此外如胡炳文、李光地、胡煦諸氏，大意皆主互卦，要皆未能悉其蘊也。其妄疑《雜卦》為非孔子作者，更無論矣。須知孔子《十翼》，

《彖》、《象》、《繫辭》諸傳，皆以闡發《周易》，以明列聖相傳之道。《說卦》取象，亦皆有所受，所謂述而不作者也。惟《雜卦》一篇，乃孔子獨抒己見，不相沿襲。雖每卦僅繫以一字或數字，而仰觀俯察，無一不與羲聖畫卦之精神相契合。而理象氣數，無一不包孕其中。順逆相推，更寓數往知來之微恉。朱子所謂「伏羲自是伏羲之《易》，文周自是文周之《易》，孔子自是孔子之《易》」。斯語也，以論《周易》，則未見其是【文王演《易》即與羲畫一貫。周孔象贊，更無不推本於羲文。一字一義，皆有象可象，有數可稽。未嘗於象數之外，有單辭隻字之增益，更何得強為分析之也】。若以論《雜卦》，誠哉為孔子之《易》矣。然非熟讀六十四卦而貫通其意，不能知《雜卦》之妙。非研求全《易》之象數而會其通，亦不能悟《雜卦》之妙用也。胡李諸氏，以互卦測之，已窺見一斑。欲觀全豹，當仍於經文及《繫傳》中求之。辛齋致力甚淺，何敢妄語高深？況高深者，又實未易以筆舌盡之。今略舉數則，以發其凡。善學者當無難隅反也。

凡「剛柔樂憂」與「求起止見伏」諸字，皆以隱括一卦之義，所以為六十四卦挈其綱領者也。各卦之《彖》、《象》之有其字者，必與其卦有所繫屬，無一字為閑文也。如乾之樂行憂違，即指師比。頤之觀頤，剝之觀象，及咸之觀其所感，恆之觀其所恆，萃之觀其所聚，皆與觀有關，皆合與求有關。而震起艮止，巽伏兌見，咸速恆久等義，尤為全《易》《大象》

之總綱，八卦變化之原則。而歷象納甲飛伏納音之術，悉基於此矣。噬嗑食也，如需困之酒食，訟之食舊德，泰之于食有福，大畜之家食，明夷井鼎之不食，無不相關也。而噬嗑與賁相對，則食與色對。食色性也，又另為一義。此一字一義之精微奧衍，神變莫測，言之不能盡，書之不能罄者也。其餘諸卦可類推矣。

其繫於數者，剝次二十五天數極，困次三十地數窮也。革次四十五，一卦之候四十五日而革也。豐次四十九，蓍之數也。五十四為凶數，故不處。五十六為厄數，故不親。而屯見姤遇，尤歷象之所宗。其餘諸卦，或以爻象，或以卦位，無不各有精深之意義。非貫通全《易》以求之，推演象數以合之，未能測其神妙也。至大過以下八卦，則非獨象數。知天知人，數往知來，寓《春秋》之微意，垂萬世之教誡。其道甚大，夫豈僅八爻迴環交互而已哉！

其繫於象者，或與先後天卦位相發明【漢學家排斥先天之說，一由於門戶之見太深，一由於不察象數之天然。余另有說以明之】，或與上、下《經》、《序卦》為體用，仍各以本卦大義為歸宿。故先後次序，及上下反覆，無不各有奧義。非但大過以下八卦不可更動【蘇子瞻、蔡元定諸氏，以大過以下八卦與前不同，概照兩卦相對比例為之移易。明儒來知德諸氏，均從之，遺悮後學不淺。朱子以其韻合，疑其非悮，不敢擅動。尚謂能闕其疑者也】，即其兩卦相對，而與《序卦》上下易次者，如比師无妄大畜井困解蹇睽家人否泰大壯遯大有同人小過中孚等卦，亦皆不可移易。蓋分之一卦有一卦之義，合之此卦與彼卦，均有相互以見之義。如隨无故也，豐多故也，革去故也，如同人親也，訟不親也，親寡，旅也，小畜寡也，此相互見義之最顯者也。大有眾也，與《序卦》之師同義。而師之憂，又與經文臨之既憂，豐之勿憂，及本傳之小人道憂，相互見義。他如「而」字，「之」字，「則」字，「其」字，及「相始去取」等字，均非閑文虛字，均各有其象數。「則」字之關係尤重，更宜詳察深玩。非特一字一義，不可忽略，即其無字之處，更耐尋味思索，尤不可忽略也。

右所述者，尚其淺顯而易見，明白而可言者。尚未能盡其萬一也。但學者循此求之，則見深見淺，自有所得。且能有無窮之意味。更讀全經，必覺另易一番境界矣。善讀者當不河漢斯言。

男之窮

或問：《雜卦傳》「未濟男之窮也」，究作何解？曰：大過以下八卦，聯屬一氣，固未易以一句分析言之。但分之合之，皆各有義。先儒解此者，意雖未盡，然大致尚不甚相遠。程子於成都市遇箍桶叟，見其擔有《易經》，因舉此語問之。叟曰：「三陽失位，安得不窮？」程子甚為心折，謂能發前人所未發，其實不盡然也。若以失位論，則未濟六爻皆不當位，不僅三陽之失位也。攷虞注曰「否艮為男位，否五之二六爻失正，而來下陰未濟，主月晦，乾道消滅。故男之窮也」。此以消息及納甲言之，與本傳之否泰反類，意尚貫串。其餘注者雖多，均無甚發明。項平甫謂：「既未濟皆主男言。水能留火故定，水不能留火故窮。陰陽不交，而陽獨受窮者，生道屬陽，死道屬陰也」。終與窮不同。終者事之成，窮者時之災」云云，說亦蕪雜。此「男之窮」三字，正對「女之終」言也。《易》之道，天地男女而已。孔子《雜卦》，以人事為主。故乾坤不曰陰陽，而曰剛柔。此其大眼目也。歸妹為六十四卦歸魂之終，故曰天地大歸魂卦。未濟為《序卦》之終，此窮字正對《序卦》「物不可窮也」窮字而言也。合此二義觀之，則所重專在窮字終字，男女二字不必重讀也。男女者，即《序卦》「物不可窮」之物字耳。凡人之情，非至時窮勢竭，不能自覺猛然為最後之決斷。平日之辨是與非，或感於情，或累於欲，而不能決者，至此死生俄頃存亡呼頃之間，而毅然決矣。故即斷之以「夬決也，剛決柔也」。能剛決柔，則情欲去而天理復。君子道長，窮以變而能通，即終以續而復始。《易》道於以無盡矣。

制器尚象

《繫傳》曰「以制器者尚其象」。又慮後世之無所則也，特舉「作結繩而為網罟以佃以漁蓋取諸離」之十三卦，以示其例。又慮後人之不能通其變也，特於乾坤二卦明示之，曰「通其變使民不倦，神而化之使民宜之。《易》窮則變，變則通，通則久」。又慮通變者之不能得其道也，於是於後三卦特加「易」字，以示《易》窮則變之道。曰「上古穴居而野處，後世聖人易之以宮室」，「古之葬者厚衣之以薪，後世聖人易之棺槨」，「上古結繩而治，後世聖人易之以書契」。此三者，皆所以通變宜民，而致世道日進於文明者也。孔子不憚煩複，一再言之，深望後之人能變通盡利。凡古人所制而未盡完備，與完備而未能精美者，各援據象數易而新之。庶「變則通，通則久。自天祐之，吉无不利」。聖人之憂天下後世者，可謂至矣。乃三千年來，《易》學晦塞，講漢學者溺於訓詁，宗宋學者空談性理，視制器尚象之一道，以為形而下者，不屑深究。於是罔罟仍為結繩，不能易之以新法。耕稼仍為耒耜，不能易之以機器。日中為市，仍守虛集之舊，不能易之以通商。舟楫仍刳木剡木，不能易之以機輪。引重致遠，仍賴牛馬，不能易之以汽機。重門擊柝，不能易之警察。臼杵之利，不能易之以滾輪。弧矢之威，不能易之以槍礮，種種利器。古聖既尚象作之於先，吾人乃不能變通改進以後，而一一皆讓西人占其先著，我更學他人之步，尚不免邯鄲之誚。其昧古聖設卦垂象之深意，負孔子諄諄指示之苦心。嗚呼！雖百喙不能自辭其咎矣。雖然，《易》道至無窮也，象數本無盡也。世界進化，無止境也。西人未嘗見吾聖人之象，但得其數，極深研幾，已能盡制器之能事，極物質之文明。吾人既能師西人之所長，以極數致其用，則由數而求象，亦已事半而功倍。更變而化之，以合窮變通久之道，則由物質文明而進於精神，由形下更進而形上。古聖之軌轍可循，四聖之儀型未遠。近取諸身，遠取諸物，必有「神而化之自天祐之」之一日，以遠駕乎西人之上者。不禁跂予望之，拭目俟之矣。

中孚生，大過死

中孚之義，前集已詳之矣【卷二第二條】。卦氣起自中孚九二，以中孚為生氣之所始也。故揚子雲《太玄》八十一首，亦起於中孚。此象數之不可易者也。中孚之中，本於以五合十，故為生。澤風大過，則以十合五，乃死象矣。中孚上巽，於後天卦為東南。下兌，於先天卦位東南。後先同位，故曰「孚」。孚者，合也。與噬嗑同人節比，同一例也。中孚中之氣，天施地生，其益无方【東南風雷益卦】。始於坎之中心【卦氣中孚，居坎子，值冬至】，為天地之恆氣。而大過位西北乾【卦氣大過，居西北乾亥】，戌亥數无，故棺椁葬，取象大過。乃西北乾坤父母入藏，離日下地入坎穴。東南巽木，於西北乾周，棺周身，椁周棺，喪期以二十五月，乾天數盡也。夫五與十皆中土象，五而十，氣以出而生。十而五，氣以入而藏。出入變化，其幾甚微。數雖同，而吉凶相去如霄壤焉。言數者可於此而隅反矣。

鶴鵠

〈中孚・九二〉「鳴鶴在陰，其子和之」。《荀九家・逸象》「震為鵠」。鵠與鶴通也。故吳草廬曰：「鵠當為鶴是也。今武昌有黃鶴樓，實以黃鵠山而得名者也」。可見鵠之為鶴，由來舊矣。九二互震，故取象於鶴。鶴為澤鳥，兌為澤也。鶴鳴於秋，兌正秋也。而曰「鳴鶴在陰，其子和之」，則所以形容「孚」字之義，精絕無倫矣。孚从爪从子，本取鳥抱卵之象。天下情意相孚真切誠摯，有逾於母子者乎？然情意不可見，曰「鳴」，曰「和」，則情意見矣。以此言孚，無餘蘊矣。然而象之義猶不止此。鶴羽潔白，以比君子。鶴性善警，喻能知幾。中孚九二互震，一陽來復，生氣之始，故《上繫》擬議七爻首此，而曰「君子之樞機」。「其子和之」，所謂同聲相應，同氣相求，故〈象〉曰「其子和之，中心願也」。〈泰之六四〉「翩翩不富，以其鄰不戒以孚」，〈象〉曰「翩翩不富，皆失實也。不戒以孚，中心願也」，正與此應。泰失實，故「不富其鄰」。〈小畜・九五〉則「有孚攣如，富以其鄰」，而〈中孚・九五〉，則亦曰「有孚攣如」。合而觀之，可廣其義矣。虞氏主卦變，以離為鶴。鳴在坎中，則陰陽交孚，聲應氣求，為義亦同。後儒駁之，甚無謂也。

畸象

《易》象祗見於一卦或一爻，而他處不再見者，謂之畸象。如上文中孚之鶴與豚魚、燕、翰音及屯之鹿、解之隼、革之豹等象是也。不必定為動物之類，若茀、若機若柅、若莧陸、若傾等等，不勝枚舉，皆謂之畸象也。然鹿隼豹之為象，前人尚有言之者。而「有它不燕」之「燕」，則均以為假借字，訓為燕安之燕，不復求之於象矣。夫《易》之《象》、《爻》，無一不根據於卦象而演繹者也。有象所有，而《象》、《爻》或略而闕者有之矣。未有象所本無，而象辭爻辭憑空增入者也。故全《易》經文，無一字虛設。無論為虛字，為助辭或假借字，斷無不與卦象相關。況明明為物象，豈可因其假借之義，而置其本象於不論哉！若僅以安訓之，則當元聖繫爻，何不竟曰「有它不安」，或曰「有它不宴」，而必以燕字為假借乎？是大可思矣。舊注惟馮氏椅以兩義詁燕，以虞人詁虞，謂「虞人不能專志防護，而有它志，則羣鳥不安。燕或取燕雀之象。兌之初，七月末，社燕猶在也。過此之它，則巽在東南，又明年矣。社過則无燕，故有不燕之象」。其釋經之當否，茲姑不論，即燕之取象，亦曲折附會之甚。不知聖人之象，雖極其精深，微妙入神，但必出於自然，斷無如此之委曲比附也。蓋燕之象，即在中孚之互卦。初之四互雷澤歸妹，三之上互風山漸。漸全卦皆取象於鴻，歸妹則取象於燕。燕與鴻，去來有定時，鳥之有信者也。故中孚信也。此象之微妙而極自然者也。或曰：「妙則妙矣，其如歸妹一卦，初未嘗有燕，何也？」曰：何為其無也？帝乙歸妹，乙即燕也。泰二至五互歸妹，故五曰「帝乙」，四曰「翩翩」。翩翩亦燕之象也。此燕之取象於歸妹，可覈然無疑者也。至屯之鹿，虞氏謂山足稱鹿【鹿麓古通】，三當互艮之初故稱鹿。義極精當。或以為麋鹿之鹿，於象亦不悖。但論用之如何可也，固不必是彼而非此也。聖人作《易》，以言之不能盡意，而立象以盡意者，正以言難兩歧，而象可通變。但通變而得其當，無悖於聖人立象之指斯可矣。象之屢見者，以有可比較推類，尚易別其是非。惟此畸象者，衹此一見，他無足徵，尤非精審不易得當也。故因鶴而類舉之。

莧陸

〈夬・九五〉曰「莧陸夬夬」，舊說夥矣，均未得當。孟喜《章句》曰「莧陸，獸名」。夬有兌，兌為羊也。許慎亦治孟氏《易》，故《說文》「莧」字，曰「兔足苜聲，讀若丸，山羊之細角者」。是孟本之莧陸，當作「莧陸」，應於莧字下加一點方合。但「莧陸」二字為連文，今《說文》但言莧而不言陸，則所謂山羊細角者，其為莧歟？抑莧陸歟？虞仲翔世傳孟氏《易》者，乃曰：「莧說也。莧讀若『夫子莞爾而笑』之莞。和睦也」。今《釋文》「一本作莞，華板反。陸蜀本又作睦。睦親也，通也」。皆宗虞說也。馬融、鄭康成、王肅，皆云「莧陸一名商陸」，猶以莧陸為一物。至董遇云：「莧人莧也，陸商陸也」，宋衷亦云：「莧莧菜也，陸當陸也」。則皆以莧陸為二物。且當陸為何物，尤莫詳其義。馬、鄭、王、董、宋五家，因皆治費《易》者也。康成雖亦兼治京《易》，京出於孟，而此則從費不從孟也。朱漢上謂「莧為蕢。商陸，葉大於莧」。《程傳》以莧陸為馬齒莧，朱子於《本義》從《程傳》，曰「莧陸，今馬齒莧。感陰氣之多者」。而《語類》則曰「莧陸是兩物。莧者馬齒莧。陸者章陸，一名商陸。藥中用商陸治水腫。其子紅，其物難乾」。是皆與馬、鄭諸家大同小異，同為費《易》也。獨項平甫、吳草廬，皆宗孟說。項曰：「莞音丸，山羊也。陸其所行之路也。猶鴻漸於陸之陸」。吳謂：「莧子上从卝，羊角也。中从目，羊目也。下从儿，羊足也。故寬字諧莧聲。羊羣之行，山羊居前，謂之引路羖」。是皆能闡發孟氏之義。項氏能注意於陸字，尤能得間。蓋莧於《易》為畸象，無他卦可引證。而陸則明明見諸漸卦，則以經證經，自非恙無故實，望文生義者可比。近儒焦氏之《易通釋》，亦以漸之兩陸字為證，固甚是也。惟焦以「莧」為「見」字之假借，則引經而又改經，不免自相矛盾矣。項、吳二家之說，於象無訛。惟陸字之解釋未明，故不能發揮經義，暢達其指。夫陸與水對，平地曰「原」，高平曰「陸」，高而隆者曰「𨸏」。陸有高意，故从𨸏。而陰陽二字，亦均从𨸏。𨸏者，象天地陰陽之事也。而陸亦含有天地陰陽往來之義。四時錯行，日月代明。而日月之行，有南陸北陸東陸西陸之稱。天地節坎一至兌十【水澤節】，坎北陸，兌西陸也。漸為儀，陰陽二二，始天地南北之候。漸之陸，北陸也。夬決陰，兌月望，日月東西之候。夬之陸，西陸也。兌為羊，其類艮，亦為山羊。羊羣行於高平之原，其狀夬夬，此正與九三之夬夬，相對舉以見義。三之夬夬為獨行，五之夬夬則羣行也。羣行故象羊。孟氏之說，不可廢也。後儒異論，徒滋紛擾，無一是處。虞氏讀莧若莞作親睦之意，則揆諸卦義，殊未安也。

蠱為變化之卦

蠱者，變化之卦也。天地與人事，非蠱不生變化。八十四卦，亦非蠱不成變化。故《周易・序卦》以蠱次十八。二九十有八變，六十四卦無窮之變化，胥由於此矣。今歐西之學說，謂凡物之變化，皆微生蟲為之。非但物質之變化如造酒制醬等類，皆因微生蟲之醞釀。即植物之滋長，土質之改變，亦無一非微生蟲之作用。而生物之體，與空氣及水中之微生蟲，更不可以形求而數計。蓋非微生蟲，則變化之機能止。變化止，則生理亦將與俱止，而人物或幾於息滅矣。甚哉！蟲之所以變化，其關係之重且大也。然此種科學之發明，要在近百年以內。百年以前，無此說也。自顯微鏡之製造益精，而微生蟲之形狀與功用，發明乃益多。在古聖作《易》之時，既未嘗有此精細之科學，更何來此百倍千倍之顯微鏡，以窺示目力能所不能見之蟲，而知其功用？而乃於天地人物變化樞要之一卦，命之曰蠱？而蠱乃从蟲。且其象數變化之作用，之意義，更在在與今之新學說相合。而簡當精要處，彼化學家所實驗而得者，或無以加焉。嗚呼！聖而不可知之為神，誠哉其不可測矣。或曰：卦雖有其象，古聖之意，或未必如此是。殆子附會新說，曲意遷就而適相巧合耳。曰：古今之適相巧合者，於事誠有之。然可一而不可再，決不能事事相巧合，而反覆皆適當也。〈象〉曰「山下有風，蠱」。山為艮象，風為巽象。風者，氣之動也。止而不動則蟲生，故風亦从虫。豈造字者亦相巧合乎？山下有風，乃天地之氣，為山所阻遏，不能流通，而於是乎生蟲。故《詩》曰「蘊隆蟲蟲」。在滇黔兩粵，氣阻於山嶺。在昔交通未便之時，恆苦瘴癘，而蠱之為患亦甚。今雖稍愈，而尚未能盡絕也。瘴癘與蠱，實無一非蟲為之也。或曰「山下有風」之義，固如是矣。若六十四卦，則八卦所因而重之焉。何待於蠱而始變哉？曰：因而重之者，八卦成六十四卦之形式，即兩儀生四象，四象生八卦，亦但言生卦之次序也。若論八卦變化之實際，則八卦實祇六卦。乾坤坎離各為一卦，而巽反即兌，震反即艮。震巽艮兌，名為四卦，實祇兩卦也。若言其變，則八卦實祇有四變。乾坤為純陽純陰不計外，乾初變為巽，上變為兌，則中一爻不變，而當然為坎矣。故乾兩變而得三卦。坤之變艮也亦然。故邵子用數，每以四變，以變之實數僅衹此也。乾坤既四變為震巽艮兌，而震巽艮兌，反覆又實衹兩卦。則此兩卦者，即所以變化乾坤之原則，亦即變化六十四卦之原則也。震巽艮兌之合為隨蠱漸歸妹四卦，何獨以蠱為變化之樞要？則少男承父，長女代母，後天之乾退居艮位，坤退居巽位。陽以上為極，陰以下為極。陰陽極而後變化生焉。此所以艮巽為蠱也。古之訓蠱為事，亦以天下之事，俱由變化而生。不動不變，則何事之有？《尚書・大傳》曰「乃命五史，以書五帝之蠱事」，蠱事即故事，謂繼續不絕之事，如艮巽之繼乾坤焉。《序卦傳》曰「以喜隨人者必有事」，《詩》曰「王事靡監」。監亦蠱也。爾疋康謂之蠱。《春秋左氏傳》「醫和曰『於文皿蟲為蠱，穀之飛亦為蠱』」。此訓詁之最古者也。卜徒父之筮也，曰「千乘三去，三去之餘，獲其雄狐」，則以變占而言，非蠱之本義。醫和又曰「女惑男，風落山」，亦以占之象而言。惑者謂少男血氣未定，而惑於長女，則於象為蠱，非謂蠱之有惑義。至伏曼容，乃直曰「蠱，惑亂也」，而義始歧矣。向來說《易》者，皆未明蠱為變化之所由。或以為敗壞，或以為蠱惑，於卦義均未有當也。美哉，孔子之釋蠱之〈彖〉也！曰「巽而止蠱。蠱元亨而天下治也」。六十四卦《彖傳》言天下治也者，未之有也。僅〈乾・文言〉曰「乾元用九天下治也」，與此正相應合。豈敗壞惑亂之卦，而足以當此哉！蓋《周易》六十四卦，皆乾元用九以變化之。蠱即所以盡乾九之用，而生變化者也。故亦曰「元亨而天下治也」。乾曰「大明終始」，而蠱曰「終則有始」，與恆之「終則有始」皆指巽而言也。夫《易》之所謂事者何？即天地人之事也。乾天坤地艮人，而巽以齊之。則天事地事人事之不齊者齊，而元亨利貞之時用【坎離震兌】，乃循環而不已也。蠱雖艮巽二卦，實兼具乾坤二卦之材。故爻皆取象於父母。此非詳玩先後天八卦，與六十四卦之所以變化者，不能得融會貫通之妙，非言詞所能盡也。或曰：「聖人既以此卦為變化之宗，而又知蠱為萬物變化所由，何不竟名其卦為蠱，而乃曰蠱也何居？」曰：蠱之變化，物質上之事也。而蠱則含乎意志【初爻曰意，上爻曰志】，更兼精神上之變化也。妙哉！匪夷所思矣。

先甲後甲，先庚後庚

〈蠱・彖辭〉之「先甲三日，後甲三日」，與巽五爻辭之「先庚三日，後庚三日」，古今詮釋者，不一其義。而為之圖者，亦鈎心鬥角，各極其致，亦謂盡極深研幾之能事矣。然求其說之當者，寥寥可數也。《子夏傳》曰「先甲三日者，辛壬癸也。後甲三日者，乙丙丁也」**【此《子夏傳》乃後人偽託，非孔子弟子所作也】**。鄭氏亦同此說，謂「辛取自新，丁乃丁寧之意」。《程傳》、《朱義》大率本此意，而推衍之，又曰「庚更也，事之變也。先庚三日丁，後庚三日癸。丁以丁甯於變之前，癸以揆度於變之後」。按之經旨卦義，殊多牽強。夫孔子贊《易》，本所以明道而垂教萬世。果有此意，何妨竟曰「自新」曰「丁寧」？或竟曰「辛」曰

「丁」，豈不明白了當？乃故為隱語寓詞，以待後人之揣測，決無此理也。虞氏以變卦納甲言。馬氏以甲在東方，艮東北故先甲，巽東南故後甲。以卦位言，朱子發張竣宗虞說，胡寅、來知德宗馬說。雖詳略不同，而大致無異，似均較鄭與程、朱為切實也。蘇東坡曰：「陽生於子盡於巳，陰生於午盡於亥。一日十二干相值，支五干六而後復。先甲三日，後甲三日，所謂六甲也。先庚三日，後庚三日，所為六庚也。甲庚之先後，陰陽相反。先甲三日子戌申，申盡於巳而陽盈矣。盈將生陰，故受之以後甲。後甲三日午辰寅也。寅盡於亥，然後陰極而陽生，勢窮而後變。故曰『終則有始』。先庚三日，午辰寅也。後庚三日，子戌申也。庚之所後，甲之所先。故先庚三日盡於亥，後庚三日盡於已。先陰而後陽，故曰『无初有終』」。郭子和曰：「《易》之爻，兼三才而兩之故六，陰陽不過六而盡矣。復稱七日，自姤六爻至復初九而七也。臨稱八月，自復經六爻至遯六二而八也。蠱先甲後甲，亦六日之義。先甲三日者，蠱之先也。新之終而弊之始也。後甲三日者，蠱之後也。蠱之終而新之始也。是為蠱之反也。二者之象兼於先甲後甲之中，相與循環而已。甲即蠱也」。齊夢龍曰：「推馬融先甲後甲之說，曰卦震東為甲，兌西為庚，蠱互震而四居震中，故言甲。巽互兌而五在兌上，故言庚。十干戊巳土，餘八日為萬物始終。甲者始之始，庚者終之始。蠱言始而稱甲，巽言終而稱庚，語固各有當也」。錢一本曰：「先後甲以中爻震木為象。震震出，日之甲，春之始，而反終以原其始，所以飭蠱之壞。先後庚以中爻兌金為象。兌之說，日之庚，秋之中，裁其過以歸於中。所以制巽之事，蠱之甲言於卦，合上下而共其事。巽之庚言於爻，申命行事之主獨五也」。胡翹元曰：「十干六甲主生，六庚主變化。有甲以生之，無庚以變化之，非造化全局」。萬彈峯曰：「以納甲言，蠱自否來。否上為乾。乾納甲，故曰甲。巽之五爻變則為蠱。蠱上互震。震納庚，故曰庚」。綜以上諸說觀之，覺後勝於前。東坡之說，尤為冰雪聰明。雖未能盡合於象數，而已得其郤窾。蓋東坡固未嘗研究象數者也」。【近德清俞氏《茶香說經》說「解七日來復」及震與既濟之「七日得」，謂即先甲後甲、先庚後庚之義。先甲三日辛，後甲三日丁。自辛至丁凡七日。先庚三日丁，後庚三日癸。自丁至癸亦七日。甲木克於辛金，辛金歷七日為丁火所克，則甲木來復矣。庚金克於丁火，丁火歷七日為癸水所克，則庚金來復矣。復即得矣。是較東坡為更進一層。且足藥丁甯，揆度諸舊說之腐，而仍不畔古訓】此外如王引之、焦理堂諸氏，均非碻有心得，可置不論。蓋經文既明明曰甲曰庚，則自當從干支以求其義，未可以形聲相隱射也。文王當殷之末世，殷《易》《歸藏》，以干支納音為主【說詳《三易備遺》】。更觀殷之遺器及其歷代帝王之名，無不以干支者，可見其一代之風尚矣】。末流之弊，重鬼而輕人，故文王矯之。《周易・繫辭》，特重人道。然《易》本陰陽，雖有偏重而無偏廢也。值象數變化樞要之處，仍不能不以干支挈其綱。故於《上經》之蠱，特言甲。《下經》之巽，特言庚。而又於革言己，泰及歸妹皆言乙，言甲己乙庚，則其未言者可推而知矣。甲者震之位而乾納甲，庚者兌之位而震納庚。天雷无妄，而震兌隨時。故无妄元亨利貞，隨元亨利貞。隨反為蠱。蠱九五變重巽，故「甲」「庚」於蠱巽二卦言之。先甲三日辛，巽納辛。後甲三日丁，兌納丁。巽兌中孚，故中孚曰「孚乃化邦也」，曰「應乎天也」。先庚三日丁，後庚三日癸。坤納癸，坤兌臨，故臨亦「元亨利貞」。〈臨・彖〉曰「大亨以正，天之道也」，〈无妄・彖〉曰「大亨以正，天之命也」。故中孚「乃應乎天」。乾坤泰否反覆，否則天下無邦，而孚乃化邦，化邦而天下治矣。故蠱曰「元亨而天下治也」。先後三日則為七日。七日來復。復者，剝窮上而反下者也。故蠱曰「終則有始，天行也」。而剝與復，亦皆曰「天行也」。而巽則為德之制，以人合天，故君子以申命行事。巽稱而隱，巽以行權，皆巽乎中正以合天之道，無違於天之命者也。此甲庚先後之義，非僅就一卦一爻以言之，所能盡也。至蠱之「利涉大川」，更與巽之「利有攸往」「利見大人」相針對。皆甲庚先後反覆。學者循此以求之，則知孔子《彖》、《象》、《繫傳》，無一字不與象數相合，無一義不與他卦相貫。參伍錯綜，皆有線索之可尋。然後再閱先儒之注釋，則是非無難立辨矣。

七日來復

明先甲後甲先庚後庚之義，則七日來復，可不煩言而解矣。先儒注此者，說皆不甚相遠。徒以漢宋之爭，駁詰辨難，甚無謂也。鄭注：「建戌之月，以陽氣既盡。建亥之月，純陰用事。至建子之月，陽氣始生。隔此純陰一卦，卦主六日七分。舉其成數，而云七日來復也」。說本無訛，徒以六日七分一言，遂開辨駁之端。如王昭素、王洙、宋咸諸人，各逞詞鋒。後又牽及於邵康節冬至起復之說。又與起自中孚之卦氣，分茅別蕝，互爭雄長。而揆諸卦義，均無當也。京氏注本言復主冬至，中氣起於中孚。自中孚之後七日而復，故曰「七日來復」，極為明白了當。《正義》既宗京說，以卦氣為言，而兼采鄭注隔坤一卦六日七分之說。李氏鼎祚，引《乾鑿度》軌數，說亦相同。但《易》隔坤之一卦六爻為六日，復來成震一陽爻生為七日，以彌鄭氏之闕。復申言之曰：「天道玄邈，理絕希慕。先儒已論，雖各捐於日月；後學尋討，猶未測其端倪。今舉約文，略陳梗概，以候來悊」。如積薪者也，似預知後人之攻擊者。夫陽七陰八，特據陰陽之生數而言。復一陽初生，數自為七。由剝而復，數亦為七。陽日陰月，故臨稱「八月」，復曰「七日」，理極淺顯。劉氏遵曰：「天行躔次有十二」。陰行其六，陽行其六。當陰六陽失位。至於七，則陽復本位。此周天十二次環轉反覆，其數如此。施之於年月日時並同。故一日之中，七時而復。一月七日而復。一年七月而復。一紀七歲而復。今云七日者，取其中而言。則時月年從可知也」。此固通論。然古人言日，非必定指一晝夜之日也。《詩・豳風》「一之日」「二之日」，皆謂一月二月也。故「七日來復」，但謂陰陽之數極於六，至七則必復矣。震之七日，既濟之七日，皆此義也。或謂：陰陽之數既極於六而復於七，則陰亦當言七矣。何以臨言八月也？曰：此則指陰之生數也。陽生數七。陽主進，故七而九。以九為變。陰生數八。陰主退，故八而六。以六為變。陰陽之數，固各有體有用有正有變。不究極其理，而妄自尊大，是己非人，曰京房郎顗關子明輩，假《易》之名以行其王遁卜說陰陽術數之學，聖人之旨則无有焉。嗚呼！此易學之所以終古長夜也。

出入无疾

〈復・象〉「出入无疾」。虞注「坎為疾」。十二消息不見坎象，故「出入无疾」。王弼注「入則為反，出則剛長，故无疾。疾猶病也」。《程傳》「出入无疾」，謂「微陽生長，无害之者也。既无害之，而其類漸進而來，則將亨盛，故无咎也」。是王以疾為病，程以疾為害。害亦猶病也。然按之於象，揆之於理，均有未安。而《程傳》語意尤為猾突。微陽生長，謂一陽之來復也。无害之者，其語從何而來哉？經文曰「出入无疾」，若曰「出入无害之者」，更成何文理？夫說經必有所據，宋儒每以意為之，自謂吾心即聖人之心，吾言即以明聖人之心，往往不假思索，不暇證之於經傳，而成笑柄。如此類者，蓋不勝枚舉矣。夫孔子《十翼》，所以釋經也。經文有未明者，必當求諸《十翼》，此一定之理也。《繫傳》曰「唯神也，故不疾而速，不行而至」，此即「陰陽不測之謂神」。復為陰極陽生之卦，陽之來復，亦「不疾而速，不行而至」者也。故「出入无疾」之「疾」，正「不疾而速」之「疾」，決無疑義者也。若以訓疾為病為害，則不病而速，不害而速，更成何文理乎？然則《易》之「疾」字，固無病與害之意乎？曰：有諸。《易》之「疾」字，取象於坎。坎為耳痛心病。故經之言「疾」者，有速與病之二義。有言速者，有言病者，亦有速與病之兩義兼言之者。《雜卦傳》曰「咸速也」，故凡卦有速義者皆咸象。咸者人心相感，其效最速。人之思想，「憧憧往來」亦最速。《西遊記》孫悟空一觔斗翻十萬八千里，即咸速之象也。咸之對為損，兩象易亦為損。「損其疾」，此「疾」字速與病之兩義均有之也。咸損皆少男少女之卦，故孔子於〈損·六三〉曰「天地絪縕，萬物化醇。男女媾精，萬物化生」。以言其相感則疾為速；以言病即痘疾，俗所謂天花是也。痘疾根於先天，為父母媾精所遺之熱毒蘊久而發者也。聖人作《易》，其字義章句之妙，神化不可思議。惟孔子神化之筆，足以贊之而互相發明。如此疾字，豈尋常擬議思慮之所能到哉！此外如豫之「貞疾」，无妄之「疾」，鼎之「我仇有疾」，豐之「疑疾」，均有病意。明夷之「不可疾」，遯之「有疾」，與此「出入无疾」，皆不可訓為病者也。〈需・六四〉曰「出自穴」，〈上六〉曰「入于穴，有不速之客」。曰「出」曰「入」，曰「不速」者，即此「出入无疾」之義也。復之初爻在坎子，坎為亟心。陽之本性，本迅疾而不可遏者也。惟當復之初，不可不沈潛涵養以蓄其勢。故屯之初曰「磐桓」，亦此義也。勢以蓄始壯。近今所用之槍礮，其膛中均有螺旋線。令子彈在內盤旋蓄勢，則其出也更速而猛。此線譯稱曰「來復線」，即復初「出入无疾」之確實意義也。物理各有一定，皆出於天地之自然。時不問乎古今，地無間乎中西。至理所在，罔有不合。宋儒以聖人之道，為方頭巾者所獨佔，排斥百家，頌言翊聖，實自隘自錮而并以隘人，以錮天下後世。佛氏之徒，力矯其失，曰「道在矢橛」。雖未免褻道，實亦宋儒對症之良藥也。

高尚其事

〈蠱之上九〉「不事王侯高尚其事」。向來注者，多不著眼於「其事」二字。致「高尚」二字，亦均落空，毫無實際。此與世界之人心風俗關係極大，不可不辨也。虞氏以卦變言，於「其事」二字之精義，不能發揮，無足怪也。王注「最處事上而不累於位。不事王侯，高尚其事也」，亦祇說得上一句。《正義》云「不以世事為心，不係累於職位，但自尊高慕尚其清虛之事」。如此說「高尚其事」，實謬且妄矣。《程傳》專注重於義理，則於此等重要之經文，自當研究其精意之所在而發揮之。乃亦僅援據世應，望文生義，敷衍其辭。其言曰：「上九居蠱之終，无係應於下，處事之外，无所事之地也。以剛明之才，无應援而處无事之地【明明曰「高尚其事」，何謂无事之地？】是賢人君子，不偶於時，而高潔自守，不累於世務者也。故云「不事王侯，高尚其事」。古之人有行之者。伊尹太公望之事，曾子子思之徒是也。不屈道以徇時，既不得施設於天下，則自善其身，尊高敦尚【此四字聯屬為義，殊為費解】其事，守其志節【經文明言「其事」，未嘗言其志節也】而已。士之自高尚，亦非一道。有懷抱道德不偶於時，而高潔自守者。有知止足之道，退而自保者。有量能度分，安於不求知者。有清介自守，不屑天下之事，獨潔其身者。所處雖有得失大小之殊，皆自高尚其事者也。《象》所謂「志可則者」，進退合道者也」。無論《象傳》之「志可則者」四字，另於象義有關，未能如此帶講；即其解「高尚」二字，僅曰「尊高敦尚」，硬嵌一尊一敦字，餘皆閑文。且經文明明曰「其事」，乃一則曰「處無事之地」，再則曰「守其志節而已」，是顯與「其事」之義相背，亦即與經義相背也。朱子《本義》及郭氏忠孝、呂氏祖謙、胡氏炳文，雖詳略不同，大意皆祖述《程傳》，以為無事清高之象。嗚呼！我國千餘年來之士風，除仕官利祿外，不知有所事事。其患得患失之鄙夫無論矣。間有自好者，不甘同流合污，伏處丘園，無所事事，亦惟嘯傲烟霞，吟弄風月，優遊終老，無畀於世。下焉者或藉高名以欺世，獵衣食以偷生。坐耗民財，為世之蠹。要皆此等學說階之厲也。夫人生於世，非衣不煖非食不飽，非宮室不安。非養欲給求而無缺不適，而不能自為衣自為食自為宮室與種種營養之生植製造也。則必有所事或勞心，或勞力，以盡其一己之材，以供獻於社會，為衣食住暨其他取給者之代價，而為之報酬。斯天地不虛生此一人，社會不虛耗此一分之物力，而一己方無負責於社會，無愧怍於天地。苟所抱負者宏，所建樹者大，或什百千萬倍於一身之所需，則崇德報功，社會又隆其報酬焉，斯古今中外不易之定理也。故《經》曰「不事王侯，高尚其事」。夫不事王侯，無所謂高也。自舉世奔競於利祿，奴顏婢膝於王侯之門，有一二矯其失而夷視王侯者，則流俗競稱其為高，而若人亦斤斤自詡焉。實則王侯人也，予亦人也，予何為而事彼哉？不事王侯，乃當然之事。世儒解經，眼光競射於「不事王侯」一句，震而驚之，希而罕之，遂以「高尚其事」四字，為「不事王侯」之注脚，忽略帶過。此大誤也。夫曰「其事」者，乃各人所切己之事，為己所審擇而從事者是也。無論為農為工為商，為科學，為美術，必得其一而專精焉。「高尚」者，無以復加之謂。必專心一致於其事，而更無他事焉可以尚之，而足動其歆慕者。斯其事始精，其業始高。近日歐美學者之所謂神聖，如勞動神聖，職業神聖者，亦即「高尚其事」之意也。故必人人能不事王侯，人人能高尚其事，而「蠱元亨而天下治矣」。此聖人所以繫此象於蠱之上九也。《程傳》之言雖無當，僅偏於一面，未說到「其事」二字耳。《正義》竟曰「但自尊高慕尚其清虛之事」，直不知所云。非率天下不耕而食，不織而衣不可也。嗚呼！道之不明也，知者過之，愚者不及焉。所謂「高尚其事」之一言，近幾為慣用之流行語，非必讀《易》而始知者。以訛傳訛。其貽害於社會，實非淺鮮。故不憚辭費，舉而正之。非好辨也。

學易筆談二集　卷二

先後天八卦平議

先天八卦，不始於邵子，前集已述其略矣。但先後天之關係甚大，不明先天後天之義，無以明八卦變化之由；不明八卦變化之由，無以知六十四卦變化之序，與重卦名義，暨各卦爻位當名辨物之妙。《繫傳・說卦》一篇，言之甚詳。而「天地定位」，與「雷以動之」兩節，指陳先天卦位，更明白曉鬯。祇以唐宋以前，《易》家之傳授均未有圖，至邵康節始悟一二三四五六七八之指。以乾兌離震巽坎艮坤之次，繪為先天八卦之圖。更依「帝出乎震」一章指陳之方位，繪為後天八卦之圖。而先天後天之名，遂傳於世。康節更以先天八卦，依次重之為六十四卦。分為七級：第一級為太極，二為兩儀，三為四象，四為八卦，五為十六事，六為三十二，七為六十四。所謂一生二，二生四，四生十六，十六生三十二，三十二生六十四，加一倍法之先天大橫圖以成。又即橫圖對剖，規而圓之，為先天大圓圖。又即八重卦依次疊之，成為方圖。并後乾坤生六子，與後天八卦方位，合河圖洛書共為九圖。朱子采之以弁於《本義》之首。後之讀《易》者，遂無不有圖書與先後天八卦，犁然於心目之中，幾以為《周易》之所固有者。而漢學家之排斥攻擊，亦由此而生。元明以來，聚訟紛紜。尤以清初之顧亭林、王梨洲、毛西河及胡東樵、王引之諸氏為甚。毛之閱覽既博，又雄於辨論。河洛先天，既為駁斥無遺，而胡東樵又廣毛意，更著《易圖明辨》，全書十餘萬言，專為攻擊朱邵，并推及納甲納音。自謂掃蕩一切，擴清偽學，為易學之功臣矣。無如《易》之有象，經既明著之。《易》之有數，孔子既明言之。《易》既有其象數，則由象推數，以數合象，自有確定之範圍，詳密之數理。而數往知來，又均各有其徵驗，決非以一人之私意可改易，崇宏之空論所能駁斥也。先天之圖可駁，而先天之象數終無以易也。河洛之名義可改，而天地之定數無可更也。彼駁斥者，亦非不知康節數理之精密，無懈可擊也。特以漢宋門戶之不同，攻擊朱子，不能不兼及於邵子。而又以邵說之確有根據，其象數又悉出於天然，不加造作，於是不得不為平情之論。曰：「九圖雖妙，聽其為《易》外別傳可也。不當列之經首以為結案」。夫既知其妙矣，自應廣為傳布，令人人皆知其妙。則列之經首，又何不可？此外之毛舉細故者，則以乾一兌二之數，乾南坤北之位，及復姤生卦等說，以為皆聖人《說卦》所無。謂六子既生自乾坤，何能更生於復姤？此所謂吹毛求疵，欲加之罪何患無辭者也。孔子明言「書不盡言，言不盡意」，故聖人立象以盡意。若《易》之象數，必纖悉皆載於《易》。雖百倍其《彖》、《象》之辭，亦不能盡。必一一詳舉於《十翼》，雖千倍《繫傳》、《說卦》諸傳，亦未能罄也。況言各有當，若不論辭意之所在，但斷章取義，為以矛攻盾之舉，則孔子之《繫傳》，亦將體無完慮。如既曰「八卦成列」矣，是八卦皆同列也，何得又以乾坤生六子？經文明明以龍為乾象，《說卦》何得「震為龍」？若此者，蓋不勝枚舉。漢學家之攻擊先天者，大類乎此。承學之士，震其名而眩其說，其為易學之幛也，非細故矣。然則康節先天之說，固無可議乎？曰：是又不然。康節以先天為伏羲八卦，後天為文王八卦，而朱子仍之。此說則竊有疑義。夫無先後天則已，既曰先天後天，則一體一用，同源共貫，如形之與影，如靈魂之與軀殼，當然不能相離。伏羲畫卦，當然先後天與六十四卦同時並有。使伏羲而僅畫先天八卦，將何以施之於用？而炎黃之《連山》、《歸藏》，又何以「經卦八而別皆六十有四」乎？而後天八卦定為文王所畫，求諸經傳，實無依據。先儒有疑及此者，乃改伏羲八卦為天地定位圖，文王八卦為帝出乎震圖。以為根據《說卦》，較為典切。第名稱雖當，然按諸象數，證諸經傳，確有先天後天之別。而「天地定位」與「帝出乎震」，祇能表其方位之由來。而成象變化之義，與錯綜參互之妙，未能賅焉。故乾一兌二一圖，祇能正其名曰「先天卦」。震東兌西圖，祇能正其名曰「後天卦」。不必繫之曰「伏羲」「文王」，名斯當矣。

乾南坤北，離東坎西之位，雖經無名文，然證之他經，可據甚多，前集已言之矣。但先天八卦之妙，尚非南北東西之位所能盡之。邵子當日發明此圖，不得不用四方四隅之位，以與後天之方位相參互，以見義而明用。然又特標圓方兩說，正以補圖所未盡之義也。夫天圓而地方，先天圓而後天方，學者亦詳聞其說矣。乃罕有悟其妙用者，則因向之所謂圓者，乃即書上所畫之圓。則為一圓圈，是平圓而非渾圓耳。先天八卦之圓，乃渾圓也。既渾圓矣，則南北東西之方位，自與後天之四方者不同。故泥於南北以求先天之方位，雖不可謂之非，亦未能謂之是也。妙哉！孔子之言也！曰「《易》有太極，是生兩儀【參看卷二第一條】」。兩儀之生，不曰「南北」，不曰「東西」，不曰「中」，而特曰「是」。「是」者，無定而有定。定之維何？即定之於日正。日正則不言南北東西，而自有南北東西。不言中而自有中，却不可泥南北東西中以求之。所謂活潑潑地，無絲毫沾滯執著。必由此以觀先天八卦，方能悟其妙用。《繫傳》所謂「天地定位」，定之於是矣。《易》與天地準，準之於是矣。

康節之先天大圓圖，所謂「陽生於子中，盡於午中。陰生於午中，盡於子中」者，於陰陽之義相合也。而離曰「春分」，坎曰「秋分」，則與卯酉不相應也。蓋康節之《易》，根於數者也。故其圓圖，亦所以推數，與孟氏京氏之卦氣不同，未可強二氏而合之也。後人不察，言漢《易》者，斥邵圖為牽強；宗邵學者，并欲以邵圖定卦氣，而廢中氣起自中孚之古法。皆偏而無當，未足與言《易》者也。明人之《易占經緯》，更取後天八卦，亦仿邵圖重為六十四規而圓之，以候卦氣。謂冬至起渙，是直以《易》象為七巧圖矣。

納甲者，實康節先天圖之所本。然自漢以降，雖傳其說，未始有圖也。若按說以求之，則乾坤列東，艮兌列南，震巽列西，離坎居中。此後人言虞氏《易》者所擬之卦位，與先天八卦又迥然不同。康節能神明其法，故不襲其迹。而自依據《說卦》，另繪此圖。又從一二三四五六七八，悟用九之旨，得體用之源。於是推驪得珠，擴充推衍，左右逢源，無往不合。故《皇極經世》之象，不必與《易》同，而無非《易》也。正王弼所謂「得意忘象」。惟得其意，乃可忘象。後人誤會王說，未窺其意，即曰「掃象」。又何《易》之可言乎？或曰：「天地定位」一章，既為邵子先天八卦所依據，與納甲迥不侔矣。又云本於納甲焉何居？曰：天地定位一章之言八卦，實皆兩兩合言。曰「天地」，曰「風雷」，曰「山澤水火」，下又曰「八卦相錯」，未可分而畫之。然欲繪為圖，既兩卦不能并成一卦，乃以乾南坤北分佈其位，不得已也。而所謂八卦相錯，乃八卦相錯，非僅乾坤坎離對錯之謂。維納甲之義，實盡相錯之用。觀《中庸》之「四時錯行，日月代明」，可以知納甲矣。震東也，而納西之庚。兌西也，而納南之丁。康節深悟八卦相錯之理，而得逆數之用。故納甲卦象雖不合先天八卦，而先天八卦，則確合納甲之象。非神明乎此，不能知納甲之真，并不能知先天八卦無方無體之妙也。

《說卦傳》「雷以動之，風以散之」一章，舍先天方圖，無能為之注者。故漢學家縱力攻先天，而於此節，亦不能不謂之適相巧合也。然象固巧合矣，而猶有其義也。乃義亦相合，宜無辭矣。而辨駁諸家終不認之者，以漢《易》相傳皆無此圖也。第又不能以他說更闡明此章之奧義，學者但就孔子之傳，以求之經而合諸象，自能有悟。無謂之辨駁，置之不論可也。

自宋以來，主張先天之說者，自蔡氏父子而外，莫詳於張行成。既著《皇極演義》，以明《觀物》內外二篇之義，更著《易通變》四十卷，以補經世圖說之所未備。惜鮮刊本。現所傳者，皆由《永樂大典》錄出。清修《四庫全書》，主之者為漢學家。故於此類之書，皆編入術數類，而不入甲部。實則其中儘有獨到之語，非章句之儒所能道者，未可以邵氏一家之言而少之也。亦學《易》者所宜知焉。

先天後天之疏證，《易學啟蒙》及《周易折中》，與《周易函書》、《易問》、《觀易外編》諸書亦詳備矣。但《啟蒙》皆節取經世原文，《折中》又采錄《啟蒙》、《函書》等編。或虛言其理，或渾言其用，鮮能據本經以證之者。且《啟蒙》久為眾矢之的，更未足箝辨駁家之口矣。綜觀排斥先天諸論，一言蔽之，曰「經無明文」。孔子《十翼》，亦未嘗有此」。茲特舉《經》及《翼》以證之。

《周易·上經》首乾坤，《下經》首咸恆。非天地定位，山澤通氣，雷風相薄乎？《上經》終坎離，《下經》終既未濟，非水火不相射而相逮乎？是《周易》全經，固以先天卦位為體也。重卦水地曰比。比，親也。天火曰同人。同人，亦親也。火雷曰噬嗑。噬嗑，合也。水澤曰節。節者符節，亦相合之意也。夫水地何以比？天火何以同，而皆曰親？非坎坤乾離，先後天同居一位乎？火雷曰「合」，水澤曰「節」，非離震坎兌，先後天同居一位乎？後天東南巽，即先天兌位，故風澤曰「中孚」。「孚」者，交相孚也。後天東北艮，即先天震位，故山雷曰「頤」。先天西南巽，即後天坤位，故風地曰「觀」。頤觀皆有上下相合之象。此以卦之名義，可證先後天卦位之不妄者也。蠱卦稱「幹父之蠱幹母之蠱」，本卦無父母之象。虞氏以卦變言，謂由於泰卦之乾坤。然卦自泰變者，不盡稱父母也。觀於先後天之八卦，先天之山風，即後天乾坤之位。此父母兩象所由來，不較虞說明確乎？同人之「同人於宗」，睽之「厥宗噬膚」，皆離與乾先後天之同位也。此爻象足為先後天卦位之證也。〈乾・文言〉曰「先天而天不違，後天而奉天時」，實先天後天名義之所本。或謂「先天不違」之先字當讀去聲，非先天之義，古人實無此讀法也。〈損・六五〉曰「弗克違」，〈益・六二〉曰「弗克違」。山澤通氣，雷風相薄，皆先天相對之卦。此先天不違者也。損曰「與時偕行」，益曰「與時偕行」，皆乾三之「終日乾乾，與時偕行」。後天東震西兌隨「天下隨時」。歸妹「遲歸有時」。此「後天奉時」者也。〈同人・九五〉曰「先號咷而後笑」，〈象〉曰「同人之先，以中直也」。〈旅・六五〉之「先笑後號咷」，震之「後笑言啞啞」等「先」「後」字，求之卦象，無不與先後天卦位相關。此先天後天之名，不可更易者也。至《說卦》「乾為大赤」，「坤於地也為黑」，及他卦之取象，屬於先天卦位者尤多。潛心求之，其義自見。有神妙莫可思議，為康節所未言者。又烏可執一以求之哉！

向之言先後天者，曰「先天為體，後天為用」，固也。然體中有用，用中有體，執一端以為體用，仍滯而不通也。曰「先天對待者也，後天流行者也」；此但卦位之形式則如是耳。若言其象，先天之天地雷風水火山澤，曰「相薄」，曰「通氣」，曰「不相射」，曰「相錯」。豈但流行，實極有往來飛舞之勢。而後天之五行分位，反有固定之狀也。故八卦之妙，不但陰陽交錯，體用相互，而一動一靜，亦無不各有交錯相互為用之妙。故泥於象者不能言象，膠於數者不能得數。執著先後天以論先後天，貌雖是而神則非。必不能盡先後天也。此在好學深思者，心領神會，默喻於無言，非楮墨所能罄也。

先後天八卦變化。宋元明清諸儒，立說者甚多。然其要不出二義：一即邵子所謂先天乾坤縱，後天震兌縱。一則離火親上，坎水就下，成後天之局。坎升離降，取坎填離，而後天復反於先天。其餘皆以陰陽往復，敷衍成文。圖說雖多，等諸自檜，罕見精義。青田端木氏，據《雜卦》「震起，兌見，巽伏，艮止」，以釋先後天卦義。實能合前二說而會通之，而言有典則。非鑿空而談者可比。學者能神明其意，則先天後天無餘蘊矣。

蓋先天與後天，往復相循，如環無端。泰否反類，先後天之無往不復，亦如是也。譬如於後天為否者，而先天為泰。後天為泰者，而先天為否。兌見巽伏震起艮止，皆先後互相循環。故吉凶得失進退，無不互相倚伏。盈於此者必絀於彼，得於前者必喪於後。莫之致而致，莫之為而為。天且不違，而況於人，況於鬼神？聖人但就象數之自然，以顯明天地自然之理。故學者玩索先後天之卦象者，必將陰陽變化之理，爛熟於胸中。則先天後天，分之合之，均各得自然之妙。掃象者妄，泥象者鑿，皆未為知《易》者也。

河洛平議

河圖洛書之爭議，其辨駁紛紜，亦無異於先後天。而河洛又多劉牧、范諤昌輩九圖十書之說，於是同一言河洛者，又各有其辨駁爭論，較先天又多一重紛擾矣。夫「河出圖，洛出書，聖人則之」，孔子《繫傳》固明言之。而「河不出圖」，又見於《論語》。天球河圖，亦陳於《顧命》。是河圖洛書之非妄，與聖人作《易》之取則於河洛，雖蘇張之辨，不能蔑其說也。顧自漢以後，未傳其圖。但「天一地二」至「地十」之數，孔子固明白言之。又申之曰「天數五，地數五。五位相得而各有合。天數二十有五，地數三十」，則亦不啻形容如繪矣。而一六二七三八四九五十之合，與東木南火西金北水中土之位，楊子雲、鄭康成，均所傳略同。雖無河圖與洛書之名，而舍此以求河圖洛書，更無有象數確當，而又與《易》相合如此者。且五十五與四十五兩圖，其數之縱橫加減，千變萬化，其為象數不祧之祖，雖反對者，亦無以難也。故言漢學者，雖極力排斥，祇能不認其為河圖洛書。而象數之妙合，無可辨也。於是顧亭林、毛西河諸氏，名五十五者曰「天地生成圖」，名四十五者曰「太乙九宮圖」。然二圖之妙，固在於象，在於數。而其名之異同，初無礙也。邵子先天之學，實探源於此。云「傳自希夷」，而希夷亦必有所受。與傳周子之太極圖，皆出自《道藏》之秘傳【唐《真元妙品經》有太極先天圖，與周子《通書》之圖無異】。蓋自老子西行，為關尹所要，僅留《道德》五千言，傳於中土。其餘秘書法象，為三代所傳。而藏於柱下者，皆隨而西去。故道藏諸圖，皆出陝蜀。而蔡季通之三圖【古太極圖其一也】，亦入陝始得。朱子所謂本儒家故物，散佚而落於方外，得邵子而原璧歸趙，非無見而云然也。邵子之書，未確指何者為圖，何者為書。朱子以蔡元定之攷訂，以五十五者為河圖，四十五者為洛書，冠於大《易》之首，遂開是非之門。劉牧亦託名於希夷所傳授，易置其名，以四十五為河圖，五十五為洛書。宋元說《易》者，遂分兩派，各宗其說。至明太祖以《程傳》、《朱義》課士，刊諸太學；明清兩代學者，皆宗朱子，而劉牧之說，幾無聞矣。惟漢學家益藉以為攻擊之利械，實則朱子說《易》，固未能滿意。《啟蒙》以先後天八卦，生吞活剝，配合河洛，牽強補湊，益資攻者之口實。至以五十五為河圖，四十五為洛書，確較劉牧之說為長，未可非也。夫圖書之名，邵子雖未分言，而希夷之龍圖，非劉牧之所祖述者乎？龍圖之數，固五十五，而非四十五也。既稱曰「龍圖」，則五十五為圖，又何疑乎？劉牧之《鉤隱圖》，膚淺已甚。以視康節，其相去不可以道里計，而崇信之者，尚比比焉。則震於希夷之名，而好奇之心又乘之也。故讀古人之書，無定識定力以鑿核之，受古人之欺多矣。夫天地五十五數，孔子所謂神變化而行鬼神者也。今以二圖攷之，其體用相生，參互交錯，與先後天八卦之體用變化無不妙合。即納甲納音，五運六氣，與太乙、六壬、遁甲，及後世之子平、風鑑，無一能越其範圍，所謂「建諸天地而不悖，質之鬼神而無疑」者，殆謂是矣，故但得其數而神其用，固無投而不合。至其名稱之如何，宜可無問焉。然以施諸用而稱諸口，終不可無名以別之。則五十五為河圖，四十五為洛書，自以從朱子所定者為差勝焉。至此河圖洛書，是否即《繫傳》所稱之河圖洛書，載籍既無可徵信，又烏敢臆斷？然其為天一地二至地十，孔子所謂通變化而行鬼神之數，則斷斷然其無可疑也。夫學《易》能至通變化行鬼神，亦庶幾矣，又奚為舍其實而名是競哉！至兩圖像數之推衍變化，宋之丁易東、張行成，元之張純，清之江慎修，及朱子之《易學啟蒙》已闡發極詳。雖精粗不同，皆具有條理。學者循此求之，引伸觸類，已足應用而不窮。茲限於篇幅，不贅述焉。

餘姚黃氏易學《象數論》，其排斥河洛先天及《皇極經世》諸說最力，為毛西河、胡東樵諸氏之先驅，實則皆梨洲先生違心之論焉。蓋先生非不知象數者，少壯之時，泛濫百家，於陰陽禽遁等學，實有心得。至晚年學成而名亦日高，恐平日之研求術數，近於小道，足為盛明之累，故撰此書，極力排斥，以存大儒之身分。是以言之甚詳，斥之正所以存之也。即毛氏胡氏之書，雖極端辨駁，然所齗齗以爭者，亦僅於名稱。而其援引之博，攷據之詳，且適足為河洛先天之疏證。較宋學家之崇奉河、洛，而空談性理，恙無故實者，力且倍蓰焉。於是知天下事物之理，愈辨駁則愈精。究其真理所在，則顛撲不破。天地鬼神所不能違，而況於人乎？然人之知識，本極有限，又蔽於物欲，惑於習染。遂明明真理當前，亦瞠乎莫辨。是則讀書之大患也。

太極圖新說

宋儒有《太極圖說》矣，故曰「新說」，所以別於宋儒之《太極圖說》也。「無極而太極」之誤，《前集》既辨之矣，且明言太極之決不可有圖，茲何以復為「太極圖新說」也？曰：太極圖新說者，非謂太極之可以有圖。實以自宋以來相傳之太極，既皆有圖，且不止一圖，更習俗相沿，家喻戶曉。雖村夫俗子，幾無不能舉太極圖之名而識其狀者。是變太極之本而加之厲，將《易》有太極之精義，淪胥殆盡，習非浸以勝是。而《易》道之大本大源，更無人能識焉。烏得不為之說？以明各家太極圖之源流。庶太極之真理，且藉此圖而益顯也。宋儒之《太極圖說》，以說周濂溪之太極圖也。圖載《周子通書》。濂溪得自陳希夷，希夷得自《道藏》。唐《真元妙品經》，已有此圖，名曰《太極先天圖》。上一圓圖，分黑白三層，左右相錯；中分金木水火土五行；下為兩圓圈。與周子之圖正同。可見此圖相傳已古。宋儒恐其出自道家，有異端之嫌，故諱希夷而不言，謂周子之所發明，其實可以不必也。此一太極圖也。朱子晚年，頗信道家之說。既注《參同契》，而悟其功用，知源流悉出於《易》，必尚有秘傳之圖籙，為世所未見者，故囑蔡季通入陝蜀以求之。季通於蜀得三圖，珍秘之甚，其一即今世俗習見之太極圖；一圓圈內分黑白環互之形，而白中有一黑點，黑中有一白點，為陰陽之互根，故狀如兩魚首尾之交互，北俗謂之陰陽魚兒者是也【**陰陽魚之魚字，改為儀字則其名甚當矣**】。此圖朱子已不及見，至元時由季通子孫傳出，逮明初始盛行於世，今則家喻戶曉，人人能知之識之。周濂溪之圖，已為所揜矣。來瞿塘氏自繪一圖，以明所心得，亦曰太極圖，乃名此曰「古太極圖」。此又一太極圖也。來氏之圖，大體亦與蔡氏所傳無異。惟空其中為一圈，以象太極。其黑白者為太極所生之陰陽。又改兩點為黑白兩直線，為陽極生陰，陰極生陽之狀。此又一太極圖也。今日濂溪之圖，僅存於《周子通書》。朱子於圖說雖極推崇，而作《周易本義》，獨取邵子之九圖弁於經首，而不及此。故承學之士，未見通書者，亦莫辨此圖之作何狀矣。來氏所作，雖苦心孤詣，自謂有所獨得，然亦未大行於世。今所盛行，僅蔡氏之一圖。以辟邪鎮惡之用，與八卦並傳。而無遠勿屆，實藉道家之力，與《易》道無關。然《易》道亦藉此而普被，使人知此太極圖，尚非《易》有之太極。而辟邪鎮惡之效，已宏大廣遠如是。則孔子所稱「《易》有太極」者，其神妙不可思識，當較此更什百千萬也。道本無形，即物而寓。然則此陰陽交互之圖，雖非太極，亦未始不可謂太極之理所寓也。因勢利道，使夫人而知之，夫人而識之，豈非《易》道廣被之一助哉！此《太極圖新說》之所以不得已而作也。【參看前集〈辨无極而太極之誤〉與後卷〈易有太極是生兩儀〉，可以互證】。

進化新論

《易》者進化之書也。進化者何？隨時變易以從道也，窮則變，變則通，通則久。自有天地以來，氣運之遷移，殆無日不變，無時不變。但變之微者，人不自覺。積微成著，閱時已千百年，人之壽又不能待。是以世之人，恆不能睹其變之迹。而窮變通久，非徵之歷史，無以見焉。世界之有史，莫古於中國。而中國之書，又莫古於《易》。觀《繫傳》「制器尚象」之十三卦，由游牧【以佃以漁取諸離】而進於農商【耒耨取益，日中為市取諸噬嗑】，由穴居野處而進於宮室，由衣薪葬野而進於棺槨，由結繩為治而進於書契。上古進化之迹，因歷歷可攷焉。西儒達爾文氏著《世界進化論》，乃謂世界萬物，皆由漸而進化，由簡而進於繁，由劣而進於優。天地生物之始，衹如爬蟲類之下等動物，逐漸進化而至於高等動物。高等動物，如猿猴猩猩類者，已略具人形，或能人言。又進化即為人。故猿猴猩猩，乃人類之初祖也。嗚呼！此讆言也。乃西俗好奇而喜新，奉為名言。赫氏《天演論》「物競天擇，優勝劣敗」之說，又從而和之。靡然從風，歐美政俗為之一變。餘波盪漾，且及東亞。二十年來，一因朝鮮而釀日俄之大戰。再因塞爾維亞，而釀聯邦與協約國之互爭。勞師逾千萬，血戰經五年。名城為墟，白骨蔽野，流毒幾徧於全球，損失數難以億計。皆此不經之學說階之厲也。近日歐美學者，有悟其非而改正之者矣。而我國青年，尚有執十年以前之譯本，而矜為創論，以互相傳習者。是又烏可以不辯哉！夫物之進化，固物之理也。孔子之《繫傳》曰「方以類聚，物以羣分」。夫既有類有羣，故其進化也，自有其類別限度，不能越也，不相紊也。禽不可進為獸，獸不能進為人也。故物之同一類者，可進而及者也。如同一棗也，實之小者，味之酸者，因栽接培養之得宜，小者使大，酸者使甘，此可能者也，即棗之進化也。若欲使棗進而為桃為李，此決不能者也。以棗與桃李，非同類也。如同一羊也，南方之羊恆肉瘦而毛薄，且孳乳不繁。若改良其種，而注意其飼育，使其茁壯而繁息，毛厚而柔，如北方之羊，或如美利諾之羊，亦事之可能者也，即羊之進化也。若欲使羊而進為牛為馬，此決不能者也。以羊之與牛馬，非同類也。夫棗不能進而為桃李，羊不能進而為牛馬，豈有獮猴猩猩能進而為人之理乎？果猴與猩猩能變為人，則溯自有人類以迄於今，至少亦將一萬年矣。則獮猴猩猩，應早已變化淨盡，無復遺跡。何以至今日獮猴自獮猴，猩猩自猩猩，仍於人類之外而別為一類乎？且以達氏之例，充類言之，則太古初生之青苔，經此萬年千年之進化，至今日當盡化蔬稼百穀矣。太古所生之蒲柳，經此萬年千年之進化，至今日當盡化為松柏梗楠矣。其他虫豸與無血無脊諸下等動物，經此萬年千年之進化，至今日亦當盡化為高等之動物矣。乃何以青苔如故也，蒲柳如故也，虫豸諸下等動物亦悉如故也？此其說之不經，亦確然而可見矣。然則人類既非獮猴猩猩所進化，果自何而來乎？其如舊史所稱，女媧氏摶黃土而為之乎？抑如西教所謂天主造人，先造一男，又折男之脅骨為女而配之乎？曰：非也。天地初分之始，盈天地之間者，氣而已矣。氣勝於形，故盈天地間之萬物，無不以氣化而成形者也。孔子曰「天地絪縕萬物化醇」者是也。逮物既成形，則氣為形奪，氣化不勝於形化。形有陰陽，自相匹偶，生生不已。孔子曰「男女媾精萬物化生」是也。迄於今日，形化雖勝，而氣化之物，亦仍不絕於世。但祇化生微細之蟲類。其賦形較巨者，則悉為形化矣。或曰：今日雖尚有氣化之物，但與形化者迥不相侔，又安見形化之人類，最初悉出於氣化乎？曰：形化之繼乎氣化，非理想之詞。今日之氣化雖微，然其開形化之先，以成物之始者，為例正多，不勝枚舉也。空庭積雨，苔莓生焉。淨水貯器，孑孓育焉。皆非有其種而誕育者也。皆氣化也。逮苔莓又生苔莓，孑孓成蚊遺子又生孑孓，則繼氣化而形化矣。人身之蟣虱，水中之魚蝦螺蛤亦然。可想天地生物之初，萬物之忽自无而有也。亦若是而已矣。蓋物無巨細，皆感天地絪緼之氣以生。而氣分五行，又各有其清濁厚薄之殊。故秉其氣以成形者，自各有大小靈蠢之異。惟人類則備乎五氣之全，故獨靈於萬物。天地之氣，得人而通。萬物之用，得人而彰。此理之昭然而莫可違者。佛氏之說，與《易》旨略同。可證達氏進化論之妄矣。至赫氏「物競天擇，優勝劣敗」，與「天演淘汰，惟適者存」等說，較達氏意，似差圓滿。近世學者尊之為天演之公例。講《易》者或引「惟適者存」一語，以為與《易》之「當位者吉」相互證者，其實望道未見。其蔽與達氏等爾。皆所謂知其一而不知其二者也。夫所貴為人者，以其異於萬物也。人之所以異於萬物者，固不僅以其知覺運動之靈於萬物也。實有其所以為人者，在古今中外聖賢之立教立政，與發明種種之學說。凡皆以為人也，非以為物也。又懼人之不能自立，而墮落其人格以儕於物，故《書》曰「人心惟危，道心惟微」，《孟子》曰「人之所以異於禽獸者幾希」。蓋人禽之界，相去一間。操舍存亡，不可稍忽。故《易》於乾之三爻，曰「君子終日乾乾夕惕若厲无咎」，以此爻為六十四卦人爻之始，特於此發其義也。達、赫二氏之誤，在混人物而一之。謂人之競爭，等於物之競爭。人之優劣，等於物之優劣。是已自絕滅其人道，無怪弱肉強食，卒之有強權而無公理，安得不陷人類於慘境，遺世界以荼毒哉！吾作《易》

之聖人，在距今七千年以前，憂天下後世，必有生齒日繁，非爭不能自存之一日。故參天兩地而倚數，觀變陰陽而立卦，發揮剛柔，窮理盡性，乘示《易》象，以樹之準，以立萬世精神上之憲法。使強權無可恃之道，而公理有必伸之日。使弱肉強食之禍，不能蔓延於世界。而天下萬世，胥莫能違其則焉。文王當殷紂暴虐之世，演《易》明道以救之。首曰「乾元亨利貞」。孔子當春秋衰亂之日，復著《十翼》以闡明之。首以四德釋元亨利貞，以明立人之道。與今日歐美崇奉之《救世箴言》，所謂「博愛」「自由」「平等」者，隱然不謀而合也。夫元者善之長仁也，博愛則近乎仁矣。尊重自由，不侵他人之自由，則協乎禮矣。平等則裒多益寡，稱物平施，事無不當而合於義矣。具此三者，則貞固幹事，自綽乎有餘裕矣。故博愛自由平等，與文王元亨利貞，孔子立仁與義之指，均異地而同情，殊塗而同歸。均所以範圍天地，曲成萬物，以維持人類以不敝者也。是以變化莫備於《易》。天地間萬事萬物，由變化而進化之理，亦莫備於《易》。《易》之進化，各有其類，而不相越；各合其時，而不相違。《易》六十四卦，三百八十四爻，無一卦不變，無一爻不變，而卦有類，爻有等，變有時。象無定而有定，數可測而不可測，理無在而無不在，氣無至而無不至。雖萬變而不離其宗。是非深明夫乾元廣大之義者，未足與語也。今後世界之人，若甘心蔑其人格，自侶於物類，則競物之競，擇物之擇，以取精用弘，兼弱侮亡為優勝；以縱恣情欲，恢張物質為進化。虎炳豹蔚，汶汶以終。吾《易》誠無能為之筮，果不願自絕於天，則良知自在，頓覺頓悟。應知吾人之身，除肉體精神而外，必有超乎肉體精神之上，而為肉體精神之主。所以特殊於萬物。特靈於萬物者，果安在哉！反而求之，存養而擴充之，庶乎人類之真進化可期。所謂優勝劣敗者，更不在物競，而在人之不競。不在天擇，而在人之不自擇耳。

燮理陰陽

頌相業者曰「燮理陰陽」。丙吉置殺人者不顧而問牛喘，以為治殺人者有司之事，牛非時而喘，陰陽失調，乃宰相之責。後之論者，或稱其知大體，或譏為迂腐而遠於事情。譏者固昧昧，稱者亦未能悉調燮陰陽之理也。大抵兩漢學士大夫，承三代之遺，古傳陰陽秘書，尚未盡亡，故均能明晳其義。觀《史》、《漢》所載章疏論著，已可見一斑矣。惜緯書真偽雜出，漸流於怪誕不經。而妖言讖語，朋興附和，浸為世害。於是緯書禁，而陰陽之書亦連類殃及。即有存者，承學之士，咸不敢齒及以取罪戾，為世詬病，降及典午，流風益熾。輔嗣說《易》，遂并象數而盡去之。乃名振江左，稱為摧陷廓清之功。當時之風尚可想見矣。自是而後，占卜、歷象、醫巫、推算諸術之不能離陰陽以立言者，乃各自為說，以相依託。支離恍忽，而盡失其本矣。隋蕭吉著《五行大義》，甄錄雖詳，然膚淺已極。至有宋邵子書出，闡數理之原，探陰陽之本，而微顯闡幽。兩漢之墜緒，賴以復振。管、墨、尹、列、老、莊、《繁露》、《淮南》、《抱璞》諸子之說，得此互證，而意義愈顯者，不勝枚舉。循流溯原，而大《易》一陰一陽之道，始有線索可尋。其他經語之涉於陰陽，向未得解，或解之未悉者，以《易》之象數證之，均無不豁然貫通矣。其指甚繁，非一二端可罄。茲第就「燮理陰陽」之一語，而概括言之。陰陽之數，天五地五，共五十有五。然五十有五之中，陽數得二十五，而陰數乃三十。陽少陰多，故宇宙之間，恆君子少而小人多，治世少而亂世多。一人之身，恆快樂少而憂患多，天理少而人欲多。此實天地生成之數如是，而無可如何者也。然循此而進，無變通救濟之方，則天地不幾無功，而人道不將絕滅乎？故聖人觀變陰陽，以參天兩地。天地所缺憾者，惟人能補之。陰陽所乖戾者，亦惟人能和之。故執兩用中，消息以時。天地五十有五之數【河圖】為體。以之入用，變為四十有五【洛書】則陽數得二十有五，陰數祇二十。陽少而陰多者，一轉移間陰少則陽多矣。體不可變，而變其用。數不可變，而變其象。理不可變，而消息之以時。此陰陽變化之妙用，象數消長之綱領也。觀河圖之與洛書，一三七九二四六八之數，悉相間也。惟中宮之五與十，則去十而存五。然十雖去而未嘗去也。書之相對者，一九三七二八四六，固無往而非十也。無往非十，而十之象不見，更無往而非十五。十與五之用，仍不少闕。如天下之小人雖多，能消納之，得其用而不見其害。則天下皆見為君子，而似無小人之跡矣。則亂世即反為治世，又何憂乎小人之多，又何憂乎世亂之不已哉！一身亦然。欲雖多，吾理能勝之，則天君泰然，憂患皆化為快樂。而轉移之用，則惟在乎一心。心非他，即數之五與十。即天地之心也。五能用十，則陽息陰消，君子進而小人退，世無不治。五不能禦十，而為十所勝，則陰陽衰，人欲肆而天理日亡。身且不保，況萬國天下乎？此治亂消長之機也。燮理陰陽者，允執厥中。以五禦十，即能握其要矣。故孔子曰：「五十以學《易》」，言五與十也。又曰「言行者君子之樞機」，行言者君子之所以動天地者也，可不慎乎？言行出於中孚，中孚巽五而兌十，亦五與十也。所謂體不可變，而變其用也。**【河圖為體，則洛書為用，五為體，則十為用】**曷謂數不可變而變其象也？數者自一至九，無可更焉。易其位，則象變矣。洛書變化之中樞在五，而握其要者，則在二與八。二與八即十也。如洛書之位。若以二與八互相對易，則自下而左上為一二三四，自上而右下為九八七六，即先天之象數也。若二八不易而一與九，三與七，四與六，互相對易，則自上而右下為一二三四。自下而左上，為九八七六。則與先天象相交錯也。今皆不然，而獨易二八兩位。所謂數不可變而象變。於是丑未相交，地山為謙**【坤二謙八。地山謙也】**。孔子曰：「謙為德之柄」。雷風相薄**【先天西南巽，東北震，雷風恆也】**，孔子曰：「君子以立不易方」。觀孔子之言，於變化之道，可思過半矣。昔儒尚有謂河圖洛書，與《易》道無關者，盍即孔子之《十翼》而深長思之哉！曷謂理不可變而消息之以時也？曰：陽先陰後，陽上陰下，理也。而消息盈虛，在得其時，地天交泰，而以陽下陰。二氣感應，而男下女。故一陰一陽之謂道，而一陽一陰之謂非道。洛書有五無十。二與八，即五與十。故卦以坤艮居之。二五之精，妙合而凝。其理玄妙，非言可盡。茲姑不贅焉。今泰西科學家驟睹吾陰陽五行之說，以為誕妄不值一笑。乃細按之，知其種種學說，皆無能越乎陰陽變化之範圍者。始嘆中國上古學說之精，雖於五行之說尚多懷疑，但其所持理論，已有高出吾冬烘先生之上者。則因彼一無錮蔽，以天然之眼光，睹天然之至理。縱僅得其表面，自已非蒙首幛目者所及也。吾國之學者，可自省矣。

十有八變

或問：十有八變而成卦，以一卦而必變至一十有八，始備其象。不亦煩乎？曰：此所謂極數也。孔子曰：「極數知來之謂占」，此以占筮揲蓍求卦而言。故不得不備此數也。或曰：數之用繁矣夥矣。即推而至百千萬億，更有百千萬億以繼其後，亦未可云極。何乃以一十有八當知來之極數？亦有說乎？曰：數之極，不以多寡言也。占之數，尚其變，必一十有八，而始盡其變之用，故曰「極」。非謂數之極於此也。或曰：一十有八，何以盡變之用？可得聞乎？曰：天地之數，自一至十，十復返為一。故數之用者祇九【《周易》六十四卦皆乾元用九】

數之變者，各有陰陽，故偶之。倍其九而為十八，其自一至九之變化，已備前人河洛之說。及揲蓍「掛一分二象三揲四」之義，可無贅述。惟倍九而為十八，已變奇為偶。自一陰一陽，又各生一陰一陽。邵子以體言，則自二而四而八而十六，但用加一倍法，已足推演於無窮。變占以用言，則非加一倍所能盡。以十八變而成六爻，參天之數也。分十八為二九，兩地之數也。八卦而小成，引而伸之為六十四。而六十四卦，反覆僅為三十六。三十六者，即兩其十八也。乾坤各十有八變，合之為三十六。故乾坤之策，已足當朞之數，而為《易》之門也。乾之策二百一十有六，十二其十八也。坤之策百四十有四，八其十八也。十二其十八，乃三其四。八其十八，乃兩其四。亦參天而兩地也。其餘六十四卦，無不參兩其十八之數，以成變化。故曰「十有八而盡變之用」也。不僅揲蓍求卦為然也。凡知來藏往，無不以此。參天以為用者，則兩地為體。兩地以為用者，則參天為體。合參天兩地而為用者，亦合參天兩地而為體。古今來歷象占候壬禽遁風角諸術，均莫能外此焉。是故孔子曰「參天兩地而倚數」，又曰「極數知來之謂占」，已舉無窮無盡之數理，一言以蔽之矣。

孟子之《易》

《孟子》七篇，引《詩》者二十六，論《詩》者四。引《書》者十七，論《書》者一。

論《禮》及《春秋》，亦屢見於編。獨未言《易》。後人因疑孟子為非深於《易》者。李榕村《語錄》，竟云：「孟子竟是不曾見《易》，平生深於《詩》、《書》、《春秋》，《禮經》便不熟」。嗚呼！榕村自命大儒，乃為此言！非但不知孟子，亦并不知《易》矣。趙邠卿《孟子題辭》，明明曰「孟子通五經，尤長於《詩》、《書》」。雖孟子之時，未嘗有五經之名；邠卿之言，未可據為實錄。但《孟子》七篇，微言大義，犖犖具在，安見為不知《易》哉？夫《易》者固非僅乾坎艮震巽離坤兌焉。有立乎乾坎艮震巽離坤兌之先者，所謂道也。聖人以通神明之德，以類萬物之情，和順於道德而理於義，窮理盡性以至於命者，皆此道也。道不可見，以一陰一陽之象顯之，以參天兩地之數倚之。於是無形之道，儼然有跡象之可求，纚然有數度之可稽。畀後之人得所指歸，不致迷惘。此古聖作《易》之深心，亦孔子贊《易》之微指焉。猶慮學者誤以為象與數之即道也，又分別言之。曰「形而上者」，「形而下者」，可謂詳且盡矣。故乾坤坎離震巽艮兌，形而下者也，器也。健順陷麗動入說止，形而上者也，道也。然健順陷麗動入說止，又有主宰乎健順陷麗動入說止而為之綱維者。則此主宰綱維者又形而上；健順陷麗動入說止，又形而下矣。維下學上達，非先得乎形而下者，無以進乎形而上。孔子生衰周之世，當道統絕續之交，愍人心陷溺之深，故微顯闡幽，作《十翼》以明先聖之道。以人合天，由仁義而上躋道德。孟子繼孔子之後，七篇之首，即揭明仁義大旨，而歸本於性善及經正。孔子立人之道，曰仁與義，及繼善成性之嫡系也。安見孟子之不知《易》哉！孟子曰「天之高也，星辰之遠也。苟求其故，千歲之日至，可坐而致焉」。又曰「天下之言性也，則故而已矣」。「故」者以利為本，此則隨蠱豐革諸卦之確詁。後之言《易》者，莫能尚焉。非深得象數之精，烏能語此哉！《孝經》曰「先王之法言，先王之法行」。夫所謂法言法行者，何哉？皆參天兩地，準乎剛柔陰陽，而契合先王之道者也。先王之道，莫不準乎《易》象。故凡古人之立言，非苟焉而已也。一言一字，莫不有軌有則。以上合乎法象。六經之文，靡不若是。孟子之文，雖波瀾壯闊，而準諸《易》象，亦各有其節文度數之可言【莊子之文，波譎雲詭，讀者不解，以為寓言十九。孰知皆準諸《易》象，有軌有則。且細針密縷，絕非天馬行空，不可捉摸者。當另論之】。降及西漢，遺風未殄。遷固歆雄，藻不妄抒。文以載道，庶乎猶近。東都而後，漸離其宗。當塗典午，自檜而降矣。榕村道學，襲宋儒之皮毛。觀其所著，深淺畢見，乃敢詆孟子為「竟未見《易》」！其謬妄更逾於李泰伯矣【李泰伯喜駁孟子。其《原文篇》云「人非利不生，孟子謂『何曰利』，激也」。又《策問》云「天子在上，而孟子游於諸侯，皆說以王道，湯、文、武所以得天下之說，未聞一言以獎周室」。其持論皆類此也。《榕村語錄》又有云「萬章好論古，大抵博觀雜取一切稗官野史，都記得多，却不知其人連大禹、伊尹、孔子都疑惑一番」。可謂明以觀人，昧於觀己矣】

蓍法占例辨惑

蓍所以筮。《繫傳》曰「幽贊於神明而生蓍」。蓍草中空，略如木賊，叢生百莖。古有長丈二尺者【古尺約視今十分之六】，今罕見矣。今伏羲文王周公孔子四聖之陵，皆產蓍。長者約三尺，未及古之半也。古言卜筮，約有三類：有龜與蓍合用者。先灼龜以求兆，更以其兆為占。或先揲蓍得卦，即以卦兆畫於龜，灼視其坼，以驗吉凶是也。有筮與龜並用而分占者。《左氏傳》所謂「卜之不吉，筮之吉。卜人曰筮短龜長，不如從長是也」。有獨用卜，或獨用筮者。筮則專以《易》斷，或亦稱為卜。如《左》、《國》諸書所載諸卜筮是也。此皆最古之法，今已不可得詳【胡滄曉侍郎有《卜法詳考》四卷，皆言古龜卜者】。《周禮》筮人所掌，亦均失傳。蓍法之得以僅存者，賴孔子《繫傳》「大衍之數」一章，詳載掛一分二揲四歸奇之序，明白如畫。後人得依據而推衍之耳。然因再扐而後掛之掛，與掛一象三之卦相複，又為聚訟之因。唐宋以來，辨論紛紜，各執一是。因此又生「三揲皆掛」，與「初揲掛，二三皆不掛」之異議。其實京氏注「再扐而後掛」，明明言再扐而後布卦，而虞氏注亦極詳明。後之爭論皆因未讀古注。況卦本以掛取義，掛一之掛，與再扐後掛之掛，古文當皆作卦字。字同義異，經文類此正多，無足異也。唐畢中和據一行禪師《大衍歷》而著《揲法》，三揲皆掛，說甚明備。劉禹錫顧象諸氏皆從之。至宋張橫渠、郭子和，始力主第二第三不掛之說。朱子駁之，謂恐非橫渠之言。其《啟蒙》揲法，繪圖列說，引據極詳。胡氏《本義通釋》，更推闡無遺。《周易折中》亦主三揲皆卦。蓋二三兩次皆不卦，則所得九六七八之數，多寡懸絕。陰陽太不平勻，事實所決不行也。惟初揲之掛一作數，與歸奇之數並算。二次三次之所掛之一，則不作數，即合於歸奇數中。然不能因此謂二次三次之不掛一也。《折中》宋錄《本義》，圖說甚備，茲不復贅。但揲蓍之法，雖經辨正，可得明晢。據以求卦，而得卦以後，或一爻變，或兩爻變，或三四五爻變，或六爻全變全不變。究應如何占斷以定吉凶？《啟蒙》雖有定式，各舉其例，實皆以意為之。證之於古，既不盡合，而所謂前十卦後十卦者，乃指卦變圖之次序而言。卦變圖即為朱子所推定者，朱子以前之決無此占法，斷可知矣。使其確有至理，則古雖無徵，而數有可驗。因時創法，未為失焉。邵子之數，似因而實創者多矣。要皆確有徵驗，推諸數而悉合，攷諸象而皆通，故能信之人，而自有其可信者在焉。朱子之占例，則未嘗由象數而推其法，實欲立一法以斷其吉凶。如布算者，不問法實，而探籌以斷其得數，不待智者而知其惑矣。是以《啟蒙》揲蓍之法，則精確可信。而占例則恍惚無據，未敢盲從者也。

《火珠林》

《火珠林》未知撰自何人，然其法相傳甚古，《朱子語類》中屢言及之。且謂今人以三錢擲卦代著，乃漢京房焦贛之學，項平甫亦云。以京《易》攷之，世所傳《火珠林》即其遺法。攷《宋史・藝文志》，載有《六十四卦火珠林》一卷，馬貴與《文獻通攷・經籍志》，亦有《火珠林》一卷，均不詳撰人姓名，是此書當為唐以前人所作。蓋焦氏有《易林》，郭璞有《洞林》。其稱林之義，或仿諸此。今坊刻之《火珠林》，託名麻衣道者。麻衣固五季之隱者，為陳希夷所師事者也。世傳有《麻衣心易》一書，凡四十二章。辭甚蕪雜，朱子已發其覆，謂湘陰主簿戴師愈所撰。朱子曾親見其人，及其別稿，與《麻衣心易》詞理正同。蓋宋時希夷之名，傾動一世。麻衣為希夷所師事之人，更足取重於人，而其人又別無著作，名僅附於希夷傳中。偽託其書，無可辨證。用心亦云巧矣。然罅漏所在，終難盡揜。使《火珠林》果出自麻衣，則宋人書中，豈無稱述？且朱子既見《心易》而知其偽，安有不以《火珠林》為取證之理？何以《語類》屢言之，而不及麻衣？而《宋史》與《通攷》，皆佚其名？以理考之，決無是也。今其書中屢稱「元龜」，當為卜筮元龜。乃宋以後之書，而結尾又錄邵子一詩，則偽跡更顯而易見矣。然書雖偽而法則甚古。蓋卜筮之道，非精神專壹，無以取驗。揲蓍之四營成易，十有八變成卦，事既繁重，而需時甚久，欲意志不紛，終此六爻，殊非容易。乃易之以錢，則以一錢代四營之用，三錢得一爻之象，減十有八而為六，縮短時間三分之二，庶心志不紛，精神易貫。而陰陽變化，仍有合於大衍之數，而得乾元統天之義。是以後世慣用不廢。間有好古者，遵用蓍策，而效反不著。豈蓍果有遜於錢哉？亦以素未慣用，心手既不相應，精神自難專壹也。故卜筮實精神之學，未可耑以形式求之焉。今日京氏之《易》，雖無完本，然所傳者，猶見大概。《火珠林》雖不盡用京法，而與京合者，固十之七八也。講學家強以術數與《易》道劃分為二。言及焦京，輒曰方技小道。不知世應飛伏納甲辟卦諸法，《周易》經傳固盡有之。但偶舉一二，又未著其名，後之讀者未能深求。概以為經所未言而盡斥之，實則象固曲成不遺，經亦無法不備。有未盡者，孔子《十翼》必補及之。世有好學深思者，必能自得於經傳，以證余言之非妄也。

《參同契》

《參同契》，原名《周易參同契》，漢魏伯陽撰。雖非以注《易》，然兩漢說《易》之書，存留至今，未大殘闕者，實祇此一書。魏為今上虞人，虞仲翔生與同里。故虞氏《易》襲用伯陽之說最多。原書三卷，《舊唐書・經藉志》兩部，與《新唐書・蓺文志・五行類》，皆作二卷。另有《周易五相類》一卷，亦魏伯陽撰。伯陽密授青州從事徐景文，徐為之注。桓帝時復授同郡淳于叔通，遂行於世【據彭曉《參同契序》】。五代之末，蜀彭曉又為之注，分為十九篇【楊升庵序謂分九十篇，以應火候之九轉，又與此異】。且為圖八環，成於廣政丁未，乃蜀孟昶廣政十年，後漢高祖之天福十二年也【見陳振孫《書錄解題》】。嗣後傳者，注與本文混雜不分，篇帙亦參差不一。朱子之注，託名鄒訢，而削其圖。楊升庵所序。稱為《古文參同契》，分上中下三篇。徐景休《箋注》亦三篇。淳于叔通《補遺三相類》上下二篇，後序一篇，合為十一篇。明萬歷甲寅間，餘姚蔣一彪，據楊本為準，并節錄彭曉、陳顯微、陳致虛、俞琰四家之注於本文之後。此為最完善之本矣。《易》家虞氏之納甲，荀氏之升降，其原固悉出於此。即邵氏先天八卦太位，此書亦已隱發其端。其日月為易之義，所傳尤古。許叔重說文，易字下引《秘書》「日月為易」，而不言《參同契》，可見魏君亦必有所受。杜征南謂汲郡發古塚者，得古書甚多。《周易》有上、下《經》無《十翼》，而另有《陰陽秘書》一卷。則此塚所藏，必在孔子以前。其所謂《秘書》者，未知是否為伯陽所受，與叔重所引，要之為《易》之古義，可斷言也。漢人說《易》，及《易緯》所述，當不乏《秘書》所傳之故訓。惜原書久佚，無從質證，良可憾焉。今日《易》注流傳雖多，要皆宋以後之書。盤旋於程朱脚下者，十居七八。求其能參攷古訓，引證明確者，已如鳳毛麟角。而又墨守一家，鮮能會通其說。不知古人文字單簡，非薈萃各家之說，參觀互證，往往不能喻其意義所由來，及其精妙之所在。故得宋後之書百，不如得漢人之書一。漢人之書，雖單辭隻義，首尾不完，亦必有所取證，足為引伸充類之助。況其首尾完備如《參同契》者，可不寶哉！

履禮豫樂

〈履・象〉曰「上天下澤，履，君子以辨上下定民志」。豫之象曰「雷出地奮，豫，先王以作樂崇德，殷荐之上帝，以報祖考」。此孔子於羲文象義，觀察入微，始有此發明，以默契夫天人合一之旨也。《漢書》「上天下澤，春雷奮作。先王觀象，爰制禮樂」。故禮樂者，先王之所以垂教萬世，維持人道於不敝者也。自經學衰廢，曲儒阿世。緣飾禮樂，以為羔雁。而歷代帝王，乃利用之為鞏固其富貴尊榮之具。愚民未獲蒙禮樂之福，且或滋其隱痛焉。於是禮崩樂壞，世衰道敝。先王製作之精意，澌滅殆盡。僅存浮文虛器，等諸告朔之餼羊。欲圖民族之日昌，人羣之進化，烏可得哉！猶幸古籍雖亡，而《易》象之昭示者，既明且晰。又得孔子之贊辭，以闡發之，則禮樂之大本大原，固亙古如新，求治者尚不患無所藉手也。夫先王之制禮樂，豈為塗澤耳目，文飾太平也哉！蓋詳察於天人之故，而有迫於不得不然者。先王知人者好動者也，動而無以止之必蹶，故制禮以止之；人者好羣者也，羣而無以和之必亂，故作樂以和之。要皆順夫人性之自然，而參天兩地以為之準。其準維何？曰「中」曰「和」是已。《中庸》曰「喜怒哀樂之未發謂之中，發而皆中節謂之和」。禮也樂也，皆所以為之節，陶融其未發，而範圍其已發者也。故曰致中和。天地位焉，萬物育焉。履之與豫，胥本此中和而立極也。兩卦注疏，及諸家之註釋者，繁而尟當。甚或附會經文，以媚上脅下。曰「上天下澤，斯上者益上，下者益下，尊卑之分，秩然不可逾越」。嗚呼！斯豈孔子原文之意哉！孔子但言辨上下定民志耳。若上者益上則亢，下者益下則伏。安所謂中，又安所謂和！不中不和，又安所謂禮樂哉！自叔孫通輩，假天澤之名，為干祿之具，制朝儀以媚漢高。歷代號稱經師大儒者，靡不推波助瀾，尊君卑民。君日以尊，民日以卑。至物極而反，世界遂趨重於民主。作《易》之聖人，早已洞矚此必至之勢也。爰本中和為禮樂之原則。孔子六十四卦之大象，皆以中爻綰上下二象【中爻者，三四兩爻。上天爻，下地爻。中三四人爻也】。所謂以人合天，參天兩地者也。首以乾三坤四兩爻發其例【說詳《筆談初集》】，此履豫兩卦之關鍵，亦悉在履六三、豫九四之兩爻。禮以消極為用，故取陰爻。樂以積極為用，故取陽爻。履以一陰處五陽之中，是以愬愬危懼，如履虎尾，方能免咎。故禮之本在謙【謙為履之對也】。必高而能下，尊而能卑，始當於禮焉。豫以一陽出三陰之上，奮迅莫禦，故有發揚蹈厲之容。然而樂之本在於畜【小畜為豫之對也】，孟子曰：「畜君何尤？」必抑而能揚，頓而能錯，始合於樂焉。然履以六而居三，豫以九而居四。陰陽皆不當位，故必損益得中而禮樂始立。履以乾在上，豫以地在下。禮出於天，樂本於地。天地定位，禮樂之體也。然天地之大用在坎離，故後天以坎離當用，居乾坤之位。離南坎北，中也。震東兌西，和也。天澤履乾兌，而下中爻互離。雷地豫震坤，而上中爻互坎。離禮坎樂，而合乎震仁兌義。中之極，亦和之至也。且禮之本在謙，而謙之反易即為豫【反易即上下兩卦相互易】。樂之本在畜，而小畜之反易即為履。更足以見禮與樂之互相維系，不可斯須離也。禮本乎太乙，九位離宮。樂起自黃鐘，生於坎子。是以立表者必取影於火而始正，測度者必取準於水而始平。故和平中正，闕其一不足以言禮樂也。而卦象之昭著者如此！然此猶其迹耳。若精微之蘊，推闡無盡，更非蕪陋所能詳。參之《禮運》、《樂記》，與樂器圖譜諸書，多相說以解者。當世博雅之君子，必能循流溯源以極其致焉。

疊字

《易》之用疊字者，悉本於象。見於陽卦與互卦之重本卦者為多。八純卦用疊字者，維乾坎震。乾曰「終日乾乾」，因上乾下乾，而互卦又重乾也。坎曰「來之坎坎」，以上坎下坎也。震曰「震來虩虩」，以上震下震也。皆陽卦也。陽主進，故卦爻之辭意皆進一層。重艮雖亦陽卦，以陽止於上，無可再進，與乾坎震微有異焉。他如蹇之「王臣蹇蹇」，以中爻又互蹇也。夬之「莧陸夬夬」，以四至上之又互夬也。惟謙之「謙謙君子」，非關互卦。以初六居謙之下，謙而又謙，故曰「謙謙」。他如賁之「戔戔」，旅之「瑣瑣」，漸之「衎衎」，泰之「翩翩」，履之「愬愬」，家人之「熇熇」「嘻嘻」，皆各因其象義。而賁與旅漸三卦，則皆有艮象，尤耐人尋味思索也。聖人作《易》，無一字輕下。故讀《易》者，不可有一字忽略含糊過去。必字字研求，務各得其實在下落。有不得者，必反覆思之，參互求之。不得於本卦者，可索之互卦。更不得，則索之覆卦、對卦。又不得則索之變卦。又不得則索之於先後天之圖與爻位卦位之數，及時訓卦氣。必求其碻當切合而後已，自然逐字逐句皆了然於心目之間。以讀全《易》，無不迎刃而解。較盤於古人脚下，鑽研故紙以討生活者，其得失不可以道里計，而苦樂亦迴不侔矣。

睽革

火澤睽，澤火革。〈象〉曰「澤上有火睽」，「澤中有火革」。此所謂「上下無常，不可為典要」者也。夫火之與澤，澤之與火，本不相蒙。曰睽曰革，其取義實不在火澤澤火。然其象則明明為上火下澤，上澤下火《象傳》本取上下兩卦之象，以證天人相合之理，而示學者以人合天之方，勢不得舍本象而別樹一義。此所以仍以火澤澤火為言。他卦類此者甚多，讀者不可以辭害意也。至《彖傳》則一曰「二女同居，其志不同行」，一曰「二女同居，其志不相得」。則卦象與名義皆相合矣。睽與家人反，家人由巽而離，於後天卦位，順行而相比。且六爻除上九外位皆正當，如一家之人，男女長幼各得其當，相親睦而不相凌犯，故曰家人。至反而為睽，則由離而兌。位相隔，而性又相害。且除初九一爻外，五爻皆不當位，截然與家人相反。又烏得而不睽？然尚不至於革者，則情雖睽而勢尚順也。至易為上澤下火，則由兌而離，且倒行而逆施矣。勢處於不得不革。比而觀之，可見古聖人《序卦》命名精審緻密，輕重悉當，斷非尋常思慮所能及矣。至革之為義，本訓皮去其毛。有去華為樸，由文返質之意**【皮之已去毛者曰「鞹」，取皮而去其毛曰「革」】**。《洪範》「金曰從革」，亦以時當金令，返春華而為秋實，草木為地之毛，皆彫零枯槁，與皮去毛無異，故亦曰革。《雜卦》曰「革去故也」，充類言之。則凡取其故而盡去之者，皆得謂之革。事莫大於國故**【《史記》五帝三王之故事】**。取一國舊有之政令而悉去之，乃謂之革命。然《彖傳》何以獨稱曰「湯武革命」？虞夏受禪，亦何嘗非百度一新，盍不謂之革乎？此則詳觀卦象，可見其當名辨物義例之精也。夫四時迭王，功成者退。堯之讓舜，舜之授禹，亦如由冬而春，由春而夏。時令雖改，氣候雖更，然順序遞傳，無所謂革也。惟夏之於秋，本以火克金。乃克之而不能勝，迫於時而不能不退，而繼之者即為我克而不得之敵人，所謂順以相克而逆以相勝者也。情勢既兩不相容，則舊之所有者，至改代以後，必將盡去而無存。故孔子以湯武之征誅為革命，而獨取象於革，遂為後世改朝易代之定名。然防後世好亂者之藉為口實也，申之曰「順乎天而應乎人」。曷為「應乎天」也？曰：維其時必如夏之及秋，酷暑既極，發泄無遺。非滌其暑，斂其氣，則兩間之物命且盡矣。爰不得不亟承之以金，然亦未可驟也。驟則將絕而莫續。故夏至以後，先伏以金。一伏再伏，而秋始立。此所謂順乎天者也。曷為應乎人也？曰：維其情。凡人之情，其靜者每安常而習故，其動者恆厭故而喜新。一動一靜，非各臻其極致，而遽語以更張，人莫應也。如四時錯行，沍寒之餘而濟以春煖，大暑既甚而劑以秋涼。人心之愉快，不啻逢故人而去酷吏，此所謂應乎人者也。聖人設卦觀象，斤斤於天人之際。衡情酌理，無微不至。六十四卦稱革者，惟此上澤下火之一卦，而火澤之睽且不與焉。六爻之中，稱革者惟九四之一爻，而他爻皆不與焉。初二為地爻，地不可革也。五上為天爻，天不可革也。革故鼎新，惟在人事。則三四兩爻，似皆可革。然九三與六四，皆爻位相當，無可言革，六三位雖不當。然以柔爻而居下卦，亦無可言革也。惟九四以不當之位，而居人之上。且內陰而外陽，內柔而外剛，內小人而外君子，非革將何以轉否而為泰乎？故乾之九四曰「乾道乃革」，亦即革九四之一爻也。革卦五爻皆當位，惟此九四一爻中梗。革而化之，則成既濟，剛柔正而當位。故曰「革而當其悔乃亡」，曰「既濟定也」。如湯武革命，順天應人以定天下也。此象義之淺近而可言者。如抽繭緒，僅引其端。內蘊宏深，是在讀者之觸類旁通，非語言所能盡也。

鼎象

〈鼎・象〉曰「鼎，象也」。舊說謂象即象形，合離巽上下六爻即象鼎之形。下巽之初，偶爻象鼎之足。巽之上二爻，與上離之下爻，三奇象鼎之腹。離中之偶爻，象鼎之耳。離上之奇爻，象鼎之鉉。合之宛然全鼎也。嗚呼！是真兒戲之言矣。夫象有形亦各有理。故有相似之象【如頤中孚似離，大過小過似坎是也】，有相通之象【如坤為牛，離為子母牛。乾為馬，震坎亦為馬之類是也】，而決無相反之象。言象者除取證於經文外，當以《說卦》為宗。即《荀九家》與孟氏及諸家增廣之象，亦無不取則於經文，非可臆造也。《說卦傳》明明曰「震為足」矣，而今乃以巽為足，不適相反乎？《說卦傳》明明曰「坤為腹」矣，而今以三奇爻之乾為腹，不又相反乎？《說卦傳》明明曰「坎為耳離為目」矣而今乃離之中偶為耳，有是理乎？或曰：此但取各爻之畫以象形耳，非以卦論也。然鼎必三足，今乃以巽初之偶為足，幾見有兩足之鼎乎？以模糊形似為象，而不問卦理，且顯悖於《說卦》而不顧，豈非兒戲？然則《象》所謂「象」者，果何指乎？曰「以木巽火」，亦象義之一也。鼎與井，為全《易》水火二大用之綱領。鼎凝命而井定性，所謂窮理盡性以至於命者，此二卦其階梯也。宏深玄奧，當別具論，茲姑以象言象。則本卦之象，則但言鼎之用。即以木巽火是也。至鼎之形，所謂制器尚象者，則不在此火風之鼎，而在水雷之屯。屯與鼎，相對之卦也。如鑄鼎必有範。屯者，鼎之範也。故鼎象不在鼎而在屯。妙哉！《易》之為象也。震為足，屯下卦震也。坤為腹，屯之二三四中爻坤也。坎為耳，屯上卦坎也。與鼎之爻義既孚，而證之《說卦》更無不脗合。此可見聖人取象有無窮之妙，非寸光之目，注視於一隅者所能窺測也。或曰：屯之與鼎，一在《上經》，一在《下經》，乃謂兩象相通，亦有所援據，足以證明此說之非出於附會乎？曰：吾不云「鼎之與井，為全《易》水火之二大用」乎？井之對卦為噬嗑，十三卦「日中為市」，乃取之噬嗑。市井相連，不足以證屯鼎之相通乎？自漢以後言鼎象者，沿襲謬誤二千餘年。清季青田、端木氏，始發其覆。惜其書流傳不多，又詰屈奧衍，不可卒讀，故詮敍而申釋之，非敢掠美也。

井養

《易》之言養者，曰蒙、需、頤、井、鼎，五卦。蒙者，物之穉，故曰「蒙以養正」。物穉不可不養，故受之於需。需，飲食之道也。蓋一以養其德性，一以養其軀體。二者交相為用，而養之道備矣。頤曰「觀頤」，曰「自求口實」。觀頤，觀所養也。自求口實，觀其自養也。頤養分兩層，足賅蒙需二卦之義，而意更深矣【後世修養龍虎之術，《參同》、《悟真》所言，悉本於此】。此皆《上經》之卦也。《下經》井鼎二卦，皆言養。井定性而鼎凝命，集養道之大成，而竟頤養之極功。粗言之不外水火二用。五卦蒙需井皆坎水，惟鼎為離火，頤亦象離，有火之用而無火之形，故其道更精。然精言之，僅關於一身之修養，義狹而小。而天地大用，以養庶民萬物者，義更廣而大也。故惟井曰「井養不窮」，「往來井井」。古今來民物遞嬗，相續而不絕者，實惟井養之功。自耒耜利興，畫井分田，民鮮艱食。今雖井田之制久廢，然形式亡而精神自存。今之言農田水利者，必合其道而事始昌。苟或悖之，即鹵莽滅裂，斷無成功可言也。卦象以水風為井，〈象〉曰「巽乎水而上水」，〈象〉曰「木上有水，井」。向來注疏舊說，皆未盡其義。至以木上有水為桔槔取水之象，尤近於鄙陋。誣精深之象，而侮聖人之言矣。井，通也【《雜卦傳》井通而困相遇也】。天地之氣，非木不通。巽乎水而上水【巽乎水之「水」字別本或誤作木，謬甚】，正木道疏通天地之大用。〈益‧象〉曰「天施地生，其益無方」，必歸功於木道乃行。故赤地無草木，則人物不生，而水源亦枯竭矣【此五行之所以有木。或乃疑木之為用不能與水火土並論，腐儒之見，烏足語此！】。今西人歷若干年事實之經驗，經若干人學術之研求，方知種樹之益。謂能興水利而除水害，吸灰氣吐養氣，有畀人生，言極詳盡，吾人始有崇信而仿行之者。不知古聖人極深研幾，早已揭櫫其義於水風一卦矣。木上有水，乃以證井通之義。謂木性疏達，能引地中之水，由木之下而達於木之上也。嘗見北地種葡萄者，初冬捲蔓而藏於土，至春引而出之，支以木架，掘根之四周如小池，注水滿之。俄頃水即上行，溢於蔓巔，如露珠下滴。故木上有水，水之功用畢見，而井通之大義亦見。此聖人神化之筆也。五行始於坎子，終於乾亥。坎子一，乾亥六，終始皆一六之水。故言養者，維井養為不窮。而乾巽壬戌己亥對宮，為天風姤，值五月卦。天地相遇，氤氳媾合，餘氣蘊毒在水**【人生痘疹，亦先天之蘊毒。故午月之毒，乃天地交姤餘蘊。與父母先天之毒正同】**。是以五六月間之水，煑茶入杯，瞬即變色，隔宿尤甚。俗例端午食蒜，非為迷信，實解水毒。蓋有所受焉。顧或謂井卦下巽，既取木象，似與風無涉。不知取象於風，更有妙義。鑿井法：於通泉之日，必視其時之風，如井東為海而西為山，通泉時得東風則為海泉，日久味鹹。得西風則為山泉，日久味甘。可見風與水實相表裏。而聖人象義之妙，固無所不賅也。《易》其至矣乎？又豈言所能盡哉！

反生

震為反生。《說卦傳》「其於稼也為反生」。反生之物，實不僅稼也。凡物無不反生者，惟稼為易見耳。易數至三而反**【詳見前三反四復條】**。復卦剛反動而以順行，已概萬物生理原始之情狀矣。復由剝反。剝上一陽碩果，下反為復。故萬物之生，其初無不向下。植物為天地最初生之物，故最顯見。人物後起。首雖居上，然在母胎之初，首仍向下。舊日醫書，謂嬰兒在母腹，女向外，男向內。至將臨盆，始轉生向下，男仰而女俯。近據西醫之實驗，則殊不然。孩在胞中，無轉身之餘地。初受胎時，其臍帶懸系於子宮。至三閱月以後，頭重脚輕，首在下而脚向上矣。產生之際，無分男女，皆俯而出。有仰面者，則難產矣。西醫雖淺，然出於實驗，有目共見，當未可誣。且與易象生理，殊相脗合。蓋孩居腹中，本以臍為呼吸，必與母體上下相反，而後血脈交互，可相貫通。若端坐其中，無論向外向內，與母氣皆睽隔不通矣。醫書之說，實出唐宋以後，不免以理想揣測。證諸易理，殊不相合。《靈素》之經脈，陰陽悉本於《易》。漢人方劑，亦均按五運六氣，足與卦象相表裏。故其效如響斯應，神妙莫測。後之醫書，僅據一端，有驗有不驗，未足為定論矣。嗚呼！安得有精於中西醫學者，取《內經》及西人生理解剖諸書，一一與《易》象相證，畀閱者曉然於生理之源。不特斯民之幸，亦吾國文化之光也【近西蜀唐氏著有中西醫學五種及《醫易通釋》二卷。頗有發明。惜其於象數所見尚淺，引證或未悉當。然有開必先，繼起者當更有進也】。

血氣

血氣者，人身之陰陽也。《說卦傳》「坎為血卦」。而未言氣卦者，血可見而氣不可見也。

且《說卦》之例，對待者或但舉一端。如曰「乾為圜」，則知坤為方。曰「坎為隱伏」，則知離為光明。以此推之，血氣不能偏廢，亦可知矣。各卦言「血」者，〈坤・文言上六〉「龍戰於野，其血玄黃」。曰「戰」者，即氣血之交戰也。「其血玄黃」，即由坎出震之象，陰陽分而血氣定矣。故《說卦》明以震為玄黃。〈屯・上六〉曰「乘馬班如，泣血漣如」，為上坎之上爻。血上於腦則泣也。〈需・六四〉曰「需於血，出自穴」，為上坎之下爻。六四爻位皆陰，陰虛故有需象。已達下卦之上，故曰「出」也。〈小畜・六四〉曰「血去惕出」，需上六變即為小畜。上卦之坎既變為巽，坎象已去其半，故曰「血去」。「惕」者，乾三也。四居三上，故曰「惕出」。〈渙・上九〉曰「渙其血去逖出」，與小畜正相對照者也。渙則不畜。然渙至上九，則處渙之極。物極必反，故亦取畜之義所以濟其渙也。「逖」「惕」通用字。〈歸妹・上六〉曰「士刲羊无血」，則以下兌為羊。三至五互坎為血。上變成離，則為乾卦，而血无矣。各卦言「血」，皆由坎取象。然六十四卦上下卦有坎及互坎者，豈僅此數卦！而他皆不言「血」何也？曰：血與氣本非二物。氣聚生血，血化成氣。周流百脈，榮衛一身。不但氣不可見，而血亦潛行於脈絡，非外視之而可見者也。凡可見之血，皆死血、廢血，血之已離其經者也。血既離經，不可復回，與汗略同。故渙曰「渙汗其大號」。後人發號施令，輒援斯義，以其一出而不可復反也。渙卦「渙血」與「渙汗」，取義亦同。是以「坎為血卦」，非坎之本象，乃陰陽相爭相薄，致巽伏者或忽兌見【坎象下巽而上兌也】，成為坎卦。坎卦「水行地中」，與人之血行經絡，本無異也。水溢地上則為災，血出體外則為病。故卦之稱「血」者，僅此數卦也。象義精微，沉潛玩索，意味無窮。舉一反三，是在善讀者。

再說乾坤為《易》之門

乾坤為《易》之門，已見《前集・卷二》。因向來注者，多模稜籠統之辭。同學時有疑問，緣更詳述之。按荀氏「陰陽相易，出於乾坤，故曰門」，其說最古。惟學者讀之，殊難悉其義蘊。《正義》本此意而申說之，曰「《易》之變化從乾坤而起，猶人之興動從門而出」，乃大誤矣。楊時曰：「或問乾坤其《易》之門。門是學《易》自此入否？曰：不然。今人多如此說，故有喻《易》為室，謂入必有門。為此言者，祇為不曉乾坤即《易》，《易》即乾坤，故曰乾坤毀則无以見《易》。蓋陰陽之氣，有動靜屈伸。一動一靜，或屈或伸，闔闢之象也。故闔戶謂之坤，闢戶謂之乾。所謂門者如此」。楊氏之說，近乎是矣。然亦未盡也。以闔闢釋門，固至當不易。但何以為《易》之門，何以能體天地之撰，能通神明之德，尚未能有所發揮，則亦仍與陰陽出入之籠統語無以異也。夫後天八卦，自坎子一以至兌酉十，獨西北戌亥為无數。故八風西北曰不周，乃鎮之以乾。无以出有，而不周者周。以十二月卦言之，西北實維坤位，故〈坤・上六〉曰「陰疑於陽，龍戰於野」，乃乾坤合居一位也。乾坤合居一位，故謂之門。故曰「闔戶謂之坤，闢戶謂之乾，一闔一闢謂之變」，皆指西北戌亥之一方而言也。觀下文陰陽合德，可以證乾坤之合居矣。蓋西北者，陰陽之門，亦天地之門。先天艮居西北，故艮為門。後天乾居西北，故乾為門。分言之，則西北以對東南。戌之對辰為辰，亥之對辰為巳。是以術家以辰戌為魁罡，《內經》以辰戌為天門地戶也。天門地戶相對，而乾坤合居於此。故「乾坤其《易》之門耶？乾陽物也，坤陰物也。陰陽合德，而剛柔有體。以體天地之撰，以通神明之德」。孔子之言，各有所本，所謂述而不作者也。三代以前《易》道陰陽，必有其書。孔子贊《易》，多取材於是。故立言皆有統繫，一一與象數相合。非如後儒之言陰陽、談性理者，信口任意，茫無涯涘也。至楊氏所謂「乾坤即《易》，《易》即乾坤」二語，意亦多所未安。古文「日月為易」，故稱《易》者，指坎離為多。《傳》曰「天地設位，而《易》行乎其中矣」，又曰「乾坤成列，而《易》立乎其中矣」。凡此易字，皆指坎離而言。天地設位，先天八卦，離東坎西，故曰「行乎其中」。乾坤成列，後天方位，離南坎北，故曰「立乎其中」。其不曰坎離而曰易者，正以坎離即乾坤二體之易也。故易未可以專指乾坤也。

《易》逆數

《說卦傳》「數往者順，知來者逆，是故《易》逆數也」。邵子以已生之卦、未生之卦言之，意義既不明晢，而所謂已生、未生者，乃指其先天橫圖二生四、四生八而言。孔子贊《易》時，未必有此圖也。與朱子占例之前十卦後十卦，同一不檢，殊不免賢者千慮之一失焉。漢學家因此極力駁之，亦僅解得「知來者逆」一句，意義亦未完全。而於「逆數也」一句，皆忽略帶過。不知此三字，最關重要，乃全《易》數理之關鍵所在。知來固由於逆數，而逆數實不僅知來之一端。大《易》之道，無一非逆而用之者。蓋理順而數逆，交相為用。非數之逆，無以濟理之順也。日月為易，日月右行而左次。故《易》數隨天數逆行，而為逆數。萬物數起丑牽牛，日月始丑，星記右行，故《易》以東北震九，逆行而北坤八，西北艮七，西坎六，西南巽四，南乾三，東南兌二，東離一，皆逆數也【納甲數甲三乙八，乾坤列東，故乾三坤八丁二丙七。艮兌列南故兌二艮七辛四庚九。震巽列西，故辛四震九戊一癸六。坎離列北，故離一坎六】。故地中有山曰「謙」，而山附於地則「剝」。天在山中則畜，而天下有山則遯。地上天下則交而泰，天上地下則不交而否。水在火上則既濟，火居水上則未濟。一陰一陽之為道，而一陽一陰則為非道，皆逆也。聖賢克己之功，丹家修煉之術，亦無一非以逆用。修德曰反身，君子必自反。反者，逆之謂也。《道書》「逆則生，順則死」。又曰「逆則為仙，順則為鬼」【蓋人生即屬後天，由生而順行則日近於死，故曰「順則死」「順則為鬼」。惟逆行，而反其初則由後天而返於先天，故曰「逆則生」，「逆則為仙」】。陳致虛曰：「子南午北者，顛倒五行也」。仙聖云：「五行順行，法界火坑。五行顛倒，大地七寶」。所以水火互為綱紀，即既濟之道，皆以著逆用之功焉。孔子特於八卦相錯之下，特示數往知來。而以「逆數也」三字總結之，意深哉！

五行化合

伏羲畫卦，觀變陰陽，分四時，播五行。至黃帝造甲子，以天干地支分陰分陽。以經緯五運六氣，符造化之大原，備人事之終始。《易》道之範圍天地，曲成萬物者，至此愈精愈密。後王制治，大而禮樂政刑，小而百工技藝，胥無能違其軌則。而醫藥卜筮風鑑諸家之導源於此者，更無論矣。自西學東漸，趨重於物質之文明，斥陰陽為謬論，指五行為曲說。承學之士，皆吐棄而不屑道。不知陰陽之道，實根本於天地。盈天地之萬物，不論其有形可見，無形可見，無一不具有一陰一陽之性。即無一能出此陰陽軌道之外者。動植諸物無論矣。即礦物諸類，亦無不有陰陽。其他如數學之有乘除，有正負；化學有分合，有加減；倫理有優劣勝敗，有積極消極，有演繹，有歸納，何一非一陰一陽之義哉！至五行之說，以水火木金土概之，說者疑為不倫。不知水火木金土之五者，非僅以其質，乃所以代表陰陽之氣與數。其不以四不以六而必以五者，則參天兩地。陽常饒而陰常乏。陰陽之數，僅限以五。化合雖成六氣，而實數仍不能出五以外。此中微妙之理，非一言可盡。《前集》所述象數與化學分劑之相合，已可略見一斑矣。茲但述干支之合五行，與五行所以化合之理，熟思而詳審，當亦必有所悟也。

天干甲乙木，丙丁火，戊己土，庚辛金，壬癸水。地支亥子水，寅卯木，巳午火，申酉金，辰戌丑未土。干陽支陰，而干支之每類又各有一陽一陰。如甲陽而乙陰，戊陽而己陰，寅陽而卯陰，申陽而酉陰，固人人所知也。惟甲子何以必六十而始一周，而六十甲子，又各有納音？何以天干地支，又各有合？又有兩合三合？何以又有「刑冲剋害生扶拱合」諸名？是雖精於術者，往往知其然而不知其所以然。而向之所謂經學家，又斥為術數小道，非經生所屑言。不知五行之說，與《六書》同出於伏羲之八卦。而《詩》、《書》、《禮》、《樂》、《春秋》，又無一不本於《易》【《六書》出於八卦，孔子刪《詩》、《書》、定《禮》、《樂》、修《春秋》，皆學《易》以後之事。詳玩《十翼》，再讀諸經，其義自見。當另論之】。故不明《小學》而讀經，不通象數而讀《易》，不讀《易》而讀《詩》、《書》、《禮》、《春秋》諸經，自謂通者，吾未見其果能通也。

勿以「生克刑害」諸說，為鄙俚無足道也。彼術者之歌訣，誠多詞不雅馴。但其淵源所自，則皆出於《易》象。但非深求之，不能知其所在耳。《繫傳》曰「生生之謂《易》」。五行之生，皆二氣感應相與，出於天地陰陽之自然。有莫之為而為，莫之致而致者。惟獨陽不生，孤陰不長。必陰陽和【此「和」字，如算學勾弦和，勾股和，或勾較和之和。內有節度分寸，非僅兩者相合之謂也】，而生意始萌。生之初，氣也。氣能達，則成形【氣不能達，有不及成形而消滅者矣】。如天一生水。水之始，氣也。地六成之，則形立矣。其餘火木金土亦然。是謂生生。至水生木，木生火，則謂之相生。火與金，則相克不能相生。必濟之以土，而始收生金之功。故卦獨於火澤曰革。而所以神變化行鬼神者，亦胥在此坤艮二八之數，亦即天五地十之數。於地支為丑未，實司陰陽變化之樞。由是而金生水，水復生木，循環不已。故論五行以相生為第一義。

其反乎相生則曰克。蓋於相反之中，有相成之義。如震動反艮，兌見反伏，盛極不可無制，故相克適以相成。此言其有情者也。若無情之克，則不足以相成，而適相害。《繫傳》曰「凡物之情，近而不相得則凶，或害之」是也。故次曰相克。

冲者，本宮之對。如子之與午，丑之與未，卯辰之與酉戌，寅巳之與申亥皆是也。地支十二，而冲者六，故曰六冲。於數言之，實為七也【自子數至午，丑數至未等，皆第七位也】。是以天干遇七，則稱為煞。以干位遇七之必逢克【如甲至庚為第七，庚金克甲木。丙至壬為第七，壬水克丙火。餘可類推】而支則不盡相克也【如丑未辰戌皆為比和】。

合者，以陰陽氣數言之，亦以躔度次舍言之。如甲與己合，乙與庚合，丙與辛合，丁與壬合，戊與癸合。以陰陽之氣數言也。如甲一己六，一與六合。乙二庚七，二與七合也。餘可知矣。子與丑合，寅與亥合，卯與戌合，辰與酉合，巳與申合，午與未合，則以天左旋而地右行，以躔度之次舍言也。如正月建寅，日月會於亥。十月建亥，日月會於寅。故寅與亥合也。餘皆類是。而地支更有三合，亦曰會合。如申子辰合會為水局，寅午戌合會為火局，亥卯未合會為木局，巳酉丑合會為金局是也。三合皆以中一字為主。子午卯酉，於卦為坎離震兌。坎承旺於子，而生於申，墓於辰。合始壯究而為一局，木土火金從可知矣。其義詳論於後。

害者，冲其所合者也。子與丑合，而未與丑冲，則未為子害也。午與未合，而丑與未冲，則未為午害也。謂之六害。《易》例近而不相得則凶，或害之。而此所為害，則為間接而非直接，故雖害而不甚凶，但須詳察其情，或能相得。則雖害而不害【如未為子害，土克水，情不相得。丑為午害，則火生土，情能相得。僅泄氣而已】。未可一概論也。

刑者，數之極也。十二支寅刑巳，巳刑申，丑戌未相刑，子卯相刑，辰午酉亥相刑。蓋從巳逆數至寅，申逆數至巳，皆相隔十位。十者，數之極也。數不可極，極則損，故刑與害相並論也。

曰拱曰扶者，皆同類相親。如巳午同類，巳扶午，而午拱巳。申酉同類，申扶酉，而酉拱申。旺盛者得扶拱而益增勢位，衰弱者得拱扶而可免傾危。但必詳主幹之位，與從化如何，而得失始定。苟失時失勢，雖拱扶又奚益哉！

此術家所謂「生扶拱合刑冲克害」者，推論皆細入毫芒。論《易》理雖不盡可采，然其說悉無背於象數。蓋古人於十干十二支，但以紀日。六十日而一周。其紀歲月與時，別有其名。徵諸《爾雅》已可見矣。後人以干支配合，實足以概陰陽之氣數，而盡其變化。遂並歲月時而並以干支次之，推步更密，且便於用。故至今遵用不廢，良有以也。

西人之歷算推步雖精，有其數而無其氣，故象亦不備。吾國之干支，則兼象數與氣三者，皆相密合，而皆各有其徵驗，非徒托諸空言者也。因其理淵源邃密，僅舉其一，已繁衍夥頤，畢生莫殫。況兼三者而盡明之？且會通之，宜其難矣。不能會通，或執此而疑彼，或是丹而非素。同一學焉，而有互相水火者矣。是皆由逐末而失其本。如辨認樹木者，循其葉而數之，窮年不能畢其數。即能得其數而無誤，仍不能執此以概彼焉。園師之良者，其於菓木，若北之棗梨，南之龍眼、荔枝，及江浙之桑之茶，舉目望之，即能斷其產額之確數而估其值，百無一誤者何也？以能探其本也。象數與氣之本，盡在於《易》，能盡《易》之理，則執簡以禦繁，亦若園師之估果木已。夫何疑哉！

古來言五行之氣者，莫古於《內經》，亦莫詳於《內經》。蓋人生天地氣交之中，於氣之生克制化，在在關係其生命與健康，勢使然也。《莊子》曰「兵莫憯於志，鏌鋣為下。寇莫大於陰陽，無所逃於天地之間」。蓋能深知其理者也。泰西之學，偏重物質，其不能知氣化之用，無足怪也。我國學者，自錮於科舉，溺於詞章，古書精義，日就湮滅。僅以膚廓之泛論，相裨販傳習，無一足驗諸實用，反遠遜西人之偏於物質者，尚能盡其一得之長也。如陳修園者，非近世所稱為名醫之矱矱哉！著書至六十餘種，乃謂五運六氣，與人病多不相驗。嗚呼！則其所謂醫學者，概可見矣。茲采錄《內經》所言氣化之精微，以證陰陽五行大用之一端。學者能深思熟玩，以反求諸《易》，則所見必更有進矣。

甲己合化土，乙庚合化金，丙辛合化水，丁壬合化木，戊癸合化火。今術家多用之，鮮能知其所以然者。《內經・五運行大論》曰「丹天之氣，經於牛女戊分；黅天之氣，經於心尾己分；蒼天之氣，經於危室柳鬼；素天之氣，經於亢氐昂畢；玄天之氣，經於張翼奎婁。所謂戊己分者，奎壁角軫，則天地之門戶也」【戊亥之間，奎壁之分也。辰巳之間，角軫之分也。

天門地戶說已見前】。故五運皆起於角軫。甲巳之歲戊巳黅天之氣，經於角軫。角屬辰，軫屬巳，其歲月建得戊辰己巳。干皆土，故為土運。乙庚之歲，庚辛素天之氣，經於角軫。其歲得庚辰辛巳，干皆金，故為金運。丙辛之歲，壬癸玄天之氣，經於角軫。其歲得壬辰癸巳，干皆水，故為水運。丁壬之歲，甲壬蒼天之氣，經於角軫，其歲得甲辰乙巳。干皆木，故為木運。戊癸之歲，而丁丹天之氣，經於角軫。其歲得丙辰丁巳，干皆火，故為火運。故星命家有逢辰則化之說，亦出於此。蓋十干各有本氣，是為五行。若五合所化者，則為五運。曰「運」者，言天之五緯運臨於辰巳者，係何緯道**【即青赤黃白黑五道是也】**，謂之登天門，主一年之運也。氣與運常司天地之門戶。戊己在角軫，則甲乙在奎壁。甲己歲必甲戌乙亥也，故《素問》曰「土運之下，風氣承之。庚辛在角軫，則丙丁在奎壁」。乙庚歲必丙戌丁亥也，故《素問》曰「金位之下，火氣承之。壬癸在角軫，則戊己在奎壁」。丙辛歲必戊戌己亥也，故《素問》曰「水位之下，土氣承之。甲乙在角軫，則庚辛在奎壁」。丁壬歲必庚戌辛亥也，故《素問》曰「風氣之下，金氣承之。丙丁在角軫，則壬癸在奎壁」。戊癸歲必壬戌癸亥也，故《素問》曰「火位之下，水氣承之」。蓋氣盛則亢，承以制而劑之，相反所以為功也。

地支十二辰，或謂起於斗柄所指，非也。先有十二辰之次，然後視斗柄所指以為月建。非先有斗柄，乃定十二辰也。日與月會，每年約十二會而一周天。雖間有閏月，然閏為閏餘，每年十二月，乃其常度也。故將三百六十五度，劃分為十二方，以紀日月會合之舍次【天方、回回諸歷皆同。惟用陽歷者以太陽。此所云月輪最低，土星最高，即離地遠近之謂。讀者以意逆之，勿以詞害意也】，不應合於子丑之位。木星亦在日上，不應合於寅亥而反在日下【此所云上下者，即新說地球之內外，所謂內行星與外行星是也】。是則六合不可以配七政。有求其故而不得者，遂詆六合無憑。亦妄說也，攷諸圖書，揆諸儀象，而知六衝三合，是就地體平面劃分為十二。則方隅異位，氣亦異焉。六合是就地體橢圓之形，自下而上，層累剖分，以為六合也。平面剖分，則土無定位，寄旺四隅。圓形豎剖，則地當在下，天當在上，仍不得列為定位。日月在天，亦不得專配午未。蓋天頂於洛書【彭氏宗劉牧說，以五十五數者為洛書也】當配中五，地配中十。是午未合天，子丑合地，乃貫四氣而為之主者也。除去子丑午未，然後以木火水金配之，則氣象始確。木附於地，子丑既合地，則附子丑之寅亥二辰，應化合而配木。故寅月草木花，亥月草木亦花。名小陽春，亦即寅亥合木之一驗。木上生火，附於寅亥之卯戌二辰，則合化為火。卯為日出之方，戌為日入之方，亦卯戌火合火之徵也。由地生木，由木生火，此三者自下而生上者也。天者乾陽金精之氣，子未既合天，附於午未之巳申二辰，承天之氣當化為金。舊說巳申合水，巳月既無水可驗，且與自上生下之義不合，今改巳申合金。申月農乃登穀，巳月麥亦稱秋。夏枯草生於亥月，是秉亥合木之氣也。死於巳月，是感巳申合金之氣也。農田蔬穀，以亥月種巳月收者甚夥，稱為上季。巳雖夏月，儼然秋金告成之候，是巳申合金之驗也。金下生水，辰酉之附於巳申者，當化為水。舊說辰酉合金，然酉是金之定位，非氣化也。辰月更無金氣。今按辰屬三月，酉為八月。古人以清明改水，八月觀潮。河水旺於辰月，秋汛尤大。足見辰酉二月，盛德在水也。故改辰酉合水，由天生金，由金生水。此三者乃自上而下生者也。天居於上，地居於下。水火二氣，交於兩大之中。乾坤之功用，寄於坎離。萬物之化生，不外水火。今人以午為天頂，然暑盛必在未月。蓋天頂與地心正對之時乃極熱，必五六月午未之交，恰與子丑合地之處，兩相正對。是天體偏未故也。丑月極寒，是地體偏丑故也【子正於丑，午正於未。午七未八，子一丑二，天紀為主。故今日西歷每年十二月，皆各有其名，並非月也。因我國之習俗而譯之正月二月，實不當也。我國歷法實兼太陽太陰。節氣後太陽，月次後太陰。所謂象數與氣皆備者也。或稱為太陰歷，謬甚】。謂之十二地支，蓋天體虛空，無從分析。故就地之六面，分為十二。而時序節候，俱準於是矣。故《內經》定候，有從四時起義者。「春三月為發陳。天地俱生，萬物以榮。早臥早起，以使志生。養生之道也。逆之則傷肝。夏三月為蕃秀。天地氣交，萬物榮實。使志無怒，使氣得泄。養長之道也。逆之則傷心。秋三月為容平。天氣以息，地氣以明。早臥早起，使志安寧。收斂神氣，養收之道也。逆之則傷肺。冬三月為閉藏。早臥晚起，去寒就溫。無泄皮膚，養藏之道也。逆之則傷腎。四時不相保，與道相失，則未央絕滅」。「未央」二字，注家未悉。蓋央即中央。子正於丑，午正於未，為土之正位。故《月令》、《內經》，皆以未月屬中央土。《內經》此篇，詳言四時，以「未央」一語總結之。因此篇乃《四氣調神論》，專主四時立說，故總來此句，以見土寄於四時之義。後世脈法，春弦夏洪秋毛冬石。四季之末，和緩不忒，即是土旺四季之義。《內經·平人脈象篇》云「四時之脈，皆以胃氣為本」。謂脈之冲和不促者為胃氣，即土旺四季之氣也。

地支兩合三合，說已見前。更有以冲而化合者，亦維《內經》詳之。蓋兩支對待，衝合為一氣者也。子午合化為少陰熱氣，卯酉合化為陽明燥氣，寅申合化為少陽火氣，巳亥合化為厥陰風氣，辰戌合化為太陽寒氣，丑未合化為太陰溫氣。蓋十二辰分之為十二，合之為六合。六合之間化生之氣，是為間氣。間者，隔也雜也。十二支本相隔，因對衝則相見。相見則兩氣雜合，化成一氣，謂之間氣。雖《內經》衹云「司天在泉」，未言間氣，然在司天之左右者，為左右間氣，則知兩相正對合同而化以司一年之氣者，尤間氣之大者矣。上天下地，謂之兩間。人在氣交之中，實秉間隔雜合之氣以生。是以人有六氣，以生十二經，上應天之十二辰。仲景《傷寒論》，專主六氣，深知六合交感間氣生之理。故六經括為千古不易之法也。《內經·六氣》「司天在泉」。司天者主春夏，在泉者主秋冬。厥陰在上，則少陽在下。

少陰在上，則陽明在下。太陰在上，則太陽在下。少陽在上，則厥陰在下。陽明在上，則少陰在下。太陽在上，則太陰在下。子午之歲，上見少陰。丑未之歲，上見太陰。寅申之歲，上見少陽。卯酉之歲，上見陽明。辰戌之歲，上見太陽。巳亥之歲，上見厥陰。皆言司天之氣，本於六冲化合也。司天者，言其辰輪值天頂。在泉者，言在地體之中，非地底也。如午年午當天頂，則為司天。午與子對，則子在輪值地底，惟卯酉適當地體之中。故午司天，不曰子在泉而以卯酉在泉。此可以潮汐證之。凡海潮子午來，則卯酉退。寅申來，則巳亥退。潮汎隨月。月在泉，則潮來。月離泉，則潮退。一日兩潮，即兩辰之對衝也。

或問：六衝化合，既各有其驗；則兩合三合，當然各有變化。其徵驗如何？曰：兩合即前所謂子與丑合之類是也。乃日躔與月建相合。日躔右轉，月建左旋。順逆相值，而生六合。夫日月與斗建，為氣運之主宰。日月所會者，天左旋之方位也。斗柄所指者，地右轉之方位也【天體虛空，無從實測。故干支皆以日為準的。《易》曰「大明終始六位時成」。亦以日為天之代表也。「天左旋，地右轉」云者，但以表天象與地錯行之義，與西說地球繞日之說經緯仍合。蓋如舟中與岸上兩方雖所見不同，而所行之里數仍相等也】。斗建與日躔合，即是地與天相合。陰陽磨蕩，氣化以生。又烏能無所徵驗乎？惟歷來推步諸家，說各不同。舊說以寅亥合木，卯戌合火，辰酉合金，巳申合水，午未合火。是五行惟火獨有二，於理不合。後人改為午未合日月。以午配日，以未配月。用符七政之數。謂「六合者，上合於天七政之位，子丑合土星之位，寅亥合木星之位，卯戌合火星之位，辰酉合金星之位，巳申合水星之位，午未合日月之位」云云。此亦出於理想，於象數未能相合。攷諸事實，又無徵驗。故天彭唐氏駁之。謂午未之位最高，月輪最低，安得與日同合最高之位？子丑最下，而土星於七政行度最高【**起於丑，正於未。唐氏此說甚精**】。上天下地，即是天五與地十正對。午未屬天五，亦可配陽土。《月令》名為中央土，主於生萬物。子丑屬地十，亦可配陰土。《月令》所謂土返其宅，主於終成萬物。以午未配天五，土寄旺於此，所以下能生金也。子丑配地十，土寄旺於此，所以上能生木也。此雖與舊說不合，然理較圓滿。究與象數能否碻合，尚待研求，未敢遽為定論也。

唐氏又曰：「星辰之運，始則見於辰，終則伏於戌。自辰至戌，正於午而中於未」。故《堯典》言「日永星火，以正仲夏」，是以午為正也。《月令》於季夏未月曰「昏火中」，《左氏傳》曰「火星中而寒暑退」，《詩》曰「定之方中」，皆以未為中。蓋以天干之緯道言，則辰巳間為黃道之中。以地支之經度言，則午未相會之處為天頂之中。經度起於南北極，午未合處南極也，子丑合處北極也。是足以補前文所未足。然閱者於天頂南極北極諸處仍須活看也。

地支三合，以四正為主【**四正子午卯酉也，於卦為坎離震兌**】。而四隅之支，只從四正以立局。木生於亥，壯於卯，墓於未。故亥卯未會木局。火生於寅，壯於午，墓於戌。故寅午戌為火局。金生於巳，壯於酉，墓於丑。故巳酉丑會金局。水生於申，壯於子，墓於辰。故申子辰會水局。後世衍為長生、沐浴、冠帶、臨官、帝旺、衰、病、死、墓、絕、胎、養，十二位，以差別衰旺，亦古法也。惟土旺四季，以辰戌丑未會為土局，而無從定其生旺之次。於是有以水土為一位者。生於申，旺於子，墓於辰，謂水土同源也。有以火土為一位者，生於寅，旺於午，墓於戌，謂子從母也。蓋星命諸家，以五行並列。缺其一，未便布算。故不得已而假定生旺墓絕之次。此須神而明之。以消息其間，未可泥也。《史記·貨殖傳》「水毀，木飢，火旱，金穰」，而不言土。京房《易傳》亦言「土兼於中」，未定所生之位。《內經》言「歲氣會同」，亦只有四局。《六微旨大論》云「甲子之歲初之氣，天氣始於水下一刻，謂子初初刻為冬至也。乙丑之歲天氣始於二十六刻，謂卯初初刻。而寅之歲天氣始於五十一刻，謂午初初刻。丁卯之歲天氣始於七十六刻，謂酉初初刻。戊辰之歲天氣復始於一刻，亦以子初為冬至節。申歲亦然。餘仿此」。故申子辰歲氣會同，寅午戌歲氣會同，亥卯未歲氣會同，巳酉丑歲氣會同。終而復始所謂一紀也。

甲子周流六十花甲，因天干之緯道，與地支之經度廣狹不同。歲星周行五緯，旁行斜上，與經度參差不齊。故後甲子起，必六十年乃復為甲子。《內經》云「上下相臨，陰陽相錯，而變生焉。應天之氣，五歲而右遷。應地之氣，六期而環會。五六相合，凡六十歲為一週。不及太過，斯皆見矣」。蓋以十二辰所主之六氣，在上司天。以十干所合之五運，在下運行【地支本下而在上，天干本上而在下，所謂陰陽交錯也】。十干與十二辰相錯。於是乎五運與六氣，有相生相克。風木司天而遇木運，火氣司天而遇火運，溫土司天而遇土運，燥金司天而遇金運，寒水司天而遇水運，是謂太過。如木運之歲而遇燥金司天，則木受金克，是為不及。餘皆仿此。六氣與五運不相勝負，是為平和。推之六十花甲之氣運，以制病藥之宜忌。此《內經》言氣化之最精者也。其餘如二十四位【即天干地支去戊巳而加坤乾艮巽】，及地支藏用【如子藏壬癸辛，丑藏癸辛巳之類】，五行節氣淺深之類，皆由陰陽氣化。互相乘除而分析之，似淺而實深。以象數求之，各有至理。為說甚繁，未能悉舉。學者能明其綱要，餘可迎刃而解矣。

或曰：陰陽氣化，雖言之甚詳，但皆理想之詞。果以何徵驗而分析之歟？曰：否否。陰陽二氣，乃造化之自然，物理所固有，非理想也。天下之事事物物，決不能因耳目之所能聞見者為有，以不能聞見者為無。近世西學東漸，為科學萬能之時代，種種學術，以實驗為基，固足矯舊學空疏虛渺之弊。然不免偏倚於物質，而遺其精神。況物質之體類萬殊，亦斷非耳目之力所能聽睹無遺者。在顯微鏡未發明以前，則水中空氣中之微蟲，與人體之血輪，病毒之細菌，均無由見之。然不得因未見而謂為無此物也。若顯微鏡之制更能進步，則必有更微更細之物發見，尚非今日所及料也。獵犬之嗅覺，能辨識人物之氣。雖越數時之久，猶能追蹤無誤。是足徵無論人畜，均各有特殊之氣，而絕不相同者。此氣即其所稟受於天地陰陽者也。因五行之質類各殊，而所秉之或全或偏及清濁厚薄，均不一致。是與人之面容相，似萃千百人而無一同者。亦足徵人物生於氣交之中，與兩間大氣關係之密切矣。蓋大氣之運行，既周流無息，而陰陽之摩盪交錯，變化萬端，偏布於大地之上，理密如網。故術家以辰為天羅，戌為地網。遇五行之偏勝，於是有吉凶之分。而凶毒之甚者，猝中於人，或且立死。人生日處此紛紜錯雜之氣中，等於目不能見，如瞽者持杖躑躅市中。非杖之所觸，不知為有物而避之。其杖所未及者，豈得謂之無物哉！

或曰：此兩間錯雜之氣，果其為有質者歟？則必有術焉可以見之。何以古來僅憑推算，迄未能明其質之何若也？曰：物質之體不一。有可見者，有不可見者。凡可見者，皆質之不透明者也。透明之質，則不可見。或藉他物之映射，始得其仿佛。凡所謂空間者，實非真空，而皆有物焉充塞其間。今西人亦知之矣。但化學家所驗得之空氣，仍為有質之氣，而非無質之氣。故可吸收而貯之以器，或化分之而析為淡氣養氣。此即所為透明之質也。若陰陽之氣，則超乎物質之上，并超乎精神之上，而為天地真元之氣所變化，為生育萬物之根本。謂之有質，則無質可見。謂之無質，則確有其氣，但與物質之氣類有別。視之若無色，而自有其色。嗅之似無味，而自有其味【《月令》「以五色五味配四時與中央之五行」。是以物質之色味合真元之色味，有感應之道也】。故古人有能望氣而辨其吉凶者。與獵犬之嗅氣而能蹤跡人畜者，皆具特別之感覺而得之者也。故物之有質者，物質足以阻之。如空氣光線，雖似無質，實皆為物質之體，特透明耳。是以物質皆足以阻之。若陰陽之氣，有如西人近日發明之愛克司光線，皆非物質所能阻，以其超乎物質以上之元體也【鬼神亦超乎物質以上，故亦非物質所能阻】日後人類之智識日益進步，必能有術以顯此無形之元氣，而接觸於人目之一日。而其樞要，悉總括於《易》象。是賴有高識積學者，潛心以研求之。徒探索於枝葉之間，事倍而功不及半，終無能得其當也。

五音六律

陰陽之氣，衝激動盪，發為聲音。氣不可見，而以音表之，則觸耳而能辨其清濁。以耳代目，氣之不可見者，亦不啻予人以可見矣。黃帝吹管定律，與干支同為協和陰陽之用。故音出於律，律出於數，數出於陰陽之自然。聲之不具陰陽者，不能成音。《樂記》曰「聲成文謂之音」。「成文」，則陰陽協而音出矣。是以音律之數，亦不越乎五六。五與六各有陰陽，亦與干支同。故六十甲子有納音，納音之義。以數至巳亥，必歸納伏藏。朱元昇之《三易備遺》，即據此為殷人《歸藏》之大旨。其確否雖於他書無徵，未敢奉為定論。然其推論數理，固極精密，有發前人所未發者。蓋陽數至巳而已亢，陰數至亥而疑。陽亢則絕，陰疑則戰，均有極盛難繼之勢。非伏藏無以為發生之機，盡循環之妙。因五音之高下，本有不同。故其數有九八七六五四之別。更與本數互相乘除，則氣化而音亦變焉。於是本五而用七，益以少宮少商，而變化益繁。聲音之道，乃肆應而不窮。〈乾九五・文言傳〉曰「同聲相應」，〈中孚・九二〉曰「鶴鳴子和」，以二五兩爻得中，為定音之準。故黃鐘之宮起於坎子。陰陽上下相生，數隔以八，是以音之用至七而盡其變也。今西人之準音以乂，為術雖殊，而得數亦同。發音成調，還相為宮。變化之數，終不出九九之外，仍黃鐘之數也【音十為章，數起坎一，黃鐘所始，至兌十數終。故在卦坎兌為節。《傳》曰「君子以制度數」。天下之「度數」，無能出此以外者也】。至鄭氏爻辰律呂相生與合聲之別，具詳前集。茲不復贅。

六子男女

乾父坤母。乾索坤而得三女，坤索乾而得三男。所謂六子，祇以言陰陽之象，非謂有形之男女也。然天地間有生之物，固無不具有陰陽。即無能越乎此三索之理，而自然有合於卦氣。人為萬物之靈，得氣最全，故其於卦象氣數之相合尤顯。〈內經．上古．天真論〉曰「女子七歲更齒，二七而天癸至，三七而真牙生，四七體壯，五七始衰，七七天癸竭，地道不通。男子八歲更齒，二八而天癸至，腎氣盛。三八真牙生，四八滿壯，五八始衰，八八天癸竭」。男為陽而起八數，女為陰而起七數。陰陽交錯，即水火互根。故孔子曰「八卦相錯」。陰陽之用，無不以交錯而盡其妙。即八卦之用，無不以相錯神變化之功。學者能於相錯處注意，則於陰陽之秘，思過半矣。唐氏祖鑑曰：「天癸未至時，皆少男少女也。實應艮兌二卦。故男女皆從此二卦起。在洛書【原書曰河圖】兌數七，故女子之數起於七。二七一十四，是為少女。七歲更齒，應兌之下卦。二七天癸至，應兌之上卦也。天癸氣在腦內，以象兌卦陰爻在上。天癸既至，則陰氣下交於心，任脈始通，月事乃下。是兌變為離。自十四歲至二十八歲為中女。三七二十一，真牙生，應離之下卦。四七二十八歲，身盛壯，應離之上卦。自二十八歲至四十二歲，陰血全歸於下，則離變為巽，是為長女。四十二歲以後，陰血漸衰。至七七四十九歲，則巽變為乾，女血盡矣。艮數八，故少男之數起於八。八歲至十六歲為少男，應艮卦。艮陽在頭，故下無腎精。八歲更齒，應艮之下卦也。二八而天癸至，應艮之上卦也。十六歲後天癸既至，則艮之上爻入於中爻，遂成坎卦。是少男變為中男，故腎氣盛，精溢洩。三八二十四歲真牙生，應坎之下卦。四八三十二歲，身體滿壯，應坎之上卦。由五八至六八四十八歲，陽氣全歸於下，是坎變為震，是為長男。四十八歲後至八八六十四歲，則男精已竭，是震變為坤，不能生子矣。亦有男逾八八，女逾七七，尚能子者。則秉氣獨厚，故出於常數之外。醫家道家，均有返老還童之說。欲返長男在下之陽，還為少男在上之陽，故必轉河車，運轆轤，醍醐灌頂，服藥還丹，使陽氣復歸於腦中。竊造化之機，以逆用其術，豈不難哉！男女天癸，路道不同。女子天癸至，是從前面下交於心，合於離卦，故《內經》原文先言任脈通。男子天癸至，是從背後下交於腎，合於坎卦【艮為背，坎為腎】，故《內經》先言腎氣盛。古人文法謹嚴，其一字不茍如此！

數之體用

「天一，地二。天三，地四。天五，地六。天七，地八。天九，地十。天數五，地數五，五位相得而各有合。天數二十有五，地數三十。凡天地之數五十有五」。此天地體用大數之全。凡言數者所莫能外也，五位相得。以示天數地數之各有定位，相得而各有合，以示天數地數之化合而各極其變也。故數有體用，互相交錯。舊說以生數一二三四為體，成數六七八九為用是也。然此特以舉體用之一例，言其本然之體用如是耳。若論運用之變化，則任舉一數，俱可為體。而由體以生用，初不限於生數之必為體，成數之必為用也。惟由其本然之體用言之，以一二三四為體，六七八九為用。惟五則介於生成體用之間，生數得之其體始備，成數得之而其用始全。此其數為生成所不能外，體用所不能離，是以為建中立極之數，乃陰陽變化之中樞。兩其五則為十，合之為三五。貫三才之中，備五行之全，而立其極。此洛書縱橫所以無不合於十五之數也。昔之言《易》者，以一二三四為四象之數，六七八九為四象之位。數也者紀其始生之時也，位也者定其已成之位也**【此就河圖四方之位數與八卦方位之數言之】**。是以《周易》用六七八九，而不用一二三四。卦用七八，爻用九六，皆成數也。七八為數之正，九六為數之變。合七八九六，而陰陽錯綜之變化，無不盡矣。蓋《易》之為書，合象數而言。言數必兼象，言象必兼數，二者恆相互而不相離。象也者形也。其不曰形而曰象者，形僅以狀其物質，而象則並著其精神；形僅能備陰陽之理，而象則兼備陰陽之氣也。**【《幾何原本》、《數理精蘊》為數學形學所宗，而不能具《易》之用者，則亦以理與氣有未備焉】**《易》數既兼象，而又與陰陽之理，及天地流行之氣無不相合，故言數之體用者，亦必能與象及理氣相準，而後能融會貫通曲暢無遺。與《幾何原本》諸書之專言形數者，其根本實有不同。故不曰「加減乘除」，而曰「盈消虛息」。如僅以數言，則仍不能外加減乘除而別求得數之道也。《易》數以參天兩地陽奇陰偶為綱，陽左旋以法參天，陰右轉以合兩地。無非此奇偶兩數，迭為乘除。蓋萬物之理有進必有退，有順必有逆。故有乘必有除，有見必有伏。孔子曰：「二篇之策，萬有一千五百二十，以當萬物之數」。無有一物不可記之以數者，即無有一物能出此數之外者也。在理陽可統陰，而陰不能統陽。《易》道扶陽而抑陰，非故抑之也。其定數有如此焉。凡陰所至之分，陽皆有以至之。故乾曰「大明終始」【大明非純乾，以陽含陰，為離日之象。天不可見，表之以日。言日即言天也】。陽所至之分，陰不必皆有以至之。故坤曰「无成而代有終」。洛書二八之偶數，不能與一三七九之奇數相為乘除者【非不能乘除也。乘除所得之數，不能合於陰陽之原則也】，陰固不可以干陽，所以謂之常乏也，三七之奇數。能與二四六八之偶數相為乘除者，陽之所以統陰，天之所以包地，所以謂之常饒也【洛書之偶數，以三之奇數乘之，而求其進數，是陰從乎陽，故必左轉而始有以相合。如三二如六、三六十八、三八二十四、三四十二是也。如以三之奇數除之，而求其退數，則必逆轉始能合於陽。如二三除六餘四、三四除十二餘八、三八除二十四餘六、三六除十八餘二是也。如更以七之奇數乘之則生數順而乘數必逆。如七二十四，七四二十八、七八五十六、七六四十二是也。如更以七之奇數除之，則乘逆而除者必順。如七二除十四餘六、七六除四十二餘八、七八除五十六餘四、七四除二十八餘二是也。奇偶互為乘除進退，互為消長順逆，相為盈縮。每一乘除兼有四法，四四應得一十有六。而茲祇十二者，即邵子所謂「四分用三，半隱半見之機」。凡皆陰陽自然之妙也。如以二八之偶數乘除一三七九之奇數，則只能生四隅之偶數，而不能生四正之奇數。如一八，一如八而生東北之八，八三二十四，而生東南之四，八九七十二，而生西南之二，八七五十六而生西北之六是也。又如二三如六而餘四，二九十八而餘二，二七十四而餘六，二一如二而餘八是也。是偶數之所乘除，亦只能乘除偶數，而不能乘除奇數。此地道無成之義也】。明乎陰陽順逆進退之理，而數之體用可無誤矣。夫天數備於五，地數極於六。故數至七而更【庚者更也，故庚居七】，亦至七而復【剝極則反，「七日來復」】。三反四復【此以三畫卦言之，其義另詳】，合之亦七。四陰而三陽，四柔而三剛。以陽全陰半之義言之，則四為兩偶，仍為參天兩地之數，而合為五。故七之數，實兼陰陽之義，備剛柔之德。天圓地方之象，非七不足以盡之【方圓周徑，惟以七為徑，則方周二十八，圓周二十二，而無畸零。合圓方兩周數，即大衍五十之數】，三才合體之數，非七不足以度之【三四五者，三才之數。必勾三股四弦五乃無畸零。勾三積九，股四積十六，弦五積二十五，合之亦為大衍五十之數】。圓方周徑之合數，勾股弦冪之積數，皆大衍之數五十，即數之體也。因而開方，則不盡一數，而止於四十九。即大衍之數之用也。故「大衍之數五十，其用四十有九」，亦維七足以盡之。此皆天地理數之自然，非人力可以增損其間者也。向來注釋「大衍」一章者，無慮數百家。於首二句之意義，鮮能明確啚達。故因數之體用而并及之。至八卦之數，因河洛、納甲、納音及先後天，各各不同，學者不易分晢，拙著《易楔》已詳載之。茲不復贅【陽順陰逆，舊說多不明白。來氏以內外言之，亦非也。乾圓左往，而坤方右來。左往者，一三七九。右來者，四二八六。偶數起四。崔氏之說，當惜其誤。四為不用致後人訾議，而其說不行。二千年來，遂鮮有明順逆之序者。詳《易數偶得》。

三反四復

「三反四復」之一語，已成為通俗之口頭禪，幾人人能言之，而人人不能知之。即向來說《易》者，亦皆含糊其辭，而未有切當之解釋。致學者若明若昧，似或心知之而口不能言之。於是至淺至顯之理，遂若極玄極妙，而有不可以言語形容者。是皆不善解釋之故也。夫一生二，二生三，三生萬物，故八卦之畫止於三。上為天，中為人，下為地，三才之道備矣。兼三才而兩之，故重卦之畫限於六，而以六五為天，四三為人，二初為地，仍三才之義也。三反四復，則以三畫卦言之。如三畫皆奇為乾卦，初變為巽，二變為艮，三變則為坤。三畫皆偶，與乾卦三奇相反矣，故曰「三反」。至四變，則坤又變為震。是初爻又復為奇，故曰「四復」。若以六畫卦言之，則復在七，而反在六。故復卦曰「七日來復」，剝卦曰「窮上反下」。然不曰「六反七復」，而仍曰「三反四復」者，則以其數仍不出三與四也。如八宮卦變，乾為天，天風姤，天山遯，天地否。三變而下卦之乾，反為坤矣。風地觀，山地剝，火地晉，至火天大有。四變而下卦之坤仍復為乾，故亦曰歸魂。六者數之極，窮上反下。陽極生陰，陰極生陽；陰陽往復，如環無端。故以六爻之義言之，而反復則在中之三四兩爻。〈乾・九三〉：「乾乾終日，反復道也」。乾乾者，上乾下乾。上乾謂四爻，下乾謂三爻，皆人爻也。天地之道，反復皆在於人。故以乾四之坤初為復。「七日來復」，亦即乾四之復也。乾三之坤上為剝。「窮上反下」，亦即乾三之反也。乾父坤母，具六子之爻，三四為坎離爻【詳見《易楔》】。必三四反復，水上火下，而後既濟之道成，陰陽乃循環而無窮。故三反四復，語意雖極淺近，而蘊義宏深。於理象氣數，無不有重要之關係。孔子贊《易》以垂教萬世，尤重在三四兩爻。故曰「立人之道曰仁與義」。【人道即三四兩爻】於洛書卦數，震居三而兌居四。震仁兌義，亦在三四兩位。六十四卦之變化，胥出於此。詳言之更僕難盡。茲但發其端，并參觀前一條，亦可為隅反之一助矣。

內外上下相反說

卦有內外，外即上也，內即下也。位有上下，下即內也，上即外也。而《彖》、《象》辭義，則上下與內外，往往意各相反。故以上為貴者，則外可置而不論。以內為主者，則下亦廢而不用。內外上下，不以並稱，所謂唯變所適，而不可為典要者也。聖人於否泰，則論內外。於損益，則言上下。蓋隨事制宜，非可泥於一端也。如執一而論，則損之為卦，乃損內而益外。是損一家而益一國也，其益大矣！而何以為損？否之為卦，乃三陰在下，而三陽在上，是君子舉進而小人舉退也，可謂泰矣。而何以謂否？是故泥於上下之例，則窮於否泰；拘於內外之說，則廢於損益。他如二陽在下而足以有臨者，得於內也。四陰在內而未免於觀者，失於下也。蓋陽在下，則以內外為言。陰在內，則以上下為斷。此於不為典要之中，又似有典要之可據者。聖人扶陽抑陰之微旨，所以進君子而退小人，即《春秋》書法之所本也。吳沆〈易璇璣・辨內外篇〉言之甚詳。沆為南宋撫州布衣，紹興間表上《易說》三卷，即《易璇璣》，頗究心於象義。雖不免瑕瑜互見，然在宋人《易》說中，尚能自立一幟者也。

卦有小大

《繫傳》曰「齊小大者存乎卦」，又曰「卦有小大，辭有險易」。先儒於「小大」二字，解釋互異。要皆望文生義，揣測臆度，未能切實指證也。王肅曰：「陽卦大，陰卦小」，朱子《本義》宗之。胡氏瑗曰：「陽主剛明，而有生成之義，故其德大。陰主柔順，而有消剝之行，故其德小。六十四卦，皆以陰陽定位，君子必當明辨之」。司馬氏曰：「陰幽禍惡為小，陽明福善為大」。虞氏曰：「陽易指天，陰險指地」。韓康伯曰：「其道光明，君子道消曰小」。程子曰：「卦有大小，於時之中有小大也。有小大，則辭之險易殊矣。辭各隨其事也」。綜觀諸說，不越陰陽二義。王肅以概括言之，尚無語病。然傳文固明明曰「卦有小大」，曰「齊小大者存乎卦」。如以陽大陰小概之，則曰「卦有陰陽」可矣。何必更以「小大」二字加一轉折乎？是王說亦未可為確詁也。如泰、否「小往大來」，「大往小來」，以陰陽言之可也。若乾艮為遯，固陽卦也。何以言小？離乾大有，乃陰卦也。何以稱大？澤風大過，上下兩卦皆陰；雷山小過，內外兩卦皆陽。是又何說乎？孔子慮後人之誤解也，故於《序卦》、《雜卦》兩傳，與《繫辭傳》互相發明。可列舉者，如「復小而辨於物」【繫辭傳】，「臨者大也」【序卦傳】，「豐者大也」【序卦傳】，「旅小亨」【彖辭】，「旅瑣瑣」，亦小之義也。「賁亨小利有攸往」，「巽小亨利有攸往」，「遯小利貞」，「睽小事吉」，「小過可小事」，皆卦之小者也。餘如小畜、大有等卦名之顯著者，更無論矣。

乾坤艮巽時

《南谿雜記》謂古無十二時之說，洪範言歲月日而不言時，《周禮》言歲月日辰而不言時。古所謂時者，三時四時，皆指春夏秋冬而言。後世歷法漸密，於是日分為時。《左傳》卜楚邱曰「日之數十，故有十時」，杜預注則以為十二時，不立干支名目；然其曰「夜半」者，即子時也。雞鳴者丑也，平旦者寅也，日出者卯也，食時者辰也，禺中者巳也，日中者午也，日昳者未也，晡時者申也，日入者酉也，黃昏者戌也，人定者亥也。日之分為時，始見於此云云。其說非也。干支造自黃帝，最初原以紀日，而記歲固別有專名【如《爾雅》「攝提格」、「大淵獻」之類是也】。逮五行既分，協律定聲，而子丑即以紀月。羲和造歷，則以冬至朔旦年月日時皆值甲子為歷首，統以六十甲子為循環，又烏能舉歲月日而獨遺時哉！伶州鳩之對《七律》，曰「王以二月癸亥夜，陳未畢而雨。以夷則之上宮畢之當辰，辰在戌，故長夷則之上宮，名之曰羽，所以藩屏民則也」。又曰「王以黃鐘之下宮，布戎於牧之野，故謂之厲，所以厲六師也」。固已時日並舉。或三代以前，另有通俗之名，以紀歲月日時。如《爾雅》所載者，干支但為歷數，陰陽家所用，亦未可知。決未可謂古人無此名也。且古者不特以十二支記時，而每時且分為上下。如子初為壬時，丑初為癸時，寅初為艮時，卯初為甲時，辰初為乙時，巳初為巽時，午初為丙時，未初為丁時，申初為坤時，酉初為庚時，戌初為辛時，亥初為乾時。今歷書所稱寅申巳亥月，宜用甲丙庚壬時；子午卯酉月，宜用艮巽坤乾時；辰戌丑未月，宜用癸乙丁辛時者是也。錢辛楣《筆記》稱都門法源寺遼舍利函後題甲時。又戒壇寺遼法禪師碑後題乾時。又遼石幢二，一題庚時，一題坤時。蓋遼金石刻，多以此記時也。今子平家亦用此二十四時推算，堪輿家所謂二十四山，亦本諸此。可見其法相傳甚古。與六壬遁甲諸術，皆為三代時所已有者也。今西洋鐘錶，均每日分為二十四時，不知何以不相謀而相合如是也。可見天地理數，悉出自然，決非人力可勉強為之者也【隋蕭吉《五行大義》每時分為三十二禽，亦增至三十有六，不知其何所根據。後人亦罕遵用之者。殆所謂勉強為之，未能合於天地理數之自然者歟！】。

陽一陰四

或問：陽以一為體，陰以四為體，其說何居？曰：此說本諸崔氏絪。崔釋大衍之數，云：「昔者聖人之作《易》也，幽贊於神明而生蓍，參天兩地而倚數。既言蓍數，則是說大衍之數也。明倚數之法，當參天兩地。參天者，謂從三始順數而至五七九，不取於一也。兩地者，謂從二起逆數而至十八六，不取於四也。此因天地數上以配八卦而取其數也。艮為少陽其數三，坎為中陽其數五，震為長陽其數七，乾為老陽其數九，兌為少陰其數二，離為中陰其數十，巽為長陰其數八，坤為老陰其數六。八卦之數，總有五十。故云大衍之數五十也。不取天數一地數四者，此數八卦之外，大衍所不管也【李鼎祚曰「崔氏探元，病諸先達。及乎自料，未免小疵。既將八卦陰陽以配五十之數，餘其天一地四，天所稟承。而云八卦之外在衍之所不管者，斯乃談何容易哉！」】。其用四十有九者，法長陽七七之數焉。其圓而神象天，卦方而智象地。陰陽之別也。舍一不用者，以象太極，虛而不用也。且天地各得其數，以守其位，故太一亦為一數，而守其位也」。崔氏此說，以八卦配合大衍，餘天一地四無可支配，遂屏諸八卦之外，謂大衍所不管，未免支離武斷，宜李氏鼎祚疵之。然其一與四不用之說，則碻有精義，非淺人所能道。後人演數者，皆莫能外焉。蓋天地生數之一二三四五，既以二為陰始，三為陽始，二與三合為五則參天兩地，已合天地之中數。則一與四，當然在不用之數。以用者為用，以不用者為體，此陽一陰四之說所由來也。夫一之與四，猶九之與六也。一九皆為太陽數，四六皆為太陰數。既用九用六，亦當然不用一與四矣。蓋生數為體，成數為用。一與四為體中之體，二與三為體中之用；七與八為用中之體，六與九為用中之用。一與四合，五也。二與三合，亦五也。七與八，九與六，合之亦皆五也。故五為天地之中，而無乎不在。天地之數，虛十為四十五。其為五者九，為九者五。參天兩地，參天三九得二十七，兩地二九得十八。十八以三分之得六【坤用六】，二十七以三分之得九【乾用九】。以五除十八則餘三【陰含陽也】，以五去二十七則餘二【陽生陰也】，二與三合則仍為五。故五為陰陽之共體，仍為一與四合之等數。此一與四所以為體中之體也。一者奇數之奇，四者偶數之偶也。奇數極於九，三分九數而得一奇。故奇者九之用。偶數極於六，二并六數而得一偶。故偶者六之用。以畫言之，三分奇畫，較偶畫中多一分，故奇數三而偶數二。奇數三，而卦得一奇者，必交二偶。故三男之卦皆七。偶數二，而卦得一偶者，必合二奇。故三女之卦皆八【王夫之氏亦主此說】，由一奇一偶而反之成用之始，得七八之數。由三奇三偶反之立體之始，仍得一四之數。故七八為用中之體，而一四為體中之體也。以一四為立體之始，故乾圓而坤方。圓者一而方者四也。七八為成用之始，故蓍圓而卦方，蓍七而卦八也。一四為二太之始，而九六為極。奇交偶合，乃爻用之所以成。七八為二少之始，為三一為極。《易》用生於卦，故統以九六，而不及一四。亦猶卦用主於爻，但別以奇偶，而不及七八也。凡此皆出於數理之自然。圖書蓍卦爻用無不一貫，參看前文數之體用一條，更可觸類而旁通矣。

參伍錯綜

《繫傳》曰「參伍以變，錯綜其數。通其變，遂成天地【「地」，虞、陸皆作「下」】之文。極其數，遂定天下之象。非天下之至變，其孰能與於此！」此節為「《易》有四道」之一，承大衍之數五十而來，乃《十翼》言數最扼要之處。自漢以來，注者數十百家，雖精粗不同，皆各有所見。茲舉其最著者，彙錄如下，而附以管見。閱者比類以求之，當有所默會於心而通其故。因孔子贊《易》之文，皆以神行氣馭，有未可泥跡象以求之，憑文字以索之者。此節雖實言象數，似較有憑籍。然參伍錯綜，實統括天下之數之象而無所不包。任舉其一，縱亦言之成理，已不免挂一漏萬，況未必能碻合哉！是學者所不可不知也。虞氏曰：「逆上稱錯，綜理也。謂五歲再閏，再扐後掛，以成一爻之變。而倚六畫之數，卦從下生，故錯綜其數。則參天兩地而倚數者也」。王肅曰：「錯，交也。綜，理事也」。《正義》「參，三也。伍，五也。或三或五，以相參錯，以相改變。略舉三五，諸數皆然也。錯為交錯，綜謂總聚。交錯總聚其陰陽之數，由交錯總聚，通極陰陽之變，遂成就天下之文。若青赤相雜，故稱文也。窮極陰陽之數，以定天下萬物之象。若極二百一十六策，以定乾老陽之象；窮一百四十四策，以定坤老陰之象。舉此餘可知矣」。邵子曰：「天一，地二。天三，地四。天五，地六。天七，地八。天九，地十。參伍以變，錯綜其數也。如天地之相銜，晝夜之相交。一者數之始而非數也，故二二為四，三三為九，四四為十六，五五為二十五，六六為三十六，七七為四十九，八八為六十四，九九為八十一，而一不可變也。百則十也，十者一也，亦不可變也。是故數去其一，而極於九，皆用其變者也。五五二十五，天數也。六六三十六，乾之策數也。七七四十九，大衍之用數也。八八六十四，卦數也。九九八十一，元範之數也」。張子曰：「既言參伍矣。參伍而上，復如何分別？」又曰：「氣之聚散於太虛，猶冰凝釋於水。知太虛即氣則无无。故聖人語性與天道之極，盡於參伍之神，變易而已。諸子淺妄，有「有无之分」，非窮理之學也」。蘇氏曰：「世之通數者，論三五錯綜，則以九宮言之。九宮不經見，見於《乾鑿度》，曰「太乙九宮」。九宮之數，以九一三七為四方，以二四六八為四隅，而五為中宮。經緯四隅，交絡相值，無不得十五者。陰陽老少，皆分取於十五。老陽取九，餘六以為老陰。少陽取七，餘八以為少陰。此一行之學不同，然吾以為表裏，其說不可廢也」。朱氏震曰：「參伍以變者，縱橫十五，天地五十有五之數也。錯之為六七八九，綜之為三百六十。以天地觀之，陰陽三五。一五以變，為候者七十二。二五以變，為旬者三十六。三五以變，為氣者二十四。三百六十五日周而復始。乾之策三十有六，坤之策二十有四。三其二十四，與二其三十六，皆七十二。三其七十二，為二百一十有六，得乾之策。二其七十二，為百四十有四，得坤之策。三畫之卦，三變而反。六畫之卦，五變而復。通六七八九之變，則剛柔相易。遂成天下之文，極五十有五之數，則剛柔有體，遂定天下之象」。程氏迥曰：「《易》之為書，十有八變而成六爻，故參以變，所以盡乾坤相雜之文，蓋錯其數而通之也。五位相得而有合，故伍以變，所以行乎卦爻之間，蓋綜其數而極之也」。《經》曰「八卦相錯，則參以變者可知。織者之用綜，蓋以經相間而低昂之，如天一地二之類是也。則伍以變者可知」。《本義》「此尚象之事，變則象之未定者也。參者三數之，伍者五數之也。既參以變，又伍以變。一先一後，更相攷覈，以審其多寡之實也。錯者交而互之，一左一右之謂也。綜者總而挈之，一低一昂之謂也。此亦皆謂揲蓍求卦之事，蓋通三揲兩手之策，以成陰陽老少之畫，究七八九六之數，以定卦爻動靜之象也」。參伍錯綜皆古語，而參伍尤難曉。按荀子云：「窺敵制變，欲伍以參」，韓非曰：「省同異之言，以知朋黨之分。偶參伍之驗，以責陳言之實」，又曰：「參之以比物，伍之以合參」，《史記》曰「必參而伍之」，又曰「參伍不失」，《漢書》曰「參伍其賈，以類相準」，此足以相發明矣。《朱子語類》曰「揲本無三數五數之法，只言交互參攷，皆有自然之數。如三三為九，五六三十之數。雖不用以揲蓍，而推算變通，未嘗不用。錯者有迭相用之意，綜又有總而挈之之意。如織者之綜絲也。參伍是相牽連之意。如三要做五，須用添二。五要做六，須著添一，做三須著減二。錯綜是兩樣。錯是往來交錯，綜如織底一個上一個下來。陽上去做陰，陰下來做陽，如綜相似。大抵陰陽奇偶，變化无窮。天下之事，不出諸此」。李氏光地曰「參伍以變者，陰陽相生也。錯綜其數者，剛柔迭居也」。綜觀以上諸說，《正義》隨文敷衍，所謂望文生義。張子之說，未免大言欺人。餘皆各有當否。來瞿塘氏即本朱子及程沙隨之說以解錯綜，以代虞氏之反對旁通。謂旁通謂錯，反對為綜，以成《來氏集注》一書。勝清益陽張氏【名步騫，字乘槎，書成於同治初年】，更推廣來氏之法。取「參伍以變」一句，成《易解經傳證》五卷。謂參伍以變一語，實包旁通《彖》、《象》而言。如乾錯坤，坤六五一爻參乾為六二，以六三一爻參乾為上六，所謂三相參為參也。於是乾自二至上成伍，所謂伍相伍也。坤錯乾仿此。參即旁通，而《彖》、《象》即見其中。彖象二字俱從豕，以乾成伍，中大坎為豕；坤成伍，成大離。離錯坎，亦有此二字之象。六十四卦，皆以參伍成大坎大離，方有象可言。較來瞿塘之錯綜，尤為別開生面。然於《易》義，亦頗有發明，未可謂全無是處也。青田端木氏之釋此，則以參伍為乾之三五，《易》二篇上下卦三五之。日月為易，三五皆十五也。天地數參天兩地，參兩即伍，而參三之九；伍五之二十五，故《易》四營師帀。伍五人，而兩二十五人，乃伍也。伍之以合九制變，參之九以制伐【申九數。申參也。參，伐也】。荀子曰：「窺敵制變，欲伍以參」是也。參三九，伍五二十五，皆乾天數變，皆是乾三五變。乾三爻變履，天數九者三變；乾五爻變睽，天數二十五者五變。而乾三五十五，易日月變易以成易，皆卦三五往來象也。故乾三五變，天地萬物睽，以同而異。韓非曰：「省同異之言，偶參伍之驗」是也。參伍以變，此其變也。錯綜其數，即參伍以變。參以三錯之，其數九。伍以五綜之，其數二十五。乃參伍錯綜以變其數，故《易》二篇上下卦，以三錯五，以五綜三。日月為易，三五皆十五。是坤三十月數，是以卦三五往來。屯三比五，數錯綜，為月前十五。月與日比明象，泰三豫五數錯綜，為月後十五。月豫疾恆不死象，臨三復五數錯綜，復為月前十五。月與日復比明象，頤三恆五數錯綜，復為月後十五。月復豫疾恆不死象。于是晉三解五，夬三井五數錯綜，皆為月前後十五【解此明井恆不死】。震三旅五，渙三未濟五數錯綜，皆為月前後十五【旅比明未濟恆不死】。而前後錯綜卦參伍中間四，月前後十五者四，于日月圓周象，當期三周之，為乾三五中間革變。四乃革，是以革金火。寅月火，巳月金四。午月火，酉月金四。戌月火，丑月金四。四革變，是乃乾三五變。革金火變，而睽同異數。伍綜變同，參錯變異前後十五。坤三十而乾二十五，在其中革變【**一月三十日，地數初三至二十七，月得日光，祇二十五日，天數也**】，是以天地日月，乾五五之。乾離日數二十五【**乾離同人天陰陽同人二十五**】，坤五五之，坤坎月數二十五【**坤坎師地雨師眾二十五**】，乾三三之，乾離日三日數是九【**明夷三日明出地**】。坤三三之，坤坎月三日數是九。九數錯九，比而綜之，其數十八。《易》十有八變數也。二十五綜數二十五，又比而綜之，其數五十。《易》大衍五十數也。五十通晝夜剛柔往來，乾離日數二十五，見之坤坎月數二十五，是伍綜數日月變同其象也。十八通剛柔晝夜往來，乾離日三日數是九，即乾九終。又數是三【**又明夷三日明入地**】，坤坎月三日數是九，亦即乾九終日。又數是三，是參錯數日月變異其象也。參伍以變，錯綜其數，此其數也，故綜，理經也。當南北天地經，乃子一合在丑二，以制經，綜也。故丑起一數。二十五綜在丑，是終在丑。丑天地一二比，有比而伍綜，則不異變而參錯。是以天地數丑，是屯三經始，亦丑是頤三經終。屯三頤三，乾坤坎離，天地日月中間不大過。是二十五綜數，而屯三頤三是九錯數。參而錯之，通其變，極其數，則數九之九九八十一。九九八十一，三之二百四十三，而乾坤坎離中間二十五不大過，是天地經二十五，是方矩數。而天地日月圓規周數，則九九三之八十一，二百四十三。通變極數，天地日月，四通四極，而通極萬物變數。乃以天地日月圓周之數數之，則九九三之日月變易之數至矣。參伍以變，錯綜其數是也。此端木國瑚氏之說也。向來言象數者，皆就一卦一象，或先後天八卦之象而玩索之，罕能以全《易》之象數會通一貫者。端木所得，自較諸家為多。惜其書奧衍，學者或望而却步，是以象數之終未易明也。然端木氏之言，亦僅詳《易》象歷數之一端。而由此以推衍之，則氣運聲律，及一切陰陽變化之理，無不可通也。是在學者之神而明之已。

學易筆談二集　卷四

大有

《春秋》書法，以五穀豐登為大有。而《易》卦之取象，乃以離上乾下之卦為大有。乾為天，為大。離為火，為電。大則大矣，而有之義，似無屬焉。〈象〉曰「火在天上，大有」。望文生義，似亦無可解說。各卦稱大者，如大壯、大畜，皆以乾。大過雖無乾，而中爻互重乾。且皆四陽之卦，故曰「大」。此外惟震上離下之卦曰豐。豐亦大也【見《序卦》】，且與大有之義亦正相通。兩卦皆有離，則大有之有，必取象於離，自可知矣。《易》例：一陰一陽，必相對待。故大與小對，有與無對。陽大陰小，乾大坤小，此顯而易知者也。以斯例推之，則陽當為有，陰當為無。乾當為有，坤當為無。而抑知不然。乾為天，无方无體；坤為地，有方位，有形體。故乾乃為无，而坤則為有【无字義甚精深，當以另篇詳之】。然坤雖為有，而不能有其所有。蓋陰統於陽，地包於天，故曰「地道無成，而代有終」。坤載萬物，無一非天之所生。坤但致役長養，以代終天之功而已。坤之象數皆統於乾，是坤不啻為乾有。坤之所有，皆乾之所有也。然乾之无方无體仍自若也。不以有而增，不以無而減。其大無限，斯有亦無限。故曰「大有」。五行在天地之間，水土金木，皆愈分而愈少愈小，唯火獨愈分而愈多且愈大【木雖亦可愈分愈多，然須加以培養生植之力，未可並論也】。蓋四者皆有形有質，故有限。唯火有形而無質，故無限。唯無限，故大亦無限，有亦無限。此火天大有之卦之所以稱大有也。其對卦為水地比，上坤下坎，曰「有孚盈缶」。雖亦稱有，渺乎小矣。非地與水之果小也。以視火天大有則小，益以見大有之大，無外無對矣。然大有之卦名象義，其盡於此乎？曰「未也」。《春秋》之書大有也，當然根據於《易》。釋者以五穀豐登詁之，雖近是而意實未圓滿也。夫有之大小，初無定限，實出於比較。今試設一例以明之：如有人口五百萬之國，而有耕地五千萬畝以上，斯五穀豐登，自然食之不盡，餘糧棲畝，可稱為大有矣。設人口遞增至五千萬或至五千萬以上，而仍恃此固有之地，則雖五穀豐登，而人且不飽，餓夫載道，更何大有之足稱？必以《春秋》書法而參之《易》象，大有之意義，始完足無少欠缺。然後歎古聖人立象措辭之精妙神化，斷非尋常思慮所能及也。夫天下之地土有限，而人口之生殖無窮。據最近推算之率，以二十五年輒增一倍。如以五百萬人口之國，苟無癘疫兵災諸意外，則百年以後，可增至八千萬，約為十六倍，更越百年。則為十二萬八千萬，又加十六倍。以此遞推，其增加之率，殆不可思議。故世界百年無災害，輒有人滿之患，衣食不足供所求，而爭攘擾亂因之以起。必經一度之大亂，人口之死亡過半，地力之休養經年，於是消費減而生產轉饒，家給人足，乃復睹治平之世。故自有歷史以來，一治一亂，循環往復，幾若恆例。《春秋》所書之「大有年」，固偶一遇之。至《周易》大有之象，則大世之世，曠代難逢，古今中外所未覯也。然則文何以序此卦，周何以繫此辭，孔何以一再讚嘆？「自天佑之吉无不利」之文，凡三見於《十翼》之中。可見古聖人推測未來之精，而垂象昭示之深切著明，其愛天下後民也，可謂極其至矣。夫人口生殖增加之率，既如是其繁且速，而自古至今，何啻數千萬年？而人類迄未能大遂其生者，則由於地力之限量，天災之危害，實為之障礙。聖人作《易》，既闡明人道，參天兩地，則所以參贊天地之化育，彌補天地之缺憾者，悉惟人力是視。古聖十三卦教民佃魚耕稼，所以開其端。舉其例，以示制器尚象之道。自象學失傳，專以空理談《易》。不但《易》理晦盲，而世界之進化，亦以此阻滯。芸芸眾生，受阨於天災人禍，而莫由發展，誰之咎哉？今幸西學東漸，物質昌明，日有進步。以證《易》象，若合符契。而後古聖人垂教之深心，皎然大白於世。且於西人所未發明者，亦得循塗索徑，以究其指歸。是固不僅大有一卦為然。而惟大有之卦象意義，得《春秋》之互證，為更著明焉。夫有而曰大，乃無所不有。必人生衣食與日用所必需者，取不盡，用不竭，人人有餘，而無一人不足，方足以副大有之稱。擬之以物，在天地間取用不竭者，惟水火與空氣耳。然水火之用有節，過度則災。故既未濟之卦，必序於節卦之後。近人利用水火以代人力者，用至廣矣。但火必資於燃料，是以慮遠者有石炭將竭之懼。自電學發明，足以代水火之用，并能超乎水火之上。於是物質之進步，更上一層。然生電之動力，今尚不能廢乎水火，仍不能無遺憾焉。古聖人知電之功用，無所不能，無所不備，爰以離上乾下之卦，名之曰「大有」，以見人能利用天空之電，以曲成萬物。非特製器備用，并可參贊造化之功。欲雨則雨，欲晴則晴，更無水旱偏災之患。春夏溫煖，固得種植之宜。秋冬寒冷，亦有補救之方。斯物產之豐，自可倍蓰於今日矣。至地力之限量，實由土中補助植物之原料不繼。古人已知用糞力培養，然所穫仍不能多。今日有用化學之肥料，及種種合宜之礦質者，已視糞力為優矣。但植物所必需之養料原料，空氣中殆無乎不備。果能利用空氣，則物產之豐，更當無可限量。近今泰西學者，已研究及此。惜乎未有端緒。不料古聖之《易》象，已昭示無遺也。離為氣【**坎為血則離為氣，此對待之象也**】。乾為空【**乾居戌亥，為空門**】。離與乾合，不啻明示為空氣，為空中之電氣。又雷地豫之卦曰「由豫大有得」，正與「火天大有」相印證，以明電氣貫澈乎天地，必世人能利用乎此，而後物產之豐，可取之无盡用之不竭，夫然後可稱為大有之世矣。若《春秋》所書，祇稱為「大有年」，而非大有之世也。然非得《春秋》「大有」之義，無以知《周易》大有之象。合而觀之，大有之大斯可見矣。

釋无

「有無」之無，《易》經、傳皆作「无」，乃《易》之特例也。《說文》「天屈西北為无」，言无即天字屈其西北之一筆也。西北為乾卦方位，乾為天。乾圜往而坤方來，往屈來信，故曰「屈」。天屈西北，即乾居西北。西北為戌亥之方。戌者，亦屈之義也。故了鳥亦曰屈戌。亥，萬物滋荄，有屈極將信之象，故戌亥乃存亡絕續之交。以干支會合言之為空亡。以天地之數言之，始正北方坎一，終西方兌十，戌亥乃無數。以十二辟卦言之，戌為剝，亥為坤，一陽垂盡，純陰用事。非以純陽剛健之乾處之，不足以鎮全局，收繼往開來之效也。故後天卦處乾於西北之位，乾坤合居【辟卦之純坤亦位居西北，與乾合位】，陰凝於陽必戰，故《說卦》曰「戰乎乾」。乾西北之卦也。斯時也，靜極而動未生，陰極而陽未形，孕育萬有而未見其朕。欲以一字盡其狀而賅其義，故特以一无字概之。此无字與有無之無，訓詁雖同，而意義殊別。有無之無，與有相對；而无則無對，超乎有無之上。蓋有無相對，則一陰一陽，已成兩儀。而无則立乎兩儀之前，為羣動之根，開萬有之宗，非後天之乾卦，不足以當之。夫後天坎離正中用事，而二老退處於西南東北不用事之地。然不用之用，而用乃無窮。老子之《易》以无為用，曰「三十輻共一轂，當其无有轂之用」。埴埏以為器，當其无有器之用。凡此皆言无之用。言「无」正為有之用，非虛無之為也。後之讀者以辭害意，謂老子之學清淨无為，為世詬病。其厚誣老子焉實甚。孔子曰：「无思焉，无為焉。寂然不動，感而遂通」，豈孔子亦主无為寂滅哉！大哉乾元，无方无體。目不可得而見，耳不可得而聞，乃為萬物之所資始。惟萬物資始於乾，故亦各有其元，亦皆不可見不可聞者，即此无字之真諦也。《詩》曰「上天之載，無聲無臭」，何也？即天之元也。又曰「德輶如毛」，毛猶有倫，此天理之所在，即人之元也。然曰「無聲」曰「無臭」，則猶有形容擬議，而无則無可形容擬議矣。曰「德輶如毛，毛猶有倫」，毛即古語「有無」之「無」，故猶有倫，而无則無倫矣。讀《易》須首明八卦之方位。帝出乎震，雖為後天八卦之始，而實資始於西北之乾。此義古今說《易》者罕有發明，惟五行家「甲木生亥」一語，確合資始之義，更足以證乾父震子之所自來矣。方位不明，無以見《易》。但知方位而不明乾居西北之義，亦無以見《易》。知西北之乾，知天屈西北之為无，《易》之道思過半矣。

風自火出

〈家人・象〉曰「風自火出家人」，此六字驟視之似不相聯貫。向來解之者，皆望文生義。謂有火必有風，風與火不相離，故有家人之象。其說之牽強，不待言矣。然因出於大儒，雖疑其不合，亦不敢辨駁。然舍此更無碻詁，祇得隨聲附和。而經義之晦盲，幾終古長夜矣。夫風自火出者，非必水火之火也。若泥於水火之火，則有火必有風，尚屬近似。然無火而亦有風，風更自何出乎？《說卦》「巽為風」，因乾動入坤，乾之下爻虛而陰來補之，所謂空穴來風。近今西學家之論風，謂因地上冷熱之度不勻，熱以漲而輕，輕則上升，他處之氣來補其缺，故動盪成風。此其說與《易》理正合。故風之出，實出於動。乾之初動為震，震動成離**【說已見前】**，則動極而生熱生光，即為電。是以震為動為雷，離為火為電。合而觀之，則風自火出之火，非專指火水之火，蓋可知矣。然不曰「熱」，不曰「動」，不曰「電」，而必曰「風自火出」者，《內經》曰「在天為熱，在地為火，熱虛而火實」。家人為夫歸之卦，義取徵實。火為五行之一，自足概以上諸義。更見聖人之文之妙，無一字或苟，無一義之不精也。

或曰：本卦未嘗有震，而子乃牽及震動，豈非節外生枝？曰：卦之象義，皆有所自來。風火家人之卦，何自來乎？朱子卦變之說固不可通，然六十四卦命名之義，與象之分合，則皆各有深意。家人之卦，實本於恆，恆者長男長女，夫婦之道。後天卦帝出乎震，齊乎巽，震出巽齊，至離則位正而家道立矣。故《彖傳》曰「女正位乎內，男正位乎外，正家而天下定矣」**【既濟六爻皆正，故曰「既濟定也」。家人則正之始也】**。孔子猶慮讀者之不悟也，故《象》又曰「君子以言有物而行有恆」。特指出「恆」字，以明象義之所在。恆者，久也。《序卦》

曰「夫婦之道不可以不久也」，此言夫婦之情也。然愚夫愚婦，往往陷溺於情，以為久之果足恃矣。不知百年彈指，亦等於電光石火耳。何久之有？故特於家人之〈象〉曰「風自火出」，互文見義，警覺提撕。至矣，盡矣！古漆書竹簡，勢不能用繁複之文字，著語必節而又節【節減之義亦稱曰簡，意可知矣】。讀者非深體此意，參互錯綜以求之，則古人之意終莫得而明矣。

蓍圓卦方

《繫傳》曰「蓍之德圓以神，卦之德方以知」。蓍數七故圓，卦數八故方。舊注以邵子之說為詳。邵子曰：「蓍德圓，以況天之數，故七七四十有九。五十者，存一而言之也。卦德方，以況地之數，故八八六十四。六十者，去四而言之也。蓍者用數也，卦者體數也。用以體為基，故存一也。體以用為本，故去四也。圓者本一，方者本四，故蓍去一而卦去四也」【與前卷〈陽一陰四〉條參看】。又曰：「圓數有一，方數有二【陽用全，陰用半，故方言二也】，奇耦之義也【四者二其二也】。六即一也【圓以六包一，說另詳後】，十二即二也。天圓而地方，圓之數起一而積六，方之數起一而積八，變之則起四而積十二也。六者常以六變，八者常以八變，而十二者亦以八變，自然之道也。八者天地之體也，六者天之用也，十二者地之用也。天變方為圓，而常存其一。地分一為四，而常執其方。天變其體而不變其用也，地變其用而不變其體也。六者并其一而為七，十二者并其四而為十六也。陽主進故天并其一而為七，陰主退故地去其四而止於十二也。是陽常存一，而陰常晦一也。故天地之體止於八，而天之用極於七，地之用止於十二也。圓者刓方以為用，故一變四，四去其一則三也。三變九，九去其三則六也。方者引圓以為體，故一變三，并之四也。四變十二，并之四也，四變十二，并之十六也。故用數成於三而極於六，體數成於四而極於十六也。是以圓者徑一而圍三，起一而積六。方者分一而為四，分四而為十六。皆自然之道也。圓者一變則生六，去一則五也。二變則生十二，去二則十也。三變則生十八，去三則十五也。四變則二十四，去四則二十也。五變則三十，去五則二十五也。六變則三十六，去六則三十也。是以存之則六六，去之則五五也。五則四而存一也，四則三而存一也，三則二而存一也，二則一而存一也。故一生二，去一則一也。二生三，去一則二也。三生四，去一則三也。四生五，去一則四也。是故二以一為本，三以二為本，四以三為本，五以四為本，六以五為本也。方者一變而為四，四生八，并四為十二。八生十二，并八為二十。十二生十六，并十二為二十八。十六生二十，并十六為三十六也。一生三，并而為四也。十二生二十，并而為三十二也。二十八生三十六，并而為六十四也。圓者六變，六六而進之，故六十變而三百六十矣。方者八變，故八八而成六十四矣」。邵子之數，此其要領。能於此慎思而明辨之，則於方圓變化之道，蓍卦體用之妙，可瞭然矣。蓋邵子之說，非空言其理，於算法無不密合。圓之必以六包一而為七者，以一大圓函七小圓，則其邊乃相切而無罅隙。以一函七，而七之中各以一函七，則為七七四十有九。并外包之大圓，仍為五十。此所謂天地自然之形象也。一函七，即六包一。六包一成六十度，則通弦與半徑等，成等邊三角形。而中一圓之半徑，與外每兩圓之半徑，亦各相等。每兩半徑相并六半徑，亦成等邊三角形，與通弦為底者同式。而六十度乃六分圓周之一，故惟與六包一，則中外之圓徑相等也。若以七包一，則通弦必小於半徑，而外圓之半徑，亦必小於中圓之半徑矣。若以五包一，則通弦必大於半徑，為外圓之半徑，必大於中圓之半徑矣。四以下，八以上，其相差更巨，不待言矣。方起於四者，亦自然之定率。如畫一平方，開為百分，則最外之一周為三十六，即二十與十六之并也。第二周為二十八，即十六與十二之并也。三周為二十，即十二與八之并也。四周為十二，即八與四之并也。中心為四，故曰「方起於四」。或任由一角以積四起，數之亦同。以方圓之數，合之河洛，亦無不相符。故但曰「圓方」，祇為形學與數學之起點。蓍圓卦方，遂以合天地之文而成天下之象。圓象天，方象地。而所以度此圓方者，則惟三角。故洛書以三五七在中，為人之數以象三角。以人秉天地之氣以生，其心則圓之心，其邊則方之邊也。蓋以等邊之，三角形三分其中垂線，二分在心上，一分在心下。積數十，則心在三。積數二十八，則心在五。積數五十五，則心在七。說詳《周易折中》，茲不贅述。義蘊宏深，實為理象氣數之淵源，初學所不可忽也。

二八易位

洛書之數左旋，本一二三四也。右轉，本六七八九也。乃二與八相易，遂成後天之位。前已言之矣。而其所以相易之理，則精微玄妙，有非言語所可形容者。茲但就其可得而言者言之，則其所不可言者，亦不難於言外得之。更參看前述各條，或更有相喻於無言者矣。夫二八之位，以方言之，則東北與西南也。以卦言之，先天則震巽也，後天則坤艮也。以辰言之，則丑未也。以數言之，則二八也。先天以西北為太陽太陰之位，東南為少陽少陰之位。以五十生成變化而為後天，驟視之，似四九與二七易位，為老少陰陽之交錯。而究其數之序，則悉依《繫傳》「天一地二天三地四」之次而去其十，又以「二八相易」以盡其用。蓋先天之變化以五十，而後天之妙用則在二八。二八與二五等也。二五媾精，妙合而凝，即二八交錯之用也。因先天為震巽之位，雷風相薄，故〈恆・象傳〉曰「雷風恆君子以立不易方」【方者體也，體不易而用斯易矣】。後天為坤艮也，故〈謙・彖傳〉「天道下濟而光明，地道卑而上行」【即二五媾精天地交錯，二八相易之用也】，《象傳》曰「君子以裒多益寡，稱物平施」【裒多益寡，亦二八之交易也。「多寡平施」，說另詳】。孔子之《彖》、《象》諸傳，雖似未嘗言數，而細按之，實無一字一義不與象數相合者，舉此亦可類推矣。若由地山謙之本象言之，未見有天道下濟之象。而「光明」二字，更無所指。舊注或以旁通，或以中爻，均未有當。而望文生義，就字面以解釋者，尤不足論矣。惟坤艮相對，實二八易位。天紀始於丑，地極正於未。天圓數陽，以二而進。地方數陰，以八而退。天地二數之進退，仍不越河圖洛書之序者，奇在圖自北而東而南而西，而復始於北，為奇序左旋之數。故自內之外，而二加一得三，二加三得五，二加五得七，二加七得九，二加九得十一，為圓徑。方者偶，在圖自西而南而東而北，而復始於西，為偶序右轉之數。故自外之內，而八減二十得十二，八減二十八得二十，八減三十六得二十八，八減四十四得三十六，為方圍。洛書之奇數，自後而左而前而右，而復始於後，為奇位之上升。故自內之外，而三倍一得三，三倍三得九，三倍九得二十七，三倍二十七得八十一，而圓圍。偶數自前而右而後而左，而復始於前，為偶位之下降。故自外之內，而二折四得二，二折十二得六，二折三十六得十八，二折一百八得五十四，為方徑。此天地二數，進退消息之自然。**【參看前「參伍錯綜」及「數之體用陽一陰四」諸條】**故孔子特於〈謙・象〉詳晳言之。濟者，即水火既濟之濟。子正於丑，午正於未，丑未相交，即水火之既濟。鬼神者，西南為神，東北為鬼，皆指二八之相易言也。俗儒不明象數原理，謂孔子所未言，而斥為方術，誣為異端。讀謙之〈象傳〉，試問將何辭以解哉！**【先**

天卦位以陰陽長少之序言之，震巽之位亦相互易，與二八之相易同也】邵子所云「月窟天根」，人皆知為震巽，為復姤，而不知其實暗藏坎離也。觀下聯「天根月窟常來往，三十六宮都是春」二語，可知為震巽言。不但為震巽言，為復姤言。不但為復姤言，而「常來往」三字，則明指震巽之往來相易，皆所以發二八易位之蘊者也。後人講《易》，但知逐卦尋求。求而不得，以為此孔子之未嘗言者，吾輩又何必言之？不知孔子《十翼》，實無所不言。奈讀者不求甚解，以致始終不悟耳。

六峜

〈管子．輕重．戊篇〉曰「密戲【即伏羲】作造六峜以迎陰陽，作九九之數以合天道，而天下化之」。魏劉徽〈九章算經．序〉曰「包犧氏始畫八卦，作九九之術，以合六八之變。黃帝引而伸之」。夏侯陽〈算經．序〉亦曰「算數起自伏羲，而黃帝定三數為十等，隸首因以著《九章》」。以此觀之，陰陽象數，皆創自庖犧。黃帝但引而伸之，以益其所未備耳。可見八卦之重為六十四卦，亦必出自庖犧。而先後天之變化體用，亦已略具，但未有文字以發揮之耳。否則僅此小成之卦，何以能迎陰陽而合天道哉！管子去古未遠，所謂六峜，必有其相傳之法。與九九之數，同為士類所習用者，必非空言。今則九九僅存，而六峜已無從探攷矣。

按「崇」當讀若計，亦必數理之原。曰「六崇」者，正與九九相並。一六一九，即為《周易》二用之所自本。後之言數者，千變萬化，均莫能越其範圍也。六八之變，即圓方之數，後世言形學者之所本。邵子圓之數起一而積六，方之數起一而積八。六者常以六變，八者常以八變，即此義也。可見數理悉備於《易》。九九之術，已包孕於八八六十四卦之中。然則「六崇」之法雖亡，即《易》象以求之，其數理固自在也。

卦象進化之序

文王序卦，以上下篇六十四卦，備具天地萬物之象。參伍錯綜，而無乎不通。故《傳》曰「盈天地之間惟萬物」，又曰「有男女然後有夫婦，有夫婦然後有父子，有父子然後有君臣」。於是天下之事，遂層出而不窮，有是物，有是事，即有是象。而當物之未生，事尚未見以前，而象已前知之，而數已前定之。然皆非動不可見。若六十四卦之序，固定而不移。非如卦之貞悔，爻之動變，而為象事知器占事知來之用者。然其次序之推遷，皆為事理之所不易。廣言之固具萬事則應眾理，隘言之任舉一物一事，而其序不越。我國書史紀事，斷自唐虞，而《易》則始於羲皇。至羲皇以前之事，於文史罕徵。而近譯泰西《世界進化史》，則追溯夫天地之所肇始，與地球初成時之景象。雖云出於推想，然於地層以下，及南北冰洋所發現之古物，足為太始時代之徵驗者，似較荒渺無稽之神話，為確實而可信。更以攷之吾《易》之卦象，則文王所序，固已將世界開闢以來，逐漸進化之次序，已列舉無遺。與西人《進化史》所述，不但大致相同，且其爻象之顯著，儼如圖繢，有不待煩言而解者。惜吾學淺薄，不能微顯闡幽。衹就膚理言之，覺往事所經，固已歷歷在目矣。然於象義，實僅一斑。管窺所得，聊佐談資，非敢詮《易》也。

《序卦傳》首言「有天地」，而不言乾坤，則以乾坤為天地。《周易》首序乾坤，即天開地闢之象。上天下地，天地初分，為第一期。

乾坤以後而首繼以屯，其卦為坎上震下。中爻二至四為坤，三至五為艮。坎為水，艮為山，坤為地，震為雷。以見天地初分之後，地中純陽鼓動如雷，發生地氣，為四周天空之冷所激【乾為寒為冰】，氣皆化水。故徧地之上皆水，而山亦淹沒水中。與西史所述情狀，悉相符也。此乃地球初成，水陸未分，為第二期。

屯後受之以蒙，其卦為艮上坎下。中爻二至四為震，三至五為坤。震陽上升，山已高出地上，地已高出水面。坤為萬物，在震起艮止之中，有生有成。故曰「蒙」。蒙有草木茂盛蓬勃之象焉。此則水陸既分，萬物滋長，為第三期。

蒙後繼之以需。需者養也。萬物既生，各得所養。其卦坎上乾下。中二至四為兌，三至五為離。兌金離火，燧人火化，民已知飲食之道。在蒙之時，萬物皆天地自生，未假人力。至此有火有水有金，而人工之製造，漸已創始。惟上至四，互水火既濟，五至二互火澤睽。雖有製造，未盡合用。於是聖人發明數度以前民用，而後民始知有生之樂矣，觀上至五互水澤節【〈節〉曰「君子以制度數」】，二至初互火天大有，其先後之次可見矣。制作初創，此為第四期。

需後繼之以訟。訟者爭也。製作既興，民知有利，利者爭之媒也。而爭者，即進化之漸也。其卦乾上坎下，中爻二至四為離，二至五為巽，四至初互火水未濟，五至初互風水渙。惟爭則渙，渙則既濟亦為未濟。上至二互天火同人，通其志【〈同人〉「通天下之志」】，則爭息。上至四互天風姤，姤者遇也。天地相遇，品物咸章也。爭息則相遇相合，巽以齊之，為工為長。百物以興，乘木有功，舟楫以通。是天下之事，因競爭而進步者也。是為第五期。

訟後繼之以師。師者眾也。人物之滋生日眾，則爭之途益廣，於是師旅以興。為卦坤上坎下。水由地中行，本至順之事也。以見古人之師，容民畜眾，以防民之爭，非以戮民也。以衛民之生，非以殘民也。故曰「能以眾正」。以眾正者，以眾正眾，非以眾暴寡也。上至二互復，〈復〉「見天地之心」。夫天地之心，於何見之?即見之眾人之心而已。故曰「天視民視，天聽民聽」。坤為民，坎為法，此民眾立法之時代也。是為第六期。

師沒受之以比。比坎上坤下。以地中之水，氾濫於地之上，乃至不祥之事也。蓋生民日眾，占地日廣。以氣候之不齊，原隰之不同，而好惡利害，不能無異。民法雖立，便於此者或不便於彼，利於甲者或不利於乙。況師旅之制已興，兵革之禍難免。於是有強者興焉。力足以服眾，智足以用眾。一人首出，君臨萬邦。運會所至，亦有不期然而然者。卦象以坎坤擬之，不得已而為之辭曰「比」，曰「親」。其垂訓於後世之君者，至且切矣。上至四互水山蹇。蹇者難也，險在前也。五至二互山地剝，剝曰「上以厚下安宅」〈象〉曰「君子得輿，小人剝廬」。其垂誡於後世之君，更明且著矣。奈後之學者，不求象義。以顯比之吉，媚茲一人，而忘「无首」之凶，皆《易》之罪人也。今觀比之象而玩其辭，先聖之心，固昭然若揭焉。此為第七期。

比後繼之以小畜。以開國之君，能比賢而親民。所謂顯比日月，猶有光明磊落之心，無自私自利之見【堯舜垂裳，其庶幾乎？】，故能致小畜之治。小畜巽上乾下，中爻二至四為兌，三至五為離。上至二互風澤中孚，二至初互火天大有，上至四互風火家人，皆佳象也。而二至四互火澤睽，猶有都俞吁咈之象。且堯之庭有四凶，舜之家父頑母佞象傲，亦美中之不足，然不為郅治之害也。〈小畜．象〉曰「君子以懿文德」。此為第八期。

小畜後承之以履。上天下澤，君道愈尊，世道愈卑。積習所致，亦有小期然而然者。為卦上乾下兌。中爻二至四為離，三至五為巽。上至二互天火同人，二至初互風澤中孚，二至四互風火家人，三至初互火澤睽，與小畜大略相同，皆君主極盛之時代。以禮持之，所以防尊者愈尊，卑者愈卑之漸。故曰「以辨上下定民志」。辨者分，分者等也。上下懸隔則睽，於是絀彼伸此以劑其平**【謙以制禮。上者以禮下人，下者以禮奉上。各有分際，不越其等】**，使上下各有所守。此之謂禮，非尊上抑下之謂也。後儒不解「辨」字之義，以為天澤之分，天愈高，澤愈下，謂禮所本。去聖人制禮之意相隔河漢矣。此為第九期**【履九數。履於三九二十七數。孔子三陳九德，始於履。三之二十七，合履旋之數】**。

履而安，然後泰，故受之於泰。蓋自比而小畜而履，積功累仁，而始能臻泰之一境。所謂上以禮下人，下以禮奉上，上下交而其志同。承履之道，殆繼體守文之令主歟？為卦坤上乾下。乾本尊也，而虛己以下人。坤本卑也，而守禮以奉上。中爻二至四為兌，三至五為震。上至二互地澤臨，二至五互雷澤歸妹，五至初互雷天大壯，四至初互澤天夬，上至四互地雷復。象之參差，似已不及小畜與履之世矣。蓋泰伏為否，盛之極，已伏衰之機。是以君子持盈保泰，不敢稍忽焉。《象》曰「財成天地之道，輔相天地之宜，盈虛消息」。其道甚大，言之甚長，茲姑不贅。此為第十期**【《周易》自乾坤至履凡十卦，陰爻陽爻各三十，已備陰陽氣之全。自泰卦起，故又以乾坤立局】**。

泰極則否，故泰後受之以否，亦物極之必反也。為卦乾上坤下。若以舊說上天下澤例之，非「天地定位」之當然乎？而作《易》之聖人，命之為否，其憂天下後世也至矣！中爻二至四為艮，三至五為巽。上至二互天山遯，上至四互天風姤，五至二互風山漸，四至初互山地剝，五至初互風地觀，複象均與泰相反。蓋尊者愈尊，卑者愈卑，與履有同況焉。然履承比親之後，親則易暱，故可以禮節之，而否則非其時矣。繼泰之後，已不勝禮繁文過之弊。在上者以自尊為當然，在下者以卑諂為能事。於是小人道長，君子道消，天下事不可問矣。然物無終否，天心有厭亂之機，人心有悔禍之日。否極則泰來。亂極之世，正致治之機也。此為天地不交萬物不通時代，為第十一期。

否之極轉為泰，泰之極又終為否。否泰反類，循環無已。孟子所謂「一治一亂，其機相為倚伏」者也。吾國數千年以來之歷史，皆顛倒往復於否泰，如牛之轉磨，盤旋不已，始終不離此一圈之地，無進步之可言者，則以不悟易理進化之道，未能變易其方式以求之也。今值世運日新，環球大通，當午運離明，萬物皆相見之會。雖深閉固拒，而有所不能。即不欲自變其方式，亦必有強迫而為之者。於是國中知幾之士，猛然覺悟，力求改革。此乃由否而進於同人，不反於泰，庶可免歷來一治一亂之覆，以求日進於文明。此其義作《易》之聖人已昭示於數千載於上。即物不終否，而受以同人之深意也。同人之為卦，上乾下離，以陰為主，而九五猶當陽正位。此其象實現世君主立憲之政體也。上至二五至二皆互姤，四至初互家人，而上至四互重乾。乾乾夕惕，君無失德。此政權雖歸諸民，故君位仍未失也。而利涉大川，仍為乾行。如各國之海陸軍大元帥，及對外代表全國，仍在君主。此濟否過渡之時代，為第十二期。

同人後繼以大有，則民主正位，順天休命。為卦上離下乾，剛健文明。上至三互睽，上至二仍互大有。四至初互重乾，五至二至初皆互夬。〈夬〉剛決柔，君子道長，小人道憂。今以剛決柔，以柔濟剛，則君子小人，各得其所。故曰「遏惡揚善」，又曰「自天佑之吉無不利」也。此民主政治之時代，為十三期。

主政者志易驕，驕必敗。富有者氣易盈，盈必虧。故受之以謙，而後大有之休命可久。謙之為卦，上坤下艮。中爻二至四為坎，三至五為震。上至三互地雷復，上至二互地水師，五至二互雷水解，四至初互水山蹇。天道下濟，地道上行【說見前「二八易位」下】，有泰之象，而不居泰之名。故泰終則否，而謙則可以持盈而保泰也。曰「裒多益寡，稱物平施」【皆天地自然之數，說亦見前】，曰「勞謙終吉」，皆今世社會主義之所主張，而《易》象已著明於數千年以前矣。蓋大有之極致，非此無以劑其平也。是為第十四期。

承大有與謙之後，雖盈虛消息，善劑其平，亦不免有極盛難繼之勢。蓋日中則昃，月盈則虧，數理如是。故雖能避否泰之循環，終不越盛衰之定理，是非豫以防之，無以泯其遺憾焉。故謙後繼之以豫。謙以坤順艮止，或近於退守。豫則雷出地上，人人皆有震興奮發之象。為卦震上坤下。中爻二至四為艮，三至五為坎。上至四互雷水解，上至五互雷山小過，五至初互水地比，四到初互山地剝。〈象〉曰「剛應而志行，順以動豫」。「順以動」者，舉國之人，皆能順其軌則，奮發有為，則利無不興，弊無不去。大有之業，不致失墜。故《序卦傳》曰「有大而能謙必豫」，聯之卦為一氣，皆相因而至者也。謙以制禮，豫以作樂。禮明樂備，萬象休和。在大有尚在法治時代，至謙而繼之以豫，殆風醇俗美，人人能陶淑其身心，各優於自治。雖有法律，幾無所用之矣。此為第十五期。

繼謙豫之後曰隨。古聖序卦之妙，真不可思議矣。而隨於六十四卦中，又為特例。他卦皆有二五之位，獨隨卦無之。隨之爻位，但以初隨二，二隨三，三隨四，四隨五，五隨上，依次相隨，故卦名曰隨。蓋承謙豫禮明樂備之後，法律久成虛設，人人優於自治，已事無不舉，更無庸設政府以治之。近世所流行之社會主義，無政府主義，聖人於隨卦之象，已備舉而無遺。為卦上兌下震，震動兌說，自然相隨。中爻二至四為艮，三至五為巽，上至四互澤風大過，上至五互澤山咸，五至二互風山漸，四至初互山雷頤。一卦全備八卦之用，故「元亨利貞而天下隨時」【王肅本「時」作「之」，《本義》從之，大誤】。蓋隨雖無貴賤之位，而各爻名自有本位。陰陽相隨而不相忤，仍各自守其位，自盡其責。不相越，不相瀆，所以謂之隨。今世社會之精義，其能有過於是哉！孔子作《春秋》，隨時也。孟子言仁義，隨時也。「春秋」者，震春兌秋也。故《春秋》張三世，至太平世而隨時之義著矣。仁義者，震仁而兌義也。孟子曰：「天下之言性者，則故而已矣」。故者以利為本。《孟子》七篇，首仁義而不言利，是以道性善，異乎天下之言性者也。天下言性者故，而以利為本。孟子則本於震仁兌義言性善，而不言故，即不言利。「隨無故也」【《雜卦傳》】。蓋至隨之世，人人各守其位，各事其事。無有餘，亦無不足。無利己利人之見，更有何利之可言？此孟子言《易》之最精者也【參看前卷「孟子之《易》」】。人人率其天性，即盡人道以合天地之道。《說卦傳》「立天之道曰陰與陽，立地之道曰柔與剛，立人之道曰「仁與義」，至隨則仁義並立。合陰陽柔剛，與天地參。乃人道之中正，人治之極功【以性功言之，孔子之「七十從心所欲不踰矩」，即隨之義也】。故九五曰「有孚在道」【經文言「道」，始見於此】。自天地開闢，人治之由漸進化至此，而生人之道，始見完備。是為第十六期。

乾坤以後至隨，世界進化之序，約分為十六期。陰陽氣化，數備於十六。隨時之道，仁至義盡，已臻人治之極功。物極則變，遞演遞進，又將更易雜新之局。故聖人序卦，於隨後繼之以蠱。蠱者變也【其義已詳前卷。蠱為變化】。《易》數十有八變而成卦，八卦而小成。

自乾至蠱，計十八卦，為爻一百零八，已備陰陽之數【陰陽之數備於一百零八。全《易》六十四卦，共三百八十四爻。然除乾、坤、坎、離、頤、大過、中孚、小過之八卦外，一卦覆為兩卦。上下二篇，實祇三十六卦，共二百一十六爻，合純乾一卦之策數。以陽包陰，內含陰爻一百零八。全《易》卦爻總數，陰陽爻各得一百零八也】。除乾坤各為一卦，自屯至蠱十六卦，反復僅得八卦。與乾坤并計，則為十卦。故分言之乾坤至履為十卦，陰陽爻各得三十。合言之乾坤至蠱，亦為十卦，陰陽爻仍各三十。是以至蠱卦而象數更生變化。自蠱以後，又從乾坤另起一局，別開生面矣。惟泰否之為乾坤，人易知之。若蠱下臨卦之為乾坤，人皆不省也。緣臨有坤而無乾，內卦為兌，兌未可以當乾也。不知臨之初二，皆曰「咸臨」，六曰「至」，四曰「大」皆指乾坤也。乾曰「咸甯」，坤曰「咸亨」。臨當丑月之卦，子丑一二，日月合明，故曰「咸臨」。「至哉坤元」，見於臨之六四。「大哉乾元」，見於臨之六五。故臨之一卦，乃天地合德，日月合明，實具乾坤之大用者也。是故《序卦》有八變止於蠱。今以近世之進化史，比類以推，《易》象之次序止於隨。至蠱之變化如何，則尚未敢蠡測。臨觀以下，更無論矣。

以上所述，僅約略言之。與西人所敍世界進化次序，固已無不脗合。若論其詳，象數具在。閱者試觸類以求之，當必更有所得，非可以言盡也。

或曰：自乾至隨，溯古證今，既以明白如繢，而自今以後，則為蠱之時代，究其變化何若？亦可得預言其略歟？曰：《易》道變化，高深莫測，豈敢妄擬？但變化無窮，皆出以漸。月暈而風，礎潤而雨，皆有其兆。今未能知變化之終極，然其兆之先見，或可略睹矣。或曰：其兆如何，願得聞之？曰：今日物質之文明，已偏勝於一時，則此後必將由物質而更求精神。官治之痛苦，已偏喻於人民，則此後必將由官治而進於自治。此可得而言者也。或曰：此則歐美諸國已有實行者矣，未可為將來之變化也。請更言之。曰：未來之事，非空言所可揣測。無已，仍請徵諸卦象。自蠱以後，臨、觀、噬嗑、賁、剝、復六卦，皆乾陽潛伏。則此時之世界，必將以柔勝剛，以弱制強，而女權亦必擴張，此則可斷言者也。至事實如何，今先有其兆者，如蒸氣之用，或將代以電力。輪軌之用，或將益以飛行。槍礮必歸廢棄，金銀不為易中。晴雨不盡聽諸天，寶藏不復蘊諸地，亦變化之所有事也。然非敢預測，妄言妄聽。至天雷无妄，或此妄言妄聽者皆非妄矣。

雷電噬嗑

〈噬嗑・象傳〉曰「雷電噬嗑，先王以明罰勑法」。朱子《本義》「雷電當作電雷」。惠氏棟曰：「項氏安世謂石經作電雷」。晁公武謂：「《大象》無倒置者，當從石經」。案今所傳唐石經，仍作雷電。項氏所据未知何本，或是蜀石經。《程傳》亦云「象无倒置」，疑為互文。然以象攷之，并證諸物理，則確知此二字之非誤，且寓意絕精，非後人思慮所及者。孔子猶慮後人以他卦《大象》相例，疑為倒置，故特於《彖傳》先明示之，曰「雷電合而章」。與隨卦「隨時」之義。先之以「天下隨時」一例。聖意之周密，可謂無微不至矣。蓋雷之與電，本為一物。雷為電之聲，電為雷之光。光速而聲遲，故人必見電而後聞雷。遂以目所見者為電，耳所聞者為雷，其實非有二物也。是以測雷之遠近者，以見光及聞聲相距之時間求之，此可見雷電之相合也。《彖傳》曰「雷電合而章」。以二者本不可分析。且人之耳目，雖聞雷在見電之後，而雷之出地，實聲在先而光差後也。今物理學家所謂新發明者，伏犧於七千年前已昭示其象，孔子於三千年前已詳析其義，可謂微妙不可思議矣。以象言之，震為雷，而離為電，似分為二，實則二者必相合其用乃見。震以一陽動於下，取象於雷。然陰陽不合，則雷無聲，而電亦無光。復之〈象〉曰「地中有雷」，雷在地中，鬱而未發，此震之本象也。必與巽合，陰陽摩盪，聲光始見。故姤之〈象〉曰「天下有風姤」**【復姤陰陽相正對也】**，必復雷震剛始，而姤之巽柔引之。則震一剛，薄巽一柔，嗑合而為離電**【離卦上巽伏而下震起，合震巽之半而成離。即虞仲翔氏所謂半象是】**。故曰「離為電」。其象義之精，與物理絲毫悉洽。噬嗑以震剛薄巽柔，巽柔化為離明，於是雷電交作。中爻成坎，而雨隨之矣。若巽陰不化，則但有風而無雨，雷電之用亦不章矣。且電有陰陽，亦稱正負，必正負合而光始出。離下震起而上艮止，正負相合，而中爻之光出矣。妙哉！《彖傳》「雷電合而章」僅五字，而象數物理無不畢賅。改為電雷，於文義亦未始不通，但為巽柔之薄剛，為風天小畜之象，而非噬嗑之象矣。差以毫釐，謬以千里。又烏可望文生義，而妄改經字哉！

同人而人不同

同人承否之後，所以濟否者也。否塞不通，故濟否之道，首在通天下之志。否以睽隔而不通者，同人則相親以通之。類族辨物，人無不同，故曰「同人」。《雜卦傳》曰「同人親也」。以斯義推之，則一卦六爻，宜無不同矣。而抑知不然。夫所謂人者，獨三四兩爻為人位。卦曰「同人」，似必以三四兩爻得名。孰知上天下地，初二五上盡同，而獨三四兩爻不同，不亦異哉！〈初九〉曰「同人於門」，〈六二〉曰「同人於宗」，〈九五〉曰「同人先號咷而後笑」，上九曰「同人於野」，皆曰「同人」。獨三四非但不同，〈九三〉曰「伏戎于莽」，〈九四〉曰「乘其墉」，且似有各不相下之勢。豈非與同人之名不相副歟？然而無損於同者，則以通也。蓋天下唯人最難同。而親近之人，較疏遠之人更為難同。以近則易爭，親則易狎。故初二五上之不同者皆同。三四之本為人爻而處於同者，獨不言同。然既處同人之世，終無獨異之理。始之不同者，或由於是非之爭。終歸於同者，明於公私之辨也。是非以爭而愈明，公私以辨而各當。雖有「伏莽」、「乘墉」，終得安行困反之吉，故曰「先號咷而後笑」。近世共和政治，無不先出紛爭，而卒歸於一致者，以土廣民眾，利害互殊，非各通其志，無以劑其平也。於不同者而致於同。其同乃出於安行困反，而絕無強迫，同於是乎可大而可久。此同人之同，所以不諱其異。雖伏莽乘墉，而卒無礙於同也。若阿附曲從，盡出於同，非不足粉飾於一時，而其志未通，其心不一，所謂同而不和，又安能利君子貞，而臻同人之治哉！故孔子曰：「二人同心，其利斷金。同心之言，其臭如蘭」，是即指三四兩爻而言。聖人之體貼人情，可謂無微不至。而六爻之象，皆精義入神。蕪陋之詞，不足狀其萬一。但略引其緒，則善讀者自不難於言外得之。

天地相遇

〈姤・彖傳〉曰「天地相遇，品物咸章也」，《釋文》「姤，古豆反」。薛云「古文作遘」。鄭同，「遇也」。荀氏謂：「乾成於巽，而舍於離。坤出於離，與乾相遇」。《九家易》曰「謂乾起子運，行至四月，六爻成巽，位在巳，故言乾成於巽。既成，轉舍於離，萬物皆盛大，坤從離出，與乾相遇，故言天地遇也」。按「坤從離出」云云，即邵子先天圖說也。可見漢人說《易》，早已有此方位，但未立先天之名耳。惟以此釋「天地相遇」二句，殊為膚淺。朱氏震曰：「此以初六言姤之時也。姤五月卦，《易》於復言「七日來復」，冬至也。於姤言品物咸章，夏至也。舉二至，則律歷見矣」。此說較近，而於「天地相遇」四字，仍未能發揮。《呂覽・五月紀》曰「太一出兩儀，兩儀出陰陽。陰陽變化，一上一下，合而成章」。以釋此句，最為的當。夫姤復相對，復為乾初九，爻貞於子。姤為坤初六，爻貞於午。子與丑合，午與未合，二八易位，天地相交。始於子午，而正於丑未。故姤為五月卦。夏至日午立竿日中無影，為天地陰陽遘合之時。凡逢四五月之交，水必有毒，茶水越宿，必變黑色。甚者或逾時即變，此即陰陽交遘之氣所感，與人之痘症種於先天胎毒者，其理正同。先天胎毒者，即父母交遘時所伏者也。古人相傳以五月為毒月，五月五日為毒日，皆本於此。俗尚於端午日飲雄黃酒，食蒜頭，未知始於何時，實足以消癘氣而解水毒。凡飲水致毒及中蠱者，食蒜立解。可見古人於此中極有研究，故能歷久相傳，成為風俗。後人不解，誤為迷信，其負古人也甚矣！【夏至日行北陸，故其毒壯盛。南北俗以蒜為常食，即所以解水毒也。南人在北，思食蒜者，至秋初必患腹疾或痢症。此余留意驗之三十年歷歷不爽者】，姤之天地相遇，以氣非以形。其相感之情狀，幾非言語所可形容。孔子以「咸」字擬之。咸者，二氣感應以相與，不可以言說者也。故咸卦以少男少女之情感況之。乾之咸亨，坤之咸寧，臨之咸臨，皆此義也。臨之咸，乃子丑日月合。姤之咸，乃午未天地合，而皆本之於乾坤。嗚呼！《易》義精微，非孔子神化之筆，不足以狀之。即以文字論，亦冠絕古今，更無以尚之矣。

七巧

七月七日，謂之七夕，又曰七巧。習俗以此夕盛設香花酒果，向天孫乞巧。自古相傳，均莫名其所以之故。而各家紀載，亦僅侈陳其事，而鮮有釋其義者。此亦與端午重九諸節，各有寓意，而非漫然為之者也。七月於卦消息為否，與泰相對，於八卦方位則為坤。七月七日，數遇重七，即幽贊神明生蓍之數。天下之數無窮，惟七足以度之。五地方數，而方五則斜。七以七度五，適盡而無畸零【勾三股四弦五，三與四亦七也】。一三天圓數，而無論圍三徑一，徑一圍三，有餘不足，各有畸零【周三則徑一不足，徑一則周三有餘】，惟以七為徑，則周為二十二，亦適盡而無畸零。故天五地十，陰陽斡旋，亦惟七持其柄，而運轉不窮。子丑日月，而寅為斗。斗數七【《易》數始七屯見，終七姤遇，即蓍七七之數】，坤艮為謙，謙柄履旋【謙者德之柄也】，以周十有二辰，起於牽牛。牛女本同宮，而天地交遘，丑未相易，於是牛女分析，此所以有牛女相離之說也。七七斗數斡旋，二八數合【即坤艮合】，故牛女相會，只此一夕。烏鵲填橋，鵲為離象。烏鵲者，離入於坎，水火既濟，而後東三西七相會，二氣感應。《參同契》取之以喻一身交遘之象，亦即天地陰陽往來之象也。故後天謂之泰者，在先天則否；先天為否者，後天則泰。否泰反類，幾亦在七。是七者，足以盡陰陽之數，度圓方之形，通否泰之類，成天地萬物之變化。謂之曰「巧」宜哉！

星曜神煞釋義

《易》未嘗言星曜神煞也。而後之言星曜神煞者，無不推本於《易》。腐儒辭而闢之，而不明其理；愚夫崇而信之，而罔識其原。於是術士得假之以惑人，皆《易》道不明之害也。勝清《儀象攷成》、《協紀辨方》諸書，甄錄極詳，惜亦未探源立論，令閱者目迷五色，仍不知其所本。《易緯・乾鑿度》「太一行九宮」，鄭康成注曰「太一者北辰神名也」，此實為星曜神煞之宗。太一下行八卦之宮，每四仍還於中央。中央者地神之所居，故謂之九宮【太一天神，中央地神】，天數大分以陽出，以陰入。陽起於子，陰起於午，是以太一九宮，從坎宮始。自此而坤而震而巽，所行者半矣，還息中央。又自此而乾而兑而艮而離，行則周矣，上游息於太一之星，而反紫宮也。蓋太一即太極，《禮》曰「禮必本乎太一」，何以又曰「北辰之神名」？則以陰陽不測，非假立一名，無以神其用。故曰「太乙之神」。而後世太乙、遁甲、六王諸式，皆由此推衍，變化益繁，而神之名愈多。復益以天星躔度，而雜揉並著，更不可分。然所立之名，率為陰陽順逆及星度舍次之符號，非謂有是具體之神也。《九宮經》及《五行大義》所載：一宮，其神太一，星天逢，卦坎，行水，方白。二宮，其神攝提，星天內，卦坤，行土，方黑。三宮，其神軒轅。星天衝，卦震，行木，方碧。四宮，其神招搖，星天輔，卦巽，行木，方綠。五宮，其神天符，星天禽，卦坤，行土，方黃。六宮，其神青龍，星天心，卦乾，行金，方白。七宮，其神咸池，星天柱，卦兌，行金，方赤。八宮，其神太陰，星天任，卦艮，行土，方白。九宮，其神天一，星天英，卦離，行火，方紫。統八卦，運五行，土飛於中，數轉於極，今歷書尚沿用此術。惟太乙數所用推法，與此不同。乾一，離二，艮三，震四，兌六，坤七，坎八，巽九，而避五不入。四神十二宮，又於九宮外，增絳宮、明堂、玉堂三宮。神名亦與此不同。《靈樞》曰「太一常於冬至居叶蟄宮【坎】四十六日，明日居天留【艮】，如是而倉門【震】、陰洛【巽】、上天【離】、玄委【坤】、倉果【兌】、新洛【乾】，周而復始，其次與鄭蕭諸說均同。所謂「叶蟄、天留」云者，當為宮名也。蓋陰陽五行之氣不可見，藉其行度之數，以覘其順逆往來，及盈虛消息。故推算首重在數，但數能無誤，雖立法各異，而收效亦同。象以代數，已可更易【如乾六離九，太一數易為乾一離二是也】。若神煞星曜諸名，則更以補象之不足，而籍以為符號耳。陰陽者，如代數之負與正也。五行者，加減也。但加減與正負不誤，其代數之名詞符號，不妨以意為之也。惟代數為單純之數，故方式尚簡。而此則數與象兼，且五行又各有其氣，是不啻於正負之外又有正負，加減而後又有加減。且互相加減，而順逆生克，又生吉凶。是以不能不設種種之名稱以為符號，而名稱亦不能不略含意義，以辨吉凶。此星曜神煞之名所由來也。必取其人以實之，或禱祀其人以祈禳之，愚矣。然此風由來已古。子產之對晉侯，「其神實沈，其神台駘」，已為禳祝之濫觴。而《月令》之五帝五神，無不各有其人。漢儒注《禮》，遂有天帝、人帝【**靈感仰、赤嫖怒之類為天帝。太吴、軒轅之類為人帝**】之辯。是在三代之時，已如是矣。孔子《說卦傳》，於震出而必曰「帝」，於妙萬物而亦曰「神」，蓋非是不足以狀其用而形其妙也。殷人尚鬼，意坤乾及太卜所掌之《易》，所稱之神名帝名尚多。孔子贊《易》，以其無關義理去之，特存此一帝一神，以見其例，亦未可知也。但經雖不著，而習俗難移。故《易緯》及《春秋》、《禮》、《諸緯》，與《六壬》等書【**六壬相傳甚古，春秋戰國時已有之。子胥少伯皆精其術，故或謂太公所著**】，皆仍相傳之舊。而鬼神之念，遂固結於人心。帝王更神道設教，擇立祀典，壇廟莊嚴，久而弗替。取精用弘，靈驗斯昭，為禍為福，皆斯人之精神自相感召，又何足怪哉！

中和

孔子立教，道在中和。然中和其體，而其用在時。時而無違，斯其效又為中和。故曰「時中之聖」，又曰「體用一源」。《中庸》曰「致中和天地位焉，萬物育焉」，中和之效也。孔子贊《易》尚中尚時，而曰「保太和」，惠定宇《易》例曰「中和」，曰「《詩》尚中和」，曰「禮樂尚中和」，曰「君道尚中和」，曰「建國尚中和」，曰「中和之本」。蓋將以為「《易》尚中和」之一例，屬稿未成而散見雜出者也。其「二五為中和」一語，已契其綱領。又《易》三統曆，曰「陰陽雖交，不得中不生」，故《易》尚中和。二五為中，相應為和。又引《說文》曰「咊，相譍也」。咊，即和也。譍，即應也。其要義已見，餘皆雜引經傳諸子以證其說耳。《禮器》曰「禮交動乎上，樂交應乎下，和之至也」。於象言之，坎離為中，震兌為和。離禮坎樂，震仁兌義，始於水雷屯，而終於水澤節，皆中和之應也。於歷言之，論其體，則中為赤道，和為黃道。論其用，則中為黃道，和為赤道。必二者交錯，始四時節而泰階平。推而至於政治人身，皆理無二致焉。《淮南・精神》曰「萬物背陰而抱陽，冲氣以為和」。荀悅《申鑑》曰「以天道作中，地道作和」【即黃赤二道交錯之義也】。《白虎通》曰「木者少陽，金者少陰，有中和之性」【即震兌為和之義也】。董子《繁露》曰「天有兩和，以成二中。歲立其中，用之無窮【兩和者，春秋分。二中者，日長短至也】，是北方之中【坎】，用合陰而物動於下。南方之中【離】，用合陽而養始美於上，動於下者，不得東方之和，不能生中，春是也。其養於上者，不得西方之和，不能成中，秋是也【中春震，中秋兌】。然則天地之美惡，在兩和之處。二中之所，來歸而遂其為也」。又曰「德莫大於和，而道莫正於中，是故能以中和理天下者，其德大盛；能以中和養其身者，其壽極命。男女之法，法陰與陽」。又曰「天地之陰陽當男女，人之男女當陰陽。陰陽亦可以為男女，男女亦可以為陰陽」。其說皆極精，然不以《易》理合之，亦味同嚼蠟耳。方本恭曰：「天地之道，分則為男女，合則為夫婦。息則為父母，消則復為天地。天地也，男女也，夫婦也，父母也；分也，合也，消也，息也。一乘除進退之所為也」。更為向來說《易》者未有之快論。但不得中和，明中和之用，亦未能知其說之妙也。

象義瑣言

伏羲畫卦，分陰分陽。而陰陽之學，至黃帝之世而益精益備。然泥於陰陽之說，或過恃氣數，則委天任運，而人事將廢弛而不修。是以《易》窮則變，闡「危微精一」之旨以治心，勵試功考績之規以治事。執兩用中，四方之觀聽一新，以成垂裳之治。所謂通其變使民不倦者此也。自是而後，夏質殷忠，各有因革。至商政之末，歷世既久，風靡俗敝。或又浸成尚鬼之風，蓋《歸藏》原本自黃帝，末世之積重難返，以偏倚陰陽術數之術，而大道復晦。益以紂之淫虐，上行下效，天理汩亡。文王憂之，乃取坤乾重為演繹，變通盡利，以挽頹風。周公繼之，遂成《周易》。絀陰陽而伸道德，略五行而詳晦吝，補偏救敝之心，固昭然若揭矣。降及衰周，紀綱失墜，列強並起，恣意憑陵。帝德王道，澌滅殆盡。孔子於是發憤學《易》，韋編三絕。立人道以合天心，著《十翼》以發揮文周未盡之蘊。祖述堯舜，而歸本於伏羲。此一線源流之鑿然可攷者也。

《易》道廣大，無所不包。拘文牽義，無一是處。佛理圓覺，不可執著，而況《易》乎？冬烘之見，好爭門戶。漢宋並幟，入主出奴。刺取經文，以相攻擊。斷章取義，不問經旨。最可笑者，如駁《歸藏》之首坤，曰「乾君坤臣，臣豈可以先君」；駁《連山》之首艮，曰「艮為少男，子豈可以先父」。而於孔子觀宋得坤乾，及《繫傳》「始萬物終萬物莫盛乎艮」諸文，均置不顧。且地天泰，非臣之先君乎？山天大畜，非子之先父乎？八卦相錯，六子偏乘乎乾坤，且有女而先父者矣，更何說乎？駁天地定位之為先天，曰「天地定位」一章，與卦位無關，而不顧經文之明言「定位」也。凡此之類，不勝枚舉，且皆出諸大儒之口。良由博學雄辨，詞源滔滔，風發雲湧。意氣既張，不暇自檢。後學震驚其名，亦不敢論其是非，而易學又多一重障礙矣。

或問：象與數孰先？曰：《左氏傳》「物生而後有象，象而後有滋，滋而後有數」。漢學家据此以駁宋儒由數生卦之說，謂象先而數後，理固然也。然此以論生物之始則可，若專以論象數，則固無確定之先後可言。且象與數，亦正有未易分析者矣。如一畫開天，一即數也，畫即象也。即象即數，何從分析？更何有先後？若執象以推數，似乎先有象而後有數。然未推之前，數已即象而具，非至既推以後而數始生也。若揲蓍求卦，謂象由數生，亦未始不可。執片面之辭以攻擊非難，已為學人之通病。象數先後，未有一定。強詞辨之無當也。

朱子說：「《易》道光明如燈。多一種學說，如多加一路骨子，反把燈光障住了」，此王弼掃象之意也。然必須能見得燈中之燭，方知發光所在。若後世談《易》者，只如瞎子打燈籠耳，更說不到障光一層。

朱子又曰：「坐談龍肉，不如喫豬肉而飽也」，固為脚踏實地工夫。惟《易》之為道，亦豬亦龍。所謂仁者見仁，智者見智。但見於目而不見於心，則亦與不見等。談龍肉固不能當飽，喫豬肉亦豈易消化哉！

朱子於《說卦》「乾為天為圜」一章，云「此廣八卦之象，其間多不可曉者。求之於經，亦不盡合」，可謂能闕其疑矣。讀漢人《易》注，而嘆其說之精，知未可盡去象數以說《易》，可謂能尊所聞矣。然強斷「《易》為教人卜筮之書」，作《本義》專以占筮吉凶釋《易》，謂如是則元，如是則亨，如是則大亨而利於正。縱談忠說孝，視文王周孔與嚴君平何異？豈四聖作《易》之本義，果如是哉？孔子自謂述而不作，於贊《易》尤為謹嚴。字無虛說，藻不妄紓。《說卦》一篇，當為歷代相傳之卦象。有為占筮用者，有不僅為占筮用者。其取象之精之妙，非言語可盡。間有為經文所未見者，而無不悉具於卦象，即象以求經，而意固可通。即經以求義，而象無不合。書不盡言，言不盡意，故聖人立象以盡意。經有不得者，當求諸象。非僅卦自為象也。有宜比而觀之者，有宜從方位以合之者。有實象，有虛象。有主象，有附象。有正象，有反象。有變象，有兼象，有意象【日本講《易》悉宗漢學，有所謂意象者。如震為舟，巽為剪，皆中國所無】。用各不同，務通其意而不泥其跡，庶物物而不囿於物，可窺象於萬一矣。

卦之取象，各有其源；《說卦》「乾為木果」，「巽為木」，「艮為果」。乾兼巽艮二體，故曰「木果」。乾初變巽，而巽為「不果」。坎為弓輪，亦由巽木絕直而來。離為矢，用乾金動直而來。兌為澤，坎水之塞其下也。艮為石，坤土之堅其外也。巽為近利市三倍，反巽為兌，則為義矣。艮為剛狠為暴，反艮為震，則為仁矣。故同一卦也，因時因地因人而象互異，甚者或相反焉。烏可執一以求之哉！

巽為魚。郭璞曰：「魚者震之廢氣也。蓋巽王則震廢也」。由此觀之，魚實兼震巽二象。震巽合為離。離為飛鳥，故魚鳥相親，每互變其體。〈莊子·逍遙遊〉「鯤鵬」之變，雖為寓言，實以明坎離升降之大用，字字皆根於《易》象，非臆說也。鯤鵬不易見也，雀入大水為蛤，則浙之沿海且習見之。然雀與蛤皆為離象，形變而性未變也。雀變為魚，則離變震巽。魚變為雀，則震巽又變為離。粵中之禾花雀，碻為魚變。田禾初刈，水中有魚而無雀也。農人夕罩網於田，翌晨得雀盈網。間有未及全變者，儼然雀首而魚身。可謂具體而微之鯤鵬矣。故田鼠化鴽，雀亦化蜃。氣至而化，有不期然而然者。且魚之與雀，全體骨肉鱗羽，無一同者。其變也，成於俄頃。當其時有驚之者，即止而不復能變矣。粵又有秋風鳥，亦為魚變者。皖中有白魚，則為雀變。人皆見雀紛紛入水，而白魚盈市矣。氣化之說，西人尚未研究及此，其精意已悉備於《易》象。願博學深思之士，偏索而詳攷之，所得或更有進於此焉。

坎為矯輮。矯輮者，改變木質以就範。如告子所謂以杞柳為桮棬是也。震巽皆為木，坎之下巽也。其上震也，震剛巽柔，坎兼二體，以劑剛柔之中而定之，是矯輮也。或謂凡矯輮者，先炙以火，必沃以水而形始定，故其象屬坎。其說不免膚淺。

坎其於木也為堅多心。坎為心，剛在中也。艮其於木也為堅多節，艮為膚、為指，剛在外也。

乾為良馬，為老馬，為瘠馬，為駁馬。震其於馬也，為善鳴，為馵足，為作足，為的顙。坎其於馬也，為美脊，為亟心，為薄蹄，為下首，共十二馬。此皆乾陽坤用，馬行地周十二支。所謂元亨利牝馬之貞者也。經言馬者，除坤卦外，屯言乘馬三。泰馮河之馬【泰馬馮河，合陰陽二馬。故曰馮。經之用字，神妙不可思議如此】，賁之白馬，大畜之良馬，晉之錫馬，明夷與渙之用拯馬壯，睽之喪馬，中孚之馬匹亡，合坤亦共十二馬。

虞仲翔謂坤為虎，朱子發云：「坤為虎者，坤交乾也，其文玄黃」。天地之文，其說似是而實非也。坤之為虎，當有二義：一謂其位西南，與兌同為昴宿之次，而當龍德之衝，故有虎刑之稱；一謂與乾相對舉以成文也。《文言》曰「雲從龍，風從虎」。乾為龍，則坤為虎。震為龍，則兌為虎。皆一例也。與玄黃之文何涉哉？

《易》象有以類取者，有以義起者。類取者如革之豹，中孚之鶴之燕，屯之鹿，皆非本象所有。因虎而及於豹，因飛鳥而及於鶴與燕，因馬而及於鹿，所謂以類相從者也。以義起者更多，未遑偏舉。約取一二為例，如夬之莧陸，姤之杞，豐之蔀，歸妹之袂皆是也。

離其於木也為科上槁。離為火，火生於木，火旺則木休，故槁。海南為離方，多文木。而木火之精，蘊結則為香。故沈香茄楠，皆產於木，然香生而木即槁矣。曰：「科上槁」者，其槁在上，而其木之生氣固未嘗絕。胥鬱結凝積而為香，歷年愈多，則其香愈厚愈純。凡重而降者為沈香，輕而升者為茄楠。沈香得其陰者多，茄楠得其陽者多也。然沈香性陰而其用則陽，主疎散。茄楠性陽而其用則陰，主收濇。二者皆得其氣之一偏者也。若得純離之氣，中正冲和，無少駁雜，則返魂香是也。離為魂，魂藏於肝木，母抱子也。以厥陰風木之精，鍾離明純粹之氣，感召之捷，出自天然。返魂豈虛語哉！然返魂者，亦非別為一類，特沈香茄楠之最精者耳。今世人烟日繁，英華日泄，天地之氣，為人所分。沈香茄楠之佳者，已不易得，況返魂香乎？瓊崖五指，蓁莽未闢，天地靈祕，或猶有孕毓，未可知也。

《說卦》震巽皆為木，不言草者，木可以概草也。五行巽為柔木，柔木即草也。故大過之白茅，泰否之茅茹，皆為巽象。泰西人之進化史，謂天地開闢以後，植物之最初生者，厥惟青苔。乾坤初交而乾成巽，故巽居天地成物之初，柔木之象。與西人青苔之說，亦不謀而合也。故木之餘氣，得水則成菌。苟得天一之精，純粹冲和，不駁不雜，則靈芝是也。渙之初九曰「渙奔其杌」。注語簡略，但曰「杌木無枝」。以象言之，當為靈芝之類也。或謂：靈芝非可常見，今世之所有，視為珍品。咸以為有起死回生之效者，莫若人參。以《易》象言之，當為何卦？曰：以類言之，自屬於巽。但究其功用，非巽所能盡，當兼兌也。巽兌同體，特一反覆耳。參之功用，渾然元氣，實秉坤土中和之氣，而得乾陽純粹之精。乾坤之元，伏於巽而見於兌。合巽兌為中孚，為卦氣之所自起，亦為人身命根之所由寄也。得生氣之初，合五行之中，參天贊育，故其字當作參，不可從俗作覆。

《參同契》曰「坎離匡廓，運轂正軸。牝牡四卦，以為橐籥」。今日西洋之汽機，純乎此象之作用也。朱子之注曰「乾坤其爐鼎歟？乾坤位乎上下，而坎離升降於其間，如車軸之貫轂以運輸，一上而一下也。牝牡配合四卦，橐籥其管也」。此注尤不啻今日之機器圖說矣。上陽之陳致虛注曰「何謂坎離匡廓？蓋陽乘陰，則乾中虛而為離。陰乘陽，則坤中實而為坎。

故坎離繼乾坤之體，而為陰陽之匡廓。比乾坤之於坎離，猶車輻之於轂軸也。乾坤正坎離之輻，坎離湊乾坤之轂」云云，於汽機遘合，尤形容酷肖。制器尚象，象亦備矣。且明顯確鑿如是，而卒無以收制器之效。直待西人之發明，尚遲疑觀望，指為淫巧，而不悟《易》象之所固有。此皆由掃象之說既熾，講《易》者悉尚空談。《冬官》之書不明，作工者遂無學術。《易》有四道，至今日僅存言語尚辭之一，獨斷斷為門戶同異之爭，不能盡其義，不亦重可哀哉！

小過之象，今日之飛機，得其義矣。夫雷在山上，何以曰「飛鳥遺之音」？而孔子又曰「有飛鳥之象也」。曰「飛鳥之象」，則非飛鳥可知矣。曰「遺之音」，則似乎鳥而非鳥之音又可知矣。震得乾金之初氣，故輕而能舉。震之體數與輕氣分劑之數相合【見前集《筆談》卷四】，今飛機雖取材於金類，仍無礙其飛也。伏巽為繒帛，為臭，大象坎為輪，震又為善鳴，飛機之材具矣。日本《古易斷》，亦以震為舟。以舟而輕舉行乎高山之上，雖欲不謂之飛艇不可得矣。

既濟未濟兩卦，經皆曰「曳其輪」，是明示水火有曳輪運機之功用。而離又為電，是不啻於電機之用，亦明白言之矣。今機械之學，既經西人逐一發明，應恍然於先哲所遺象義之精，包孕無窮。進而求之，當不僅止於此。亡羊顧兔，猶未為晚也。乃維新之士，既吐棄舊學，而笠舊之夫，又昧於新機。且於《易》象，夙未研究。雖有此明顯之表示，或猶以為偶然相合。而不屑措意，曾亦思孔子所謂制器尚象者，豈空言哉！以佃以漁之十三卦，略舉其例，決不以此盡制器尚象之用也。後人不求之於象，徵之於經，坐視他人製作之確合吾經旨象義，尚不知悟，可謂冥頑不靈之極矣。或曰：子之所言，雖似偶合，然經傳未嘗明言，終不免出於附會。曰：西人發明之新學新器，雖風靡全球，利溥區宇，當其創制之始，何一非出附會者？蘋果之墜地，與重學何關？瓦缶之水蒸，與機器何關？兒童之玩具，與遠鏡何關？鳶飛魚行，與潛艇飛機又何關？乃卒一一比附其理，研求不輟，而各竟其功，使世界之空氣思想，均為之一變，是遵何道戰？以彼本無所憑籍，故不得不就天地自然之現象，以觸悟其靈機。而我則先聖已極象而明其用，極數而通其變，成書具在。視彼所尚之象，其難易勞逸相去，不可以道里計。乃猶諉為附會，自甘暴棄，余又何言？雖然，先聖已預言之矣，曰「東鄰殺牛，不如西鄰之禴祭」。然則《易》象之昌明，或猶將假諸他人之手乎？吾不禁悄然以悲矣！

民極

《書》曰「維皇建極」。〈洪範五・皇極〉曰「皇建其有極」。邵康節以先天數言《易》，成《皇極經世》一書。以元會運世，十二與三十，反復相乘，推古今之治亂興衰，人事之休咎得失，各有徵驗，若合符契。其書以皇立極，故曰「皇帝王霸」。其編年雖止於宋仁宗朝，而後世如牛無邪、張行成、黃梨洲諸家，各有推衍。深澤王氏，更續推至乾隆為止，所載固皆專制君主之事實也。今則革君主為民主，易專制為共和。然則邵氏之數，亦將截止於愛新覺羅一朝，以後將無復適用。《易》道所謂通變無窮者，無乃至是而窮乎？曰：《易》冒天下之道，為世界以立言。世界無盡，《易》安得而窮？邵氏之書曰皇極者，以生於君政時代，且逆數既往，其系統由皇而降，故以皇建極。然建極者皇，作極者民。《書》曰「維民作極」，《詩》曰「立我蒸民，莫非爾極」。今後為民主共和之世界，當然適用民極。夫何窮之有？或曰：君主與民主政體既異，國情亦變，皇極之數，又焉能施之於民極？然則欲據今日以推將來，其數安得而不變乎？曰變者其用，不變者其體。數理壹定，斷無變更。如捩汽車，順進逆退而改其方，而不易其器。皇極與民極，亦若是焉耳矣。又安能變其數？或曰：其進退之方如何？曰：皇極之世，由上而遞降者焉。故曰「皇降而帝，帝降而王，王降而霸」。民極之世，則自下而逆上者焉。當由霸而王，由王而帝，由帝而皇，此其變焉。或曰：既民主矣，更何皇帝王霸之有？若循斯以往，不幾又復為專制乎？曰：非也。皇帝王霸者，特邵子假定，乃名詞耳。皇以道，帝以德，王以功，霸以力。世風遞降，至霸之世，則惟力是視。弱肉強食，即西儒所謂優勝劣敗，有強權而無公理，人生之道幾乎息矣。今日五洲兵爭，尚力之風已臻其極。極則必變，固理勢之必然。但蛻嬗之際，必有其漸。冬盡而春，乃有餘寒。夏過則秋，尚多殘暑。今雖值革新之世，而舊日專制之餘毒，與惡俗大憝，仍非借逞於力。不能摧鋤而擴清之，故在民治之初元，當未能盡棄力而不用。然春寒秋暑，久為人心所厭倦。其不能久存於世，固可斷言者也。由力而進於法【法即邵氏所謂功】，「由法而進於德，由德而進於道」，則「惟民所止止於至善」。斯得「民治之正軌」，而「合民極之天則矣」。故皇極為退化之世，而民極為進化之世。升降消息，互相錯綜。數往者順，知來者逆，理無二致，《易》道固無窮焉。然立極者必建中。建中立極，斯可大可久。匪特古帝王之箴，亦吾民乘時進化者之良鑑焉。在《易》泰之九三曰「无平不陂，无往不復」，以三之過乎中，過乎中則偏倚。天下之事，其偏於惡者固非，偏於善者亦未必是也。善善惡惡，殊塗同歸。失中之敝，理固壹致。夫夏暑冬寒，極相反也。然夏暑雖盛，而早晚必涼。冬寒雖烈，而日中乃溫。是皆以中和者劑其平，以成其氣而定其候。若酷暑無壹息之間，嚴寒無片時之和，則不久必有劇烈之天變。物理如是，人事亦何莫不然？孔子修魯史而命曰「春秋」，以春秋能調節冬夏之寒暑，而得其中，即以垂萬世人事之昭鑒也。新潮澎湃，民智頓覺。晨鐘甫動，曙光千丈。萬彙昭蘇，為時非遠。然矯極過正，易涉於偏。感物質之束縛，乃并精神之自由而犧牲之。恫私產之敝害，或并衣食之必需而限制之，則自由之極端，其結果更酷於專制。是立極已失其中，恐終為民治進化之礙。更願得與諸君子一商榷之者焉。

易楔　題辭

孔子學《易》以五十，先生五十學有成，文王演《易》居羑里，先生學成慶更生，《易》學茫昧幾千載，言數言理漢宋爭，先哲絕學天不絕，先生入獄《易》再萌，陵谷變遷梟傑出，羅織黨獄囚橫縱，累絏非罪坦然臥【先生於乙卯冬月，抗議帝制被捕入獄】，晨起張目矍然驚，李鐵拐街三元店【先生在北京李鉄拐斜街三元店被捕，而獄中老者於旬日前，即以竹箸畫字於獄柵上，曰「李鉄拐斜街三元店」，而三元店為先生向所不到之地，是日偶然偕友同往，不一時即禍作，而老者旬日前已預識之，其數之果前定耶】，炭筆刻畫字分明，有客掀髯猝然問，相見恨晚肝膈傾，為覓替人衍家學，忍死須臾坐愁城，當時生命共如髮，達觀大可齊殤彭，朝聞道怡夕可死，風雨如晦鷄自鳴，口講指畫日不足，深夜時雜鉄索聲，先生夙慧幼穎悟，神機妙解泯距迎，景純命盡或尸解，未濟指示悟二程，環球交通文化進，科學日出彌昌明，先生言《易》羅萬有，鏗鏗不數楊子行，發揮剛柔變動奥，該括聲光化電精【讀《學易筆談》，可見一斑】，青出於藍冰寒水，新說舊解疇抗衡，我來羊城始識面，見面傾倒勝聞名，七月七日乞巧節，玄奧妙理象數呈【先生謂七夕之說出自道家，根於《易》之象數，特衍其義，見

《筆談二集》，皆前人所未發也】，先生降生適是日，後比定庵前康成【前清龔定庵與後漢鄭康成皆於七月七日生】，為作長歌寫心曲，願佐先生晉一觥。

戊午七夕，為

辛齋先生五十初度，時國會自由集會於廣州，同寓長隄增沙之迴龍社，風雨聯床，昕夕無間，飫聆緒論，時得忘荃之趣，越年同人結社曰「研幾」，請先生講演，纂輯講義，成書若干卷，曰《易楔》，即書此詩簡末以誌鴻爪，見齋弟秦錫圭。

易楔　序

書之有楔，非古也，迺以楔古聖人之《易》，無乃不倫，曰「不然」，楔也者，契也，上古結繩而治，後世聖人易之以書契，百官以治，萬民以察，蓋取諸夬，夬「決」也，故治事察物，非契莫決，後人製器尚象，廣契之用，而楔興焉，工師以一手之力，能正頃仄之巨廈，藉方寸之木，能移萬石之輪囷，費力少而程功多者，何莫非楔之用哉，兩漢以來，治《易》者無慮數千家，其書不盡傳，傳者又不可盡讀，其真能發天人之祕奧，得象數之體用者，又輒犯時王所禁忌搜毀，雖藏諸名山，無或倖免，自明永樂，定為監本，專取《程傳》、《朱義》為矜式，有異辭者，即為畔聖，途徑愈隘，經義益晦，康熙《周易折中》，雖稱漢宋兼收，實偏重宋學，乾隆《周易述》，固純取漢儒之說，而簡略殊甚，清初黃梨洲、毛西河、朱竹垞、胡東樵，及高郵王氏等，皆極淵博，亦顧時忌，不敢昌言，但搜訂逸文，纂集訓詁，以資攷證，於精義罕有發揮，道咸而後，文網稍疎，惠氏、張氏，專明《虞易》，而焦理堂之《易通釋》，端木國瑚之《周易指》，桐鄉沈善登之《需時眇言》，皆能獨紓己見，端木之書流傳不多，沈氏書最後出，為海內學者所罕覯，學者欲彙集羣言，由博返約，頗非容易，辛齋憂患餘生，學植淺薄，何足妄語高深，幸得師友之助，又藉奔走國事，周歷都邑，廣搜博采，得書日多，昕夕研求，略明塗徑，戊午己未，國會南遷，議席多暇，同人有感於天人之際，非闡明《易》理無以續垂絕之世道，存華夏之文化，結社講習，號曰「研幾」，計日分程，競相傳錄，自春徂秋，體例麤具，惟人各載筆，詳略互殊，纂集編訂，裒然成帙，稱曰《易楔》，比年以年，復有增益，同人數數借鈔，恆苦不給，乃釀貲付印，重為排比，分訂六卷，第論卦爻象數名位之方式，為初學讀《易》之一助或亦得舉重若輕，事半功倍之效，能用楔者入，而楔固無與焉，夫烏敢以楔《易》。

壬戌冬十一月朔越五日甲子　辛齋識於津浦鐵路車中

易楔　卷一

圖書第一

《易》注自宋以前，未嘗有圖也。逮周廉溪傳陳希夷《太極圖》而為之說，遂開理學之宗。但「圖」與《易》猶不相屬也。至朱子《本義》，取邵子河洛、先後天八卦、大小方圓各圖，與其改訂之卦變圖，弁諸經首，歷代宗之。自是圖之與《易》，相為附麗。後之說《易》者，無不有圖。漢學家雖力攻河洛先後天之名，而其為說，仍不能廢陰陽四象，及五行生成、九宮變化之義。而為之圖者，且層出不窮。蓋數理繁賾，卦爻錯綜，表之以圖，說迺易明。故學《易》者先辨圖書，識其陰陽生化之原，奇偶交變之義，而後觀象玩辭，有所準的。不致眩惑歧誤而靡所適從，亦事半功倍之一道焉。

太極

《繫傳》曰「《易》有太極」，又曰「六爻之動，三極之道也」。極者，至極而無對之稱。三極者，天極地極人極也。故曰「太極」者，所以異於三極也。極既無對，極而益之曰「太」，則更無有可以並之而尚之者矣。是以太極者，立乎天地之先，超乎陰陽之上，非言詞擬議所可形容。蓋狀之以言則有聲，有聲非太極也。擬之以形則有象，有象亦非太極也。《詩》曰「上天之載，無聲無臭」，庶或似之。然「無」字為「有」字之對，有對亦非太極也。孔子於無可形容擬議之中，而形容擬議之曰「太極」，可謂聖人造化之筆，更無他詞足以附益而增損之矣。然而有太極之名，似亦非太極之真諦。乃無礙其為太極者，則以「太極」二字，均無物質、無精神可言，更無其他之詞義足以相並相對。可以謂之名，亦可以謂之非名。此聖筆之神化，所以不可思議也。夫焉能又為之圖？自周子而後，相傳之圖有三。於是「太極圖」三字，流播寰宇，幾於婦孺皆知。以訛傳訛，恐學者認《太極圖》為「太極」，則是非混淆【「《易》有太極，是生兩儀」。《易》曰「辨是與非」，即辨諸此。另有〈圖說〉見後】。差以毫釐，謬以千里，而象數終無以明矣。爰詮其義，并列後出諸圖，以資辨別。

老子曰：「有物无形，先天地生」，即謂太極也。以孔子《十翼》告成，老子已出關西去，故未知孔子有此假定之名，而曰「無以名之，強名之曰『道』」。究竟「道」字，實未能妙合无間，老子亦無可如何，而強名之耳。使老子得見孔子「《易》有太極」一語，必舍其名而從之。《道德經》更可省卻無數語言矣。

【《說文》「極，棟也」。〈易·大過〉「棟隆，本末弱也」。「棟」亦訓「極」。「建中立極」，故極亦訓中。「棟」从東从木，木生於東，得木之正，故以室中主幹之巨木謂之棟。蓋上棟下宇，初創宮室之時構造皆甚簡單，以巨木支柱正中而四周下垂，與今日營帳之制略同。故棟必在室之正中，與極字之訓，義可以相通。若以今日之所謂棟者例之，則與「極」字之義不相蒙矣。此亦言太極者不可不知者也】。

周濂溪之太極圖

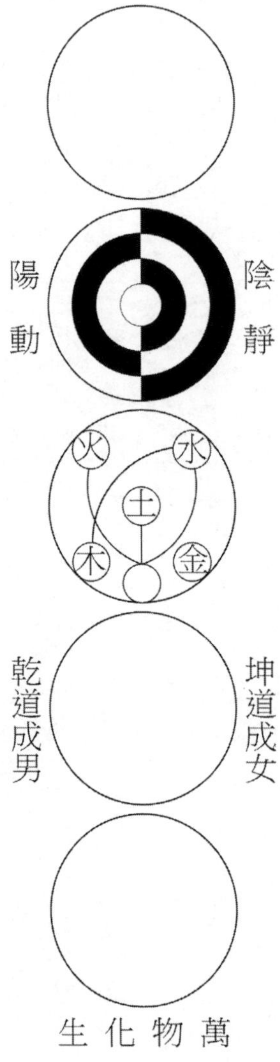

周子《太極圖說》曰「無極而太極，太極動而生陽，動極而靜。靜而生陰，靜極復動。一動一靜，互為其根。分陰分陽，兩儀立焉。陽變陰合，而水火木金土五氣順布，四時行焉。五行一陰陽也，陰陽一太極也，太極本無極也。五行之生也，各一其性。無極之真，二五之精，妙合而凝。乾道成男，坤道成女。二氣交感，化生萬物，萬物生生而變化無窮焉。惟人也得其秀而最靈。形既生矣，神知發矣。五性感動，而善惡分萬事出矣。聖人定之以中正仁義，而主靜立人極焉。故聖人與天地合其德，日月合其明，四時合其序，鬼神合其吉凶。君子修之吉，小人悖之凶。故曰『立天之道曰陰與陽，立地之道曰柔與剛，立人之道曰仁與義』，又曰『原始反終，故知死生之說』。大哉《易》也！斯其至矣」。

周子此圖，出自希夷，宋儒諱之甚深。然希夷亦非自作也，實本諸《參同契》。彭曉注《參同契》，有《明鏡圖訣》一卷【〈序〉稱：廣政丁未為蜀孟昶廣政十年，漢天福十二年也。彭號「真一子」，字秀川，蜀人】。毛氏奇齡曰：「《參同契》諸圖，自朱子註後【朱子注《參同契》，隱姓名為鄒訢，號空同道人】，學者多刪之」。徐氏注本已亡【按：徐名景休，東漢人，官青州從事，注《參同契》。桓帝時授淳于叔通】，他本龐雜不足據。惟彭本有《水火匡廓圖》、《三五至精圖》、《斗建子午圖》、《將指天罡圖》、《昏見圖》、《晨見圖》、《九宮八卦圖》、《納甲圖》、《含元播精圖》、《三五歸一圖》。今周子之黑白分三層者，即《水火匡廓圖》也。其中間之水火金木土，即《三五至精圖》也。惟圖式雖同，尚未有太極之名也。攷唐《真元妙經品》，有《太極先天圖》，合三輪五行為一，而以三輪中一〇五行下一〇為太極，又加以陰靜陽動男女萬物之象，凡四大〇。陰靜在三輪之上，陽動在三輪之下，男女萬物皆在五行之下，則與周子之圖名義皆同，但多「先天」二字耳。然則此圖，自道家傳出，已無疑義。周子但為之說，并將上下次序略有修改而已。首曰「无極而太極」，終有語病。當時陸梭山已有疑義，與朱子往反辨論累數萬言。朱子雖曲為迴護，并於《太極圖說注》中申明謂「非太極之上復有无極」，但其圖明明太極之上有無極，其說終不可通也。其作《本義》，取邵子先天諸圖，而不以此圖列諸卷首，殆亦有所悟歟！

古太極圖

古太極圖，亦名「天地自然之圖」。趙氏謙撝《六書本義》曰「天地自然之圖，伏羲氏龍馬負之出於滎河，八卦所由以畫也。世傳蔡季通得於蜀隱者，秘而不傳。趙氏得之於陳伯敷氏，熟玩之有太極函陰陽，陰陽函八卦之妙。自明洪武以後，此圖遂盛傳於世」【按：蔡氏晚年得此圖未久即病卒，故朱子亦未之見也。蔡死後秘藏於家，至其孫始傳布之，已在宋亡之後。胡元一代，尚鮮稱述。至明初劉青田取以繪入八卦之中，遂風行海內，幾於家喻戶曉，無人不知有太極圖矣】。朱子發云：「陳摶以《先天圖》授种放，三傳而至邵雍。則康節之學，實出自希夷。所演《先天圖》，陰陽消長，亦與此圖悉合，故又謂之《太極真圖》。其環中為太極，兩邊黑白回互。白為陽，黑為陰。陰盛於北，而陽起而薄之，故邵子曰：「震始交陰而陽生」。自震而離而兌以至於乾，而陽斯盛焉。震東北，白一分，黑二分，是為一奇二偶。兌東南，白二分，黑一分，是為二奇一偶。乾正南全白，是為三奇純陽。離正東，取西之白中黑點，為二奇含一偶，故云「對過陰在中也」。陽盛於南，而陰來迎之，故邵子曰：「巽始消陽而陰生」。自巽而坎而艮以至於坤，而陰斯盛焉。巽西南，黑一分，白二分，是為一偶二奇。艮西北，黑二分，白一分，是為二偶一奇。坤正北全黑，是為三偶純陰。坎正西，取東之黑中白點，為二偶含一奇，故云「對過陽在中也」。坎離為日月，升降於乾坤之間，而無定位。納甲寄中宮之戊己，故東西交易，與六卦異也。八方三畫之奇偶，與白黑之質，次第相應，深得陰陽造化自然而然之妙。但既有黑白之分，備陰陽之用，已非太極之真相，不當稱之為《太極圖》。今北方俗呼此圖為「陰陽魚兒」，「魚」字實「儀」字之誤。稱之曰《陰陽儀圖》，或曰《兩儀圖》，斯名實相符矣」。

此圖流傳甚古，蘊蓄宏深，決非後人所能臆造。大抵老子西出函關，必挾圖書以俱行，故遺留關中，為道家之秘藏。至唐宋而後，始逐漸傳布，要皆為三代以上之故物，無可疑也。惟圖像既顯分黑白，是已生兩儀。分之為四，即成四象。分之為八，即成八卦。可謂之「兩儀生四象，四象生八卦之圖」。但流傳既久且遠，世俗已無人不認此為《太極圖》者。所謂習非勝是，辨不勝辨。惟學者宜詳究其義理，因名責實，而求得真諦。斯源頭不誤，自能清澈見底。不可以習見而忽之，反為流俗所誤也。

來氏太極圖

此來瞿塘氏之圖，亦從《古太極圖》研索而出者也。以居中之黑白二線，代兩點，以象陽方盛而陰已生，陰方盛而陽已生，有循環不絕之義。留中空者以象太極，其陰陽之由微而顯，由顯而著，亦悉合消息之自然。與河圖陰陽之數，由微而著，由內而外，亦適相合。來氏另有一圖，以河圖陽數布於白中，陰數布於黑中，又以配八卦四時十二辰，及古今治亂盛衰之象。圖多茲不贅錄。

來氏此圖，蓋亦悟太極之非圖所可狀，非言語可能形容，故留其外之黑白回互者為兩儀，而空其中以為太極。然「太極」二字之下繫之以圖，終有所難通也。以上三圖，皆稱太極。周子之圖，僅見於性理諸書，習之者今已不多。來氏之圖，傳亦不廣。惟第二圖風行宇內，幾與八卦並傳。圖像雖精，與孔子「太極」二字之義，實不相符。此為學《易》推原象數之第一步，不可不深思明辨，而求得其至當者也。

易有太極是生兩儀圖

易有太極

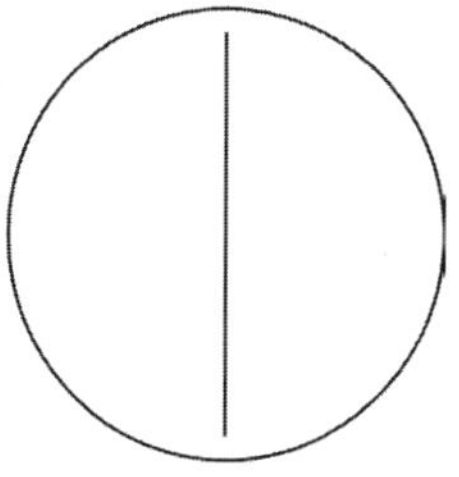

是生兩儀

太極既不可以圖，然非圖又不足明陰陽顯化之妙，是惟有舍太極而圖兩儀。兩儀既明，則太極自立乎其先。無象之象，亦因象而顯矣。

此端木國瑚氏之圖也，於文日正為是。下正北方正，而上直日，日中影正。影正，則左右自分為兩。左陽而右陰。故《易》於乾之初爻曰「不見是」，未濟之上爻曰「有孚失是」。全《易》六十四卦，三百八十四爻，以此一「是」為始終，其故可深長思也。有丨畫中央，便分兩列。《繫傳》曰「乾坤成列，而易立乎其中矣」。是則乾坤左陽儀，右陰儀。從丨生出，是太極，是兩儀。一至而二分【東西分，南北至】，是一是二，《易》陰陽生，不待再言「太極生兩儀」，此為「《易》有太極，是生兩儀」。

端木氏此圖，似較舊說更為明顯。不名曰「太極圖」，更無語病。學者與前三圖合而觀之，

「太極」二字之義，可瞭然矣。「太極」之上，無能更加以字者。惟孔子曰「《易》有太極」。「《易》有」二字，必須重讀，與《序卦》「有天地」、「有萬物」諸「有」字，皆一氣貫注。孔子贊《易》，皆是從「有」立說，以示與老子之以「无」立說者不同。故將「有」字直提至「太極」之上，曰「《易》有太極」，而全《易》之生生不已，皆由此「有」字以發生者也。繼之曰「是生兩儀」，此「是」字上貫「《易》有太極」四字，而下澈全章。全《易》六十四卦，皆以此一字作骨，故特於初、終二爻發明之。觀此知孔子贊《易》筆法，一字一義，無不與全書精神貫注，脈絡相通，未可滑口讀過也。

《繫傳》曰「形而上者謂之道，形而下者謂之器」，太極者實超乎道與器之上，而立乎其先者也。故分言之。形而上者有太極，形而下者亦未始無太極也。故曰「天地一太極」。萬物各有其太極。後儒以太極為形而上者，是與形而下者對待，實失太極之本義也【老子曰：「無以名之，強名之曰『道』」。此「道」字與形而上之道意義不同】。是以天下之事事物物，凡有對待者，皆太極所生之兩儀，非太極也【今世科學家曰精神、曰物質，相對待者也，太極實超乎精神物質之上。曰空間、曰時間，相交午者也，太極實超乎空間、時間之外。哲學主唯心論者謂一切唯心所造，主唯物論者謂科學萬能，物質不滅。太極則超乎唯心唯物之上，而不可以唯心、唯物概之者也】。以質言之曰「剛與柔」，而太極超乎柔剛之外。以氣言之曰「陰與陽」，而太極立乎陰陽之先。以事理言之曰「動與靜」，曰「善惡吉凶」，而太極實幾於動靜善惡吉凶之微，無有而無不有，無在而無不在。《序卦傳》曰「盈天地之間唯萬物」，謂盈天地之間惟太極可也。此天地一太極也。小而至一塵之微，極至於微而不可見之物，亦莫不各具有動靜生滅之機，即莫不有其太極，此物各一太極也。宋儒言太極，不離乎動靜陰陽，已落言詮。牽及五行，則更遠矣。朱子注《太極圖說》，謂「無靜不成動，無動不成靜。譬如鼻息，無時不噓，無時不吸。噓盡則生吸，吸盡則生噓。理自如此，陰陽只是一氣。陰氣流行即為陽，陽氣凝聚即為陰」。其論雖精，總未達一間。程子曰：「動靜無端，陰陽無始。非知道者，孰能識之？」然動靜無端而自有其端，陰陽無始而自有其始也。識此端與始，以言太極，庶乎近矣。

河圖洛書

《繫傳》曰「河出圖，洛出書，聖人則之」。〈書・顧命〉曰「河圖在東序」。《論語》曰「河不出圖」。〈禮記・禮運〉曰「山出器車，河出馬圖」。鄭康成《易注》引《春秋緯》「河以通乾出天苞，洛以流坤吐地符。河龍圖發，洛龜書成。河圖有九篇，洛書有六篇」。揚雄《覈靈賦》曰「大《易》之始，河序龍馬，洛出龜書」。〈漢書・五行志〉劉歆曰「伏犧氏繼天而王，受河圖則而畫之，八卦是也。禹治洪水，錫洛書而陳之，《洪範》是也。聖人行其道而寶其真，河圖洛書，相為經緯；八卦九章，相為表裏。昔殷道弛，文王演《周易》。周道敝，孔子作《春秋》。則乾坤之陰陽，效《洪範》之咎徵。天人之道，粲然著矣」。河圖洛書之見於經傳者如此，而其內容如何，則無可攷。至宋初陳希夷氏，始有龍圖之數。邵康節因之，以五十五、四十五兩數，分為河圖洛書，當時頗多爭議。如范諤昌、劉牧諸氏，以四十五為河圖，五十五為洛書。漢上朱氏因之。朱文公從蔡季通之議，定十為河圖，九為洛書，以冠《本義》之首。更詳演其數，以入《易學啟蒙》，相傳至今。復經丁易東、張行成、熊良輔，及勝清江慎修、萬彈峯諸氏之推演，義蘊畢宣。所謂神變化而行鬼神者，無不與《易》義悉相貫通，而《彖》、《象》所不可解者、亦得以數象相證而通其義。雖未敢謂此即為古之河圖、洛書，而數理之神化，則固建諸天地而不悖，質諸鬼神而無疑，百世以俟聖人而不惑者也。自明季以來，言漢學者雖盡力攻擊，但祇能爭河洛之名。而於其數，則無能置喙焉。欲探《易》道無盡之蘊，發千古神秘之扃者，端在於是。迺舍其實而鶩其名，不亦傎哉！茲仍從《本義》、《啟蒙》之名，以五十五者為河圖，以四十五者為洛書，以便稱引。至陳希夷龍圖之說，義甚膚淺，故朱子疑為偽造。然其所謂龍圖者，分合之數皆五十有五，且明明曰「龍圖」不曰「龜圖」。劉牧之以九為圖、十為書，是顯畔其師說矣。

揚子《太玄》曰「一六為水，二七為火，三八為木，四九為金，五十為土。一與六共宗【范望解云在北方也】，二與七為朋【在南方也】，三與八成友【在東方也】，四與九同道【在西方也】，五與五相守【在中央也】」。按：揚子不言十者，五與五即十，太玄用九數，故置十不言。且數止於九，至十則復為一。故河洛以十為盈虛，亦數象關鍵之一。學者宜深思之。

河圖

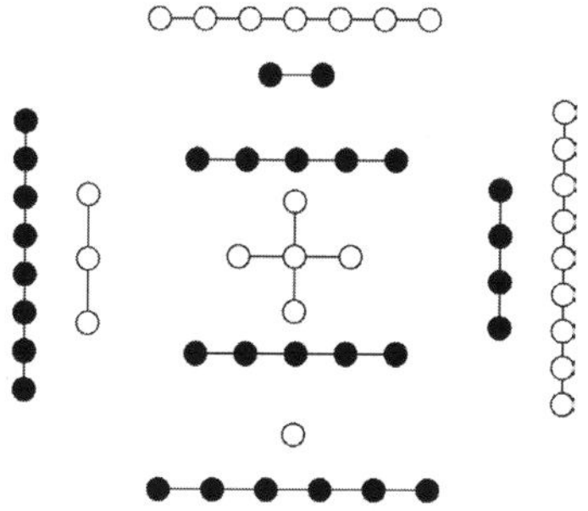

鄭康成氏曰：「天地之氣各有五。五行之次：一曰水，天數也。二曰火，地數也。三曰木，天數也。四曰金，地數也。五曰土，天數也。此五者，陰无匹，陽无耦，故又合之地六為天一匹也，天七為地二耦也，地八為天三匹也，天九為地四耦也，地十為天五匹也」。又曰：「布六於北方以象水，布八於東方以象木，布九於西方以象金，布七於南方以象火」。

朱子曰：「此言天地之數。陽奇陰耦，即所謂河圖者也。中五為衍母，次十為衍子。次一二三四為四象之位，次六七八九為四象之數。二老位於西北，二少位於東南。其數則各以其類，交錯於外也」。按：此非言大衍之數，不必以衍母衍子相牽涉。而四象之數之位，亦為揲蓍得卦之用。於此言之，其義反窄矣。

《繫傳》曰「天一，地二。天三，地四。天五，地六。天七，地八。天九，地十。天數五，地數五，五位相得，而各有合。天數二十有五，地數三十。凡天地之數五十有五，此所以神變化而行鬼神也」。揚子《太玄》及鄭注所演其方位與生成之數，均極明晳。雖未繪為圖，已與圖無異矣。陳、邵但按其說而圖之耳。五行之次，始見於《洪範》。而坎水、離火、乾金、巽木，均備載於《說卦》。經傳之互見者，更不勝枚舉。故毛西河雖攻擊河圖、洛書之說最力，終不能蔑去此數，謂應改名曰「天地生成圖」。然其數之體用自在，名稱之同異，抑其末耳。後儒有泥於「龍馬負圖」之文，謂此五十五數，馬體所生之旋毛。黑白五十五點，其陰陽匹耦如今圖，惟當繪圈點為旋毛形。於是有繪馬而寫圖於馬腹者，亦有將五十五點均改作旋毛形者。其拘泥附會，與漢學家之斷斷然徒爭其名稱者，同一蔽耳。更有泥圓方之說，將河圖一六二七三八四九之數，均作弧線成圓形，於義理並無出入，均可不必也。

關子明曰：「洛書之文，九前一後，三左七右。四前左，二前右。八後左，六後右」。

邵子曰：「圓者星也。曆紀之數，其肇於此乎？【《啟蒙》曰「曆法合三始以定剛柔，二中以定曆律，二終以紀閏餘。是所謂曆紀也」】。方者土也，畫州井地之法，其倣於此乎？蓋圓者河圖之數，方者洛書之文，故羲文因之而造《易》，禹箕敘之而作《範》也」。

〈大戴禮・明堂篇〉曰「明堂者，古有之也，凡九室。二九四七五三六一八」。【其數及位均與此同。明堂九室，故亦稱九宮】。

《易乾鑿度》「太一取其數以行九宮」。鄭注曰「太一者，北辰神名也。下行八卦之宮，每四乃還於中央。中央者，北辰之所居，故謂之九宮。天數大分，以陽出，以陰入。陽起於子，陰起於午。是以太一下九宮，從坎宮始。自此而從於震宮，自此而從於巽宮，所行半矣。還息於中央之宮，既又自此而從於乾宮，又自此而從於兌宮，又自此而從於艮宮，又自此而從於離宮，則周矣。上游息於太一之星，而反於紫宮。行起從於坎宮始，終於離宮也」。

洛書

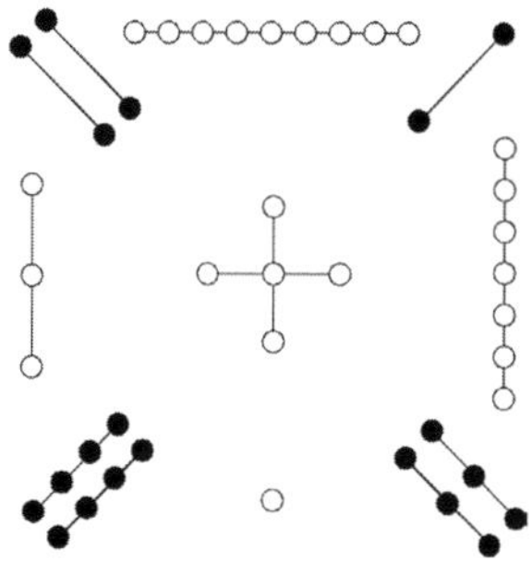

九宮之色：一白，二黑，三碧，四綠，五黃，六白，七赤，八白，九紫，以次遞推。今《曆書》承用不廢，亦猶行古之道也。

張平子曰：「臣聞聖人明審律曆，以定吉凶。重之以卜筮，雜之以九宮。經天驗道，本盡於此。且河洛六蓺，篇錄已定。後人皮傳，無所容竄。律曆卦候，九宮風角，數有徵效，世莫肯學，而競稱不占之書。譬猶畫工惡圖犬馬而好作鬼魅，誠以實事難形，而虛偽不窮也」。觀此可見《易》象數理之學，在漢時已就式微。宜晉唐而後之言《易》者，失所師承。致悉棄實事，而專尚空談也。

洛書之數，四十有五。與河圖相合，適為一百。凡一百之數，列為平方，對角分之，則一得五十有五，一得四十有五，此亦數理之自然，非人意可為增損其間也。故圖之與書，相為表裏，不能分析。或謂伏羲得河圖而畫卦，禹受洛書而演《範》，是言其取用之方。伏羲則圖畫卦，以圖為主。禹受書演《範》，以書為主。非伏羲時未嘗有書，大禹未嘗有圖也。

朱子《啟蒙》曰「河圖、洛書之位與數，其所以不同何也？」曰：「河圖以五生數，統五成數，而同處其方，蓋揭其全以示人，而道其常，數之體也。洛書以五奇數統四偶數，而各居其所。蓋主於陽以統陰，而肇其變，數之用也」。曰：「其皆五居中何也？」曰：「凡數之始，一陰一陽而已矣。陽之象圓，圓者徑一而圍三。陰之象方，方者徑一而圍四。圍三者以一為一，故參其一陽而圍三；圍四者以二圍一，故兩其一陰而為二，是所謂參天兩地者也。三二之合則為五矣，此河洛之數所以皆以五為中也。數與位皆三同而二異。蓋陽不可易，而陰可易。成數雖陽，固亦生之陰也。河圖之一二三四，各居其五象本方之外。而六七八九十者，又各因五而得數，以附於其生數之外。洛書之一三七九，亦居其五象本方之外。而二四六八者，又各因其類以附於奇數之側。蓋中者為主，而外者為實。正者為君，而側者為臣，亦各有條而不紊也」。曰：「其多寡之不同何也？」曰：「河圖主全，故極於十，而奇偶之位均。論其積實，然後見其偶贏而奇乏也。洛書主變，數極於九，而其位於實，皆奇贏而偶乏也。必皆虛其中焉，然後陰陽之數，均於二十，而無偏耳」。曰：「其序之不同何也？」曰：「河圖以生出之次言之，則始下，次上，次左，次右，以復於中，而又始於下也。以運行之次言之，則始東，次南，次中，次西，次北。左旋一周，而又始於東也。其生數之在內者，則陽居左而陰居上右也。洛書之次，其陽數，則首北，次東，次中，次西，次南。其陰數，則首西南，次東南，次西北，次東北也。合而言之，則首北，次西南，次東北，次中，次西北，次西，次東北，而究於南也。其運行，則水克火，火克金，金克木，木克土。右旋一周，而土復克水也。是亦各有說矣」。曰：「其七八九之數不同何也？」曰：「河圖六七八九，既附於生數之外矣，以陰陽老少進退饒乏之正也。其九者，生數一三五之積也。故自北而東，自東而西，以成於四之外。其六者，生數二四之積也。故自南而西，自西而北，以成於一之外。七則九之自西而南者也，八則六之自北而東者也，此又陰陽老少互藏其宅之變也。洛書之縱橫十五，而七八九六迭為消長。虛五分十，而一含九，二含八，三含七，四含六，則參伍錯綜，無適而不遇其合焉。此變化無窮之所以為妙也」。又曰：「乾无十者，有坤以承之。坤无一者，有乾以首之」。**【按：洛書偶數，當曰由東南次西南，次西北，次東北。朱子蓋未知陰數逆行，從四起也】**。

蔡氏元定曰：「古人傳記，自孔安國、劉向父子、班固，固皆以為河圖授羲，洛書錫禹。關子明、邵康節，皆以十為河圖，九為洛書」。蓋《大傳》既陳「天地五十有五」之數，《洪範》又明言「天乃錫禹洪範九疇」。而九宮之數，戴九履一，左三右七，二四為肩，六八為足，龜背之象也。劉牧以九為河圖，十為洛書，託言出於希夷。既與諸儒舊說不合，其易置圖、書，並無明驗。其實天地之理，一而已矣。伏羲作《易》，不必預見洛書，而已逆與之合。大禹作《範》，不必追攷河圖，而已暗與之符。誠以此理之外無他理故也。律呂有五聲十二律，而其相乘之數，究於六十。日有十干、十二支，而其相乘之數，亦究於六十。二者皆起於《易》之後，其起數又各不同**【按：聲律干支皆始於黃帝，其度數皆出於八卦。《周易》之《彖》、《象》、《爻》詞，根據於聲律干支者正多。故謂二者起於伏羲畫卦之後可也，謂起《易》後不可也。今之《易》周文王之《易》也】**。然與《易》之陰陽策數多少自相配合皆為六十者，無不若合符契也。下至《運氣》、《參同》、《太一》之屬，雖不足道**【《運氣》、《參同》、《太乙》與《遁甲》、《六壬》皆出於《易》，皆說《易》之最精者。不明此而讀《彖》、《象》、《爻》詞不可解者多矣。舊儒皆以經學自大，以術數為小道，宜《易》道之終不能明也。蔡氏之說不免囿於積習，學者更不可囿其說以自域也】**。然亦無不相通，蓋自然之理也。

彭申甫曰：「河圖，聖人嘆其不出而已。重典藏於柱下，史府固未嘗亡，適周蓋得見之」。

河洛之書，漢時猶存。《後漢書》「楊厚字仲桓，廣漢新都人。臨命戒子統曰：『吾綈袠中有先祖【祖春卿善圖讖說】所傳秘記』。統感父遺言，從犍為周循學習先法，又就同郡鄭伯山受《河洛書》，及天文推步之術」。鄭氏所云九篇六篇，今皆無傳。大抵如《緯書》所傳，真偽參錯。〈尚書・中候〉曰「帝堯即政七十載，修壇河洛，仲月辛日禮備，至於日稷【按：「稷」、「昃」古通用字。豐「日盈則昃」，亦作稷】，榮光出河，龍馬銜甲，赤字綠色，臨壇吐圖」。顧野王《玉符瑞圖》「虞舜時洛水出黃龍，舜與三公臨觀，黃龍五采，負圖出舜前」。頌聖瑞者，固多侈陳，然天生神物，不容終秘。洛書文得箕子演之，未聞有圖。河圖有數無文，得夫子繫《易》明著之，蓋有圖而亡於周末矣。歷千五百餘年，邵子因數演圖，因圖立說。雖云得之於陳希夷，實則河圖方位，本之《參同契》。洛書方位，本之太一下九宮。點畫陰陽，即揚子《太玄經》，及〈漢書・五行志〉而神悟變化，自符乎奇偶生成之體用，故朱子宗之，以冠全經。雖疑者猶多，終不可掩也。

萬氏彈峯〈易拇・更正河圖洛書說〉曰「河圖洛書，邵子、朱子闡發無餘蘊矣。但後人所傳，不無少差。如舊河圖一六居北，二七居南，三八居東，四九居西，五十居中，其點皆平鋪無兩折者，而十在中間，分二五對置，便失其旨。蓋河圖外方而內圓，一三七九為一方，其數二十也。二四六八為一方，其數亦二十也。中十五共五十五數，中十點作十方圓布，包五數在內。此外方內圓。而五數方布在中者，中一圈，即太極圓形。外四圈分布四方，為方形。十包五在內，仍然圓中藏方，方中藏圓；陰中有陽，陽中有陰之妙也。而十五居中，即洛書縱橫皆十五之數，是又河圖包裹洛書之象。河圖點皆平鋪，無兩折，洛書亦然。舊洛書圖，二四六八皆兩折。不知河洛本二四六八，亦宜平鋪。洛書外圓而內方，圓者黑白共四十數。圓布於其外，一三七九為一方，二四六八為一方，仍然河圖本體。此又圓中藏方，洛書包裹河圖之象，而中五又有方中藏圓之妙。河圖已具洛書之體，洛書實有運用河圖之妙，因將圖、書奇偶方圓交互表之以圖。漢劉氏云：『河圖、洛書相為經緯，八卦九章相為表裏』，此語自有傳授，非漢儒所能言也」【二四六八當曰「四二八六」，萬氏亦未知陰數逆用之序也】。

萬氏河圖

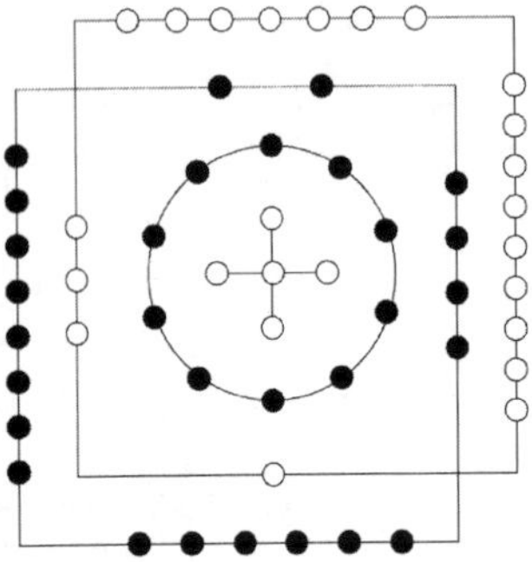

萬氏之圖，較僅改形式而無意義者【如以河圖為旋毛形，洛書作龜坼形者是也】，自高一籌。然兩數之體用分合，固極明晳。不必改作，意自可見。惟初學得此，未始不可為觸目會心之一助，故特錄之。至兩圖之加減除乘，及進退變化之妙，除朱子《易學啟蒙》，邵子《皇極經世》外，有蔡西山之《經世節要》，張行成之《經世演義》、《易通變》，丁翼東之《衍翼》，胡滄曉之《周易函書》，江慎修之《河洛精蘊》，張楚鐘之《易圖管見》。推衍至詳，千變萬化，未能悉錄。有以圖、書配八卦者，多拘執牽滯，不能悉當。其實河圖為體，洛書為用。河圖即先天，洛書為後天。河圖為體，而體中有用，洛書為用，而用中有體。此即萬氏圖，中分圓分方，方含圓，圓又含方之意也。歷代數理、曆象、推步、占驗、醫學、風鑒諸家，均以洛書為用，其義悉本於《易》。前人罕有言者，茲特扼要略述如左。

萬氏洛書

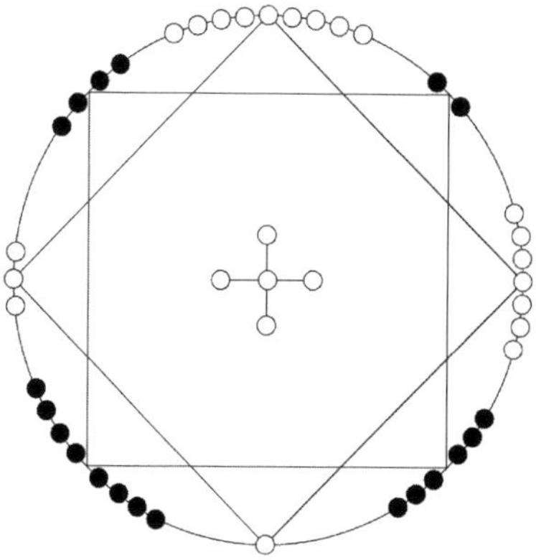

洛書與河圖相異，驟視之似一六與三八未易，而二七四九乃互易其方者，實則惟一三五不動。一三五者，天陽之生數，不可動者也。《周易》乾用九，九即一三五之積數也。故《易》道扶陽而抑陰，非陽之有待於扶，而陰必處於抑也。天地陰陽之數，理本如是。論其體，陽生於陰。言其用，則陰統於陽。如河圖之六合一為七，七陽也。二合七為九，九陽也。三合八為十一，一陽也。四合九為十三，三陽也。五合十為十五，五陽也。總數五十有五，亦陽也。洛書之對位，則皆陰也。一九合十，三七合十，二八合十，四六合十，總數四十，皆陰數也。而御之以中五，則縱橫上下交錯無不為十五，總數四十有五，皆陽數矣【此為以陽統陰，君子道長，小人道消，《周易》之大義也。觀天地生成之數，天數二十有五，而地數三十，陽少陰多，故古今來恆苦治世少而亂世多。君子少而小人多。聖人參天兩地，建中立極，以五御十，化陰為陽，而以洛書四十五數為用。則天數二十有五，地數二十，陽多陰少，十數不見而潛藏於兩數相合之中。是小人皆化為君子，撥亂反正，成燮理陰陽之功，其樞機悉在中。五與十，五能御十，則君子道長。五不能御十，則君子道消。五十者，中孚也。故孔子「五十學《易》，可以無大過」。詳見《學易筆談》】。洛書之位，一居於北，與河圖同。此為萬數之本，不可動搖，〈乾・文言〉曰「確乎其不可拔」者，此也。由北而東北，而東，而東南，本一二三四之數也。由西北，而西，而西南，而南，本六七八九之數也。古聖於此，但將二八兩數互易其位，遂成今日洛書之數。天地造化之機，陰陽變化之妙，悉在於此。略圖如下。

二八易位圖

原數

九
四　　八
三　　　七
二　　六
一

二八易位成洛書之數

九
四　　二
三　　　七
八　　六
一

此二八兩數，其位之相易，尚易見也，前人亦有言之者。而暗中實為五十之變化，則未易知之，前人亦從無發明者。蓋二八位，在先天卦則巽震也，在後天卦則坤艮也。坤艮皆土，為五十之數。萬物皆生於土，皆歸於土。成始成終，而皆在於艮之一位矣**【此須合先後卦位詳玩之】**。巽震相易，故雷風恆之《象傳》曰「立不易方」，此言其未易之體也。易則為巽震，故風雷益之《象傳》曰「自上下下」，曰「天施地生」，此即其已易後之用也。坤艮為謙，〈謙•彖傳〉曰「天道下濟而光明，地道卑而上行」。曰「天道虧盈而益謙**【風雷益】**，地道變盈而流謙，鬼神**【二西南未申，八東北丑寅。西南為神樞，東北為鬼藏】**。害盈而福謙，人道惡盈而好謙」。《象》曰「裒多益寡」。凡此皆指二八兩位，陰陽變化之玄妙。先儒專就坤艮本卦之象以求其義，無論如何附會穿鑿，終不能字字著落也。此即《易》與河洛二數闔合之證，亦即二八兩數易位之證。於此求《易》，則《易》《彖》《象》之辭，昔之所謂不可解者，亦可十解其五六矣【此理精深微妙，先儒未肯輕泄。邵子《皇極經世》但微露其機，學者宜潛心體會，勿忽視焉】。其兩圖位次，五行順逆生克之序，舊說甚詳，亦淺而易見，茲不贅述。惟洛書五行之次，既悉與後天八卦相符，而河圖之四方與中央，亦悉本生生之義，正不必牽扯補湊為也。孔子曰：「河出圖，洛出書，聖人則之」。古籍殘闕，既無從取證，此所謂河圖、洛書者，未必為當日所取則之河圖、洛書。但其奇偶相得之數，必為天一天二之五十五數。雖有蘇張之舌，決不能指其為非者也。其數之悉符於《易》象，順逆變化之與天地同流。亦雖有蘇張之舌，不能辨其為否者也。然則非則圖以畫卦，必則卦以畫圖，所謂相為表裏者也。愚以為龍馬負圖，乾龍坤馬，即乾坤也。靈龜吐書，戴九履一，即坎離也。後人不察，必求龍馬以實之，泥龜形而坼之，不亦傎乎！

二五之精，妙合而凝，實為萬物生化之源。而二八易位，即二五搆精之妙用也。古今丹家千言萬語，譬喻百端，皆以玄機隱秘，終不肯一語道破，皆由不知圖書《易》象，早已顯示其端。學者畏難苟安，不肯從《易》學根本下手，致枉費心血，暗中摸索，千古長夜。有白首無成者，有終身由之而莫明其妙者，良可慨矣！茲復繪二五搆精圖如下，明白淺顯。無論何人，皆可一目了然矣。幸勿因其淺近，且得之太易而忽視焉。

二五構精圖

周濂溪《太極圖說》曰「二五之精，妙合而凝」。《通書》曰「二氣五行，化生萬物。五殊二實，二本則一，是為萬一。一實萬分，萬一各正」。此數語實扼陰陽變化之要，宜注意焉。

原數

五 六
四 一
三 二

二五交易

二 六
四 一
三 五

【原數左五六而右三二，數偏倚而不平。雖有中五，無從化生。以二五交易其位，則左右皆八。〈謙・象〉曰「君子以裒多益寡，稱物平施」。謙為坤艮二八之位。二八交易，即二五交易也。二八合十為土，二五亦合十為土，陰陽生化，因以不窮。數似淺而義蘊極深，二千年來無人道破。曾於此用苦功者，必當悉著者之苦心也】。

易楔　卷二

卦位第二

《周易》八卦方位之有先天後天，雖始於有宋，然推之於數而悉符，求之於象而胥合，證之於《彖》、《象》、《十翼》，而碻有可據。是迺《易》象之所固有，不但《周易》為然，即《連山》、《歸藏》，其經卦別卦既同，恐亦不能有用而無體，有後天而無先天也。漢《易》雖匙傳書，然如荀氏慈明之升降，虞氏仲翔之納甲，取象於先天卦位者甚多。而《參同契》尤先後天並用，特未立此先天後天之名目耳。自朱子《本義》，以邵子先後天八卦方位各圖，弁諸經首，遂開後儒攻擊之門。明清以來言漢學者，以排詆宋學為先，迺波及於邵子。實則宋季項氏安世，早有平論。謂河洛卦象，體用分明，悉出理數之自然，無可攻擊。所以遭後世之非議者，衹以立名未當耳。故謂天地定位為伏羲八卦可也，謂帝出乎震為文王八卦，未免無據。蓋伏羲畫卦，體用一源，當然先後天並有，不能至文王而始有此八卦之用也。故後儒有改伏羲八卦為天地定位圖，改文王八卦為帝出乎震圖者，自較舊名為佳。但改伏羲與文王之名可也，至先天後天之名，則不可改。《序卦》定名，與《彖》、《象》、《繫辭》之明言先後天者甚多，不但「先天而天不違，後天而奉天時」一二語，足為先後天之證也。吳喬《他石錄》

謂乾卦先天之先讀去聲，非邵子所謂先天之先，是真世儒之見。孔子贊《易》之時，豈有沈約四聲之譜，已傳異音別義之說哉！《彖》、《象》傳，《文言》、《繫辭》傳，無不有韻，分陰分陽，細入毫芒，獨未嘗有異讀改義之例。漢學家博攷羣籍，亦明知乾坤坎離之先後體用，極陰陽造化之妙，無可非難。於是又遁其辭，指為外道，曰：「希夷仙也，不妨以外道說《易》。邵子交於二程，何可出此？考亭於丹道有所見，是以手注魏伯陽之《參同契》。見邵之圖，欣然會心，入於《本義》，而不計丹道可以倚《易》，《易》不為丹道作也」云云，是非但昧禮失求野之義，且聲聲言《易》，與《易》道之相去遠甚。博學雄辨，適見其客氣之盛。茲編去取，一本經傳，準之象數。門戶異同之見，概所不取。

先天八卦

《說卦傳》曰「天地定位，山澤通氣。雷風相薄，水火不相射。數往者順，知來者逆。八卦相錯。是故《易》，逆數也」【胡東樵《易圖明辨》曰「按此章與八卦之位無涉。天地定位言乾坤自為匹也，山澤通氣言艮兌自為匹也，雷風相薄言震巽自為匹也，水火不相射言坎離自為匹也」，云云。夫《說卦傳》本文明明曰「天地定位」，而曰「與位無涉且自為匹」者，無位又安見其相匹乎？其恣意辯駁，不顧前後如此】。

邵子曰：「此一節明伏羲八卦也。八卦相錯者，明交錯成六十四卦也。數往者順，若順天而行，是左旋也。皆已生之卦也，故曰數往也。知來者逆，若逆天而行，是右行也。皆未生之卦也，故云知來也。夫《易》之數由逆而成矣。此一節直解圖意，若逆知四時之謂也」【以次序觀之有乾一而後有兌二。有兌二而後有離三震四，而巽五坎六艮七坤八，亦以次而生。自圖之左方，震之初為冬至，離兌之中為春分，以至於乾之末而交夏至焉，皆進而得其已生之卦。猶自今日而追溯昨日也，故曰「數往者順」。其右方自巽之初為夏至，坎艮之中為秋分。以至於坤之末而交冬至焉，皆進而得其未生之卦。猶自今日而逆計來日也，故曰「知來者逆」也。按：此但以言邵子之數，至《說卦》所言蘊義甚廣，實不僅此。朱子僅取邵說，故攻擊之者謂取《十翼》為先天圖註腳。然先天圖豈邵子私有哉！】。

邵子《觀物外篇》曰「震始交陰而陽生，巽始消陽而陰生。兌陽長也，艮陰長也。震兌

先天八卦圖

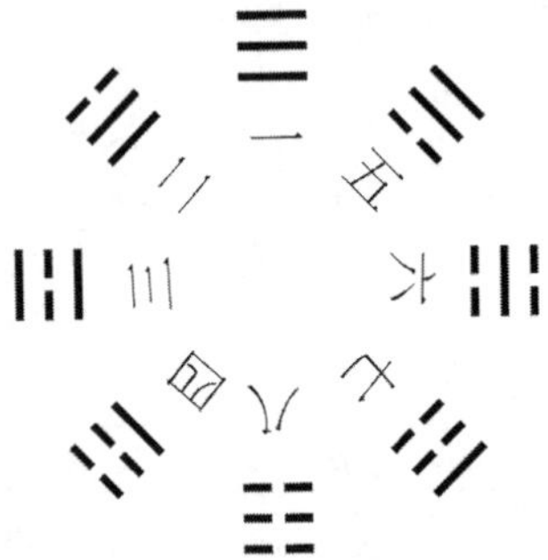

註：此圖中數字為編者依書中文字加入，非本書原圖
※請依數字將方向轉正看，因全書看八卦圖方向並未一致

在天之陰也，巽艮在地之陽也。故震兌上陰而下陽，巽艮上陽而下陰。天以始生言之，故陰上而陽下，交泰之義也。地以既成言之，故陽上而陰下，尊卑之義也。乾坤定上下之位，離坎列左右之門。天地之所闔闢，日月之所出入。是以春夏秋冬，晦朔弦望，晝夜長短，行度盈縮，莫不由乎此矣」**【《朱子語類》曰「先天圖直是精微，不起於邵子。希夷以前元有，只是秘而不傳，次第是方士輩所相傳授。《參同契》所言，亦有些意思」】**。

先天八卦，以乾坤坎離為四正，震巽艮兌為四維。四正者，所以立體。故河圖之位，亦祇列四方。乾坤坎離者，即天地水火**【以曆象言，離坎亦為日月】**。水火者，天地之大用。合天地水火，而萬象無不畢舉矣。釋氏言地水火風，西儒言水火土氣，亦即乾坤坎離也**【坎水離火。地即土，天即氣也。釋氏言風，風亦為氣也】**。邵子所謂「震始交陰而陽生」者，謂乾與坤接，而震一陽生於下。《參同契》曰「三日出為爽，震庚受西方」。言三日之夕，月見庚方，納震一陽之氣也。「巽始消陽而陰生」者，謂坤與乾交，而巽一陰生於下。《參同契》曰「十六轉就緒，巽辛見平明」。言十六日旦月退辛方，納巽一陰之氣也。自震一陽進而納兌之二陽，至乾之陽而滿。兌納丁，乾納甲。此望前之候，明生魄死之月象也。自巽一陰退，而納艮之二陰，至坤三陰而滅。艮納丙，坤納乙，此望後三候魄生明死之月象也。此所謂納甲。雖出於《參同契》，虞氏翻說《易》，皆本於此，與先天八卦方位之陰陽消長悉合。可見自漢以前，必有此說。魏伯陽得假之以明丹學，與朝屯暮蒙之候，同為取資於《易》，非伯陽所創造也。今指納甲為道家外說，然則屯蒙需訟之次，將因《參同契》定為火候，亦謂之外說耶【今屯蒙需訟，幸有孔子《序卦》一篇得以無紊。使《序卦》不傳，而簡冊紊亂，亦惟有取《參同契》所列朝屯暮蒙之次以定六十四卦之序耳。何獨疑於納甲為哉！】《禮運》曰「播五行於四時，和而後月生也。是故三五而盈，三五而闕」。正合此意。播五行於四時，以一歲中四氣之流行言之，出震齊巽之方位是也。三五而盈，三五而闕，以一月中月體之消長言之，乾南坤北之方位是也。月生明謂陽之進，月生魄謂陰之退者；天地之數，天數二十有五，地數三十。故一月三十日，而月之得光衹二十五日【每月二十八日至初二日，月無光也】。《參同契》曰「七八數十五，九六亦相當。四者合三十，陽氣索滅藏」。此象數兼資，不能離數以言象，亦不能離象以言數者也。附納甲圖如下：

納甲之說，不但與先天圖之陰陽消長相合，與河圖之數位亦合。河圖三八居東為甲乙木，二七居南為丙丁火，四九居西為庚辛金，一六居北為壬癸水，五十居中為戊己土。乾納甲，坤納乙，東方木也。兌納丁，艮納丙，南方火也。震納庚，巽納辛，西方金也。坎納戊，離納己，中央土也。乾又納壬，坤又納癸，北方水也。漢上朱氏曰「納甲者，舉甲以該十日也。乾納甲壬，坤納乙癸。震巽庚辛，坎離戊己，艮兌丙丁，皆自下生。聖人仰觀日月之運，配之以坎離之象，而八卦十日之義著矣」【參看下卦數章】。

乾坤甲乙，艮兌丙丁，震巽庚辛，坎離戊己，為日月本體，故圖未列。乾又納壬，坤又納癸，乃陽中之陰，陰中之陽。目所不見，故亦不列於圖。

納甲圖

《繫傳》曰「懸象著明，莫大乎日月」。虞氏注謂：「日月懸天成八卦象，三日暮震象月出庚，八日兌象月見丁，十五日乾象月盈甲壬，十六日旦巽象月退辛，二十三日艮象月消丙，三十日坤象月滅乙癸，晦夕朔旦則坎，坎象水流戊。日中則離，離象火就己，戊己土位，象見於中」。「日月相推而明生焉」。〈坤・彖〉「西南得朋」。虞曰：「陽喪滅坤，坤終復生」。此指說《易》道陰陽之大要也。又曰「消乙入坤，滅藏於癸」。

《參同契》曰「天地設位，而《易》行乎其中矣。天地者，乾坤之象也。設位者，列陰陽配合之位也。《易》謂坎離。坎離者，乾坤二用。二用無爻位，周流行六虛。往來既不定，上下亦無常。幽潛淪匿，升降於中。包囊萬物，為道紀綱」【漢以前易字皆从日从月，日上月下。日勿之易後出，遂滋異議。許叔重《說文》「日」字引《秘書》「日月為易」，可見相傳甚古矣】。

《虞氏易》卦位，乾坤列東，艮兌列南，震巽列西，坎離居中，與納甲圖同。蓋先天卦位立其體，故天地定位，日東月西。陰陽消長，各循其序。納甲言其用，故卦各從其所納之方，雖異而實同也。離東坎西，至望夕則日西月東。坎離易位，其離中一陰，即是月魄。坎中一陽，即是日光。東西正對，交注於中。此二用之氣，所以納戊己也。故曰「坎戊月精，離己日光。日月為易，剛柔相當。蟾蜍與兔魄，日月氣雙明也」。乾納甲而又納壬，坤納乙而又納癸者，以乾之中畫即太陰之精，望夕夜半月當乾，納其氣於壬方，地中【地中者，即地之下面也】對月之日也。坤之中畫即太陽之精，晦朔之間日在坤，納其氣於癸方，地中合日之月也。徐敬可曰：「望夕之陽既盈於甲，其夜半日行至壬，而月與為衡」。日中原有陰魄，所謂離中一陰者，平時含蘊不出【今西人以遠鏡窺日，見日中有甚大之黑影，與離卦之象適合】，至是盛陽將革，又感正對之陰，乃充溢流滋，而為生陰之本，故其象為◉，即望夕夜半壬方之日也。晦旦之陽，既盡於乙，其夜半日行至癸，而月與同躔。月中原有陽精【今西人遠鏡窺見月中有類於河流者，其形不定。雖未敢斷為即月中之陽精，然與坎卦之象亦無不合矣】，所謂坎中一陽者，平時胚渾而不分，至是則盛陰將革，又感摩戛之陽，乃剖發迸泄而為生陽之本，故其象為○，即晦朔間癸方之月也。故曰：「壬癸配甲乙，乾坤括始終」。此論納甲極精。以證先天卦位，益可見漢人以前，必有相傳之學說。或即許叔重所謂《秘書》【《說文》「日月為易」引《秘書》】之類，不但非陳、邵所創造，亦非魏伯陽所能創造也【萬氏彈峯曰：「天地定位一節，孔子已發明納甲之旨，得《參同契》其義始著。以六卦證月候，而坎離為日月之本體，居中不用。五行家謂初三以後庚金旺，初八以後丁火旺，十五以後甲木旺，十六以後辛金旺，二十三以後丙火旺，三十日後乙木癸水旺。蓋月受日之精光，而五行又受日月之精光，故乘日月所泊之地而旺也。東方朔以納甲五行定人命之吉凶禍福，則其說亦不起於《參同契》也」】。

《繫傳》曰「雷以動之，風以散之。雨以潤之，日以烜之。艮以止之，兌以說之。乾以君之，坤以藏之」。邵子本此節，繪六十四卦方圖，其中心四卦為震巽恆益，外一層為坎離，再外一層為艮兌，再外一層為乾坤，次序悉合。與其小橫圖【即《本義》所謂「伏羲八卦次序」者】，八卦之次序亦合【震巽居中，外為坎離，又外為艮兌，首尾為乾坤】。故邵子《大易吟》曰「天地定位，泰否反類。山澤通氣，咸損見義。風雷相薄，恆益起意。水火相逮，既濟未濟。四象相交，成十六事【十六事者，四畫之卦即中爻是也】。八卦相盪，為六十四」。此邵子有得於先天之學，而擷其精蘊處也。惟乾一兌二離三震四巽五坎六艮七坤八之數，乃邵子貫澈《易》理，獨有會心，自成一家之學。與揚子《太玄》，皆足與《易》相發明，而實非《周易》卦象之數也。自《本義》以邵圖弁首，後之說《易》者，以邵子之數為《易》象之數。如來瞿塘、胡滄曉、張乘槎，比比皆是，實屬大誤。故茲編於邵子之小橫圖、大橫圖、大圓圖、方圖，皆不贅錄。間有足資參考者，今所刊行之《易經》皆具此圖，檢尋固極便也。

《說卦傳》曰「乾天也，故稱乎父。坤地也，故稱乎母。震一索而得男，故謂之長男。巽一索而得女，故謂之長女。坎再索而得男，故謂之中男。離再索而得女，故謂之中女。艮三索而得男，故謂之少男。兌三索而得女，故謂之少女」。此節明乾坤交生六子之序，《本義》別立為圖，曰「文王八卦次序」【伏羲八卦因而重之為六十四，豈至文王而始有乾坤六子之序？況後天八卦以坎離為用，乾坤退居，何得以此為文王八卦乎？】，實即先天圖。陽始交陰，陰始交陽，由先天八卦，變為後天之樞紐也。學者以先天後天兩圖，並列互觀，詳察其陰陽變化之序，先後更易之次，自有無窮妙境。諸家之說，雖各明一理，非具有心得者，閱之轉無所適從耳。

後天卦

《說卦傳》曰「帝出乎震，齊乎巽，相見乎離，致役乎坤，說言乎兌，戰乎乾，勞乎坎，成言乎艮。萬物出乎震，震東方也。齊乎巽，巽東南也。齊也者，言萬物之絜齊也。離也者，

後天八卦圖

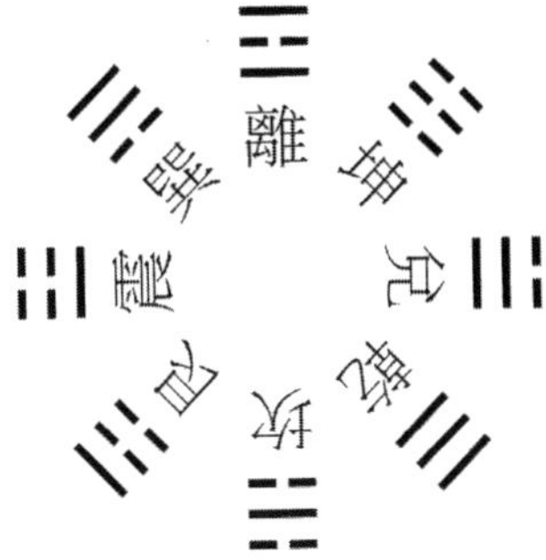

註：此圖中文字為編者依書中文字加入，非本書原圖
※請依文字將方向轉正看，因全書看八卦圖方向並未一致

明也，萬物皆相見，南方之卦也。坤也者，地也，萬物皆致養焉。故曰致役乎坤。兌正秋也，萬物之所說也，故曰說言乎兌【坤地也，不可以一方言，故不曰西南。兌正秋也，舉兌則坎冬、震春、離夏可知矣。西南為神，神无方而《易》无體，故獨此兩卦不言方】。戰乎乾，乾西北之卦也，言陰陽相薄也。坎者水也，正北方之卦也，勞卦也，萬物之所歸也，故曰勞乎坎。艮東北之卦也，萬物之所成終而成始也【艮居丑寅二辰，丑十二月成終也。寅正月成始也】，故曰成言乎艮」。

《觀物外篇》曰「至哉！文王之作《易》也。其得天地之用乎？故乾坤交而為泰，坎離交而為既濟也。乾生於子，坤生於午。坎終於寅，離終於申。以應天之時也。置乾於西北，退坤於西南，長子用事，而長女代母，坎離得位，兌震為偶，應地之方。王者之法，其盡於是矣」。

林氏《易稗傳》曰「先天所以立體也，後天所以致用也。以陰陽之體論之，巽離兌本陽體也，而陰來交之。震坎艮本陰體也，而陽來交之。伏羲之卦，得陽多者屬乎陽，得陰多者屬乎陰。後天之卦，得一陰者為三女，得一陽者為三男。先天之位，三女附乎乾，三男附乎坤。陰附陽，陽附陰也。後天之位，三男附乎乾，三女附乎坤者，陰附陰，陽附陽也」【按：先天言體，故陰陽從其多者為主。後天言用，故陰陽取其少者為主也】。

《說卦傳》曰「神也者，妙萬物而為言者也。動萬物者莫疾乎雷，撓萬物者莫疾乎風，燥萬物者莫熯乎火，說萬物者莫說乎澤，潤萬物者莫潤乎水，終萬物始萬物者莫盛乎艮。故水火相逮，雷風不相悖，山澤通氣，然後能變化既成萬物也」【既讀若概，古字通也。《本義》：「此去乾坤而專言六子，以見神之所為，然其位序亦上章之說，未詳其義」。朱子不強不知以為知，是其篤實處。但此章為《易》學綱領，與「帝出乎震」一章，並列全《易》精蘊，悉從此出。不知其義，《易》何從說哉！】。

後天八卦，為入用之卦。古聖帝王製作之大原，治平之經緯，皆出於後天八卦之用。下而曆象、推步、運氣、樂律、占卜、風鑑、星命諸術，亦皆後天卦也。《周易》序卦，則以先天為體，後天為用，二者兼行。漢學家之攻擊先天，由於門戶之見過深，未暇取經文而詳玩之耳。《上經》始乾坤終坎離，明明先天卦位也。《下經》始咸恆終既未濟，明明後天之卦位也。而六十四卦之命名，於先後天相關者尤多。如天火曰同人，同人親也。水地曰比，比親也。同人、比何以親？非以先後天，乾離坤坎之位相合乎？火雷曰噬嗑，噬嗑合也。水澤曰節，節亦符合之意。非離震坎兌，亦先後之位相合乎？此其最顯者也。蠱卦幹父之蠱，幹母之蠱，本卦未嘗有父母之象。虞氏以卦變言之，謂蠱由否來，父母謂否之乾坤。然損亦否變，未嘗言父母，否本卦亦未言父母，何獨著其象於蠱？惟以先後天證之，則先天山風之位，後天以乾坤居之，可不煩言而自解矣。各卦類此者甚多，詳下〈卦名〉章。

《說卦傳》「帝出乎震」一章，與「神也者」一章，皆言後天八卦之方位及作用。一「帝」字，一「神」字，皆貫澈全章。帝也者，所以主宰此出震齊巽之用者也。神也者，所以變化此雷風山澤之妙者也。帝出乎震而神妙於兌，兌為少女【今西洋相傳上古之神像，類作少女形，其用意與此亦不謀而合者也】，兌說言，故曰「妙萬物而為言者也」。先天水火不相射，雷風相薄。至後天二八易位，則水火相逮。雷風不相悖，山澤通氣【山澤通氣，先後天同也。然後天山澤之用，即見於震兌。以震兌反之，即艮巽也】，然後能變化既成萬物也【既當讀若概】。「萬物出乎震」，以下「萬物之絜齊也、萬物皆相見、萬物皆致養、萬物之所說、萬物之所歸、萬物之所成終而所成始」，凡七言「萬物」。獨乾曰「陰陽相薄」，不言萬物。以後天乾居戌亥之位，為萬物入无之數，八風不周之方，羣龍无首，用藏而不可見【乾无也，於文「天屈西北為无」】，故不言萬物。至坎藏艮成，終而復始，震出用九，即以長子代父之用也。「神也者」一章，備言六子，皆稱萬物。不言乾坤，以六子之用皆乾坤之用，故始曰「妙萬物」而為言，終曰「既成萬物」。凡言「萬物」者八，雖不言乾坤，而乾坤之用已並舉矣。

《說卦》自「天地定位」至「神也者」四章，詳言先後天八卦方位功用，備極明顯。雖未有圖，亦與圖無異。而「易逆數也」以下，如「動散潤烜說止君藏」，與下兩節之摹擬虛神，更有非圖之所能描畫者。舊說謂先天卦圓，後天卦方，固未嘗誤。然不可泥於字面，兼玩圖、書，圓中有方，方中有圓之義，方能得變化活潑之機。且所謂圓者，非紙上所畫一圈之平圓，乃如天體之渾圓耳。讀者但認定所畫圓圖之形以為圓，每多窒礙而難通矣。所謂方者，不僅四方，亦兼八方。要亦非紙上所畫之平方，學者詳玩圖、書，必先深求其意，得其形而不滯於形，明其體而不囿於體，目觀先天之圖，而意與後天通其用。口說後天之卦，而心以先天藏其體。先後融貫，兩圖不啻一圖，亦即可以無圖。或有疑吾言者，可取此四章誦讀至百千徧，目追心寫，自悟孔聖神化之筆，真與造物同功，決非後人先天、後天兩圖所能盡。此孔子贊《易》之所以無藉乎圖也。

後天方位，離南坎北。漢學家遂據此以攻擊乾南坤北之先天圖，謂孔子《說卦傳》，明言乾西北之卦，坤雖不言方，居離兌之間，自在西南。故曰「乾寒坤暑」。若乾南坤北，則乾暑坤寒，豈非與孔子之說大悖乎！先天駁議，當以此說為最有根據。後人雖有辨之者，其說仍不出邵氏方圓二圖之外，未足以辨漢學之惑焉。夫《繫傳》曰「天地定位」，曰「天地設位」，皆以天地言，而乾坤在其中。易者，一易而無不易，上下易，陰陽易，此所以成天地之用。而乾坤之位，豈有一定而不易之理？乾南坤北者，天地之體，陰陽升降，冬寒夏暑，布五行而成四時。天度一歲而一周，此天地之南北以一年而言者也。而日行一日而一周，子南午北，以分晝夜。卯酉東西，以正昏旦。此晝夜之南北，以一日而言者也。故論卦位，有一年之南北，有一日之南北。一日之南北，子北在夜，午南為晝，午南而子北，離午而坎子，此人人所知者也。而論一年之南北，則冬至日南至，而夏至日北至，體用相錯，則子午不啻易位，坤居南而乾在北矣。是以八卦陰陽，都要活看。先天後天之圖，祇存其大體之梗概，萬不可沾滯泥執。以紙上之卦爻，為天地之法象也。

讀《易》首在明卦。六爻之卦，皆三畫之八卦因而重之，以成六十四卦。不明三畫之卦，何以明《彖》、《象》而識經傳之意義乎？不明先後天之方位體用，何以明象數而識陰陽之變化乎？專言漢《易》者，向無八卦方位之圖。專言宋學者，卦圖皆宗朱子《本義》，全取邵氏之說，均無論矣。其號稱兼取漢宋，如《周易折中》、《來氏集注》、《周易函書》等，皆搜羅宏富。卦象之圖，多至數百，要皆偏重於宋學者為多。所謂以先天數為《易》數之誤，均未能免焉。邵氏之說理，非不精也，特皆其悟而自得之理，別有境界。初學於數理尚無端倪，驟讀其說，極易以辭害意。即如「天根」、「月窟」諸說，非深造有得，不易領會。若展圖而指之，曰此天根也，此月窟也，乃乾遇巽時，地逢雷處也，意非不明，而心得何在？且迹象橫梗胸中，以後更難言進步，實為初學之大患。茲編之有圖，出於萬不得已。因為初學說法，非此不便指講。故陳陳相因之圖，雖有佳者，亦從割愛。學者能象義犗明，然後最求前人之圖說觀之，是非去取，自有成竹。不致以訛傳訛，此著者之微意也。

卦材第三

程、朱《傳》、《義》，宗王《注》，其釋《彖》、《象》，均以卦德、卦義、卦名為言。來知德氏《集注》言性情，以內卦為性，外卦為情，意非不當，要皆強為之名。實則孔子《繫傳》、《說卦》，當名辨物，已有定稱。《傳》曰「彖者，才也。才也者，材也」。言材則體用皆賅，德性兼備，無餘蘊矣。《說卦》「雷動風散」，「乾健坤順」兩章，皆言八卦之材。知八卦之材，而後知六十四卦因重交互，無不各因其材。而辨其情偽吉凶，銖兩悉稱，名實相副。《彖》、《象》傳贊，亦無不各因其材以為之辭，無一字之虛設焉。學者宜詳玩經文，而合之於象，準之於數，融會貫通，由一卦以推各卦，而觀一卦，更必徧取各卦，參互比例，而後能得其真確之意義。不可因字義注釋之已明，而不復研求深意之所在焉。

☰	乾健也（動也）	乾以君之	乾剛	乾父（大哉乾元，故乾亦云「大」，位居西北，故亦稱无，无方无體）
☷	坤順也（靜也）	坤以藏之	坤柔	坤母（至哉坤元，故坤有「至」義，萬物致養，有「養」義，有方有體）
☳	震動也（行也）	雷以動之	震起也	震長男（震笑言啞啞）
☴	巽入也（齊也）	風以散之	巽伏也	巽長女（巽以行權，巽稱而隱）
☵	坎陷也（險也）	雨以潤之	坎下	坎中男（勞卦也，祇既平，平也，又通也）
☲	離麗也（明也）	日以晅之	離上	離中女（萬物皆相見）
☶	艮止也（成也）	艮以止之	艮止	艮少男（狠也，光明也）
☱	兌說也（決也）	兌以說之	兌見	兌少女（兌說，故有喜）

健順動入陷麗止說，各一字概一卦之德性功用。而父母男女，亦各因其名，以定一卦之分際。今皆謂之材者，以六十四卦之《彖》、《象》，無不合內外兩卦之材以命辭。而一卦六爻，及內外中爻，亦無不取材於是。《傳》曰「君子觀其彖辭，則思過半矣」。彖辭因材而施之辭也，且不特內外卦為然。即卦中之一爻，為何卦之爻，即具何卦之材。如為坎爻必有陷義，或險義。為離爻者，必具明義，或麗義。惟乾坤兩卦，不以爻言。而《雜卦》之「震起兌見、巽伏艮止」，此「起止見伏」四字，尤為八卦變化之門。觀象玩辭，均不可不於此鄭重注意也。

卦名第四

《易》六十四卦，八純卦外，五十六卦，皆合兩卦之象數而立之名。名所由來，兩漢之師說既不盡傳，後人遂不能明其意之所在。為之說者，皆賴《序卦》及《雜卦》之單辭隻義，推衍而申明之。不知《序卦》，但據文王之卦序而貫串之，《雜卦》則專以中爻交錯，明剛柔消長之理，而終之以剛決柔之大用。此皆孔子贊《易》微言大義所在，與當名辨物，別為一義，不容依附牽涉并為一談者也。蓋自《連山》、《歸藏》，經卦、別卦，相傳各有其名。文王之序《周易》，有仍其舊名者，有別立新名者。今《連山》、《歸藏》，既無全書，無從參攷。而《周易》卦名，各家注《易》者，迄無所發明。其淺顯易見者，如泰否損益等卦，尚不難顧名思義。若火山之何以名旅，山火之何以名賁，及大過小過之類，則望文生義，即難自圓其說。眾議紛紜，乃無可折中矣。不知名位象數，互相因緣，不能相離。不知名，其何以知《易》？偏徵羣籍，兼及古今占筮諸書，始知《周易》卦名，有合內外兩象之名義而成者，如屯蒙需訟等卦是也。有取象於先天卦位者，如大小過等卦是也。有取象於後天方位者，如謙睽家人等卦是也。有合取先後天卦位者，如噬嗑同人節比中孚觀頤大小畜等卦是也。更有取象於八宮世應，及五行順逆者，至不一例，要無不各有其義。舊說祇限於內外兩象者，說尚可通。餘皆以不解解之，茲特疏舉所已知者如左，未知者仍闕疑以俟後之君子。

䷀ 乾**【〈象〉辭「天行健」三字盡之。八純卦名皆不易。既知八卦之方位，象數重卦之名位，象數舉可知矣】**。

䷁ 坤**【〈象〉辭「地勢坤」三字盡之。乾不稱乾而坤稱坤者，此天地陰陽之分際，聖人之特筆也】**。按：《序卦》不序乾坤，以乾坤為天地，萬物皆覆載於天地之中。全《易》六十四卦皆乾坤六爻所生，故《繫辭》稱為「《易》之門」、「《易》之蘊」，非屯蒙以下六十二卦所能等量而齊觀也。《序卦》首曰「有天地」，天地即乾坤也。

䷂ 屯**【屯，難也，陰陽始交，故為六十二卦之始】**。按：屯象，草木初出地，而尾猶屈。一陽動於下，而上未應。中爻艮止，故難。此由內外兩象取義以立名者也。

䷃ 蒙**【蒙，物之始生】**。按：陽氣動於地之下，而二上兩爻包坤，有離象。如日光下燭，則地之上必有氣蒸發，所謂蒙氣是也。故名曰「蒙」。

䷄ 需**【〈象〉曰「雲上於天」。《序卦》「需，養也」】**。按：需从雨从而。「雨」為坎，「而」與古文「天」字同，乾也。

䷅ 訟**【〈象〉曰「上剛下險，險而健」。訟言其義也。天與水違行，言其象也】**。按：天水違行，何以有訟之名？夫乾父也，坎為中男，天與水乎，抑父與子也。聖人不忍斥言父子，而云天水，所謂微言也。【《雜卦》「訟不親也」，可互文見義矣】。

䷆ 師【《象》曰「地中有水，師。師，眾也」】。按：大地所載之物，莫多於水。而地中之水，尤多於地上之水。故云「眾」。

䷇ 比【《象》曰「比，輔也」】。按：水地相比，先天卦坤居北方，後天卦坎居北方，坤坎同位，故曰「比」。此合先後天之象而立名者也。

䷈ 小畜【《象》曰「風行天上，小畜」】。按：後天巽東南，乾西北，乾巽對宮，畜有相近相合之意。此取後天方位之象以立名者也【月卦乾為四月，與巽辰巳亦同位】。

䷉ 履【《象》曰「柔履剛也」】。按：「柔履剛」三字，聚訟不決。或云「乾履兌」，或曰「三履四」，皆非也。柔履剛，坤三柔履乾三剛，此由對卦取象以立名者也。坤曰「履霜」，離曰「履錯然」。始終以履，即始終以禮。先天兌居乾之左，後天兌居乾之右，左右逢源，禮和為貴，合先後天之象觀之，更見象義之精，立名之當也。

䷊ 泰【《象》曰「小往大來」】。

䷋ 否【《象》曰「大往小來」】。按：泰否之說，先儒言之詳矣。然其立名，則取象於卦候，及先後天方位者也。玩〈坤・文言〉自見。

䷌ 同人【天火同人。《雜卦傳》曰「同人親也」】。按：先天乾，後天離，先後同位，故曰

「同人」，曰「同人親也」。

䷍ 大有【〈象〉曰「火在天上」】。按：大有亦先後同位，而其立名。不取先後天，而取對卦水地比覆象之地水師，故師眾也，大有眾也。變化不測，精義入神。《學易筆談二集》，述其一端，餘義尚未能盡。

䷎ 謙【〈象〉曰「地中有山」】。按：後天坤艮對宮，坤未艮丑，子正在丑，午正在未，丑二未八。二八易位，天地之數由此勻平，故曰「謙稱平」。

䷏ 豫【〈象〉曰「雷出地奮」】。按：豫之立名，與大有與師、謙與履同例。履以制禮，禮之本在謙。豫以作樂，樂之本在小畜。孟子曰「畜君何尤」，又曰「一遊一豫為諸侯度」，乃深得《易》象之精意者也。

䷐ 隨【〈象〉曰「澤中有雷」】。按：隨之立名，取象後天之少女長男，陽動陰隨，夫倡婦隨。而六爻未嘗言夫婦，則重在隨時。有孚在道，不以形下之名與器限也。此非熟玩先後天八宮納甲，及六十四卦，上下變通，未易窺測。

䷑ 蠱【〈象〉曰「山下有風」】。按：山風兩卦，先天在右，後天居左。立名之取象於先後天自無疑義。爻象多取父母，即後天乾坤之證也。所以謂之蠱者，蠱訓事，亦訓故。史稱三皇五帝之故事，亦云「蠱事」，故曰「幹蠱」。陰陽之數，至十八而變化備，蠱次第十八。物之變莫不由於風，實由於蟲。巽之風兼今日之所謂空氣。空氣不可見，於風見之。巽之入，風之無微不入，實氣之無微不入耳。蟲生於氣化，氣非有止之者亦不化。上卦艮止，故蠱能變化。物理之精，一名之微，而巨細無遺。非造化之筆，其孰能之！

䷒ 臨【〈象〉曰「澤上有地」】。按：臨為月卦，立名自出於卦候，觀〈象〉辭自見。臨丑月卦，丑數二。丑與子合，為天地始合，故復小臨大。

䷓ 觀【〈象〉曰「風行地上」】。按：巽坤亦先後天同位之卦。名曰「觀」者，觀以目。目上下相合，觀八月卦，故亦兼取卦候。

䷔ 噬嗑【〈象〉曰「電雷噬嗑」】。按：先天離，後天震，故曰「噬嗑，合也」。明先後天之相合也。

䷕ 賁【〈象〉曰「山下有火」】。按：山以草木為飾。賁無色也。山下有火，草木焚，山成賁矣。此由內外兩象立名者也。旅之「鳥焚其巢」，象出於賁，所謂上下易之卦也。

䷖ 剝【〈象〉曰「山附於地」】。按：剝為九月卦，當然由卦候立名。陰之消陽以漸，剝與夬相對。履霜堅冰，非至柔變剛，尚不悟其為剝也。

䷗ 復【〈象〉曰「雷在地中」。又曰「復其見天地之心乎？」】按：復為一陽來復，立名即取本卦之一爻為主，而兼取卦候。《傳》曰「復小而辨於物」。辨之於早，所以能見天地之心也。

䷘无妄【〈象〉曰「天下雷行，物與无妄」】。按：妄，《說文》「亂也」。馬、鄭、王肅皆作望。以剛自外來為主於內，前人都以變卦釋之，而說各不同，未敢妄斷。觀〈象〉辭「君子以茂對時育萬物」，則亦有取卦候。故端木氏《周易指》以為對時卦，亦無他書可證，姑闕疑以待博雅君子。

䷙大畜【〈象〉曰「天在山中」】。按：艮乾亦先後同位之卦，乾巽以辟卦及後天同位曰「小畜」。故此先後八卦同位者，曰「大畜」。

䷚頤【〈象〉曰「山下有雷」】。按：頤亦先後天同位，故取象上下相合。凡頤皆下動而上不動者也。爻取龜息虎視，當為古《易》相傳之象，為今道家修養之秘籥。孔子非道家之學，故以「節言語，慎飲食」言之，而象數亦無不悉合。所謂殊塗而同歸也。

䷛大過【〈象〉曰「澤滅木」】。按：大過，大者過也。陽大陰小，過者過乎中之謂。大過言大過乎中，即陽過乎中也。此全取象於先天卦位。先天巽兌居乾之左右，皆偏而不中。巽兌皆二陽，所謂陽過乎中【先天以體為主，以二陽者為陽卦，二陰者為陰卦。後天以用為主，以一陰為陰卦，一陽為陽卦。觀大小過立名，先天卦之方位已明白如見矣】。大者過也。「大過棟橈」，棟極也，極中也，本末弱，則合上下兩象而言之。頤中重坤，大過重乾，以結上篇。終以坎離，開後天之局，即以啟下篇之端。故離履錯然，上下篇相錯，六十四卦皆一氣呵成矣。

䷜ 習坎【〈象〉曰「水洊至」】。按：八純重卦，皆不易卦名，獨坎曰「習坎」。先儒論議紛如，各有所見，偏以理想者多。坎勞卦也，後天居坤位，坤「不習無不利」，所謂安而行之者也。非生知之聖，詎足語此？聖人立教，首重時習。坎子一始，故特於重坎著「習」字以明立教之旨，亦為全《易》入門之關鍵也。

䷝ 離【〈象〉曰「明兩作」】。按：「明兩作」者，兼日月而言。月得日光而明，月之明，即日之明，故重離以象日月也。離居乾位，而曰「牝牛」，正與〈坤・象〉之「牝馬」對。所謂八卦相錯。

䷞ 咸【〈象〉曰「山上有澤」】。按：《序卦》無咸。咸无也。孔子以有立教，故不序咸。卦之立名全取先天卦象。先天兌艮對宮，艮居西北。後天乾位，戌亥无數。咸从戌口，天地娵訾之口，八風不周之方，精義入神，合乾坤之體用而賅之矣。【後天乾居西北，辟卦坤居西北，故曰乾坤合居。後天巽乾對宮，先天兌艮對宮，下篇以巽兌震艮代乾坤之用，而咸居首，神矣哉！聖人之筆也】。

䷟ 恆【〈象〉曰「雷風恆」】。按：恆兼取先天卦象而言也。先天艮東北，巽西南，與澤山之對宮，適成交線。謂之恆者，對咸而言。咸无而恆有，咸無方體，而恆則「立不易方」。咸速恆久，在數為一正一負，而交相為用者也。後天震巽相連，震出巽齊，長男長女，身修家齊，故有恆久之道。

䷠ 遯【〈象〉曰「天下有山」】。按：遯亦先後天同位之卦，獨不取相合之義，而用相違之遯，正與大畜相對。一進一退，同為西北入无之方。大畜為世間法，而遯則出世法也。乾天艮門，戌亥空亡，故曰「遯入空門」。卦象及卦數，皆與今日佛經合。神哉《易》之廣大悉備！宇宙之內，無一能外之者矣。

䷡ 大壯【〈象〉曰「雷在天上」】。按：大壯與无妄，為上下相易卦。立名亦取象卦候。馬氏曰「壯傷也」，虞氏說亦同，蓋古訓也。意較壯盛為深。

䷢ 晉【〈象〉曰「明出地上」】。按：晉之名，合先後天卦位之象而言也。離為坤陰，坤先天居北，地道卑而上行，麗乾而合明，故曰晉。晉者，進也。

䷣ 明夷【〈象〉曰「明入地中」】。按：明夷與晉反，天道下濟。日在地下，無所謂傷。明夷之傷，因八宮為坎之游魂，坎傷也，為日食象。取象不一，而義必有所由來，豈可執一端而論哉！

䷤ 家人【〈象〉曰「風自火出」】。按：家人立名，全取後天卦象。雷風風火，皆後天東南相連之卦，故〈象〉稱「言有物而行有恆」。卦本二女，而曰「女正位乎內，男正位乎外」，以爻言也【參看《學易筆談二集》】。

䷥ 睽【〈象〉曰「上火下澤」】。按：睽之名，亦取後天象。離之與兌為火金相克，爻除初九，位皆不當，陰陽相違，與家人相反。

䷦ 蹇【〈象〉曰「山上有水」】。按：蹇由本卦內外兩象之義以立名也。

䷧ 解【〈象〉曰「雷雨作」】。按：解之命名，與蹇同例。與屯兩象易，難得解矣。

䷨ 損【〈象〉曰「山下有澤」】。按：損益定名，與泰否同例。

䷩ 益【〈象〉曰「風雷益」】。按：〈象〉曰「風雷」，而〈象〉特著曰「木道乃行」，此為《象傳》中之特筆，與天道地道人道相並。以天地人之氣，非木不通。故天地人三才齊於巽，文不著於巽，而著於益，學者宜深思之。

䷪ 夬【〈象〉曰「澤上於天」】。按：夬姤皆十二月消息卦，自重在卦候。但夬姤立名，取於本卦上下之一爻，與剝復同例。

䷫ 姤【〈象〉曰「天下有風」】。按：「姤」鄭氏作「遘」，序剝於復先，而次姤於夬後，與泰否損益同意，聖人之微旨焉。

䷬ 萃【〈象〉曰「澤上於地」】。按：萃之名，由本卦內外兩象及中爻巽艮取義，而皆萃於九四之一爻。

䷭ 升【〈象〉曰「地中生木」】。按：立名與萃同例。《雜卦傳》曰「萃聚而升不來也」。不來者，往而不復之謂。

䷮ 困【〈象〉曰「澤无水」】。按：下坎為水，而曰「无水」者，坎漏而上澤之水竭也。坎兌亦先後天同位之卦，而困之名，則以「剛揜也」。先儒皆以本卦六爻推尋，義無一當。剛柔相推，由於對象之賁。故在〈六三〉一爻。詳《學易筆談》。

䷯ 井【〈象〉曰「木上有水」。〈象〉曰「巽乎水而上水」】。按：井之名，出於火雷噬嗑，與困同例。市井相聯，往來井井，為六十四卦，陰陽往來之樞紐。更與鼎相通。

䷰ 革【〈象〉曰「澤中有火」】。按：革之名，取象後天。離火克金，而兌金繼離而代之。「金曰從革」，故名「革」。革而信之，己日乃革，中得坤土，故曰「革而當，其悔乃亡」。當者，〈九四〉之一爻。四爻變則六爻皆當矣。

䷱ 鼎【〈象〉曰「木上有火」。〈象〉曰「以木巽火」】。按：〈鼎・象〉曰「鼎象也」。亦象辭之特筆。鼎象在屯，名則仍由內外兩象取義者也。又與井對，井性鼎命。略見《學易筆談》。

䷲ 震【〈象〉曰「洊雷震」】。按：震先後天方位相連，故〈象〉言「虩虩啞啞」，多疊文。

䷳艮【〈象〉曰「兼山艮」】。按：兼山者，別於《連山》也。

䷴漸【〈象〉曰「山上有木」】。按：《序卦》以漸為進，承上文而言耳。實漸之義不限於進。〈坤・文言〉曰「其所由來者漸矣」。巽之初爻，履霜之漸也。下艮止之，得漸之正，故取女歸。亦由本卦兩象定名而兼取義於對象者也。

䷵歸妹【〈象〉曰「澤上有雷」】。按：漸之吉以艮止也。易為震動，適相反矣。故曰「征凶」。然事有常變，處變得正，亦天地大義所不廢。而八宮以雷澤為最終歸魂之卦，故以歸妹名之。

䷶豐【〈象〉曰「雷電皆至」】。按：豐與噬嗑上下易，亦先後天同位之卦也。而豐之名，則祇取象後天。東南震日出，離日中，謂之豐者，萬物皆相見，生物至盛之時也。

䷷旅【〈象〉曰「山上有火」】。按：旅與賁為上下易之卦，名之曰「旅」。昔人多未詳其義，不知亦由八宮取象者也。乾七世游魂為火地晉，歸魂火天大有。仍復乾位，若歸魂不歸，游入離宮，則四爻變為火山，故曰「旅」也。

䷸巽【〈象〉曰「隨風巽」】。按：重木而曰「隨風」。隨對象為蠱，蠱先後甲，巽先後庚，因緣所在，學者最宜注意。

䷹兌【〈象〉曰「麗澤兌」】。按：麗，離也。鄭氏作離。兌講學，離明兩作，在明明德，大學之始。詳《學易筆談初集》。

䷺ 渙【《象》曰「風行水上」】。按：渙，亦以本卦兩象之名者也。渙與畜對。

䷻ 節【《象》曰「澤上有水」】。按：節亦先後天同位。噬嗑合，同人親，節者符節，比者比附，特以先後天四正之卦，立此合同節、比之名，先後之大義，亦顯著矣。乃後人猶聚訟不休，何哉？

䷼ 中孚【《象》曰「澤上有風」】。按：中孚亦先後天同位之卦。孚者同也，中者巽五兑十，五十居中，故曰「中孚」。

䷽ 小過【《象》曰「山上有雷」】。按：小過與大過同例。先天震居坤之左，艮居坤之右，皆過乎中。陰體，故曰小過。

䷾ 既濟【《象》曰「水在火上」】。按：既未濟坎離相交，與泰否損益同例。既濟六爻皆當，陰陽定，而《易》之道窮。故《虞氏易》以乾坤成兩既濟為凶。

䷿ 未濟【《象》曰「火在水上未濟」】。按：既濟則易無可易而窮，物不可窮，故《序卦》以未濟終。濟者濟河也，地天泰「馮河」，坎離「濟河」【天地際，亦陰陽際。善惡生死，皆此際。故人處天地間，不能逃陰陽之外，即不能不濟渡此際。佛經所謂渡也，即濟謂已登彼岸，已渡此泰河也。未濟離上坎下之位未動，猶未登彼岸者也。此佛經與《易》

名異而義皆相通者也】。濟此河也。泰馮河馬壯，坎馬亟心，立心恆，乾健不息，坤行無疆，皆合先後天之義，通天地人之道。六十四卦往復，皆為此「濟」之一字。故《易》者濟世之書，孔子贊《易》以濟天下萬世，後人猶以《易》為教人卜筮之書，豈不痛哉！

易楔　卷三

卦別第五

《易》之為書，有天道焉，有地道焉，有人道焉。故《易》三畫而成卦。立天之道，曰「陰與陽」。立地之道，曰「柔與剛」。立人之道，曰「仁與義」。分陰分陽，迭用柔剛。故《易》六位而成章。三畫之卦，因而重之。為六畫之卦六十有四。《周禮》「太卜掌三《易》之法，《連山》、《歸藏》、《周易》，經卦皆八，其別皆六十有四」。經卦即乾坎艮震巽離坤兌三畫之卦，別卦則六畫之卦。三《易》法雖不同，而經卦別卦之數皆同。可見文王以前，早有六畫之卦。安得至《周易》始有後天八卦之方位乎？三代而後，師說紛歧，因卦有正反及上下左右相易，而皆別成一卦。故類別日多，稱名互異，後人幾無所適從。爰擇要疏錄，并各舉其例。以便初學。其名異而實同，或名同而各家之說互異者，名從其朔。要皆由別卦所孳乳，故署曰「卦別」。

內卦外卦

重三為六畫，合兩卦成一卦。故六十四卦，每卦均有內外之分。卦畫由下生，故以下卦為內，上卦為外。泰否之「內陰」而「外陰」，「內柔」而「外剛」，即《彖傳》之自舉其例也。

泰䷊乾內坤外。故〈彖〉曰「內陽而外陰，內健而外順，內君子而外小人」。

否䷋坤內乾外。故〈彖〉曰「內陰而外陽，內柔而外剛，內小人而外君子」。

觀泰否兩〈彖〉，內卦外卦之別，顯然易明。惟卦有以內外言者，有不必以內外言者。通變無常，各適其當，未可泥一端而論也。

陰卦陽卦

《繫傳》曰「陽卦多陰，陰卦多陽。陽卦奇，陰卦偶」。此專指六子之卦言也。後天以用為先，故以少者為主。一陽之震坎艮為陽卦，一陰之巽離兌為陰卦。而先天以體立言，則取多者為主。故兌巽以二陽之卦，合為澤風大過，言陽過乎中也。震艮以二陰之卦，合為雷山小過，言陰過乎中也。乾坤坎離，各得陰陽之中，皆三畫卦也。若六畫之卦，其陰陽之分，例至不一。有以卦言者，則乾與三男為主者稱陽卦，坤與三女為主者稱陰卦。有以爻為主者，則以奇爻為主者稱陽卦，偶爻為主者稱陰卦。自宋以後，諸說紛歧。有以邵子陽儀陰儀立論者，有以辟卦陰陽所生分別者，有以《序卦》之先後分陰陽者，如屯陽蒙陰需陽訟陰之類。

雖各言之成理，要皆有當有不當。蓋乾坤為《易》之門，六子生自乾坤。八純而外，餘五十六卦。雖各有陰陽之分，必先明其體用，而後有分陰分陽之可言。以體用交互，體陽者用必陰，體陰者用必陽。准此以觀，諸家之圖說，自可瞭然矣。

貞卦悔卦

卦之有貞悔，亦如爻之有動靜也。悔古作𠀤。論卦體，則內貞而外悔。言占卜，則靜貞而動悔。坤之六三曰「含章可貞」，乾之上九曰「亢龍有悔」，此內貞外悔，經文之自舉其例也。《左傳》「秦伯伐晉，卜徒父筮之，其卦遇蠱。曰『蠱之貞風也，其悔山也』」。亦內貞外悔之一例也。《國語》「秦伯召公子重耳於楚，楚子厚幣以送公子於秦。公子親筮之曰『尚有晉國。得貞屯悔豫皆八』」。此靜貞動悔之例也。

消卦息卦

《左傳正義》曰「伏羲作十言之教，曰乾坤震巽坎離艮兌消息」。虞仲翔氏，即本此十言立說。《荀九家易注》「泰卦曰陽息而升，陰消而降」。虞氏十二消息，復臨泰大壯夬乾為息卦，姤遯否觀剝坤為消卦。《易》曰「君子尚消息盈虛，天行也」。又曰「天地盈虛，與時消息」。

故陰陽往復，此息則彼消，此消則彼息，亦卦義相傳之最古者也。卦例圖說詳下〈卦候〉章。

往卦來卦

《易》道陰陽往來，乾圓往屈，坤方來信，往來屈伸。而六十四卦陰陽，與時消息，循環不窮。數往者順，知來者逆。《序卦》首乾坤終既未濟。乾往卦，坤來卦。屯往卦，蒙來卦。至既濟往卦，而未濟來卦，一往一來，各以其序。順逆之數，皆天地自然之法象也。

對卦【旁通、錯卦、類卦】

對卦者，陰陽相對。如乾對坤，坎對離，屯對鼎，蒙對革，頤對大過，中孚對小過之類。虞氏謂之「旁通」，來知德氏謂之「錯卦」，《周易指》謂之類卦，皆對卦也。六十四卦相對者八，皆自為一卦。不相對者二十八卦，反之別為一卦，得五十六卦。然不相對者，亦各有其相對之卦。略例如下：

䷀乾	䷼中孚	䷚頤	䷝離
䷁坤	䷽小過	䷛大過	䷜坎

以上八卦，陰陽相對，反覆不衰，有對而無反者也。

屯䷂䷱　屯對為鼎，而反之則為蒙䷃

鼎䷱䷂　鼎對為屯，而反之則為革䷰

餘卦類推，有對而又有反者也。

覆卦【反卦、綜卦】

覆卦者，一卦覆之而又別成一卦者也。如屯之覆為蒙，需之覆為訟，師之覆為比。六十四卦，除乾坤坎離等八卦，餘五十六卦皆有覆卦也。漢人亦曰反卦，來知德氏謂之綜卦。【來氏謂綜者如織布扣經之綜，一上一下者也，故名反覆之卦為綜。然「覆」實上下相倒置，非一上一下之謂，綜之名殊未確合，故非議者甚多】。

屯 ䷂ 蒙

需 ䷄ 訟

震 ䷲ 艮

巽 ䷸ 兌

如震反為艮，巽反為兌。而震之與巽，艮之與兌，又為對卦也。餘卦類推。若泰否既未隨蠱漸歸妹等卦，對而兼覆，所謂反覆不衰者也。

交卦【兩象易、上下易】

交卦者，本卦內外兩象，交相易位。內卦出外，外卦入內。虞氏謂之兩象易，亦有謂上下易者，向無定稱。今以其內外交易，故名之曰交卦，取便演講時之辨識，非敢云確當也【來氏謂綜者一上一下，以名此卦，或尚相近。惜數百年來稱名久混，不能用也】。交卦之義，互見於經傳甚多。略舉如左：

履䷉
夬䷪
如天澤履與澤天夬，內外兩象，交相易位者也。故〈履上九〉曰「夬履，貞厲」。

恆䷟
益䷩
如雷風恆與風雷益，內外兩象，交相易位者也。故恆曰「立不易方」。益曰「為益無方」。

各卦以此類推，《彖》、《象》之相互見義者，厥例正多，不勝縷指也。

半對卦

半對者，本卦之內外兩象，有一象易為對卦**【如乾易坤、震易巽之類】**，或內或外，均與所易之卦，象義相關。其例如下：

歸妹䷵

中孚䷼

如雷澤歸妹，外卦之雷易為風，成風澤中孚，是上半之對卦也。故歸妹曰「月幾望」，中孚亦曰「月幾望」。

蒙䷃

困䷮

如山水蒙，外卦之山易為澤，成澤水困，亦上半之對卦也。故蒙曰「困蒙」。

以上為上卦對易者也，名曰「上對」。其下卦對易者，更舉例如左：

履 ䷉
遯 ䷠
如天澤履，內象之澤易為山，成天山遯，是下半之對卦也。故履曰「履虎尾」，遯曰「遯尾」。

師 ䷆
明夷 ䷣
如地水師，內象之水易為火，成地火明夷，亦下半之對卦也。故師曰「左次」，明夷曰「左股」。

以上為下卦對易者也。無論上下卦對易，與所易之卦，象義必相聯貫。惟有見於《象》、《象》者，有不見於《象》、《象》者。然雖不見於《象》、《象》，而其意義自在。潛心玩之，必有所得也。

半覆卦

半覆卦者，與半對卦同例。或內或外，各以覆象所得之卦求之，其義自見。舉例如左：

屯䷂

蹇䷦

如水雷屯，內卦之雷覆為山，成水山蹇，即下半之覆卦也。故「屯難也」，「蹇難也」。

无妄䷘

遯䷠

如天雷无妄，內卦之雷覆為山，成天山遯，亦下半之覆卦也。故无妄曰「无妄之疾」，遯曰「有疾厲」。无妄曰「行人得牛」，遯曰「執用黃牛」。

以上，下半之覆卦也，名曰「下覆」。其上卦易為覆卦者，為例亦同。更略舉如左：

大畜䷙

大壯䷡

如山天大畜，外象之山覆為雷，成雷天大壯，即上半之覆卦也。故大畜「利貞」，大壯「利貞」。大畜曰「輿說輹」，大壯曰「壯於大輿之輹」。

小畜䷈

夬　䷪

如風天小畜，外象之風覆為澤，成澤天夬，亦上半之覆卦也。故小畜曰「惕出」，夬曰「惕號」。小畜曰「既雨」，夬曰「遇雨」。

以上，上半之覆卦也，名曰「上覆」。覆卦亦稱反易，故互見之義，往往相反。如地山䷎謙，下覆為地雷䷗復，謙曰「利用征伐」，復曰「十年不克征」，其最顯著者也。昔人不解八卦相錯，即六十四卦相錯之義，每卦衹於六爻中摸索，望文生義，宜無從索解者多矣。

上下對易卦

上下對易者，本卦上下兩象，自相對易。如泰否既未濟之類。象既對易，卦義必自相對。

舉例如下：

泰䷊

否䷋

如泰否，上下自相對易者也。故泰曰「小往大來」，否曰「大往小來」，自相對舉。既未濟言上下例同，不贅。

上下反易卦

上下反易者，本卦上下兩象，自相反易，如頤如大過及中孚小過之類。象既反易，卦義亦往往見相反之意。舉例如下：

頤 ䷚ 山雷頤，上下兩象，自相反易。故〈象〉曰「道大悖也」。悖字古文本从兩或字，正反相對。一字之微，其與卦象之適合精當至此，謂非造化之筆哉！頤之名，取上下相合。而上止下動，非頤亦無以確肖其象。而象之上下，又為反易。玩《彖》、《象》六爻，無不各顯其義。神矣哉！

大過 ䷛ 澤風大過，亦上下兩象自相反易。故象取枯楊生稊，枯楊生華，亦以示反常之意也。

半對半覆以下，古人皆未嘗言之。觀象玩辭，發見各卦之互見其義，或互見其名者，於卦象無不相關。反覆推求，始知皆由於上下兩象，各有正對反對之故。《彖》、《象》經傳，不啻自舉其例，至為明顯。偏徵各卦，無不貫通。一旦豁然，如撥雲霧，而見天日。因廣對卦覆卦之意，類別其名，以便講習之稱引。然字累而文不雅馴，殊為歉憾。海內外專精小學名學之君子，能各撰一簡賅切當之名，畀垂久遠，則著者所寤寐求之，馨香祝之者焉。

之卦

《繫傳》曰「爻也者，各指其所之」。之，往也，由此往彼也。《左傳》蔡墨曰「坤之乾，亦乾之坤」，言八卦陰陽相交，奇偶相易。虞仲翔氏專言之正，謂不當位之爻【如陽爻之二四六，陰爻之一三五】，皆當之而當位。乾之二四六爻不當位，之坤之一三五則當位。坤之一三五不當位，之乾之二四六則當位。名曰「之正」，謂之而得其正也。惟乾之坤，坤亦之乾，則乾坤兩卦，成兩既濟。既濟定，陰陽消息，皆止而不行，乾坤幾乎息矣。故又以成兩既濟為凶。必乾初之坤四而上之坤三，然後旁通交變以周六十四卦。初上未動，而二五先行，亦為凶。焦理堂《易通釋》，又本此以演為《時行》、《失道》各圖。要皆一家之言，足備參攷。若泥其例以言《易》，多窒礙難通，學者不可不知也。

之卦

乾 ䷀ 乾二四上之坤 ䷾ 乾成既濟

坤 ䷁ 坤一三五之乾 ䷾ 坤成既濟

右為乾坤二卦之正，餘卦類推。惟占家言卦變亦曰「之」，則不以一爻為限。三爻變至五爻變，皆以所變之卦為之。如乾之剝，家人之睽。一卦變六十三卦，皆謂之曰「之卦」也。詳《學易筆談初集》。

互卦【中爻、約象】

互卦者內外四爻，二至四，三至五，又各成三畫之卦一。兩卦交互，又成兩卦，故漢人謂之「互卦」。京氏曰：「會於中而以四為用，一卦備四卦者，謂之互」。崔氏子元曰：「中四爻雜合所主之事，撰集所陳之德，能辨其是非，備在中四爻也」【京氏所謂一卦備四卦，以本卦內外兩象，更以二至四，三至五，又各得一卦，合為四卦也】。

《繫傳》曰「《易》之為書也，原始要終，以為質也。六爻相雜，唯其時物也。其初難知，其上易知，本末也。初辭擬之，卒成之終。若夫雜物撰德，辨是與非，則非其中爻不備。噫！亦要存亡吉凶，則居可知矣」。

又曰「二與四，同功而異位，其善不同。二多譽，四多懼，近也。柔之為道，不利遠者。其要无咎，其用柔中也。三與五，同功而異位。三多凶，五多功，貴賤之等也。其柔危，其剛勝耶？」【阮氏《校勘記》：其用柔中也「用柔」下有「得」字】。

《繫傳》之言中爻，詳矣備矣。字字精實，孕育宏深，不可忽略。即以六爻言，初上及中四爻之時位象數，已劃然分明。後儒尚有疑互卦為非聖人之說者，則承掃象之餘習，不辨中爻二四三五之說，他更無論矣。《繫傳》既詳備至此，而《左傳》之說，尤可為三代言《易》

不廢中爻之確證。為圖如下：

觀之否

䷓ 觀

䷋ 否

《左氏傳》「敬仲之將生也，周史有以《周易》見陳候者，陳候使筮之，遇觀之否【四爻動，偶變奇，風地觀變天地否】。曰『是謂觀國之光，利用賓於王』【周易觀卦六四之象辭也】。又曰『坤土也，巽風也，乾天也。風為天【風為天，猶云風變天，即巽變乾也】於土上，山也』」。謂觀中爻三至五為艮，變否二至四亦為艮，此言互卦之最古者。故《朱子語錄》曰「互體如屯卦震下坎上，就中四爻觀之，自二至四，則為坤。自三至五，則為艮。互體漢儒多用之。《左傳》中說『占得觀卦處亦分明』，看來此說亦不可廢」。蓋其時言《易》者，皆莫明中爻，而反對互卦。故朱說云爾。

《繫傳》言中爻謂二五三四，初與上不與焉。因二與五為本卦上下兩象之中爻，三為二至四成一卦之中爻，四為三至五成一卦之中爻，故四者皆謂之中爻。然後人之言互卦者，則不僅二三四五，實合初上與二三四五言之。又自五至上，復反至初言之，皆謂之互。故京氏又謂之約象。觀《雜卦傳》兩卦對舉，中爻皆成互卦。而自頤以下八卦，皆首尾交互，返歸於乾坤坎離四卦。列互卦如左頁圖。

吳草廬曰：「自昔言互體者，只以六畫之四畫互二卦而已，未詳其法象之精也。今以先天圖觀之，互體所成十六卦，皆隔八而得【外一層隔八卦得二卦，即中一層互體之卦名】，縮四而一【內層一卦縮外層四卦】。圖之左邊，起乾歷八卦至睽、歸妹【中層睽、歸妹即接乾夬】，又歷八卦而至家人、既濟【家人、既濟即接睽、歸妹，餘卦仿此】，又歷八卦至頤復。圖之右邊，起姤大過，歷八卦至未濟解，又歷八卦至蹇、漸，又歷八卦至剝、坤。左右各二卦互一卦，合六十四卦互體只成十六卦，又合十六卦互成四卦，即乾坤既未濟。學《周易》始乾坤終既未濟，以此歟！」。

蓋統云互卦，不但為中四爻，二至上五至初，亦皆交互成兩卦。更以五至上，復由上反之初二三四，亦互成兩卦，所以又稱約象。《序卦》「剝窮上反下」，即由上反初之一例也。

六十四卦交互之圖

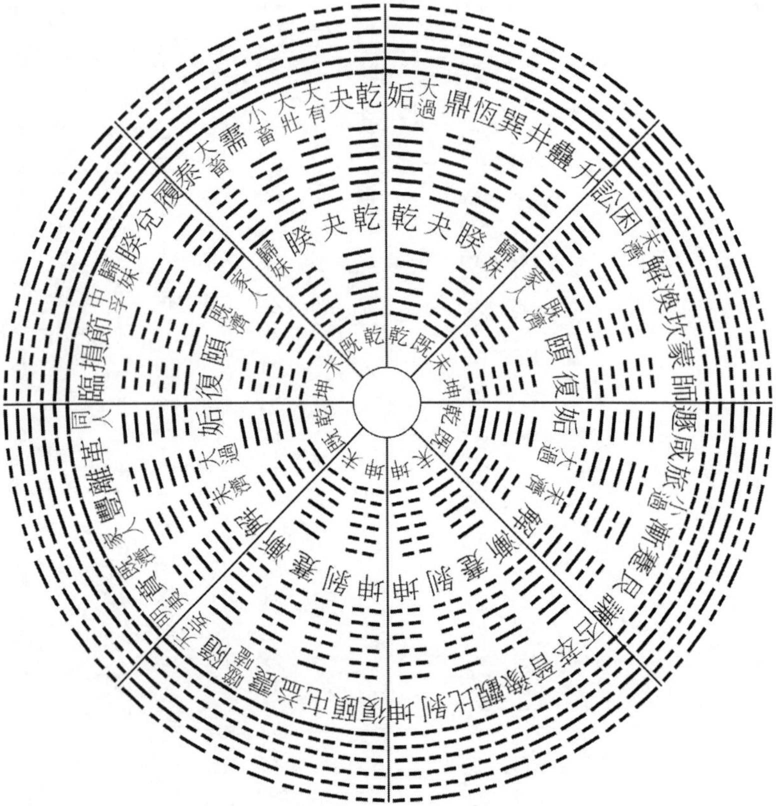

䷞澤山咸。中爻為天風姤。五至初，互天山遯。二至上，互澤風大過。若由五至上，更反之初二三四，仍互澤雷隨。由四至上，更反至初二，互地天泰，澤山反為雷風，則中爻又與上下互，亦各相反。

䷊地天泰。中爻為雷澤歸妹。五至初，互雷天大壯。二至上，互地澤臨。五至上，更反之一二三四，為澤山咸。四至上，更反至初二，為澤雷隨。地天泰，反為天地否。即上下易，中爻上下互，相反亦同。

辟卦　月卦

辟卦亦稱十二消息卦，與月卦另詳下〈卦氣〉章。

包卦

宋儒言《易》，又有包卦之名。包卦者，六畫之卦，以上下三畫，中包三畫。如咸恆為坤包乾，損益為乾包坤之類，亦由互卦推衍而得者也。包卦之名，始於林黃中氏，謂由一卦分兩卦，兩卦分四卦，一正一反，又得四卦。是即太極生兩儀，兩儀生四象，四象生八卦也。

因朱晦庵力駁之，故其說不行。然言之成理，亦不可謂毫無意義也。後儒如紀大奎等，頗采其說。略舉其例，如下圖：

䷞ 咸　䷟ 恆　坤包乾也。

䷨ 損　䷩ 益　乾包坤也。

六十四卦，皆可以此類推。但「咸恆」坤包乾也，而咸亦可謂之坎包巽，恆亦可謂之坎包兌。「損益」乾包坤也，損亦可謂之離包震，益亦可謂之離包艮，其實即中爻之三與四、三與五也。他卦上下相推，亦無不如此。特以陰陽內外言之，亦自有此一象。故存之。

像卦

像卦者，合六爻之奇偶觀之，像三畫之一卦也。《繫傳》曰「象也者像也」。故謂之像卦。來知德氏謂之大象，如大坎大離之類，實皆像卦也。於卦義均有關係，《彖》、《象》可證者甚多。舉例如下：

頤 ䷚ 像離，　中孚 ䷼ 像離。

大過 ䷛ 像坎，　小過 ䷽ 像坎。

此來氏所謂大象之坎離，故《序卦》以列於坎離既未濟之前也。餘卦仿此。重畫或單畫者例亦同。

大壯䷡　像兌。雷天大壯無兌，而合全卦觀之，有兌象。兌為羊，故〈象〉辭云「羝羊」、「喪羊」。

剝䷖　像艮。山地剝，合全體觀之，有艮象，故重艮〈象〉云「孚於剝」。

六爻合觀之象，無不各有取義。如咸恆損益，為乾坤互交，而又像坎離者也。故咸恆繼坎離為《下經》之首，而損益次十一、十二，與泰否等，其義大可見矣。

命卦【動在其中】

命卦者，昔無此名。青田端木氏《周易指》，據《大傳》「繫辭焉而命之，動在其中矣」，而發其例。凡卦六爻，〈象〉下所繫之辭，言卦名者是也。卦有陰陽，不論其爻之剛柔，爻無卦名，卦陽六爻以陽論，卦陰六爻以陰論。如乾陽卦也，惟九三一爻有卦名，則九三為陽。餘以陰論，即命為謙，如坤陰卦也。六爻無卦名，六爻皆以陰論，仍為坤。如屯陽卦也，二五兩爻有卦名。二五為陽，餘皆陰論，即命為坎。蒙陰卦也，初二四五上有卦名，皆為陰。

三爻以陽論，則命為謙。如震六爻皆有卦名，震陽卦，六爻皆陽，命為乾。餘可類推。動在其中者，合陰陽兩卦之中，陰陽交變。如屯命坎，坎離動在其中，為小過、中孚是也。

聲應卦

聲應卦，亦發例於《周易指》。同聲相應，孔子於六爻《象傳》贊語，皆有韻以分陰陽。平為陽，仄為陰，如乾分贊三次，曰「陽在下也」，「德施普也」，「反覆道也」，「進无咎也」，「大人造也」，「盈不可久也」，為六陰聲是坤卦。又曰「下也」，「時舍也」，「行事也」，「自試也」，「上治也」，「窮之災也」，五陰一陽是剝卦。又曰「陽氣潛藏」，「天下文明」，「與時偕行」，「乾道乃革」，「位乎天德」，「與時偕極」，三陰三陽是泰卦也。坤卦六爻曰「致堅冰也」，「地道光也」，「知光大也」，「慎不害也」，「文在中也」，「其道窮也」。初二四上，皆陽，二四陰，坤應聲中孚也。

卦象第六

《傳》曰「物生而後有象，象而後有滋，滋而後有數」。是先有象而後有數。而古聖人之作《易》也，仰以觀象於天，俯以觀法於地。河出圖，洛出書，聖人則之。然則八卦之象，皆法天地之象。萬物之象，並則河圖洛書以定其數者也。八卦之象，始於羲農黃帝，而後代有孳乳。《說卦傳》之象，非孔子所創造，必有所受。問禮於老子，象數在其中，故曰「觀其會通以行其典禮」。列舉之象雖不多，而用無不備。自王弼有「得意忘象」之言，後人未得其意，輒以掃象為擴清蕪穢，《易》學由此荒矣。南宋而後，漸知象之重要，然又未能求諸根本，以邵子大小方圓各圖，為《易》象之標準。而《說卦傳》八卦之象義，反略焉不講，或以不解解之。有明來知德氏，研求象學二十餘年，頗有發明。然未解者，亦尚什之七八也。前清經師，如黃、毛、朱、王、胡、錢、惠、叚、桂、張、焦、端木諸家，各有心得。而是丹非素，不相會通。爰萃眾說，擇善而從。縱未能盡，參諸《學易筆談》所述，亦庶幾矣。

大象

乾☰ 天。天不可見，以日月星辰見之。故蔡墨言「乾之六龍」，皆指星象。天行不可測，由地測之。故天无方无體，乾无方无體。

坤☷ 地。地為實質，有體可測，有方可紀。承天而時行，天之用皆著於地。而地代天終，時行物生，靜而有常。天地定位，法象備矣。

艮☶ 山。高於地者為山，地氣乃上通於天而雲出也。一陽上覆，萬寶蘊藏，山之用也。

兌☱ 澤。下於地者為澤，天氣乃深入於地而龍潛焉。一陰外見，以陰涵陽，澤之用也。山澤通氣，上感下應，人生乃通乎天地。

震☳ 雷。雷伏地中，一陽奮出，萬象昭蘇。見天地之心，為乾之肖子，動萬物莫疾乎雷。

巽☴ 風。風行天下，陰陽相遇，品物咸章。風不可見，而無微不入。撓萬物者，莫疾乎風。雷風相薄，出入无疾。陰陽和，地天泰矣。

坎☵ 水。坎本坤體，故水性就下。陽含陰中，氣化為質，潤萬物者莫潤乎水。天一之精，萬物資生，資此坤中之一元也。

離☲ 火。離本乾體，故火性炎上。陰麗於陽，氣盛生光，萬物皆相見。其精為日，水火不相射而相逮，天地之大用備矣。

天地山澤雷風水火，為八卦之大象，《易》之本也。八卦相錯，因而重之為六十四。陰陽相交，變化以生。而象之變易，亦各因時位而異。而要不越此八者之範圍也。

本象

昔者聖人之作《易》也，觀象畫卦，近取諸身，遠取諸物，以通神明之德，以類萬物之情。而物各有所本，象以象物，亦莫不各有其本。故本象著焉。

乾☰為馬。物性馬最健，得陽剛之精，晝夜不眠。房星為天駟七星之次，七星為馬，於辰為午，故馬為火畜。蠶馬首龍精，故馬蠶同氣。在天為龍，在地為馬，皆乾行也。

坤☷為牛。牛性柔順，屬土屬陰，不動即眠，起先後足，與馬相反。牛為大物，故物从牛。坤備萬物，故以牛象之。

震☳為龍。乾變震為長子。龍雷同類，龍馬同種。馬八尺以上曰龍，龍陽物而生於純陰之地，震象也。

巽☴為雞。雞善伏，《九家》曰「應八風也」。風應節而變，變不失時。雞時至而鳴，與風相應。故有風疾者禁食雞。雞將鳴，必動股振羽，故曰「翰音」。

坎☵為豕。豕水畜。《傳》言「星斗散精為彘，斗星坎地」。朱氏曰：「亥為豕者，直室也，坎之所自生也」。

離☲為雉。雉文采象離。朱氏曰：「雉方伏時，東西風則復，南北風則去而不復。坎勝離也」。卜楚邱論〈明夷之謙〉曰「當鳥」。鳥者朱鳥也，離之次也。

艮☶為狗。《九家》曰「艮止，主守禦也」。艮數三，七九六十三，三主艮。斗為犬，故犬三月而生。斗運十三時日出，故犬生十三日開目。艮火之精，畏水不飲，而以舌舐，鬥則以水解也。

兌☱ 為羊。朱氏曰：「兌，說也，羊內狠者。二陽伏於一陰之下也」。項氏曰：「未為羊而主兌者，金生於土也。土旺則金生，故坤伏必於建未之月」。

此所謂「遠取諸物」也。漢上朱氏曰：「說，八卦本象也」。

乾☰ 為首。首為眾陽所宗，乾尊在上故為首。《虞氏易》「明夷九三得其大首，乾三之上也」。

坤☷ 為腹。《正義》「坤能包藏含容，故為腹」。坤體中虛，亦象腹」。朱氏曰：「坤又為身、為躬。按艮為身，言坤之變艮為背，則坤為腹也」。

震☳ 為足。震動於下，故為足。震為乾初，健行，故稱足也。陽起自下，亦足之象。

巽☴ 為股。《正義》「股隨於足，巽順故為股也」。按：足動而股不動，隨足而動，故咸曰「執其隨」。巽下偶，亦股之象。

坎☵ 為耳。《正義》「北方之卦主聽，故為耳」。按：坎陽涵陰中，故耳聽內。腎開竅於耳，腎水竭則耳聾，皆坎象也。

離☲ 為目。《正義》「南方之卦主視，故為目」。按：離陰麗陽中，故目明於外。心開竅於目，仍繫於腎而見於外，皆離象也。

艮☶為手。艮動於上，故為手。朱氏曰：「艮止者，動極而止也。震艮相反，行者必止，止者必行。疾走者掉臂，束手者緩行」。項氏曰：「李椿年號逍遙子，作《周易傳》曰『一身之榮衛，還周會於手太陰。一日之陰陽，昏曉會於艮時。在人其象為手』」。按：此說最精。證諸《內經》，與震之為足，合觀方見。古聖「近取諸身」一節之玄妙精微，非僅以表面之動靜，合卦畫之陰陽已也。

兌☱為口。鄭氏曰：「上開似口」。《正義》「兌西方之卦，主言語，故為口」。朱氏曰：「艮為鼻。口鼻通氣，山澤通也」。

此所謂「近取諸身」也。余氏舒芑曰：「八卦之象，近取諸身者，六子以反對。遠取諸物者，六子以序對。四者易而坎離不易也」。王氏夫之曰：「因此見人之一身，无非乾坤六子之德業所著。由此而推之血氣營衛筋骸皮肉之絡理，又推之動靜語默周旋進退之威儀，又推之喜怒哀樂愛惡攻取之秩序，无非健順陰陽之所合同。而乘時居位之得失吉凶，應之不爽。君子觀象玩占，而於疾眚之去留，言行動作之善惡，皆可因此以反躬自省而俟天命」。按：六十四卦，上下往來，象之變化无窮，要皆以大象本象為準，所謂萬變不離其宗者也。初學觀象，首宜反覆研求，必得其會通，而後始有變化之可言也。

廣象

《說卦傳》末章，先儒皆以為廣八卦之象，朱子《本義》謂多不可解。且按之於經，亦不盡合，故與《序卦》、《雜卦》皆不加注釋。漢上朱氏曰：「說重卦別象也。六爻變化，其象豈能悉盡，此凡例也。智者觸類而長矣」。彭申甫曰：「【長沙人，輯有《易經解注傳義辨正》書成於同治、光緒間，行世未久，故知者不多】《說卦》篇，不與《繫辭》、《文言》一例。蓋聖人觀河圖而定八卦之方位，因以臚列八卦之象，其開章即著明卦之所由立，爻之所從生，而歸本於和順道德窮理盡性以至於命。又申明性命之理，不外陰陽剛柔。其在人則為仁義，而理之所以窮，性之所以盡，則不外乎順時而已。蓋聖人仰觀俯察，實見乎《易》之為道，無時無地而不在焉，无人无物而不賦焉。於是分別卦位之性情，而先以人道之廣生大生，推而至於窮神而妙萬物，近取諸身，吾身則全乎《易》也。遠取諸物，則一物皆有一《易》也。然猶恐人之泥於物而滯於象也，更推而廣之，於一卦各立无方之象以盡其變，俾讀《易》者即象可以見《易》，即物可以求象，不滯於理而能妙乎理。此聖人繼天立極，所以上承羲文之畫之辭。所謂神而明之，不可為典要，唯變所適者也。故聖人假象以明《易》。自後儒執《易》以求象，而《易》反亡矣」。彭氏之言，可謂得觀象玩辭之通，為學者指南之針矣。

乾為天，為圜【朱氏曰：「圜者渾淪无端，周而復始也」。按：不曰圓而曰圜者，以著渾淪圓轉，不滯不息之意也。鄭東卿曰：「圜者數之本」】。

為君，為父【君，羣之長。父，家之長。皆首出之意，人中之元也】。

為玉，為金【純粹以精，象玉，堅剛不屈。象金，物中之元也】。

為寒，為冰【乾位西北，時為十月，故有寒冰之象】。

為大赤【赤為周之色，故以首出之乾象赤。曰「大赤」者，以別於坎也。辟卦乾四月盛陽，赤亦盛陽之色稱焉】。

為良馬，為老馬，為瘠馬，為駁馬【良馬為乾之本象。來氏曰：「老，時變也。瘠，形變也。駁，色變也」。其說頗當】。

為木果【木之有果，生生不已。凡果皆圓，故取乾象。程子曰：「《說卦》於乾雖言為无，又言為金玉，以至木果，所謂類萬物之情也。故孔子推明之曰，此卦於天文地理為某，於鳥獸草木為某，於身體為某，各以例舉不盡言也。學者觸類而求之，思過半矣」】。

坤為地，為母【父之配也】。

為布【布有衣被天下之功。布者，播也。陽施陰布，與乾對也】。

為釜【《正義》「取其化物成熟」。張氏曰：「釜者，化物而不化於物者也」。蔡氏曰：「虛而聚物，故為釜】。

為吝嗇【朱氏曰：「《易》言「吝」者十二卦、十三爻，陽爻只居其三。蓋陰性翕而斂藏，故「多吝」。「嗇」則吝之甚也。蓋坤之變象也」】。

為均【地道均平。崔氏曰：「地生萬物，不擇善惡」。朱氏曰：「乾獨陽也，坤陰均之得平」。項氏曰：「吝，其靜之翕。均，其動之辟也。陶人制物之形者，謂之均，亦此義」】。

為子母牛【坤為牛，重坤則子母牛。朱氏曰：「坤交離也，離「畜牝牛」，母也。大畜艮坤之初為「童牛」，子也」】。

為大輿【坤能載物。朱氏曰：「地方而載，輿也。動而直方，大也。故曰大輿」】。

為文【朱氏曰：「一剛一柔相錯成文。有天而後有地，一不獨立，二則為文。天一地二也」】。

為眾【坤育萬物，眾也】。

為柄【俞氏炎曰：「乾圓而曲，坤方而直。故有柄象」。崔氏曰：「萬物依之以為本」】。

其於地也為黑【黑，極陰之色，與乾對也。坤為地。又曰「其於地也」者，坤為黑，其於地乃其一耳】。

震為雷，為龍【鄭氏曰：「龍讀為尨，取日出時色，雜也」。按：龍，乾象，而用則見之於震】。

為玄黃【玄黃，天地之離也。震為乾坤始交，故備乾坤之文】。

為旉【王肅曰：「旉，華之通名」。虞氏以「旉」為專，姚信：「專，專一也」。《正義》曰「春氣至，草木皆吐，敷布而生也」。按：旉者，陽敷於陰】。

為大塗【大塗，萬物所出，震卯兌酉，陰陽往來之路也。震為行，大塗充盡，震行之用者也】。

為長子，為決躁【程氏曰：「陰來陽必決，兌陽中，故決而和。震剛動不中，故決而躁」】。

為蒼筤竹【《正義》「竹初生之時色蒼。筤，取其春生之美也」】。

為萑葦【朱氏曰：「萑葦，震之廢氣也」。張氏曰：「剛為竹，柔為葦」】。

其於馬也為善鳴【朱氏曰：「《易》凡有震聲曰鳴」。程沙隨曰：「震分乾一體，故為馬。得陽之聲，故善鳴」】。

為馵足【京氏、荀氏曰：「馵足，陽在下」。《正義》「馬後足白為馵，取其動而見也」。朱氏曰：「下伏巽，故後足白」】。

為作足【虞氏曰：「馬白後左足為馵。震為左為足為作，初陽白，故為作足」。徐氏曰：「作足，雙舉前足也」。程氏曰：「與薄蹄反」】。

為的顙【朱氏曰：「乾為首，上發震爻為的顙。《傳》所謂的顱也」。虞氏曰：「的白額」】。

其於稼也為反生【鄭氏曰：「生而反出也」。宋氏曰：「陰上陽下，故反生」】。

其究為健，為蕃鮮【究，極也。虞氏曰：「震巽相薄，變而至三，則下象究。其究為健、為蕃鮮，與四成乾故」。參看《學易筆談》】。

巽為木【朱氏曰：「震巽皆木。獨言於巽者，蕃鮮之時，震剛木，巽柔木」】。

為風【陸績曰：「風，土氣也。巽，坤之所生，亦取靜於本而動於末也」。按：震巽陰陽始交，天感地應；震動則巽為風，而風之鳴仍為震】。

為長女，為繩直【翟氏曰：「上二陽，共正一陰，使不得邪僻，如繩之直」。按：索，繩也。陰陽交索，坤初索得巽，坤動而直，故為「繩直」】。

為工【荀氏曰：「以繩木，故為工」。朱氏曰：「天地變化萬物者以巽，而莫見其變化之迹，故巽為工」。木曰「曲直」。巽，德之制，工也】。

為白【萬物之色盡於七，巽齊萬物，七色和一，故為白。詳《學易筆談初集》】。

為長，為高【陰伏於下，陽升於上，故為長為高。震巽初索皆稱長。獨著於巽者，震長而大，巽長而高，互文也】。

為進退【荀氏曰：「風行無常，故進退」。按：巽居辰巳、辰五巳六，陰陽之中，進退之間也】。

為不果【或進或退，不果之象。乾為木果，巽變其初，故曰「不果」】。

為臭【虞氏曰：「臭，氣也。風至知氣，巽二入艮鼻，故為臭」】。

其於人也為寡髮【鄭作「宣髮」。虞曰：「為白，故宣髮」。馬君以宣為寡髮，非也。《正義》「寡，少也」】。

為廣顙【《正義》「顙闊為廣顙。二陽在上，故稱廣」。形見於巽，而色著於震，亦互文也】。

為多白眼【虞氏曰：「巽白，離目向上，則白眼見，故多白眼」】。

為利市三倍【巽位居離與震之間，火雷噬嗑「日中為市」。詳《學易筆談》】。

其究為躁卦【朱氏曰：「巽三變成震，震為決躁」】。

坎為水，為溝瀆【虞氏曰：「以陽闢坤，水性流通，故為溝瀆」】。

為隱伏【虞氏曰：「陽藏陰中」】。

為矯輮【宋氏曰：「曲者更直為矯，直者更曲為輮，水流曲直似之」】。

為弓輪【乾為圓，坎得乾中爻，半規象弓，全規象輪。舊說多破碎，少可取者】。

其於人也為加憂，為心病【《素問》「金在志為憂，水在志為恐。恐則甚於憂，故曰加憂」】。

為耳痛【火臟在心，坎水勝之，故為心病。水臟在腎，開竅於耳。而水在志為恐，恐則傷腎，故為耳痛】。

為血卦，為赤【《正義》「人之血，猶地之水也。赤，血色」。李鼎祚曰：「十一月一陽爻生，在坎陽氣初生於黃泉，其色赤也」】。

其於馬也為美脊【陽在中央，脊也】。

為亟心【荀氏曰：「極，中也」。坎居北子一位，剛動，故亟心。按：亟，古極字】。

為下首，為薄蹄【下首者上無陽，薄蹄者下無陽】。

其於輿也為多眚【眚，病也。虞曰：「敗也」。坤為大輿，坎折坤體故也】。

為通【坤「黃中通理」，通於坎也】。

為月【《正義》「月，水之精也」。按：乾陽流於坤，形如日之光被於月體，與離日對也】。

為盜【虞與孔《疏》皆以水潛行象盜。按：盜，寇也。水之蝕土，如盜之侵掠也。或云：盜與竊古訓通。竊，淺也】。

其於木也為堅多心【陽剛在中，故堅多心】。

離為火，為日，為電【在地為火，在天為日，陰陽相薄，則為電】。

為中女，為甲冑【上下皆剛，上為冑，下為甲】。

為戈兵【虞氏曰：「乾金離火鍛之，故為戈兵」。《正義》「取其剛在外以自捍也」】。

其於人也為大腹【乾為大，坤為腹。坤麗乾中，故曰「大腹」】。

為乾卦【詳《學易筆談》】。

為鼈，為蟹，為蠃，為蚌，為龜【鄭氏曰：「皆剛在外」。虞氏曰：「取外剛內柔也」。朱氏曰：「鼈，離交巽，巽己為蛇，蛇或化鼈。為蟹者，巽交離也。蟹連兩目，重離也。為螺者，兌交離也。螺生於月，旋也。為蚌者，離交坎也。雀為蛤，雉為蜃，其類也。為龜者，坎交離也。龜遊山澤，出入水火，含神負智，得坎離之正。頤損益三卦皆然」】。

其於木也為科上槁【宋氏曰：「陰在內則空中，木空中則上科槁也」。《正義》「科，空也」】。

艮為山，為徑路【徑路，小路也。卦有大小，震大艮小。震為大塗，艮反震，故為徑路】。

為小石【水雷屯「磐恆」。磐，大石也。震象艮反震，故為小石。張氏曰：「徑，小也。路，大也。萬物自此而入，故小自此而出。故大石之小者，有可轉之理，乃能動能靜者乎？」按：震陽長至艮而極，已寓必反之理，故艮象皆以反動為言】。

為門闕【虞氏曰：「乾為門。艮陽在門外。故為門闕」。按：先天艮處西北，闕之地也】。

為果蓏【張寘曰：「有核曰果，無核曰蓏」。宋氏曰：「木實為果，草實為蓏」。郭氏曰：「乾為木果。艮，乾之餘氣也」】。

為閽寺【俞氏曰：「艮以剛止外，衛內之柔。閽人止物之不應入者，寺人止物之不得出者」。按：因上門闕而類及也】。

為指【指者止也。項氏曰：「與堅多節同義」】。

為狗【虞作拘。注曰「指屈伸制物為拘。舊作狗」。朱氏曰：「此言為狗者，熊虎之子」。《爾雅》曰「熊虎醜，其子狗，初生未有文，猶狗也」。馬融、虞翻、郭璞以兌艮為虎，艮居寅位，艮究成兌，故艮為虎子】。

為鼠【虞氏曰：「似狗而小，在坎穴中，故為鼠。晉九四是也」。郭雍曰：「坎隱伏。在君子為隱，在小人為盜。艮之止，利則為狗，害則為鼠，皆一象而二義者也」】。

為黔喙之屬【馬氏曰：「肉食之獸，謂豺狼之屬。黔，黑也，玄在前也」。程迥曰：「黔東北方之色，青黑雜也」。按：飛鳥之摯者，喙亦黔，不專指獸也】。

其於木也為堅多節【陽在外故堅多節】。

兌為澤【虞氏曰：「坎水半見」】。

為少女，為巫，為口舌【古巫皆少女以口舌通神者也，故類及之】。

為毀折，為附決【二象之舊說繁而鮮當，實皆對象。毀折對艮而言，艮為成終成始，艮兌陰陽相反，故兌為毀折、附決。對震而言，震為決躁。巽之究為躁，巽覆為兌，故兌為附決】。

其於地也為剛鹵【澤涸為地，必為剛鹵。今日內外蒙古之間沙漠延長萬餘里，西連新疆之戈壁，號稱萬里長沙，其左右地皆斥鹵，蓋為上古以前之大澤久涸成地，不知紀年，而鹵之分劑準其陰陽正負而研索，尤饒興味，當別論之】。

為妾【《正義》「少女從姑姊為媵也」】。

為羊【虞作羔，訓為女使。鄭作陽，謂養無家女行賃炊事，今時有之，賤於妾也。說另詳《學易筆談》】。

右八卦為象，共百十有四。所謂舉例發凡，非物象之盡於此也。其例有互文者，有對取者，有類及者，有從變者。詳《學易筆談》。

逸象　《荀九家》逸象

《荀九家易》，八卦逸象，共三十有一。云出自河內女子獻《說卦》後，實皆由本經《彖》、《象》采取。其未見者，祇坤之漿，巽之鸛二象，去留皆無關宏恉。惟荀爽《集解》，去古未遠，當有所本。而朱子亦仍陸氏《釋文》之舊，附各卦後。今列舉如左：

乾之象四：為龍，為直，為衣，為言。

坤之象八：為牝，為迷，為方，為囊，為裳，為黃，為帛，為漿。

震之象三：為玉，為鵠，為鼓【玉或作王。「鵠」，項氏云：「鵠鶴古通用，當作鶴」】。
巽之象二：為楊，為鸛。
坎之象八：為宮，為律，為可，為棟，為叢棘，為狐，為蒺藜，為桎梏。
離之象一：為牝牛。
艮之象三：為鼻，為虎，為狐。
兌之象二：為常，為輔頰。

孟氏逸象

孟氏逸象，傳自焦氏，亦自本經采取為多。間有互異者，以兩漢經師，各守師說，傳述不同。備錄如後，以資參證。

乾為王，為先王，為明君，為人，為大人，為聖人，為賢人，為君子，為武人，為行人，為物，為易，為立，為直，為敬，為畏，為咸，為嚴，為堅剛，為道，為德，為盛德，為行，為性，為精，為言，為信，為善，為揚善，為積善，為良，為仁，為愛，為忿，為生，為祥，為慶，為天休，為嘉，為福，為介福，為祿，為先，為始，為知，為大，為盈，為茂，為肥，為好，為施，為利，為清，為治，為大謀，為高，為揚，為宗，為族，為高宗，為甲，為老，為舊，為古，為大明，為遠，為郊，為野，為門，為道門，為百，為歲，為頂，為朱，為衣，為圭，為蓍，為瓜，為龍。

坤為臣，為順臣，為民，為萬民，為姓，為小人，為邑人，為鬼，為形，為身，為牝，為母，為躬，為我，為自，為至，為安，為康，為富，為財，為積，為聚，為萃，為重，為厚，為致，為用，為包，為寡，為徐，為營，為下，為容，為裕，為虛，為書，為邇，為近，為疆，為无疆，為思，為惡，為理，為體，為禮，為義，為事，為業，為大業，為庶政，為俗，為度，為類，為閉，為藏，為密，為默，為恥，為欲，為過，為醜，為積惡，為迷，為弒，為亂，為怨，為害，為遏惡，為終，為永終，為敝，為死，為喪，為冥，為晦，為夕，為莫夜，為暑，為乙，為年，為十年，為戶，為義門，為闔戶，為閉關，為盍，為土，為積土，為階，為田，為邑，為國，為邦，為大邦，為萬國，為異邦，為方，為鬼方，為裳，為紱，為車，為輹，為器，為缶，為囊，為虎，為兕，為黃牛，為牝牛。

震為帝，為主，為諸侯，為人，為士，為兄，為夫，為元夫，為趾，為出，為行，為征，為作，為逐，為驚走，為警衛，為定，為百，為言，為講議，為問，為語，為告，為響，為聲，為音，為鳴，為夜，為交，為徵，為反，為後，為後世，為從，為守，為左，為生，為萱，為緩，為寬仁，為樂，為笑，為喜笑，為笑言，為道，為陵，為祭，為鬯，為禾稼，為百穀，為草莽，為鼓，為筐，為馬，為麋鹿。

巽為命，為命令，為號令，為教令，為誥，為號，為號咷，為處女，為婦，為妻，為商旅，為隨，為入，為處，為入伏，為利，為齊，為同，為交，為進，為退，為舞，為谷，為長木，為苞，為楊，為果木，為茅，為白茅，為蘭，為草木，為草莽，為杞，為葛藟，為薪，為庸，為牀，為繩，為帛，為腰帶，為繘，為蛇，為魚，為鮒。

坎為聖，為雲，為玄雲，為川，為大川，為河，為心，為志，為思，為慮，為憂，為謀，為惕，為疑，為艱，為蹇，為恤，為悔，為逖，為忘，為勞，為濡，為涕洟，為眚，為疾，為疾病，為疾厲，為疑疾，為災，為破，為罪，為悖，為欲，為淫，為寇盜，為暴，為毒，為瀆，為孚，為平，為法，為罰，為獄，為則，為經，為習，為入，為內，為聚，為脊，為要，為臀，為膏，為陰夜，為歲，為三歲，為尸，為酒，為叢木，為叢棘，為蒺藜，為棘匕，為穿木，為校，為弧，為弓彈，為木，為車，為馬。

離為女子，為婦，為孕，為惡人，為見，為飛，為爵，為日，為明，為先，為甲，為黃，為戎，為折首，為刀，為斧，為資斧，為矢，為飛矢，為黃矢，為網，為罟，為甕，為鳥，為飛鳥，為鶴，為準，為鴻。

艮為弟，為小子，為君子，為賢人，為童，為童蒙，為僮僕，為官，為友，為閽，為時，為豐，為星，為沫，為霆，為果，為慎，為節，為待，為制，為執，為小，為多，為厚，為取，為舍，為求，為篤實，為道，為穴居，為石，為城，為宮室，為門闕，為廬，為牖，為居，為門庭，為宗廟，為社稷，為鼻，為肱，為背，為腓，為皮，為膚，為小木，為碩果，為豹，為狼，為小狐，為尾。

兌為妹，為妙，為妻，為朋，為友，為講習，為刑人，為小，為少，為密，為通，為見，為右，為下，為少知，為契。

右舉象至四百四十餘，然猶未能盡也。別本坎下有窃象，巽下有繫象，兌下有窺象，殆逸之中又有逸歟！

補象

《易》注如瞿塘來氏、《集注》等，均有補象，要皆由《彖》、《象》、《十翼》之辭，擬議以意增補。然來氏乾之為郊、為野等補象，均已列《孟氏逸象》之中，而又補之。殆來氏僻居巫峽，得書不易，《孟氏逸象》，或未之見耳。實則《說卦》廣象，簡而能賅，提綱挈領，各卦《彖》、《爻》之象，無不可會通演繹，而各得其變化。及根本之所在，必字字而擬之補之，則泥象以言《易》，而《易》反不可見矣。各家補象，爰不復贅錄。

參象

參象者，乃八卦陰陽交變，未能以一卦之本象或變象盡之，因參合兩卦之象而會通之，其例已見於《廣象》。順德鄭氏《易譜》，觸類引伸，並證以前史占驗之詞，列為參象，亦足為初學之隅反也。

離之艮，為火焚山，山敗之象。于人為言，敗言為讒，故又為讒言之象。

乾之兌，天降為澤，為天子降心逆公之象。

震之離，火反燒木，有女嫁反害其母之象。

巽見艮，為山之材，而之乾有照以天光之象。

坤之乾，又見艮，有廷實旅百，奉之以玉帛之象。蓋艮為廷實旅百，乾為玉而坤為帛也。

坤之震，曰安而能殺，為公侯之象。

坤之坎，坤貞也，坎和也。和以率貞，有信之象。

震之坤，震為足，坤靜而不動，有足居之之象。震車也，坤馬也，又為車从馬之象。震為長兄，坤為母，又有「兄長之，母覆之」之象。又為众，众又歸之之象。

乾之坤，君降為臣也，為不終為君之象。乾天子也，變坤三爻皆出於乾，又為三出於天子之象。

坎之巽，為夫从風，風隕妻之象。蓋風為隕落物也。

震之坎，在春木旺龍德之時，為廢水之氣。來見乘加，升陽未布，隆陰仍積，坎為刑獄，為刑獄壅濫之象。

乾之離，為中天出日，有光顯之象，

離之艮，為日落西山之象。

艮之離，為山下起日，乃方昇之象。

艮之坎，為山嶽變海之象。

坎之艮，為深谷，為陵之象。

坎月也，變震為雷生明，變兌為上弦之月，變乾為十五夜月，變巽為十八晚初虧月，變艮為下弦月，變坤為晦。

離日也，變震為初出日，變乾為中天之日，變巽為方斜之日，變艮為落山之日，坤知入地矣。

離之坤，曰太陽入地，有退休之象，有傷夷之象。

巽見乾之兌，有花木被馬毀折之象。

離之坎，坎來乘物，為月來掩日之象。郭景純曰：「變坎加離，厥象不燭，必有欺蔽之象」。

坎之離，為月往日來。

離甲冑，用兵戈之象也。而之坎知遇險於前，又不成出兵之象。

坤之乾，為自地升天之象。

艮之坤，有舍高就卑，去崎嶇從平坦之象。

坎之巽，風還吹水，有波濤之象。

坎之兌，水竭耳聾，臣壅主聽之象。

坤之坎，有平地開通之象。

兌之艮，兌口舌講和，而艮又止之，有欲和不成和之象。

乾之離，為圓器在爐竈之側。

坎之乾，為雲从龍。巽之艮為風从虎。

震之離，離為矢，而火還燒震木，有張弧反射之象。

離之乾，在乾宮為同復於父，為歸宗。

震木之艮，有木入山之象。

坎之震，兌之震，為水澤中木，如逢坎離同位，乃其木是湯藥煎煮之象。

坎之艮，為官司刑獄而止不復升矣。

艮之巽，為居其所而風自播而令自行。

五行象

陰陽化合，播為五行。《禮運》曰「布五行於四時，和而後月生也」。五行非質也，實天地陰陽之氣。氣有盛衰，而時位乘之，而生克變化之跡著也。氣不可見，仍見之於八卦之象。聖人作《易》，既極數定象，復發其凡於蠱巽之〈象〉、〈爻〉。先後甲庚，各舉其端，而全《易》卦爻之陰陽五行，無不可以此類推。而卦氣占候、九宮三式之術數雖繁，亦無能越此範圍。列象如下。卦數另詳下篇。

☰ 乾金 剛

☷ 坤土 柔

☶ 艮土 陽

☱ 兌金 陰 兌為坎月之精，天澤明水，太陰真水也。

☳ 震木 剛 震得乾陽之初，龍雷之火，太陽真火也。

☴ 巽木 柔

☵ 坎水 陽

☲ 離火 陰

水火木金土，分陰分陽，有柔剛，各有配偶，共為十象，舊稱八卦。土金木皆有二，惟水火各一，實未知震兌各具水火之用也。震兌為陰陽出入之門，日月往來之路，不啻五行生化之原，故後天與坎離皆居中位。坎離居先天乾坤之位，震兌即居先天坎離之位。參觀《內經》，則陰陽升降，五行生化之作用，更顯著矣。

意象、影象

意象、影象者，日本《易》學之名詞也。經學諸書，自唐開元時傳入日本者為多。故日人講《易》，多宗李鼎祚《集解》，其占筮亦用唐人之揲法。卦象取用，有所謂意象者，如以震為船，巽為蒴，離為鏡，艮為亭，類取形似，無甚深意義。但象本無方，意動成象，故得意既可忘象，亦能成象。《易》冒天下之道，以八卦相錯，陰陽反覆，能曲成萬物而不遺者，正以象之變化無盡，而肆應不窮。盈天地間唯萬物，生生不已，《易》亦生生不已。萬物之孳乳，日積月累，其數量為巧曆所不能計，而《易》之八卦，足以盡之。非神而明之，其孰能與於斯？海通而後，西學東漸，名物之繁，百倍於昔。而鼎新革故，索之於《易》，無不各有其數，各有其象。如廣象以乾為金為玉，金玉或非伏羲畫卦時所有物。而三代以後，既有其物，而即以伏羲所畫乾卦之象當之。以三代之時，物質之最精最堅，莫金玉若也。而今則金剛石之精粹堅剛，更出金玉之上，自可由金玉而更廣之以乾為金剛石。乾之因物付物，仍莫不確合而確肖也。廣象以坎為輿，坤為大輿，震為大塗，合坎通坤載震行而定其象，以當時載物之具，莫利於輿，莫過於大輿。而通行之路，莫便捷於大塗故也。今則交通之廣，運輸之捷，器用日新，幾非一名一物所能限。然則占事知來，制器尚象，非由廣象更推而廣之，安能盡其用哉！以卦言之，小過飛鳥遺之音，固未知今日之有飛機也，而象已確肖之。既未濟之曳其輪，未必知今日之有汽機也，而象已不啻曲繪之。古未嘗有化學之分劑也，而今日化學各原質之分化輕重，其量劑數無不與八卦之數合。是故但以象言，或猶疑為附會之適相巧合。若更證之以數度，參之以陰陽剛柔之氣運，而形質狀態，性情功用，無不一一彰明顯著。此意象之為用，非經生家鑽研故紙，取經傳之一名一物，自稱補象之足並論也。我國雖無意象之名，而京焦管郭之占象，見於本傳及《易林》、《洞林》諸書者，其以意廣古人之象者，固不勝指數。故特著之，為初學擴其心胸之一助焉。

影象之說，當本於吾國相傳之卦影。卦影之術，始於晉唐，而盛於南宋。嚴君平亦即其儔，今已失傳。而日本之所謂影象，類似吾國之伏象。惟不限以震伏巽，艮伏兌，大概與意象略同。說詳「東京《易》學討論會」丁巳年發行之《易》學雜誌，亦足供學者之參攷也。

易楔　卷四

卦數第七

「天一，地二，天三，地四，天五，地六。天七，地八。天九，地十」。又曰「天數二十有五，地數三十。天地之數，五十有五」。河圖洛書之數，即此五十有五之數所分布而進退者也。聖人則圖畫卦，是故卦之數即圖、書之數，亦即天地之數也。「大衍之數五十，其用四十有九」者，所以衍《易》，即以衍此五十有五之數者也。自宋儒竄易經文，以「天一地二」一節，移置「大衍之數五十」以前，兩數遂相混合，并為一談。異論紛若，左支右吾，卒無是處。漢學家雖力糾其繆，而於兩節之數理，亦未能分晳清楚，與《卦》《象》《彖》傳相證明。乃沿繆襲誤，以迄於今。程朱而後，言《易》者皆崇理論，言象者已不多，言數者尤少。偶有一鱗半爪，又皆似是而非。同人講習，幾於無可取資。爰就所知，略貢蒭蕘。所慽數學既淺，又荒廢日久，自知膚淺已甚。姑引其端，以待專家之續竟其緒也。

先天數

乾一，兌二，離三，震四，巽五，坎六，艮七，坤八之數，邵子《皇極經世》之數，所謂先天數也。相傳康節從李挺之氏學《易》三年，未能窺其奧，請益於李，叩其要旨。李乃授以一二三四五六七八之八字，康節言下大悟，恍然於乾兌離震巽坎艮坤之天然位次，與數適合。而陰陽交錯，順逆往來，無不妙合。極深研幾，遂得貫澈天人，成《皇極經世》一書。程子嘆為內聖外王之學，朱子《本義》，又取其大小方圓各圖，弁諸經首。其後言《易》者，即以先天數為《易》數。於卦《爻》、《彖》、《象》之言數者，如「七日」「八月」「十年」「九陵」之類，悉以先天數當之，歧誤乃不可究詰。夫邵子先天數，非不合也。特邵子別有妙悟，以一二三四五六七八為主，如算學之數根。乾兌離震巽坎艮坤，祇為其數之符號耳，故用乾兌離震巽坎艮坤可也，用日月星辰水火土石亦無不可也。因邵子未嘗以此注《易》，但借卦爻以演其數，而所得之數理，變化分合，仍能與《易》相符。所謂殊塗同歸，法異而實不異也。若以言《易》，則自當以乾兌離震巽坎艮坤為主。先後體用，各有其數。與邵子之數同出天一地二之十數，並圖如左：

邵子先天八卦數

乾☰一
兌☱二
離☲三
震☳四
巽☴五
坎☵六
艮☶七
坤☷八

乾一對坤八，合九。兌二對艮七，合九。離三對坎六，合九。震四對巽五，合九。四九合三十六。乾陽三畫，坤陰六畫，合九。兌四畫，艮五畫，合九。離四畫，坎五畫，合九。震五畫，巽四畫，合九。四九亦合三十六。八卦相盪成六十四，除乾坤坎離頤中孚大小過八卦反覆不變，餘五十六皆一卦反覆成二卦，實祇二十八卦。合乾坤等不變之八卦，亦共合三十六卦。三十六者，六之自乘也。故邵子曰：「三十六宮都是春」，乃用六藏九，為邵子之獨有心得，別具用法。故依此數方位，與五行干支納甲皆不相合。納甲之象與乾一兌二之數無關，漢學家力闢先天卦位，而於乾一兌二之數，無能辨駁。偶有言者，亦隔靴搔癢，無當於理。茲另圖先天八卦之合洛書河圖數如下：

先天八卦本數

四 二 八 六

☴ ☵ ☶ ☷

五

☰ ☱ ☲ ☳

九 七 三 一

圖數本卦八天先

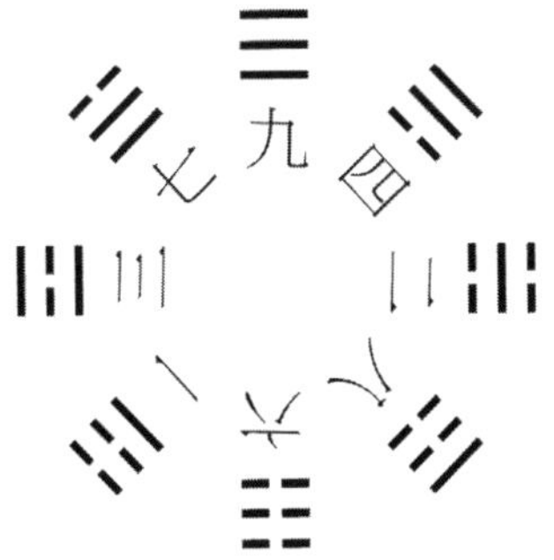

註：本圖為編者重繪
非本書原圖

聖人則圖畫卦，卦數即圖、書之數。圖、書之一六皆從下起，陽從一始，陰以六終，皆歸藏於北方，未有從上起者。邵子先天數，獨悟「易逆數也」一語，故反用圖、書而逆由乾位起一，藏九不用，為兩數之對待。如洛書之藏十，其妙用在卦順則數逆，卦逆則數順，故仍不悖於陽順陰逆之天則。錯綜變化，而無不相通。若論先天八卦之本數，則自當取則河圖，陰逆陽順，以合於一六二七三八四九之匹偶。而陰陽相對，皆得五數。如雷風一四合五也，水火二三合五也，山澤七八合十五，天地九六合十五，皆五也。仍以五為中樞。而一六為地雷復，九四為天風姤，二七為水澤節，三八為火山旅。所謂「布五行於四時」，無不合也。「和而後月生」，此納甲所以用先天之象，而取後天之數也。此理千餘年來，未有發明。由於不知陽順陰逆之數，以邵氏之數，強解京、焦之《易》，紛紜糾結，遂莫可究詰矣。陽數順由一始，為一三七九。陰數逆由四起，為四二八六。宋以後，皆以二四六八為陰數之用，此其根本之錯誤也。陽順陰逆圖數，余於庚申之秋，始由「乾乘六龍」一語悟得「乘六」之法，繪圖以明之。始知極數定象，通變成文，參伍錯綜，皆在陽順陰逆。而千餘年來，似是而非之注釋，均可一掃而空矣。圖說另詳《易數偶得》。

後天八卦數

乾☰六　西北
兌☱七　正西
離☲九　正南
震☳三　正東
巽☴四　東南
坎☵一　正北
艮☶八　東北
坤☷二　西南

後天八卦數圖

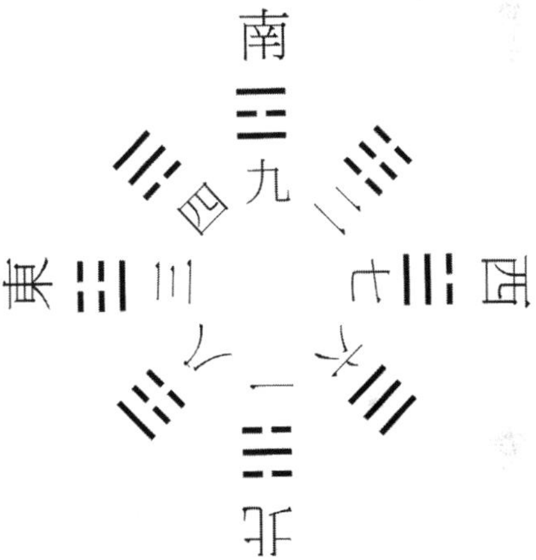

註：下圖為編者重繪，非本書原圖

坎一坤二震三巽四離九艮八兌七乾六。乾坎相連，一與六合。坤兌相連，二與七合。震艮相連，三與八合。巽離相連，四與九合。水火金木之數，各有配合，獨闕五十兩數。非闕也，坎一離九合十，中央戊己，而坤艮二八，亦合十為丑未，皆五與十土數所分寄，方位與洛書合，而數亦兼符納甲。其說已詳〈卦位〉章先天納甲圖，茲不贅述。更以數之順序，並列與洛書參照，則第一章〈二八易位〉、〈二五搆精〉兩圖之妙更可見矣。

後天八卦本數

離　艮　兌　乾
九　八　七　六
五
四　三　二　一
巽　震　坤　坎

坎離乾巽震兌坤艮皆相對，與卦位合。惟坤二與艮八之位互易，五運中樞，而十暗寓於八方。所謂通變化而行鬼神者，即在此坤艮易位之妙用。故曰「神樞鬼藏」，向來道家珍為神秘。非入其門奧者，不肯輕泄。實則邵子天根月窟，子正在丑，午正在未數言，已不啻明明揭示，特後人不自悟耳。

先後天八卦合數

先後天八卦，既各有其本位本數，而體用相生，升降變化，由合而分，亦由分而合。是以《易》之《彖》、《象》凡涉言數者，亦各有體用之不同。先天八卦本數者，以河圖為體者也。後天八卦本數者，以洛書為體者也。先後天八卦合數者，兼先後天之象而納十干之數者也。此數相傳最古，虞氏《易》即用此數也。

先後天八卦合數圖

古納甲圖

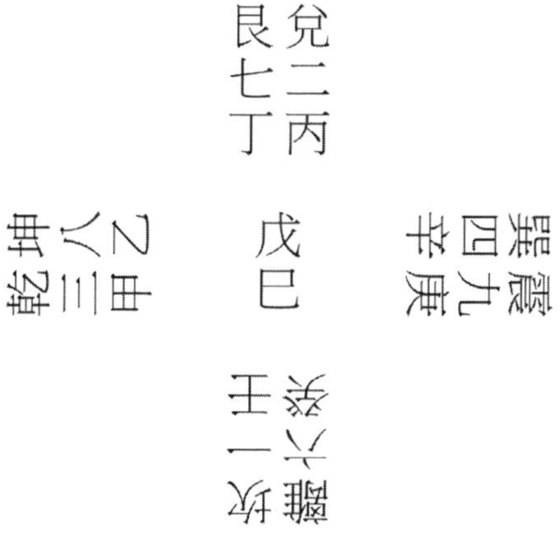

古納甲圖：東方甲乙配乾坤，南方兌艮配丙丁，西方庚辛屬震巽，而坎戊離己中央，因壬癸為乾坤兼納也。此圖壬癸居北屬坎離，以坎離代乾坤。有作離一坎六者，陰陽互根，亦自可通。并前兩圖合觀之，當知邵子數與《易》之分別矣。

天地範圍數

天地範圍數，相傳即《連山》卦數。因其以艮為始終，所謂「範圍天地而不過，曲成萬物而不遺」者也。略舉例如左：

天一　地二　天三　地四　天五

甲一　乙二　丙三　丁四　戊五

地六　天七　地八　天九　地十

己六　庚七　辛八　壬九　癸十

甲數一　甲木生丙火　艮納丙　故艮卦之數一（統丑寅二支）

乙數二　乙木生丁火　兌納丁　故兌卦之數二（統酉支）

丙數三　丙火生戊土　坎納戊　故坎卦之數三（統子支）

丁數四　丁火生己土　離納己　故離卦之數四（統午支）

戊數五　戊土生庚金　震納庚　故震卦之數五（統卯支）

己數六　己土生辛金　巽納辛　故巽卦之數六（統辰巳二支）

庚數七　庚金生壬水　乾（外納）壬　老陽無七，七者卦之窮也，故《易》曰六爻發揮三極之道，蓋庚者，更也，六十四卦大成，七中無卦也

辛數八　辛金生癸水　坤（外納）癸　故坤卦之數八（統未申二支）

壬數九　壬水生甲木　乾（內納）甲　故乾卦之數九（統戌亥二支）

癸數十　癸水生乙木　坤（內納）乙　老陰無十，十者數之終也，數至九而止，十則過其位也，然十即一也，十百千萬皆一也

艮丙☶一　艮成始始萬物○○○○○○○○

兌丁☱二　○

坎戊☵三　○

離己☲四　坤乙癸☷八　乾甲壬☰九　艮十成數

震庚☳五　○

巽辛☴六　○

艮丙☶七　艮成終終則有始○○○○○○○

右圖始艮一，終艮十，而又以艮七為用，象數體用皆艮，故有《連山》易數之名。雖未必即為《連山》，而其象則兼先後天，數則合河圖洛書。與納甲納音，融會而貫通之者也。天地萬物之數，莫能外於是矣。陽數極於九，陰數極於六。陽，天也。天之用皆見於地，故數至六而體全，得七而六數之用行也。太陽無七，太陰無十，而艮兼用一、七、十者，一始十終，七則具成終成始之用者也。

八卦成列數

夫《易》開物成務，冒天下之道，如斯而已者，非他，即天一，地二，天三，地四，天五，地六，天七，地八，天九，地十之數也。八卦成列，天地之數，分陰分陽，與八卦並列，而五位配合，五行生布也，干支屬也。一始十終，順往逆來，六十四卦先後天往復循環，周而復始，而數有不周，獨闕西北。先天則艮闕，後天則乾无，而盈虛消長，於以无闕，皆出「乾知大始」。冒天下之道，以極天之數，定天下之象，通天下之志，定天下之業，斷天下之疑，興神物以前民用，盡在於斯矣。

坎子一，艮丑二寅三，震卯四，巽辰五巳六，離午七，坤未八申九，兌酉十，乾戌亥无數。子午南北至，卯酉春秋分，寒暑往來，日月出入，先天咸无，後天乾无，皆以无出有。

八卦成列之時位象數圖

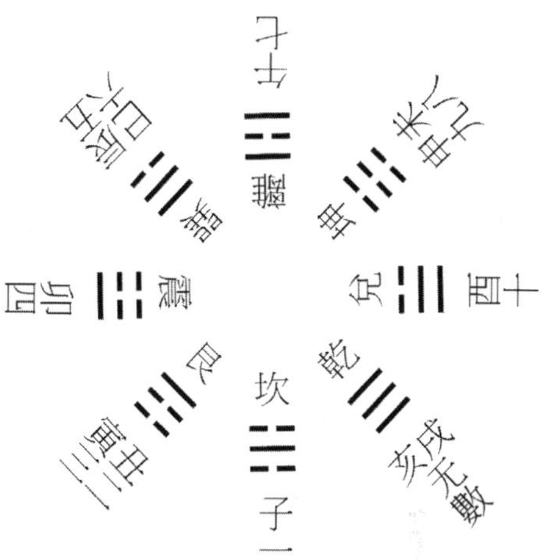

註：此圖中卦名為編者依書中文字加入，非本書原圖
※請依文字將方向轉正看，因全書看八卦圖方向並未一致

此《易》數之精義入神，《易》道之廣大悉備，皆在此八卦成列之時位象數。宋後言《易》，先別門戶、爭道統，宗宋者以老莊之說為異端，宗漢者以先天卦位為不經，而《易》遂無從言矣。程傳號為《易》學正宗，而程子《自序》「謂予所傳者辭也，冀學者由辭以得其意」。然《彖》、《象》、《十翼》之辭，無一辭一字，不由象數而來。舍象數而言辭，辭烏從得哉！此圖之數，前人所未言。清季青田端木鶴田氏，始創為之圖，簡要精當，足與經傳相參證。與舊有諸圖會而通之，不但於數理之要領可得，而古今來占筮推步之本源，悉在於是矣。

卦氣第八

既明方位象數，而氣可得言矣。氣不可見，顯之以象，定之以數，而驗之以候。五日為一候，故亦曰卦候。天地陰陽之消息，日月寒暑之往來，萬物生成，變化動靜，莫不先見乎氣。《彖》、《象》、《繫》辭，皆隱合氣候而未明言。言氣者莫著於京房，遂相傳京房卦氣，實非京氏所創也。周公之《時訓》與〈月令・夏小正〉，皆以象數為氣候之準，無不與圖、書卦象契合。京氏特整齊而排比之，以六十卦直日用事，以風雨寒溫，定占候災變，或為京房之法耳。黃粵洲曰：「上繫七爻，起中孚『鳴鶴在陰』，十一爻起於咸『憧憧往來』。卦氣從中孚至井，八十九陽，九十一陰。咸至頤，八十九陰，九十一陽，與《繫傳》恰合。而孔子復於咸言『日月寒暑往來，陰陽屈伸』，是必三代已有此卦象氣候，孔子故於《繫傳》及之，否則安有如此之巧合乎？特著錄其圖。非僅為占卜之用也。

京氏以六十卦當周天三百六十五度四分度之一，每卦值六日七分，故又名為六日七分術。坎離震兌為後天四正，別立為監司，分管二十四氣，不入六十卦之內。六十卦之中，更有復臨泰大壯夬乾姤遯否觀剝坤十二卦為辟卦，分領十二月，每月約五卦。始六日曰公卦，次辟卦，次候卦，則值月中節氣交界。次大夫，次卿，以畢一月。周而復始。

卦氣起冬至，為中孚之二爻，至七日復卦，十二日復卦畢，第十三、十四、十五日則屯之內卦當之，約兩卦半當一氣，約十五爻當十五日也。小寒自屯四起，至謙與睽，亦兩卦半也。茲分舉其例如下：

四監司分主一年二十四氣

			上爻	五爻	四爻	三爻	二爻	初爻
坎	水監令	䷜	驚蟄	雨水	立春	大寒	小寒	冬至
震	木監令	䷲	芒種	小滿	立夏	穀雨	清明	春分
離	火監令	䷝	白露	處暑	立秋	大暑	小暑	夏至
兌	金監令	䷹	大雪	小雪	立冬	霜降	寒露	秋分

或謂京房卦氣出《易緯》，不足以望先天。然按之《繫辭》，既有中孚與咸之前徵，而驗之氣候，又與《時訓》、《夏小正》合，而邵子河洛先天諸數亦不能不采用其說。圖雖別用乾坤坎離，而河洛化工，仍取坎離震兌。蓋實始於《連山》曆法，四監周度。惟首起艮卦，然則京學之自來遠矣。

十二月辟卦

辟卦主一年十二月，自冬至七日後起，陰陽往復，周而復始。朱子曰：「是當以一爻分三十分，陰陽進退日一分。如陰剝每日剝三十分之一，一月方剝得盡。陽長每日長三十分之一，亦一月方長得成。故復之一陽，不是頓然便生，乃是自坤卦中積來。從小雪後一日生一分，竟大雪共三十日，生三十分，然後成冬至之一陽。姤之陰亦生於小滿，一日一分，積三十日，然後成夏至之一陰。觀此知陰陽絕續之際，果無一息之間斷也」。

十二月辟卦

十一月子	䷗	復	一陽
十二月丑	䷒	臨	二陽
正月寅	䷊	泰	三陽
二月卯	䷡	大壯	四陽
三月辰	䷪	夬	五陽
四月巳	䷀	乾	六陽
五月午	䷫	姤	一陰
六月未	䷠	遯	二陰
七月申	䷋	否	三陰
八月酉	䷓	觀	四陰
九月戌	䷖	剝	五陰
十月亥	䷁	坤	六陰

《列子》曰「一氣不頓進」。又曰「天道密移，疇覺之哉！」聖人作《易》，仰觀俯察，知天地陰陽之運行消息甚微，人無從覺，故以懸象著明之日月，分畫八卦，象陰象陽，以《易》道示人，天道斯昭昭矣。更以六十四卦，合周天之度，自疏而密，由略而詳。由一年十二月，分日分時分刻，以逮杪忽之微，均可顯之以象，推之以數，豈但為吉凶占卜之用哉！聖功王道基於是，百姓日用宥於是。彼自絕於天而言人者固背道，舍人以言天者，豈知道哉！孔子之《易》，明天地人三極之通，而齊之於木道【見於風雷〈益·象傳〉「木道乃行」。古今言《易》者均未注意，而道家亦由之而不知。致《易》道大用始終不明，可慨也夫！】。坎離秉天地之中，震兌劑陰陽之和，以成位育之功。釋道二教，闡咸恆之義，裁成輔相，協乎泰否，所以皆範圍於《易》數之內，而莫能外乎！進象數而言氣精微之蘊，更非潛心玩索，不能會其通也。

三百六十日卦氣候每一卦值六日七分

坎初六冬至	十一月中	復
九二小寒	十二月節	臨
六三大寒	十二月中	
六四立春	正月節	泰
九五雨水	正月中	
上六驚蟄	二月節	大壯

六四	蚯蚓結
六五	麋角解
上六	水泉動
初九	雁北鄉
九二	鵲始巢
六三	雉雊
六四	雞乳
六五	征鳥厲疾
上六	水澤腹堅
初九	東風解凍
九二	蟄蟲始振
九三	魚上冰
六四	獺祭魚
六五	鴻雁來
上六	草木萌動
初九	桃始華
九二	倉庚鳴
九三	鷹化為鳩

中孚	公	六日七分
復	辟	十二日十四分
屯	侯	十八日二十一分
謙	大夫	二十四日二十八分
睽	卿	三十日三十五分
升	公	三十六日四十二分
臨	辟	四十二日四十九分
小過	侯	四十八日五十六分
蒙	大夫	五十四日六十二分
益	卿	六十日七十分
漸	公	六十六日七十七分
泰	辟	七十三日四分
需	侯	七十九日一十一分
隨	大夫	八十五日十八分
晉	卿	九十一日二十五分

䷲震初九春分 二月中
六二清明 三月節　夬 ䷪
六三穀雨 三月中
九四立夏 四月節　乾 ䷀
六五小滿 四月中
上六芒種 五月節　姤 ䷫

九四 玄鳥至
九五 雷乃發聲
上六 始電
初九 桐始華
九二 田鼠化為鴽
九三 虹始見
九四 萍始生
九五 鳴鳩拂其羽
上六 戴勝降於桑
初九 螻蟈鳴
九二 蚯蚓出
九三 王瓜生
九四 苦菜秀
九五 靡草死
上九 麥秋至
初六 螳螂生
九二 鵙始鳴
九三 反舌無聲

䷧解	公	九十七日三十二分
䷡大壯	辟	一百三日三十九分
䷏豫	侯	一百九日四十六分
䷅訟	大夫	一百十五日五十三分
䷑蠱	卿	一百二十一日六十分
䷰革	公	一百二十七日六十七分
䷪夬	辟	一百三十三日七十四分
䷷旅	侯	一百四十日一分
䷆師	大夫	一百四十六日八分
䷇比	卿	一百五十二日十五分
䷈小畜	公	一百五十八日二十二分
䷀乾	辟	一百六十四日二十九分
䷍大有	侯	一百七十日三十六分
䷤家人	大夫	一百七十六日四十三分
䷯井	卿	一百八十二日五十分

䷝離初九夏至 五月中

六二小暑 六月節 遯 ䷠

九三大暑 六月中

九四立秋 七月節 否 ䷋

六五處暑 七月中

上九白露 八月節 觀 ䷓

九四 鹿角解
九五 蜩始鳴
上九 半夏生
初六 溫風至
六二 蟋蟀居壁
九三 鷹乃學習
九四 腐草為螢
九五 土潤溽暑
上九 大雨時行
初六 涼風至
六二 白露降
六三 寒蟬鳴
九四 鷹乃祭鳥
九五 天地始肅
上九 禾乃登
初六 鴻雁來
六二 玄鳥歸
六三 羣鳥養羞

䷞咸 公 一百八十八日五十七分
䷫姤 辟 一百九十四日六十四分
䷱鼎 侯 二百日七十八分
䷶豐 大夫 二百六日七十八分
䷺渙 卿 二百一十三日五分
䷉履 公 二百一十九日十二分
䷠遯 辟 二百二十五日十九分
䷟恆 侯 二百三十一日二十六分
䷻節 大夫 二百三十七日三十三分
䷌同人 卿 二百四十三日四十分
䷨損 公 二百四十九日四十七分
䷋否 辟 二百五十五日五十四分
䷸巽 侯 二百六十一日六十七分
䷬萃 大夫 二百六十七日六十八分
䷙大畜 卿 二百七十三日七十五分

䷹兌初九秋分 八月中

九二寒露 九月節 剝 ䷖

六三霜降 九月中

九四立冬 十月節 坤 ䷁

九五小雪 十月中

上六大雪 十一月節 復 ䷗

六四 六五	雷始收聲 蟄虫壞戶	䷕賁	公	二百八十日 二分
上九	水始涸	䷓觀	辟	二百八十六日 九分
初六	鴻雁來賓	䷵歸妹	侯	二百九十二日 十六分
六二	雀入大水為蛤	䷘无妄	大夫	二百九十八日 二十三分
六三	菊有黃花	䷣明夷	卿	三百四日 三十分
六四 六五	豺祭獸 草木黃落	䷮困	公	三百一十日 三十七分
上九	蟄蟲咸俯	䷖剝	辟	三百十六日 四十四分
初六	水始冰	䷳艮	侯	三百二十二日 五十一分
六二	地始凍	䷾既濟	大夫	三百二十八日 五十八分
六三	雉入大水為蜃	䷔噬嗑	卿	三百三十四日 六十五分
六四 六五	虹藏不見 天氣騰地氣降	䷛大過	公	三百四十日 七十二分
上六	閉塞而成冬	䷁坤	辟	三百四十六日 七十九分
初九	鶡旦不鳴	䷿未濟	侯	三百五十三日 六分
六二	虎始交	䷦蹇	大夫	三百五十九日 十三分
六三	荔挺出	䷚頤	卿	三百六十五日 二十分

卦氣六日七分圖

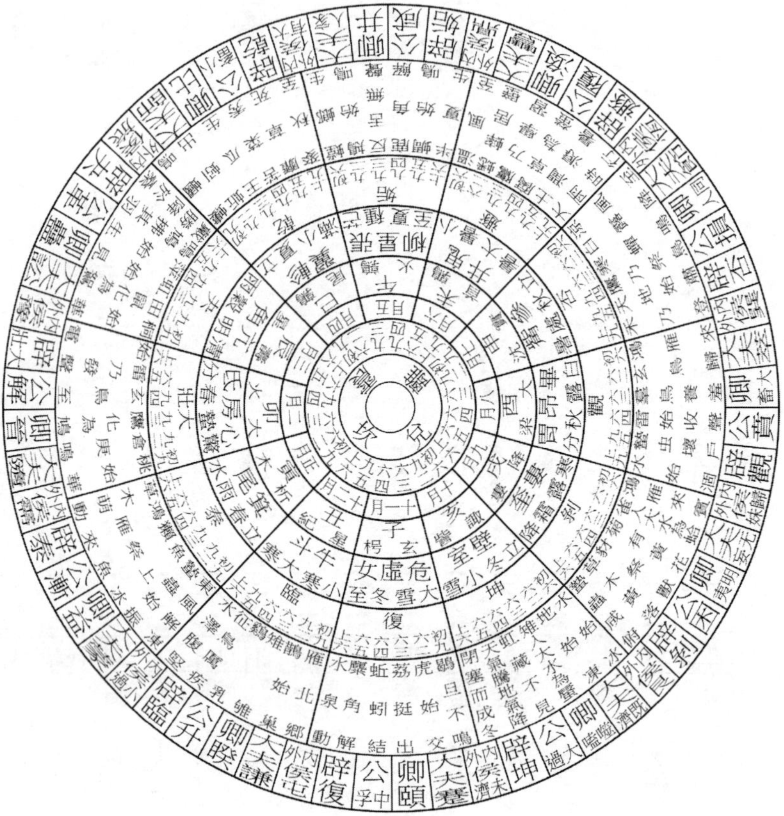

按：一卦值六日，共三百六十日，而歲度周，尚餘五日四分日之一。每日以八十分計，五日四分日之一，共得四百二十分，每卦應得七分，故合計六日七分，一卦始畢。五日為一候，三候成一氣，約一氣盡十六爻，為兩卦又四爻。是每月五卦，又盈兩爻也。故卦氣起中孚之二爻。節氣有長短，卦爻亦有盈縮。此揚子雲《太玄》所以分七百二十九贊，以兩贊當一日，以當一歲三百六十四日半，而更以立踦贏二贊，以為坤縮也。

卦氣起〈中孚・九二〉「鳴鶴在陰」。鶴陽鳥也，居澤陰地，陽生於陰之義也。終於頤，「頤者養也」，歸養中宮，至中孚復出。斯造化之機軸。孔子贊《易》，以人事言天道，故贊〈中孚・九二〉曰「天下應之」，曰「天下之樞機」，可謂天人合一。冬烘先生以附會兩字抹煞之，吾無言矣。

日行與天度每不相及，因有歲差【今法以日繞地，推算亦同】。東晉虞喜云：「五十年退一度」。何承天云：「百年退一度」。隋劉綽云：「七十五年退一度」。唐僧一行又以八十三年退一度，許衡、王恂、郭敬皆謂六十六年有餘退一度，較前說為近。鄭氏《易譜》引環中子說曰「周天三百六十五度四分度之一，是正數也」。邵子《皇極》曰「三百六十五度二十五分七十五秒」【邵子以一度作百分，京氏以一日作八十分，故其數異】。其二十五分即四分度之一矣，又另多七十五秒，是天過正數外七十五秒也。而歲周止得三百六十五日二十四分二十五秒，是日不及正數二十五秒也。假以天所多七十五秒，補日所少二十五秒，作百秒為一分，則天恰合正數，日亦恰足正數矣。今乃日止二十四分，比天二十五分為欠一分又二十五秒，比天七十五秒為欠五十秒，故天行餘一分五十秒也。然則日之於天，每年退一分五十秒，十年退十五分也。六十年則退九十分，再加六年，又退九分，是六十六年，其退九十九分，是一度尚欠一分。以每年一分五十秒計之，則一分當八箇月，便是六十六年零八個月，即退天一度也。曆法今密於古，當詳求之，以定卦值星度之位。庶數自密合，無毫釐之差。於萬事萬物之動靜吉凶，胥可以是準之矣。

萬氏彈峯曰：「乾附於坤，坤歸於乾。謂之游魂，乾仍歸乾，坤仍歸坤，謂之歸魂。六子互變，震巽二長，乃四孟月之主。五爻變後退歸四位，震附於巽，巽附於震為游魂。震仍歸震，巽仍歸巽為歸魂。坎離二中，乃四仲月之主。五爻變後，退歸四位。離附於坎，坎附於離，為游魂。離仍歸離，坎仍歸坎，為歸魂。坎離之游魂在乾坤，乾坤之游魂在坎離。此四正互換之卦。艮兌二少，乃四季月之主。五爻變後，退歸四位。艮附於兌，兌附於艮，為游魂。艮仍歸艮，兌仍歸兌，為歸魂。艮兌之游魂在震巽，震巽之游魂在艮兌。此四隅互換之卦也」，此正《說卦》「神也者」一章，去乾坤而言六子之義，乾坤主一歲之運，一卦管一月。

六子為四時之主，一卦管十日。月有值月之卦，日月值日之卦，三元紫白，相為循環，亦理數自然之序。

京氏卦氣，出於納甲。八宮世應，皆與卦氣一貫。今人習用八宮納甲之法，而莫名其義，得萬氏著明之。始知其天然之序，不假人為。特錄其圖如下，與下〈卦用〉章八宮參看。

十二月辟卦圖

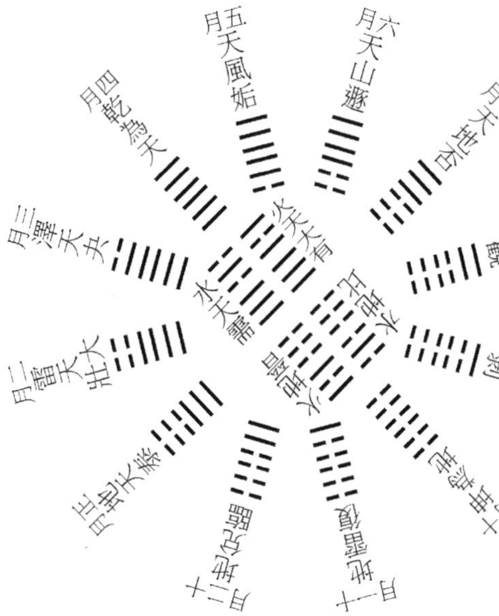

四孟月卦圖

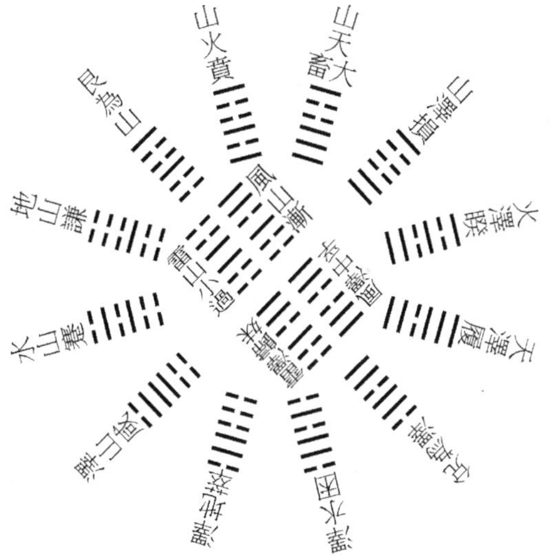

四季月卦圖

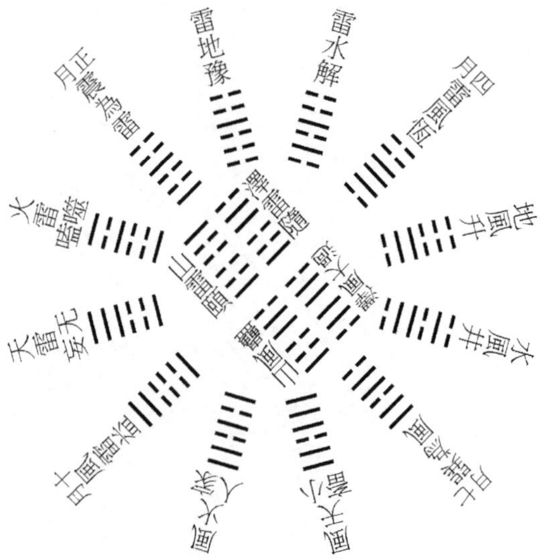

四仲月卦圖

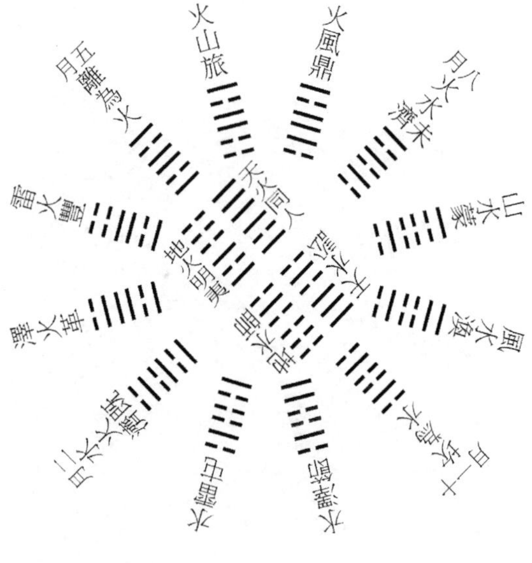

卦用第九

八卦名位、象數、氣候既明，而用可得言矣。大用大效，小用小效，大小雖殊，其理則一。《彖》、《象》、《十翼》，皆以明用。而無一辭一字，不根於象數。自象數失傳，專尚夫辭。

乃望文生義，以今概古，論愛惡不出六爻之外，言變化限於兩象之中。而《彖》、《象》、《十翼》之大義，不明於世也久矣。朱子《本義》，遂以《易》為聖人教人卜筮之書，以占卜為大《易》之本義。後之學者，既宗程、朱，又蔑視數學小道而不屑言，是欲渡而去其楫，卒致占卜之用亦無可徵驗，反不若王、遁、火珠之術為足憑。《易》道之大，乃盡失其用。舉世徒震其名，視為神秘杳渺而莫敢問津。嗚呼！是誰之過哉！行遠自邇，登高自卑，乾簡坤易，古聖已詔我矣。近取諸身，簡之至也。遠取諸物，易之至也。故又曰：《易》簡而天下之理得矣。天下之理得，而用無不彰。其為用焉，孰大於是？京氏八宮世應飛伏之說，經學家素鄙為術數，而不入於經傳。而其為用簡易，深合於乾坤之變化。朱子知其用，以囿於世故，不敢昌言，僅取八宮世應歌訣，列《本義》之前，亦與隱名注《參同契》。同一苦心也。程子《易傳》，雖自稱尚辭，亦不能廢陰陽世應之例。術家專取八宮身世游歸飛伏之用，而又不明乾坤簡易之理，逐末忘本，與經生之有體無用，同一蔽也。頻年講習，博攷周諮，始知三《易》之卦爻象數，同源共貫。京氏之學，實遠符《連山》之曆數，近合《周易》之變通。稽諸經傳，證例正多，爰取為立用之準。有精於術數者，更深求之。以推衍《彖》、《象》、《十翼》之辭，其相得有合者，必不止如吾之所知。知無盡而用無窮，占卜云乎哉！

乾坤二用

《易》之大用，孔子《繫傳》，言之詳矣。特後儒類以文字釋之，致孔子之微言精義，皆忽略讀過，而莫名其蘊蓄宏深之妙。果能以孔子之言，一一以八卦之象數證之，則一字一義，無不各有體用之所在，亦無不各與象數相發明，而「為用不窮」一語決非以空言了之者也。八卦之用，皆本於乾坤，後天坎離代乾坤之用，而六十四卦之用，莫不由乾坤而生。孔子曰：「剛柔相摩，八卦相盪。鼓之以雷霆，潤之以風雨。日月運行，一寒一暑。乾道成男，坤道成女」。天地萬物之用，備於是矣【雷霆震與艮風雨，巽與兌皆相反之卦也，日月坎離與乾坤皆相對之卦也。詳玩其象，八卦之用可悟矣】。而又承之以「乾知大始，坤作成物」。《易》之大用，孰逾於是？故乾用九，坤用六。六十四卦，皆乾坤之用，皆九六之用。乾无方體，用不可見，故乾九之用，用於坤六。《傳》曰「顯諸仁，藏諸用」。乾顯而坤藏，惟藏而用乃顯焉。乾坤象也，九六數也。象數不明，用何由顯？為圖如左，餘卦類推。

端木鶴田曰：「乾坤天地一二，始子復一，丑臨二。而臨二坎爻，其初復一震爻。天地一二子丑數造始【坎震屯】，一主日，二主月。子復一交午七數，為復『七日吉』。丑臨二交未八數，為臨『八月凶』。故七八正當子丑一二正位。《易》，七八數之正也，九六數之變也。七吉以七而九進為用，午進而七數之正。進而用九數之變，乾用九是也。八凶以八而六退為用，未退而八數之正，退而用六數之變，坤用六是也。六坎數，九震數，皆天地一二造始數。乾坤卦用七八正，爻用九六變，此其數是也」。

晁氏公武曰：「余有志學《易》，本好王氏，妄謂弼之外，自有名象者。果得京氏傳，而文字顛倒舛訛，不可訓知。迨其服習甚久，漸有所窺，今二十有四年矣。乃能以其象數辨正文字，而私識之曰：是書兆乾坤之二象以成八卦，凡八變而六十有四，於其往來升降之際，以觀消息盈虛於天地之元，而酬酢乎萬物之來者，炳然在目也。大抵辨三《易》，運五行，正四時，謹二十四氣，志七十二候，而位五星，降二十八宿，其進退以幾，為一卦之主者謂之世。奇耦相與，據一以起二而為主之相者謂之應。世之所位而陰陽之肆者，謂之飛。陰陽肇乎所配，而終不脫乎本，以應顯佐神明者謂之伏。起乎世而周乎內外，參乎本數以紀月者謂之建。終之始之，極乎數而不可窮以紀日者，謂之積。會於中而以四為用，一卦備四卦者，謂之互。乾建於甲子於下，坤建於甲午於上。八卦之上，乃生一世之初，分五世之位。其五世之上，乃為游魂之世。五世之初，乃為歸魂之世。而歸魂之初，乃生後卦之初。其建剛日則節氣，柔日則中氣，其數虛則二十有八，盈則三十有六。其可言者如此」。晁氏之說，可謂挈《京易》之綱領矣。茲分列八宮暨飛伏諸例如下，若應與配位五行六神諸說，詳下〈爻位〉、〈爻數〉各章。

八宮卦序【焦氏延壽《易林》卦序亦同。吾年八歲，先君授以八卦曰「乾坎艮震巽離坤兌」，蓋即京《易》也，童騃無知視如玩物，今序此而泫然矣】。

乾宮　䷀乾為天

一世　䷫天風姤　　二世　䷠天山遯　　三世　䷋天地否

四世　䷓風地觀　　五世　䷖山地剝

游魂　䷢火地晉　　歸魂　䷍火天大有

坎宮

䷜坎為水

一世 ䷻水澤節

二世 ䷂水雷屯

三世 ䷾水火既濟

四世 ䷰澤火革

五世 ䷶雷火豐

游魂 ䷣地火明夷

歸魂 ䷆地水師

艮宮

䷳坎為山

一世 ䷕山火賁

二世 ䷙山天大畜

三世 ䷨山澤損

四世 ䷥火澤睽

五世 ䷉天澤履

游魂 ䷼風澤中孚

歸魂 ䷴風山漸

震宮

䷲震為雷

一世 ䷏雷地豫

二世 ䷧雷水解

三世 ䷟雷風恆

四世 ䷭地風升

五世 ䷯水風井

游魂 ䷛澤風大過

歸魂 ䷐澤雷隨

巽宮　䷸巽為風

一世 ䷈風天小畜　二世 ䷤風火家人　三世 ䷩風雷益

四世 ䷘天雷无妄　五世 ䷔火雷噬嗑

游魂 ䷚山雷頤　歸魂 ䷑山風蠱

離宮　䷝離為火

一世 ䷷火山旅　二世 ䷱火風鼎　三世 ䷿火水未濟

四世 ䷃山水蒙　五世 ䷺風水渙

游魂 ䷅天水訟　歸魂 ䷌天火同人

坤宮　䷁坤為地

一世 ䷗地雷復　二世 ䷒地澤臨　三世 ䷊地天泰

四世 ䷡雷天大壯　五世 ䷪澤天夬

游魂 ䷄水天需　歸魂 ䷇水地比

兌宮　䷹兌為澤

一世 ䷮澤水困　二世 ䷬澤地萃　三世 ䷞澤山咸

四世 ䷦水山蹇　五世 ䷎地山謙

游魂 ䷽雷山小過　歸魂 ䷵雷澤歸妹

八純卦各以五行所屬為主，乾金坎水艮土震木巽木離火坤土兌金，所謂進退以幾，而為一卦之主者謂之世也。本宮不變，初爻變為一世，至五爻變為五世，上爻六世，即本宮，謂之宗廟不變。初至七世仍以三爻變為游魂，八世下三爻，全復本宮，為歸魂。故二世為地《易》，三四世為人《易》，五六世為天《易》，游魂歸魂為鬼《易》。

乾坎艮震巽離坤兌之序，決非京氏所創。《繫傳》曰「乾知大始，坤作成物」。雖乾坤對舉，而詳玩後天八卦方位，及六十四卦之次序，所謂「仰以觀於天文，俯以察於地理。天道下濟，地道上行」者，皆足以見八宮之用，即分陰分陽之大義也。八卦東震西兌，東西平衡，若地平線。故巽離坤三陰卦，實處於地之上，所謂地道卑而上行也。而乾坎艮三陽卦，皆處於地之下，所謂天道下濟也。上下以震兌為始終，故雷澤歸妹曰「天地大義人終始」者此也。震之始，始於乾，「乾知大始」也。兌之終，終於坤，坤「代終」也。三《易》之卦，爻象皆同，不同者其序耳。八宮之序，或謂出於《連山》，非無所見也。

世卦　月卦

世應

《周易》雖無八宮之別，而世應仍所不廢。惟《周易》之世應，但以爻論，而京《易》則特重在卦。京氏曰「卦有八世，爻分六位，配乎人事，以定吉凶」者，固不僅為占筮言也。《易乾鑿度》曰「三畫以下為地，四畫以上為天。易氣從下生，動於地之下，則應於天之下。動於地之中，則應於天之中。動於地之上，則應於天之上【此以上下二象分天地，故不言人，人秉天地之氣以生，一身之陰陽之氣亦有感必應。言其精則水火升降，言其粗則脈絡之交布，穴氣之分行。與夫一身外相所表見者，無不各按其位而上下相應。如人身上部口面耳目間有痣者，下部相應之位亦必有之，毫釐不爽。此上下相應之最顯而易見者也。一卦六爻亦如一身上下相通，如有否隔，即為疵病。天地人物，因無二理也】。初與四，二與五，三與上，陰應陽，陽應陰，二氣感應以相與，此其正也。蓋天地之氣有終始，六世之位有上下，故《易》始於一【《易》本無體，氣變而為一，故氣從下生也】，分於二【清濁分於二儀。公武曰：「奇偶相與，據一以起二，而為主之相者，謂之應是也」】，通於三【陰陽氣交，人生於中。天地氣通，故三陽成泰，而泰為通】，交於四，盛於五【二壯於地，五壯於天，故如盛也】，終於上【上則數極，極則反也】。故六爻皆有應，而世取其一。與世對者，則為應也」。

䷾

水火既濟，初陽而四陰，二陰而五陽，三陽而上陰，所謂六爻當位、上下皆相應者者也。既濟屬坎宮三世卦，三之應在上。

䷿

火水未濟，既濟之反也。六爻皆不當位，而上下剛柔相應，屬離宮三世卦應亦在上。

月卦非月建，由世卦生，亦由十二月辟卦生者也。世分陰陽，陽世起子月，陰世起午月，以數不以氣。雖以辟卦為綱，而不去坎離震兌，仍以六十四卦配八宮之屬也。

䷀

乾為本宮，上爻六世，陽爻陽世，從初爻子月起數至上爻為巳，故乾為四月卦。

䷶

豐為坎宮五世卦。五陰爻陰世，從初爻午月起至五爻為戌，豐為九月卦。餘類推。

八宮飛伏

世之所位，而陰陽之肆者謂之飛，陰陽肇乎所配【乾與坤，震與巽，坎與離，艮與兌】，而終不脫乎本【以飛某宮之卦，乃伏某宮之位】。以顯應佐神明者謂之伏。故有卦之飛伏，有爻之飛伏。《文言》曰「同聲相應，同氣相求」。飛之與伏，聲氣相通，或顯或隱，各以類求。《中庸》曰「莫現乎隱，莫顯乎微」。此精義入神之論也。後儒以經學自誇，謂孔子未嘗言此，指為術數小道，不知《十翼》之言飛伏者多矣。奈學者瞠目視之，皆未見耳。《雜卦傳》「兌見而巽伏也」，是明言飛伏之一例。《說卦》「坎為隱伏」，而〈離・象〉「飛鳥」，亦飛伏之見端。而六十四卦《彖》、《象》言之者，更不勝枚舉也。

☰乾飛　☷坤伏　☶艮飛　☱兌伏

☲離飛　☵坎伏　☳震飛　☴巽伏

月建　積算

《京氏易傳》以爻直月，從世起建，布於六位【惟乾坎二卦從初爻起】。乾起甲子，坤起甲午。一卦凡六月，計一百八十日。積算以爻直日，即從月建所止之日起，如姤卦月建起庚午至乙亥【姤初爻庚午，上爻乙亥】，積算即從乙亥起。上九為一日，周而復始，一卦凡百有八十日。今占家用《火珠林》術，大半出於京氏。惟月建積算，罕有傳其法者。後人或以月為直符，日為傳符，指六爻所見之支當之，非其義也。此為京氏占法，詳晁氏《別錄》，說繁不贅錄。

八純卦外，一至六世，皆以本宮納甲為伏，而變宮游歸以爻論。詳下章。

八卦五行之用

《說卦》「帝出乎震」，及「神也者」兩節，皆言後天八卦之用者也。術家言後天八卦皆居旺地，語雖俚而所見甚精。蓋帝出乎震之帝，非專屬震卦。帝者主也，主權所在，即王也。術家曰旺，即王之用。〈太平御覽・五行休旺論〉曰「立春艮旺【艮居丑寅之交，立春之候也】，震相，巽胎，離沒，坤死，兌囚，乾廢，坎休。立夏巽旺【巽居辰巳之交，立夏之候也】，離相，坤胎，兌沒，乾死，坎囚，艮廢，震休。立秋坤旺【坤居未申之交，立秋之候也】，兌相，乾胎，坎沒，艮死，震囚，巽廢，離休。立冬乾旺【乾居戌亥之交，立冬之候也】，坎相，艮胎，震沒，離囚，坤廢，兌休【《唐典》：王、相、胎、沒、死、囚、休、廢為八卦之氣】」。王充《論衡》亦同。蓋立冬之候也，得地為旺，旺之衝死，旺所生相，相之衝囚，胎之對廢，沒之對休。〈淮南・墜形訓〉曰「五行：木壯，水老，火生，金囚，土死。火壯，木老，土生，水囚，金死。土壯，火老，金生，木囚，水死。金壯，土老，水生，火囚，木死。水壯，金老，木生，土囚，火死」。

春令	木王	火相	土休	金囚
夏令	火王	土相	金休	水囚
秋令	金王	水相	木休	火囚
冬令	水王	木相	火休	土囚
土王四季	金相			

十二卦地支藏用

地支藏用，分晳陰陽，最為精密。周天三百六十有五度四分度之一，歷三百六十五日四分日之一而氣周，即六十卦三百六十爻之爻周。坎離震兌，分主二至二分，共三百八十四爻。陰陽錯綜，消息盈虛，無不合矣。藏天干於地支者，即乾體坤用。乾之用九，用於坤六，學者以術家言而忽之。是猶悅琢玉之精美，而賤斧鑿為匠器。《十翼》造化之筆，因無斧鑿之痕。

然不知斧鑿之用者，又安識良工之心苦哉！

子 ䷗ 壬五日三分半，癸二十日六分半，辛長生。

丑 ䷒ 癸九日二分半，辛三日一分，己十八日六分。

寅 ䷊ 戊七日二分半，丙七日二分半，甲十六日五分。

卯 ䷡ 甲十日三分半，乙二十日六分半，癸長生。

辰 ䷪ 乙九日三分，癸二日一分半，戊十八日六分。

巳 ䷀ 庚七日二分半，戊七日二分半，丙十六日五分。

午 ䷫ 丙十日三分半，己九日三分，丁十三日三分半。

未 ䷠ 丁九十三分，乙三日一分半，己十八日六分。

申 ䷋ 戊己共七日，壬七日三分半，庚十六日五分。

酉 ䷓ 庚十日三分半，辛二十日六分半，丁長生。

戌 ䷖ 辛九日三分，丁三日一分，戊十八日六分。

亥 ䷁ 戊七日二分半，甲七日二分半，未十六日五分。

易楔　卷五

明爻第十

積爻而成卦，故爻為卦之體。爻動而卦變，故爻又為卦之用。卦之體用，具在於爻。《說卦傳》曰「昔者聖人之作《易》也，將以順性命之理。是以立天之道曰陰與陽，立地之道曰柔與剛，立人之道曰仁與義。兼三才而兩之，故《易》六畫而成卦。分陰分陽，迭用柔剛，故《易》六位而成章」。《繫傳》曰「《易》之為書也，廣大悉備。有天道焉，有人道焉，有地道焉。兼三才而兩之，故六。六者非它也，三才之道也。道有變動故曰爻，爻有等故曰物，物相雜故曰文。文不當故吉凶生焉」。又曰「《易》之為書也不可遠，為道也屢遷。變動不居，周流六虛。上下无常，剛柔相易。不可為典要，唯變所適」。又曰「爻也者效此者也，象也者像此者也。爻象動乎內，吉凶見乎外，功業見乎變，聖人之情見乎辭」。孔子之所以言爻者，詳且備矣。後世言《易》者，既昧於象數，而六虛六位之義，亦泛焉而莫知所指。每卦僅就所見之上下六爻，為承應當否，卦之情其何由見哉！

陰	上六	⚋	天	⚊	上九	末
陽	九五	⚊	道	⚋	六五	元
仁	六四	⚋	人	⚊	九四	亨
義	九三	⚊	道	⚋	六三	利
柔	六二	⚋	地	⚊	九二	貞
剛	初九	⚊	道	⚋	初六	本

卦氣由下生，故以下為初。重三畫之卦為六畫，仍分三才。陽奇陰偶，陽剛陰柔。以配天地，中爻為人，曰仁曰義。上下進退，為內外兩象之中樞。孔子贊《易》，《彖傳》以內外兩象之陰陽剛柔，釋一卦之義。《象傳》則專取中爻，聯合上下象數，以人合天。六十四卦《象傳》，皆曰「君子以」或「先王以」者，即以人事明天地之道者也。天地之道往復不窮，而人事之千變萬化，皆在三四兩爻之反復。孔子曰：「其初難知，其上易知，本末也」，〈大過‧彖〉曰「本末弱也」。明六爻之本末，而後一卦之體用可知。而元亨利貞，亦可以陰陽之升降上下而明其序也。

天地人六爻三極

乾剛坤柔，乾向南，離日晝，坤向北，坎月夜，剛柔者，晝夜之象也。

天地變化，坤地進上，乾天退下，變化者，進退之象也

端木氏曰：「《易》太極含三為一，乾坤上下中，上天極，立在下地極，而中人極。離坎天地中，日月二人象，天地中人道，離坎交中，天地間生人。天地顛，乾下首，生人出。乾是坎，北極艮背。坤是離，南極巽高。而中極人道，震兌出入，天地大義人之終始。此六爻三極之道也」。

爻位第十一【六位　六虛】

六位

爻位圖

天	⚋	上	陰爻	陰位
天	⚊	五	陽爻	陽位
人	⚋	四	陰爻	陰位
人	⚊	三	陽爻	陽位
地	⚋	二	陰爻	陰位
地	⚊	初	陽爻	陽位

分陰分陽，迭用柔剛，故《易》六位而成章。六位者，初爻二爻為地位，三爻四爻為人位，五爻上爻為天位。以乾卦例之，初九在地之下，故曰「潛」。九二地之上，故曰「田」。三爻為人之正位，故曰「君子」。四爻不當位，故曰「或」。五爻天位，故曰「在天」。上九在天之上，故曰「亢」也。

位有一定，而爻則變動無常。學者必先知有定之位，定其為陰為陽，為上為下，而後爻之奇偶當否，可得而言也【偶居陰，奇居陽，為當，反之為不當】。

分陰分陽，迭用柔剛。惟既濟一卦，為陰陽柔剛各當其位，故曰「既濟定也」。定則不動，不動則不生，而《易》道或幾乎息矣。故荀、虞均以乾坤成兩既濟為凶。《序卦》曰「《易》不可窮也，故受之以未濟終焉」。此以陰陽之位言之也。若以用言，則一卦六爻，惟中四爻得用。初未用事，而上則失位。故〈乾・上〉曰「高而無位」，〈需・上〉曰「位不當也」。王弼曰「上下無位」者，指此也。

六虛

《繫傳》曰「上下無常，周流六虛」。六虛者，即初二三四五上之位也。爻實位虛，爻有上下，而位無變動。爻有柔剛，位有陰陽【一三五為陽，二四六為陰】，剛柔雜居【剛居陽，柔居陰為當。或以剛居陰，柔居陽，則相雜而文生焉】，吉凶以著。《參同契》曰「二用無爻位，周流行六虛」。二用者即九與六也。乾九坤六，上下升降，周流六虛，以成六十四卦。故觀象者不可僅觀所見之六爻。六爻之下，尚有六虛，皆與此所見之六爻相關。爻為飛，位為伏，實易辨而虛難知。必由實而究其虛，庶遇爻而知其用，於《易》之道思過半矣。

八卦正位

爻位六而卦有八，八卦於六爻，各有其當位之爻，曰正位。家人曰「男正位乎外，女正位乎內」，言九五與六二，則但以陰陽言也。陰陽以二五爻為得中得正，乾坤為卦之宗主，亦陰陽之純體。故乾以九五為正位，坤以六二為正位，坎離為乾坤之交**【坎中之陽即乾爻，離中之陰即坤爻】**。故坎離之正位，與乾坤同。震以初九為正位，艮以九三為正位，巽以六四為正位，兌以上六為正位。卦各有其正位，故六爻具六子之位。為圖如下：

八卦正位圖

	上	▬▬▬	兌
乾	五	▬ ▬	坎
	四	▬▬▬	巽
	三	▬ ▬	艮
坤	二	▬▬▬	離
	初	▬ ▬	震

端木氏曰：「天地六爻，坎離既濟定位，五多功二多譽，位當也。離坎未濟居方，三多凶四多懼，不當位也。有當位而不正者，而正位未有不當者也。而《彖》、《象》之言正，則以二五，故八卦惟乾坤坎離之為得中得正也。

六爻三極定位，天地定位。六爻上山澤，下雷風，中水火。六爻三極**【繫傳曰「六爻之**

動，三極之道也」】，下二初地爻地極，雷風恆，天地下極立心恆，坤地極立不易方，二初震巽爻是也，五上天爻天極，山澤損，天上極員【損从員】，乾天恆无方，中日月斗，三人行，乾極與時偕行，五上艮兌爻是也。四三人爻人極，水火既濟，天地中間人，于天地上下初終，首尾續終，中為人極。兼三才而兩之，定上下中極，四三坎離爻是也。六爻三極，天地南北居方，六爻辨物辨等。乾坤六十四卦終下坎北極，故曰『初難知』，曰『亦不知極也』。此《易》居方上下六爻三極之道也」。

六爻定位圖

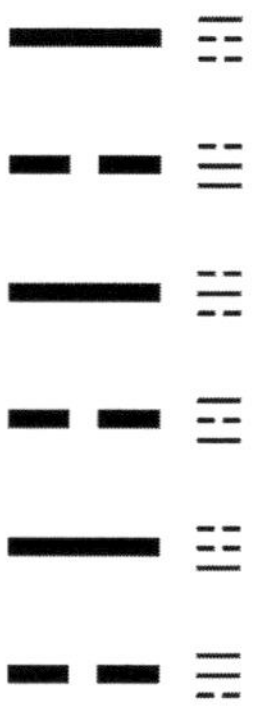

右圖與前圖合觀，則知爻位之隱見變化，不但卦有飛伏交互，而爻之飛伏交互，亦與卦等也。向之說《易》家，能究心於爻位之義者甚鮮，而於爻位之分，更未有言之者。來知德氏，雖有八卦之正位一圖，而注中仍不能用，則以未明爻位之體用有別也。今合二圖而一之，併附以說，庶閱者可了然矣。

六十四卦三百八十四爻，皆乾坤二用，周流六虛，至既濟而全卦之爻位相當。故曰「既

爻位體用合圖

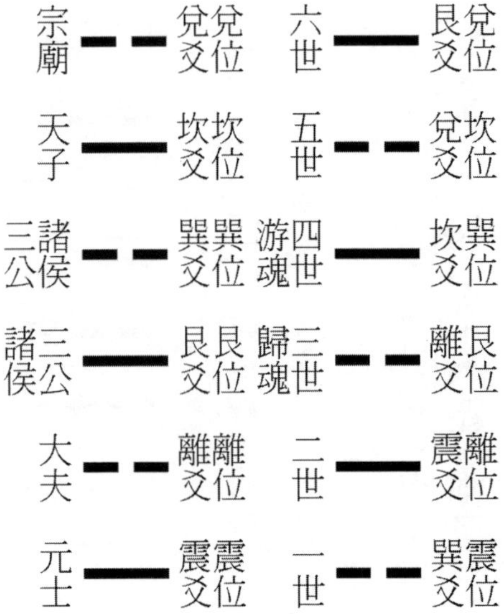

六位時成圖

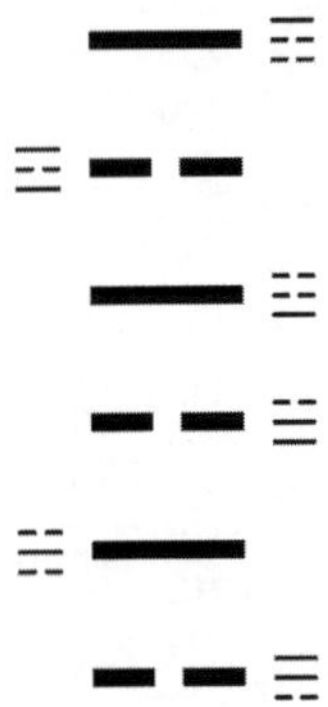

濟定也」。

爻位既明，二用斯章。然乾元用九，綱領全《易》。地道無成，坤之用皆乾之用也。乾無方無體，乾之用皆見於坤之用也。孔子《文言傳》啓發乾九用坤，坤六承乾之旨，已極詳備。大明終始，六位時成，乃非既濟而為未濟，其故可深長思矣。

乾六位，火本天親上，離五位。水本地親下。坎二位，而上下剛柔應位。山澤，艮上位兌三位。雷風，震四位巽初位。而上下六位，巽伏，震起，兌見，艮止，皆中離坎日月象。故曰「大明終始六位時成【下巽伏，上兌見，即坎象。下震起，上艮止，即離象。】」。《上經》始乾坤終坎離，其往來卦十八。《下經》始咸恆終既未濟，其往來卦十八。

十八為二九數，乃離坎二卦日月終始。離一九，寅數止戌。坎一九，申數止辰。此離坎二九，皆乾用九圓，日月為大明象。乾二九十八卦，《上經》始乾坤，終坎離，大明終始六位是也。離坎二卦，南北終始，皆出入於震兌二卦，東西往來。震一九亥數止未，兌一九巳數止丑。此震一九離出震，兌一九坎出兌，皆乾用九圓。而上、下《經》各往來卦十八，始乾終既未濟，乾六位成而坤天下平。此離坎上下六位，南北居方卦大明日月也。上下卦十八終始三十六，是為乾四九出入，南北上下為之極。其卦三十六，皆離坎首尾終之始之。而乾坤上下六十四卦六位，皆此離坎六位終始之。是乾用九乾圜象，而六十四卦以成終成始，乾大明終始，六位時成是也。

六爻三極，尤重在人。天地之氣，以人而通。陰陽之道，以人而和。孔子贊《易》「立人之道」，以合乎天地之正。《京氏易傳》：孔子曰「陽三陰四，位之正也」，三者東方之數，日之所出也。四者西方之數，日之所入也。言日月終天之道。故《易》卦六十四，分上下象陰陽也。故奇偶之數取之於乾坤。乾坤者，陰陽之根本也。陰陽之道備著於坎離。坎離者，陰陽之性命也，而其樞要皆在於三四兩爻。於此求之，六十四卦之辭義可迎刃而解矣。圖附後。

天地人六爻往復，天地上下，在人中爻三四回轉。而上下天地爻，乃往復不窮。此乾坤六爻上下應位，二三四五同功異位，皆具此六爻往復中，皆在中人爻回轉。人於天地上下，不見首尾，乃中間背脊，其道反復不已。天地往復，其道不窮。孔子六十四卦大象，著六十四「以」字。「以」古文作㠯，即綰合上下兩卦往復回轉之象也。

天地人六爻往復圖

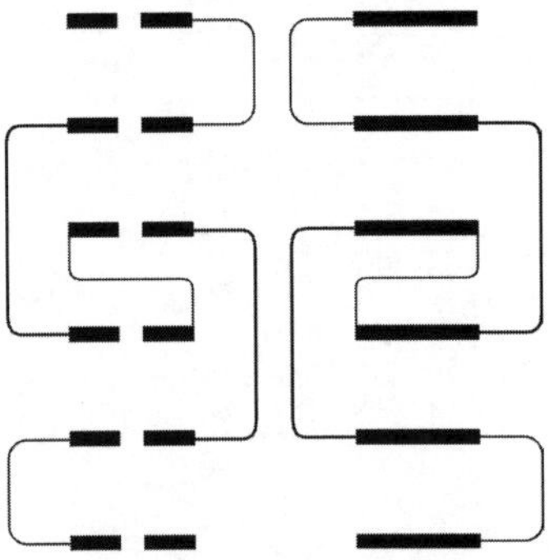

爻象第十二

爻分於卦，卦之象即爻之象。卦由爻變，爻之象亦卦之變象也。《說卦》廣象，半為卦變言之。名隸於卦，而重實在爻。六十四卦，《彖》、《象》要皆以象之交易、變易、反易而互變其義，以定其辭。變之所在，即象之所在。所謂「辭也者，各指其所之」是也。變不同，象亦不同。或一爻變，或二爻變，或三爻變。三爻變者，則為對象。以一卦全變，本體之象已不見，所謂伏也。若二爻或一爻變，則變其半而存其半，京氏所以有半象之說也。向來講《易》者莫明京氏半象之義，往往置之不論。焦理堂氏《易通釋》宗虞仲翔氏之說者也，乃駁其半象，不遺餘力。謂「坎之半即巽之半，坤之半即艮之半」云云，而不知京說之正謂「坎半即巽半，坤半即艮半」耳。孔子《雜卦》「震起艮止，巽伏兌見」，即發明離坎變化，乃震艮巽兌起止伏見之作用。《虞注》「〈小畜〉密雲不雨，謂坎象半見」。即指巽為坎之半耳。惟半象二字，在可解不可解之間。與其謂之半象，不如名之曰「爻象」為簡當而易曉也。一卦六爻，本有風雷山澤水火之爻位。與八卦之正位，有其位即有其象。故僅知卦象，而不明爻象，仍未能盡象義之蘊也。

爻象有正變之分，亦與卦同。如本卦不變，而分爻取象者，則以其位之上下而象異。如震為足，正象也，爻分震之初則為趾。乾為首，正象也，爻分乾之上則為顛、為額，或為頂。而六子分乾坤之爻者，亦得推此義以取象。如艮為乾之上爻，亦有首之象。離得坤之中爻，亦取腹象。此不變之變，即廣象之義也。

其因本卦已變，而爻即隨其變而易其象，則必以其時、其位之不同，而各異其義，即各異其象。如離為目，正象也，因變巽而為多白眼。艮為山，正象也，因反為震，而變為陵。

巽為雞，正象也，因反為兌，而稱鶴。其餘變化，各以類求，未可指數也。

一卦六爻，初爻為足、為趾；二爻為脛、為股；三四為心、為腹；上五為首、為面。此例甚多，更論爻而不論卦，可謂專以爻位取象，為爻象之本義矣。

爻數第十三

六位成章，陰陽迭運。位虛爻實，奇偶相生。積爻成卦，數亦相因。復一坎子，震未出用，故曰「復小」。臨二丑寅，坤兌數十，故曰「臨大」。陰爻無始，陽爻無終。陰陽首尾，往復不窮。故數盡十位，而爻十二。天五地六，以定甲子。八宮六世，三四相重。飛伏隱見，變化無盡，而無不可以數稽之。故爻位與象義既明，必徵之於數，而後是非可辨也。

六爻天地數

	⚊	六	⚋	十
九	⚊	五	⚋	八
七	⚊	四	⚋	六
五	⚊	三	⚋	四
三	⚊	二	⚋	二
一	⚊	一	⚋	

左為陽爻之數
中為爻位之數
右為陰爻之數

陰陽六爻，皆指乾坤。乾父坤母，六子卦皆分乾坤之爻，各得乾坤之一體。象數變化，皆不離其宗。《鄭氏爻辰》即以乾坤兩卦，分十二辰。鐘度聲律，亦各以此數交錯，相生相合，而各得其應得之數。〈節・象傳〉曰「節以制度。君子以制度數，議德行」。若由後儒之說，德行與度數何涉？宋人性理諸書，汗牛充棟，所謂表裏精粗無不到者，獨無度數以節之。陰陽五行，皆鑿空之談。而所謂異端者，若老子若墨子若莊列諸子，及釋家大乘經典，其言之精者，各有數度，各有法象之可徵。皆所謂法言，非任意空談可擬也。故明乎八卦之象數，明乎《彖》、《象》、《十翼》無一辭一字之不合象數，而後三代兩漢文章之度數可辨。後世之書是否合於度數者，亦皆可辨矣【揚子雲知《易》象數理之精，恐後人不解，乃苦心焦思作《太玄》以明數。作《法言》以仿《論語》。非擬經侮聖也，其意欲人之由淺入深，因《太玄》而進於《易》。因《法言》而悟《論語》之法度，用心良苦。乃後人並《太玄》不能解，何有於《易》？讀《論語注疏》，更蔑視《法言》。又以朱子綱目「莽大夫」三字作揚雄定評，後世遂存以人廢言之成見。《太玄》、《法言》乃真成覆醬瓶之物。《太玄》、《法言》不足惜，《易經》、《論語》法象數度之不明，貽人心世道之憂，良足痛焉！】。

乾簡坤易，象數著明。象由微而知著，數執簡以御繁。太極由是生兩儀，生四象，生八卦，以生六十四卦。而六十四卦仍以一「是」【〈未濟・上六・象〉曰「有孚失是」，為全經最後之一字】返本還原。故欲求其「是」，當求諸始。乾坤《易》之始，六爻乾坤之始，一畫開天又六爻之始。故言卦數者，必自爻數始。

爻變第十四

先儒言卦變者多矣。虞氏以後，眾說紛紜，莫衷一是。虞《易》既無完書，其注及《周易集林》，僅於《李氏集解》中，得一鱗片甲，語焉不詳。漢上朱氏，據此以定虞氏卦變圖，當時已多異議。李氏挺之，有六十四相生及反對兩圖。朱子《本義》，復有變更。陰陽重出，其為卦乃至一百二十有四。雖稱根據《彖傳》，而其舉例之十九卦，有自一卦來，兩卦三卦來者，參差不一，亦不能自圓其說。後之為圖者更多，如朱楓林等，更自鄶以下無足言矣。虞、李二氏之圖，皆根本乾坤，其立論自不可磨。後儒如來氏知德、胡氏滄曉、錢氏辛楣，焦氏理堂，各有變通修正，均不能越其範圍。然皆爻變，而不盡為卦變也。夫卦者，必一卦盡變，如坤之變乾，巽之變震，斯謂之卦變可矣。若乾變姤夬同人大有小畜履，坤變剝復師比謙豫，則只一爻變。上下之乾坤，固未變焉。且占變知來，因貳以濟民行，事物萬變，烏能以六十四卦之變，應之而不窮乎？故朱子占法，據《左》、《國》所載故事為例，而又自定前十卦後十卦之別，以補其未備。無論其所謂前後十卦者，即其卦變圖百二十四卦之次序，決非古人所有。即能相合，而上下二編《彖辭》、《象辭》併計，亦只四百四十八變，再加合兩卦《彖辭》，亦僅五百十二，烏能悉應所占之事，而定其吉凶？其無當可斷言也。《周官》太卜所掌三《易》，自別有占法。而文周上下二編之《彖》、《象》，特其綱領。孔子《十翼》，但示人以觀象玩辭，為進德明道之本，未嘗為人言占卜之方也。「大衍」一章，明象數之根本。揲蓍求卦，以盡變通之義。引伸觸類，以盡天下之能事。亦非專為卜筮而言也。自「挂一」、「再扐」之義不明，自唐以後，異說紛起。如劉夢得、張轅、莊綽、程伊川、朱元晦、張理、郭兼山諸家，議論不一。要皆書生之見，無當於事，無與於《易》。故歷代精於占筮者，皆屏不用，徒留為經生家聚訟之資而已**【沈氏《需時眇言》，據天地之數由大衍求一之術，證以微積分，合而定揲四之義，與《易》象數皆能確合。俟參攷儀象諸書，更試驗得實，當別為一書詳之】**。故茲編於卦變之說，概棄不錄。卦變皆由爻變，言爻變即所以言卦變也。卦變可圖，爻變則非圖所能盡也。略圖示意，閱者以意會之可耳。

爻變略例

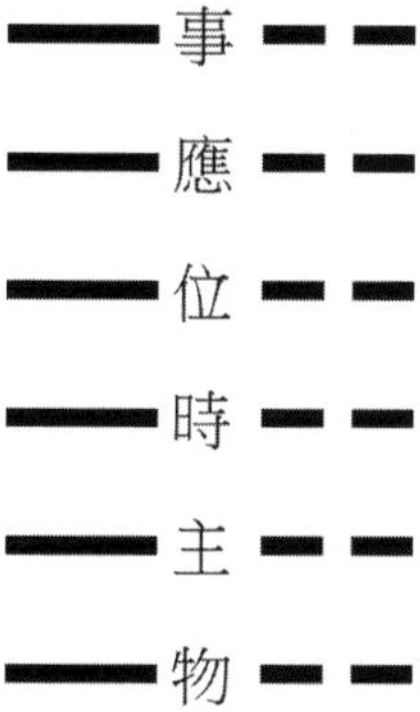

爻分陰陽奇偶二者而已。卦有六爻，乾坤十有二爻而已。一爻變至二三四五六爻俱變，一卦之變，六十有四，四千零九十六而已。四千九十六，亦烏足盡萬事萬物之變哉！故爻之變，有時有位，有主有應，有物有事，而數與象，猶不預焉。如同一卦也，卦不變，爻亦不變。而時與位六者有一變，則利害情偽，已迴乎不同，此不變之變一也。更有爻不變而象數已變者，如七與九，皆陽也。六與八，皆陰也。七八易九六，爻之陰陽如故，而數與象，均各不同。此不變之變一也。故《易》曰「動則變，變則通」。動之機甚多，不必爻之動而卦始變也。朱子曰：「坤初之變為復，非頓然而變也。自小雪起，一日變一分，至冬至而始成復之一爻」。知言哉！惟其變由微而顯，由顯而著，至見於象，而陰陽始判，吉凶始見耳。僅知卦爻之變，而不知不變之變，不足以言卦，不足以言爻，並不足以言變也。上圖略舉其例，非事物之必初上，主應之必二五。六爻皆具此六者，而六者又各有變化之不同。如今昔時也，盛衰亦時也，月建日符亦時也。位則有方位，有地位，有貴賤之位。千態萬狀，何可數限？但概之以動，察之以幾，知幾其神，而《易》始可言矣。

爻辰第十五

先天八卦，以陰陽升降，應日月之晦朔弦望，於是乎有納甲，因而重之，為六十四卦。卦有六爻，卦納干而爻納支，於是乎有爻辰。辰者天度十二宮之次舍。而地支之十二，與天度相應者也。漢人言爻辰者，有鄭氏，有京氏，其說不同。鄭氏以乾陽坤陰，十二爻順逆交錯，以應十二月。而又以六十四卦之爻，合乾坤，分二十八宿之度數、星象合卦爻之象，以釋經。其書久佚，僅自《李氏集解》，及各經注疏采集其說，但存其梗概而已。有清戴氏棠，據《甘石星經》、《開元占經》等書，按六十四卦之《彖》、《象》、《繫》辭，有以星象名義，或形似相類，援鄭例而補之，名《爻辰補》。然於經義象數，均未有當，無足采焉。京氏納辰為古今術家所遵用，證之於《彖》、《象》、《十翼》，多能相合。有與經義相發明，為經學家所不能道者。始知黃帝五甲六子三元九宮，實探陰陽造化之秘，明天人之際。以濟世利民者，固不僅卜筮之用也。康成生於漢季，施、孟、梁邱之《易》，已多失傳。獨費氏，因其說簡約而獨存。康成亦有所不足，故采取殘缺之緯書，兼及五行律曆星象，以釋卦爻，固費《易》之所無，或亦三家之遺義也。惜其書又亡。致三代之《易》，不能盡見於今。猶幸京《易》雖亡，而八宮世應納音納甲之數，猶得貫通，得與《周易》相參證。乃學者又畏其繁瑣，目為蕪穢，必盡棄之，以自詡擴清之功，《易》道又何自明哉！

京氏六爻納辰圖

卦納甲而爻納辰，京氏以陽順陰逆，交錯為用。以乾坤為綱，六子分乾坤之爻，以次相推。仍以本宮為體，而六爻所納之支，視其與本宮生克，以為親疏遠近利害之分。圖如下：

金宮乾	水宮坎	土宮艮	木宮震
▅▅▅	▅ ▅	▅▅▅	▅ ▅
土戌壬	水子戊	木寅丙	土戌庚
▅▅▅	▅▅▅	▅ ▅	▅ ▅
金申壬	土戌戊	水子丙	金申庚
▅▅▅	▅ ▅	▅ ▅	▅▅▅
火午壬	金申戊	土戌丙	火午庚
▅▅▅	▅ ▅	▅▅▅	▅ ▅
土辰甲	火午戊	金申丙	土辰庚
▅▅▅	▅▅▅	▅ ▅	▅ ▅
木寅甲	土辰戊	火午丙	木寅庚
▅▅▅	▅ ▅	▅ ▅	▅▅▅
水子甲	木寅戊	土辰丙	水子庚

土宮坤	金宮兌	火宮離	木宮巽
▅ ▅	▅ ▅	▅▅▅	▅▅▅
金酉癸	土未丁	火巳己	木卯辛
▅ ▅	▅▅▅	▅ ▅	▅▅▅
水亥癸	金酉丁	土未己	火巳辛
▅ ▅	▅▅▅	▅▅▅	▅ ▅
土丑癸	水亥丁	金酉己	土未辛
▅ ▅	▅ ▅	▅▅▅	▅▅▅
木卯乙	土丑丁	水亥己	金酉辛
▅ ▅	▅▅▅	▅ ▅	▅▅▅
火巳乙	木卯丁	土丑己	水亥辛
▅ ▅	▅▅▅	▅▅▅	▅ ▅
土未乙	火巳丁	木卯己	土丑辛

陽卦納陽，於陽支皆順行。陰卦納陰，於陰支皆逆行。乾內納甲，外納壬，支起子，子寅辰午申戌順行。坤內納乙，外納癸，支起未，未巳卯丑亥酉逆行。陰陽交錯，以相合為用者也。故乾生震，震為長子。長子代父納庚，而六爻之支，與乾全同。子寅辰午申戌皆順行

也。坎中男，得乾中爻，乾內中寅，坎納戊，故初爻自寅起，為戊寅，戊辰，戊午，戊申，戊戌，戊子也。艮少男，得乾之上爻。乾內三辰，艮納丙，故初爻自辰起，為丙辰，丙午，丙戌，丙子，丙寅也。坤生長女為巽，長女代母，而納不起於丑，而起於未，與震襲乾不同者，此男女之別，陰陽之分。女以出為歸，故自內出外。由四爻起未，五巳上卯，而反至初為丑二為亥三為酉也。離為中女，得坤中爻，故於外中五爻起未。兌為少女，得坤上爻，故於外上起未，皆未巳卯丑亥酉，與巽同例也。季彭山不知陰陽之別，妄改坤起乙丑。又有不分陰陽，不知本末，妄改乾為甲子，甲戌，甲午，甲寅，甲辰者，皆絕無意義。學者不可好奇喜新，為所悞也。

六十四卦，八純卦外，一世至六世，皆取本宮納甲。見者為飛，不見者為伏。游魂、歸魂十六卦，不取本宮為伏。分舉爻位如下：

游魂	晉 ䷢ 艮四爻 丙戌	大過 ䷛ 坎四爻 戊申	明夷 ䷣ 震四爻 庚午	中孚 ䷼ 乾四爻 壬午
	需 ䷄ 兌四爻 丁亥	頤 ䷚ 離四爻 己酉	訟 ䷅ 巽四爻 辛未	小過 ䷽ 坤四爻 癸丑
歸魂	大有 ䷍ 坤三爻 乙卯	隨 ䷐ 巽三爻 辛酉	師 ䷆ 離三爻 己亥	漸 ䷴ 兌三爻 丁丑
	比 ䷇ 乾三爻 甲辰	蠱 ䷑ 震三爻 庚辰	同人 ䷌ 坎四爻 戊午	歸妹 ䷵ 艮三爻 丙申

晉以艮為伏，而取艮四爻者，以游魂仍為四爻變。而晉上之離，由剝上之艮變來者也。故不以本宮不以對宮而取艮。大有下卦之離，由晉下卦之坤變來者也。歸魂為三爻，故取坤三。餘卦倣此。

《鄭氏爻辰》圖

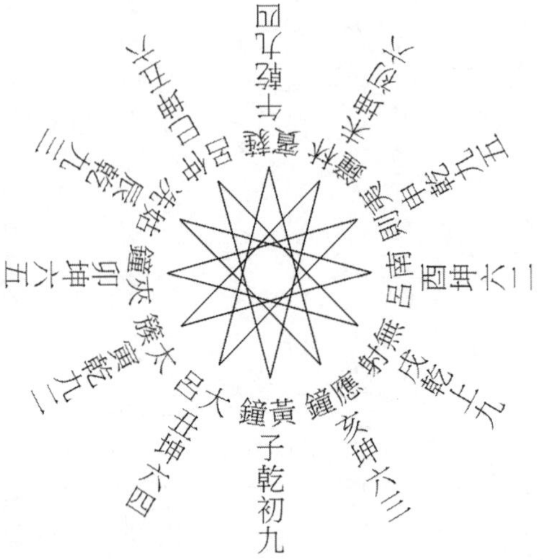

《鄭氏爻辰》亦以陰陽六爻，相間用事。乾辰子寅辰午申戌，其次與京氏同，而坤則為未酉亥丑卯巳，與京氏異。蓋陰陽雖間一位，而皆順行。蓋以十二律相生為據也。他卦分乾坤之爻，亦分乾坤之辰，不論納甲。

爻徵第十六

徵者，用之見乎外者也。壽陽閻氏《爻徵廣義》，詳於《鄭氏爻辰》，殊於實用無徵焉。六爻制用，肆應不窮，皆以五行陽干陰支為綱領，以生克刑害少壯盛休廢類別去取，以徵吉凶。以其與卦爻象數，相為統係，足以推六十四卦變化往來之跡。且有與經傳互相發明者，亦初學所不可不知者也。爰取《京氏易》與《易緯》諸書之著錄者，分隸六爻，徵爻用，亦以存古義也。至推演條理，今密於古，術家所習用，更毋庸備述焉。

六親

京氏曰：「八卦鬼為繫爻，財為制爻，天地為義爻，福德為寶爻，同氣為專爻」。此五者，今術家謂之六親【**親者，族也。《易》曰「類族辨物」，先辨諸爻**】，蓋與本身為六也。相傳甚古，義簡而賅，言占者所不能廢。朱子《周易本義》，以周孔之《易》為教人卜筮之用，而焦京之言卜筮者，反悉廢之，僅以六爻之動靜為占，宜其無徵驗之可言也。茲以京說為主，而以近世皆用者附之。非敢謂援古證今，亦發其凡而已。

專爻一　同氣為專爻【陸績曰：「同氣」兄弟也，如金與金，木遇木之類】。今稱兄弟

寶爻二　福德為寶爻【「福德」子孫也。我所生者也。如金與水，水與木是也】。今稱子孫

義爻三　天地為義爻【「天地」父母也，生我者也。如木為水生，水為金生】。今稱父母

制爻四　財為制爻【「財」者我所制也。如木克土，土為木之財是也】。今稱妻財

繫爻五　鬼為繫爻【「繫」者束縛之意，制我者也。如火克金，火即金之鬼也】。今稱官鬼

五者與本身為六。今稱六親者，義亦近古。親者族也。類族辨物，舉一起例，凡言兄弟，則比肩者可類；言子孫，則後我者可類；言父母，則庇我者皆其類；言妻財，則奉我者皆其類；言官鬼，則制我害我者皆其類。遠近不同，則親疏自異。而為利為害，爰有重輕之別。是在察其爻之所在，而鑒別之，非可概論也。

六神

神也者【神者存也。存性存存，陰陽不測，假定其名，亦猶類族辨物之意也】，妙萬物而為言。過化存神，有非可以跡象求之者。六親徵其實，六神徵諸虛。周流六虛，無乎不在。渺焉漠焉，將何從徵？曰陰陽之氣，布為五行，其幾甚微。《傳》曰「本於陰陽而立卦，陰陽

變化，而神寓也」。此六爻之神所由名，要非泥其名以為實者也。

震東方	木	木之神青龍	甲乙日起青龍
離南方	火	火之神朱雀	丙丁日起朱雀
兌西方	金	金之神白虎	庚辛日起白虎
坎北方	水	水之神玄武	壬癸日起玄武
坤艮中央土		土之神勾陳騰蛇	戊己日起勾陳騰蛇

《傳》曰「前朱雀而後玄武，左青龍而右白虎」。古者五行各有專官，官世其守，功德在民，民不能忘。即假人名以神號，舉其名知其用，所以便事也。吉凶神煞之名，皆此類也。必求其人以實之，愚也。必妄其名而斥之，亦詎足為智哉！六壬、太乙、遁甲之言神，舉可隅反矣。

六屬

六屬者以五音分屬六爻，即本於納音。納音與納甲相表裏。屬之於爻，仍隨八卦之納甲以定其數也。舉例如下：

子午屬庚　震初爻也庚　子午
卯酉屬己　離初爻也己　卯酉
寅申屬戊　坎初爻也戊　寅申
辰戌屬丙　艮初爻也丙　辰戌
巳亥屬丁　兌初爻也丁　巳亥

不言乾坤，六子之爻，皆乾坤之爻也。《說卦》「神也者」一章，不言乾坤，非特六子之用，皆乾坤之用。而所謂神者，即乾坤之陰陽不測，周流六虛者也。納音之說似淺而實深精微之理，非可以迹象求之。謂之音者，乾坤爻辰左行右行。間辰六位，即六律六呂，相生之所本，故以分屬六爻，各納其辰，而謂之納音。今術家占筮推演及風角堪輿諸家，均不能廢納音以為言，而莫知其所由來。因備六爻所屬，並列《內經》及揚子雲、抱朴子諸家之圖於後，庶閱者可悉其始末矣。

納音始於黃帝，今《內經》所載最詳。京氏六十律與甲子分配，自是古法。蓋以一律納五音，十二律納六十音。《內經》五音，始於金，傳火傳木傳水傳土。陽律陰呂，隔八相生。葛稚川曰：「一言得之者，宮與土【所屬者即一言而得】。三言得之者，徵與火【如戊去庚三位，故曰三言。下仿此】。五言得之者，羽與水。七言得之者，商與金。九言得之者，角與木。故子午九，丑未八，寅申七，卯酉六，辰戌五，巳亥四也」。揚子雲《太玄》以火土木金水為序，與《內經》不同。甲子乙丑金者，言甲乙子午其數九，乙庚丑未其數八，甲乙子丑積數三十四，以五除之餘四，故為金。餘倣此數，列下圖：

葛稚川納音圖

一言宮屬土	庚子庚午	辛丑辛未	戊寅戊申
	己卯己酉	丙辰丙戌	丁巳丁亥
三言徵屬火	戊子戊午	己丑己未	丙寅丙申
	丁卯丁酉	甲辰甲戌	乙巳乙亥
五言羽屬水	丙子丙午	丁丑丁未	甲寅甲申
	乙卯乙酉	壬辰壬戌	癸巳癸亥
七言商屬金	甲子甲午	乙丑乙未	壬寅壬申
	癸卯癸酉	庚辰庚戌	辛巳辛亥
九言角屬木	壬子壬午	癸丑癸未	庚寅庚申
	辛卯辛酉	戊辰戊戌	己巳己亥

揚子雲積數納音圖

甲子乙丑三十四金	甲申乙酉三十　水	甲辰乙巳三十六火
丙寅丁卯二十六火	丙戌丁亥二十二　土	丙午丁未三十　水
戊辰己巳二十三木	戊子己丑三十一　火	戊申己酉二十七土
庚午辛未三十二土	庚寅辛卯二十八　木	庚戌辛亥二十四金
壬申癸酉二十四金	壬辰癸巳二十　水	壬子癸酉二十八木
甲戌乙亥二十六火	甲午乙未三十四　金	甲寅乙卯三十　水
丙子丁丑三十　水	丙申丁酉二十六　火	丙辰丁巳二十二土
戊寅己卯二十七土	戊戌己亥二十三　木	戊午己未三十一火
庚辰辛巳二十四金	庚子辛丑三十二　土	庚申辛酉二十八木
壬午癸未二十八木	壬寅癸卯二十四　金	壬戌癸亥二十　水

按：甲己子午九，乙庚辛未八，丙辛寅申七，丁壬卯酉六，戊癸辰戌五，巳亥四【巳亥對宮，亥空為虛，巳與虛對為孤，巳亥者孤虛之數也】。黃梨洲先生《象數論》所評隲者，頗多未當。其謂「甲子乙丑金者，甲九子九，乙八丑八，積三十四，以五除之餘四故為金」。其

數則是，其術則非也。故於「丙寅丁卯，丙七寅七丁六卯六積二十六，以五陰之餘一故為火」，便不成文矣。金四為一當為水，何以為火？而猶曰「餘準此」，將無一能合者矣。蓋納音得數之算法，當以大衍為本。以大衍之數五十去一，除去甲己子午之積數，餘則以五除之，得一則屬水，水生木，其納音為木。丙寅丁卯之為火，當以積數二十六，除大衍五十去一，餘二十三，以五除之餘三，屬木，木生火，故納音為火。甲子乙丑之積三十四，以除大衍去一餘五，五屬土，土生金。非三十四餘五餘四之謂也。

納音納甲，與天干地支，皆始於黃帝。蓋自伏羲畫卦，利用宜民，至神農黃帝，文明日進，變化益繁。非單純八卦之象數所能濟用，故益之以陰陽五行。天五地六，迎日推曆，布算測地，以盡八卦之用。所謂「窮則變，變則通，通則久」。納甲取先天，法象乎日月，仰以觀於天文也。納音以先天合後天，取數於陰陽十二消息，以布五行，俯以察於地理也。故京孟之《易》，悉本於此。朱元昇《三易備遺》推衍納音最詳，巳亥數伏，一六相合，以為即《歸藏》之數，非無見也。

運氣第十七

世運升降由於氣，氣之盛衰由於數，數之進退在乎人。聖人作《易》立人極以明人道，言天言地，皆為人言而為人謀。人在天地中，為善為惡，為君子，為小人，皆在人之自為。而氣機之感召，陰陽進退，而數即隨之而消長。積氣成運，積運成象，為殃為祥，皆視所積。積之以漸，非一朝一夕之故。及其至焉，則為泰為否。君子小人之消長，似乎天實為之，命實定之。嗚呼！天豈任其責哉！《易》以象設教，善惡吉凶，無不備著於象。而以陰陽五行生合升降，為之節度。法象於天地，而示人以進德修業之天則，各有數度。此君子以人合天之本，而古聖人經緯天地，燮理陰陽之大用，皆備於此焉。後儒不察，空言性命，而莫知其象，莫悉其數。反以聖人垂示之陰陽氣運，為小道，為術數，棄置不言。不知《易》以道陰陽，卦象彖爻無論矣，即孔子之《十翼》，亦無一言無一字，不與陰陽度數相密合。觀於納甲納音，而後知五運六氣，皆出於八卦，在在足與《易》象、《易》數相發明。欲知《易》之蘊者，不可不深察焉。圖附後

五運圖

此主運也。客運則以本年所屬五行作初運，輪流而布。

六氣圖

是為《月令》之氣，年年定局不易，謂之主氣。至於客氣，則從年司天，自正南位起輪布，看主與客相臨，其氣相得則和，不相得則害。

五運六氣，天地陰陽之橐籥，其傳最古，今惟《內經》言之最詳。聖人作《易》，法象乎天地，近取諸身，遠取諸物。而天地萬物，皆範圍乎運氣之中。所謂造化之機，與吾人身心性命，息息相關。民胞物與，豈空言所濟！讀董子《春秋繁露》、《淮南鴻烈》、揚子《法言》，當知鄙言之非妄也。

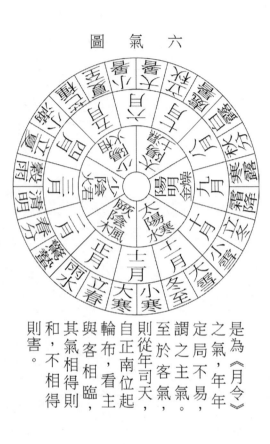

易楔　卷六

正辭第十八

《繫傳》曰「開而當名辨物，正言斷辭，則備矣」。故斷辭必先正言，正言必先辨物，辨物必先當名，名稱其實為當。名而當，則舉其名而物之大小情偽畢見矣。盈天地之間唯萬物，物各有其名，不能悉舉也。而《易》以《象》、《象》、《爻》三者賅之，以三者舉其綱，而八卦六十四卦之名無不當，天地萬物胥可以名辨而別之。擬之後言，議之後動，而正言斷辭如視之掌矣。顧不曰名，而概之以辭者，以《易》之所謂名，皆假名也。本無是物，而以象擬之。無是事，而以象言之。聖人設卦觀象，大而天地風雷，小而蟲鳥沙石，常則家人夫婦，怪則鬼車狐尾，皆假設此物此事，擬諸其形容，象其物宜，以明陰陽造化之妙用，而定人事之吉凶，故曰「繫辭」。辭焉者，各指其所之。有名辭也，有動辭也，有狀辭及介辭也，未嘗不可辨而晳之。第《易》道通變，其辭亦通變。有名辭而兼作動辭者，有動辭或兼狀辭之用者，如乾為木果，變巽則為不果。雷風相薄，而《繫辭》曰「茅之為物薄」。用一字而面面皆通，立一義皆頭頭是道。苟泥其辭而不察其象，察其象而不究其理，而繫辭之意終不可得。故必欲執一例以求之，則六十四卦皆死物矣。然則《易》之辭果無例可求乎？曰是在學者之神而明之，變而通之，無定之中，亦未始無一定之軌則可循。旨遠而辭隱，是在虛其心以求之，潛其心以會之而已。

《易》以道陰陽，故《傳》曰「一陰一陽之謂道」，又曰「立天之道，曰陰與陽」，舉天道而地道、人道一以貫之矣。蓋剛柔、仁義，亦無非一陰一陽之對待也。而六十四卦，而三百八十四爻，亦無非一陰一陽之對待也。故孔子於乾之初九曰「陽在下也」，於坤之初六曰「陰始凝也」，即為六十四卦三百八十四爻之舉例發凡，以明九之皆為陽，六之皆為陰。而《易》之《彖》、《象》、《十翼》，均无非闡明陰陽變化作用，故先以「對待」之辭舉例如下。

動靜

乾「其靜也專，其動也直」，坤「其靜也翕，其動也闢」。動靜二字，直陰陽所由判，吉凶所由生，如水火互相為根。昔儒「陽動陰靜」之說，與太極動則為陽，靜則為陰之說，辭意似均未圓滿。陰陽如環無端，動靜亦如是也。

剛柔

《雜卦傳》「乾剛坤柔」，《說卦》曰「立地之道，曰柔與剛」，又曰「分陰分陽，迭用柔剛」，《繫傳》「動靜有常，剛柔斷矣」，又曰「剛柔相摩」，又曰「剛柔相推，而生變化」，又曰「剛柔者晝夜之象也」，又曰「剛柔相推，變在其中矣」，又曰「剛柔者立本者也」，又曰「知柔知剛，萬夫之望」，又曰「上下无常，剛柔相易」又曰「剛柔雜居，而吉凶可見矣」，又曰「柔之為道，不利遠者，其要无咎，其用柔中也。其柔其危其剛勝耶？」蓋《周易》用剛，故曰「乾元用九，而天下治」。陽剛而陰柔，亦猶以陽統陰之義也。

大小

《繫傳》曰「齊小大者存乎卦」，陽大陰小，在八卦，坤小乾大，艮止巽齊，是為四維，陽與陰不齊也，大與小不齊也。止而齊之，則大通於小，小進於大。裒多益寡，稱物平施，而不齊者齊，故泰否「小往大來」，與「復小臨大」，皆無非於萬有不齊之中，而求其齊，即於萬事萬物之不平者，而求其平，此《易》之微旨也。

先後

〈乾・文言〉傳曰「先天而天弗違，後天而奉天時」，〈坤・彖〉「先迷後得主」，《傳》曰「先迷失道，後順得常」。〈同人〉「先號咷而後笑」，〈旅〉「先笑而後號咷」，〈同人・傳〉曰「同人之先，以中直也」。〈否・上九〉「先否後喜」，蠱之「先甲後甲」，巽之「先庚後庚」，說者謂陽先陰後，陰宜後而順承陽。不順陽而先陽，則迷而失道。陽宜先陰，不先而反後，則失時失道，此一義也。自康節之學行，又有先天後天之說。言漢學者，攻擊之不遺餘力，然其數理精確，且皆出於天然，不加造作。而按之於經，胥有徵驗。近儒端木鶴田，作《周易指》，以先後天說《易》，逐爻推尋，如按圖索驥，字字吻合，尤為發前人所未發。較虞氏之旁通，更為直捷而少枝節也。

順逆

〈坤・彖傳〉曰「乃順承天」，又曰「後順得常」。《說卦》曰「坤順也」。坤順承天，則天逆行，順逆交，錯而四時錯行。日月代明，而天地之道乃成。陽在陽中陽順行，而陽在陰中則逆行。陰在陰中陰順行，而陰在陽中則逆行。大明生於東，月生於西。日行東陸則為秋，日行西陸則為春，陰陽非交互不能成其用也。五行順行則生，逆行則克。有生无克，不能成物。有逆無順，不能生物。故逆生順死，其旨甚微。故曰「《易》逆數也」。

內外

〈泰・傳〉曰「內陽而外陰，內健而外順，內君子而外小人」。〈否・傳〉曰「內陰而外陽，內柔而外剛，內小人而外君子」。〈明夷・傳〉曰「內文明而外柔順」。〈家人・傳〉曰「男正位乎外，女正位乎內」。此以卦之上卦為外，下卦為內也。《雜卦傳》曰「睽外也，家人內也」。言虞氏學者，以家人與睽分屬內外，則以旁通之兩卦而言。睽與蹇旁通，睽為外則蹇為內。家人與解旁通，家人為內則解為外。內其故也，外其新也。內其躬也，外其鄰也。蓋以五巳正位者為內，五未正位者為外。无妄「剛自外來而為主於內」，亦以无妄之九五自睽來。以明睽為外，既成无妄，則為主於內，以明无妄為內也。无妄五剛，睽五柔，此兼剛柔言內外也。《周易指》「以凡言內者，皆因家人。言外者，皆因睽」。〈坤・文言〉「直其正也，方其義也。君子敬以直內，義以方外」。亦取象家人與睽，即《易》言內外之凡例也。

往來

《繫傳》曰「往者屈也，來者信也。一往一來謂之變，往來不窮謂之通」。蓋陰陽以往來始成其變化，故日往月來，月往日來，大往小來，小往大來，往來而得其道則吉，失道則凶。卦例：由內而之外為往，由外而之內為來。八卦、六十四卦，皆此一往一來，以經綸運轉而不窮。八卦，乾圓往者屈，而坤方來者信。由乾圓往者，東南西北也。由坤方來者，西南東北也。六十四卦，則乾往坤來，屯往蒙來，以迄於既濟未濟，皆此往來也。此以卦言者也。其以爻言者，如「往得中也」，「往有功也」，「剛來而得中也」，「剛來而文柔也」，要皆指二五而言。詳於虞氏之旁通。

上下

上者，上也。下者，下也。上天下地，而中為人。故《易》經文言「上下」者，僅小過一卦，曰「小過亨，利貞，不宜上宜下。大吉」。《傳》曰「不宜上宜下，大吉，上逆而下順也」。蓋《易》者，聖人寡過之書。五十學《易》，可以无大過，而小過或不免也。小過之中二爻，正當六畫卦之人爻，所謂「立人之道，曰仁與義」者此也。故乾之三四兩爻**【小過爻也】**，特著无咎。「无咎者，善補過也」。惟明乎此上下，則得乎中，而過可免矣。故〈乾・文言〉曰「本乎天者親上，本乎地者親下」。於九三、九四，皆曰「上不在天，下不在田」，又曰「上下无常」。《雜卦傳》曰「離上而坎下也」，〈益・彖傳〉曰「損上益下」，〈損・彖傳〉曰「損下益上」，皆以損益得宜，以蘄合乾坤坎離之中，而上下交泰**【乾坤交成泰】**，以成既濟者也。故明小過之上下，而六十四卦之上下，均可以言矣。

方圓

《說卦》「乾為圜」，《荀九家》「坤為方」，《繫傳》「蓍之德，圓而神。卦之德，方以知」，〈坤・六二〉「直方大」，《繫傳》又曰「无窮盡，无方體」，又曰「是故神无方而《易》无體」。蓋圓者，神也。方者，體也。乾為天、為圜，无體故无方。坤為地，有體故有方。舊說「圓象天，方法地」，簡言之，則曰「天圓地方」，「奇圓耦方」。近人知地球之為渾圓而非方也，於是曲為之說曰「天圓地方」，言其德非言其體也。而不知《易》之所謂「圓而神，方以知」者，明明指蓍與卦，未嘗謂天之德圓與地之德方也。而乾圓坤方，則確不可易。第所謂方者，即西南東北之方，非謂地體之為立方形也，又何必曲為之解哉！圓無盡而方有盡，故度圓者必以方。玩「乾其靜也專，其動也直」、「坤其靜也翕，其動也闢」二語，則方圓之妙用已闡發無遺。近世幾何形學之界說，皆不能出其範圍矣。

進退

《繫傳》曰「變化者，進退之象也」。剛柔相推而生變化，故進退與往來不同。《序卦傳》曰「晉者進也，遯者退也」。又曰「漸者進也」。《雜卦傳》云「遯則退也，需不進也」。《說卦傳》曰「巽為進退」。〈巽・初六〉「進退利武人之貞」。〈觀・六三〉曰「觀我生進退」。〈乾・九四・文言傳〉曰「進退无恆」。〈上九〉「知進而不知退」。蓋陽進陰退，由內而之外進也，由上而之下退也。進而當，則為得、為吉。進而不當，則為失、為凶。是皆由陰陽變化而生，故曰「變化者，進退之象也」。

遠近

《繫傳》曰「遠近相取，而悔吝生」。近與邇同義。《繫傳》言「遠近」者三，言「遠邇」者二。〈震・象〉「驚遠而懼邇也」，〈蒙・六四〉「獨遠實也」，〈剝・六四〉「切近災也」。餘或單言遠，單言近者，要皆指爻位而言。蓋爻之相得者宜近，不相得者不宜近。故《傳》又重言以申明之曰「凡《易》之情近而不相得，則凶。或害之，悔且吝」。又曰「二與四同功而異位。二多譽，四多懼，近也。柔之為道不利遠者，其要無咎，其用柔中也」。故論爻之遠近以明吉凶，有就本卦之爻位論者，有就變卦之爻位論者。本卦之爻位，以承乘、與比、相應、相合者，為近。否則為遠。變卦之爻位，則他卦之爻一變而即得者為近，須再變三變而始到本卦者為遠。凡卦爻之言遠近者，皆含此二義，不可不審也。

新舊

《易》用九用六。九六變也。變則新，故《繫傳》曰「日新之謂盛德」，〈大畜・彖〉曰「剛健篤實輝光，日新其德」。鼎「取新也」，革「去故也」，隨「无故也」。故六舊之義也。〈訟・六三〉曰「食舊德」，〈井・初六〉曰「舊井无禽」。「食舊德」，則貞厲。「舊井无禽」，則不食，皆去舊而宜從新者也。此外如噬嗑之「噬腊肉」，大壯之「壯於前趾」，乾為「老馬」，曰「老」、曰「前」、曰「腊」，亦皆舊之義也。遠近以位言，新舊以時言，變通者趣時者也。趣時則日新，是以《雜卦》曰「大畜時也」。

死生

「生生之謂《易》」，《易》之道本生生而不已者也。然不能盡其道，即不能有生而無死。《繫傳》曰「原始反終，故知死生之說」。故《檀弓》曰「君子曰終，小人曰死」。終則有始，而死則不能復生，此君子小人之别也。經之稱「生」者二卦：觀之「觀我生」，「觀其生」；大過之「枯楊生梯」，「枯楊生華」是也。稱「死」者二卦：離之「突如其來如，焚如死如棄如」，豫之「貞疾恆不死」是也。蓋乾為大生，坤為廣生。大生故「資始」，廣生故「資生」。而所以資始而資生者，實惟「大哉乾元，坤順承乾」，坤元亦統於乾元。《文言》曰「元者善之長」。於人為仁。元从二儿，仁亦从二儿，於乾坤二象為二五之中。豫之「恆不死」，《象》曰「中未亡也」。〈困之六三〉以陰乘陽，以柔揜剛，是賊仁害義，昧其天良者也。故《繫傳》曰「死期將至」。中未亡者，終則有始。亡其中，則生亦倖。所謂行尸走肉，待死而已。

有无

《易》以有立教者也。《易》有太極，是生兩儀。四象八卦，而定吉凶以生大業。故〈序卦·上傳〉曰「有天地然後萬物生焉」，〈序卦·下傳〉曰「有天地然後有萬物，有萬物然後有男女，有男女然後有夫婦，有夫婦然後有父子，有父子然後有君臣，有君臣然後有上下，有上下然後禮義有所錯」，皆以明有之義也。《下經》首咸，《序卦》不言咸，咸无也。不言无而言有，此即《易》之開宗明義也。然《序卦》不言咸，而《繫下傳》於「憧憧往來朋從爾思」一爻，推闡「往來屈信」之理。而以窮神知化歸之，聖人之意亦可見矣。《傳》曰「書不盡言，言不盡意」，故聖人立象以盡意。書所未言者，自當求之於言外之意。意有未得者，當索之於所立之象。自象學不明，或空言以說理，或執經而忘象。更以門戶派別之故，互相攻擊，入主出奴，是丹非素，而《易》道遂晦盲終古矣。須知《易》固以有立教，然有無實相對待，言有而無可見。孔子猶慮後人之以辭害意，而不能通也，故特表咸之九四一爻，以明同歸殊途之詣。蓋立教為中人以下說法，而精義入神之道，則非言所能盡。而立象盡意，是在中人以上自悟之耳。故卦象乾為无，自无而有，由坎出震，而生生之道乃循環而不已。咸為无，君子以虛受人，而窮神知化之學，始日進而不窮。乾之无，天極也。咸之无，人極也。通天地人謂之儒，貫通三才而返本窮源，則仍必以契合乎天為止境。故六十四卦統歸納于一乾，而「大哉乾元乃統天」。明乎此，則後儒斷斷於有无之界者，均可渙然而冰釋矣。

此外如尊卑、貴賤、幽明、始終、多寡、善惡、利害、窮通、遲速、安危、治亂、存亡、寒暑、晝夜、燥濕、俯仰、平頗、虛實、闢翕、分合、輕重、微顯、厚薄，與夫天地、日月、男女、禮樂、仁義，凡相對待者，皆一陽一陰之義，未可悉舉。所謂「因貳以濟民行，以明得失之報」者也。孔子《十翼》以「乾剛坤柔」終篇，取五十六卦一一以對待明義，而又於《繫傳》特著其例，曰「乾坤為《易》之門」。得其門而入者，可知所自矣。

對待之辭曰「對辭」，而非對待者曰「單辭」。單辭者，凡以為對辭之用也。且單辭亦往往含有二義，辭繁非可悉舉，茲略舉如左。

中

《易》道尚中。凡過乎中者，大過小過，皆變化之進退之以求合乎中。蓋人為天地之中，故以中立人之極，而陰陽剛柔始各得其正，而無所偏倚，而後盡《易》之能事也。中有虛實二義：實者有形，以所處之位言之，如卦之二五兩爻是也。虛者無質，以至當之主義言之，如卦之主爻是也。蓋一卦之主爻，有時在二五，有時不在二五。如比以五陽為主，同人以五陰為主者，主爻在爻位之中者也。復以初陽為主，小畜以四陰為主者，主爻不在二五之中者也。故曰「中無定在」。以二五為中者，如天平倚點居正中，重心與中心，同居一位。不在二五之中者，如秤桿之倚點，視重點力點比例之差，求得其力點與倚點距。重點與倚點距，相等之所在，即中心之所在也。孟子曰「子莫執中」，執中為近之。執中無權，猶執一也。蓋即如天平之中也。《易》道之中，即孟子所謂權，可以前後移動，以求合力點、重點與倚點相等之中者也。

時

孔子之道曰「時」曰「中」，後人稱為「時中之聖」，要皆推本於《易》道。於〈蒙・彖〉贊曰「蒙亨，以亨行時中也」。蒙以養正，聖功之始。然《易經》之言時者，惟〈歸妹・九四〉曰「遲歸有時」，他無見也。孔子贊《易》，始於時字多所發揮，而於《繫傳》總揭其義曰「變通配四時」，又曰「變通莫大乎四時」，又曰「變通者趣時者也」。於〈豐・傳〉曰「天地盈虛與時消息」。合而觀之，孔子言「時」之旨趣，具可見矣。故於〈乾之九三〉曰「與時偕行」，於〈上九〉曰「與時偕極」。損、益皆曰「與時偕行」，隨曰「隨時」，節曰「失時」，革曰「明時」，无妄曰「對時」，睽、蹇皆曰「時用」，豫、姤、旅皆曰「時義」，坤曰「時發」，賁曰「時變」，而於〈艮・彖傳〉總揭其義曰「時止則止，時行則行。動靜不失其時，其道光明。故君子進德修業欲及時也」。此可謂孔子於《易》獨得之秘，而為天下萬世指迷者也。若以時論時，則亦含有二義：一曰有定之時。如天之四時，時有定候，非人之所能變更，是惟順承乎天，所謂後天而奉天時者也。一曰無定之時。如人事之有輕重緩急，而陰陽五行各有始有壯有究，或損或益，或行或止，所謂觀乎天文以察時變者也。故時有以盈虛消息言者，泰否剝復之類是也。有以事言者，訟師噬嗑頤之類是也。有以理言者，謙履咸恆之類是也。有以象言者，井鼎之類是也。

位

《繫傳》曰「卑高以陳，貴賤位矣」，又曰「列貴賤者存乎位」。《說卦傳》「天地定位」，「《易》六位而成章」，此皆指卦位與爻位而言也。《繫傳》曰「危者安其位者也」，又曰「德薄而位尊」，此則由爻象而擬議之爵位之位也。故「位」字亦有此二義。帝出乎震，震東方也，至艮東北之卦也。此八卦之方位。卑高以陳，貴賤位矣，則上下卦【即外卦內卦】之位定。上卦為高，下卦為卑，貴宜卑而賤有高矣。「列貴賤者存乎位」，則卦爻二五，五貴而二賤。王弼謂中四爻有位，初上无位者，即此位也。《易》六位而成章，則分陰分陽，迭用柔剛。所謂陰陽之位，初三五為陽位，二四六為陰位。陽居陽，陰居陰，為當位。反之為不當位。位从立从人，所謂「立人之道曰仁與義」，故三畫卦與六畫卦，皆分天地人三位。而孔子贊《易》則專言人道，天位地位皆以人居之，必能合乎仁義之道，方能與天地參而无慚此位也。

德

《易》之言德，亦分二義：一曰卦德。《繫辭》「雜物撰德」，又曰「陰陽合德，剛柔有體，以體天地之撰」，此卦德也。夫乾天下之至健也，德行恆易以知險。夫坤天下之至順也，德行恆簡以知阻。健順乾坤之德也。推之震動巽入，離麗坎陷，艮止兌說，皆其德也。而入用即謂之材。象者材也，故亦謂之卦材。一曰道德。《說卦》曰「和順於道德」，《繫傳》曰「天地之大德曰生」，又曰「以通神明之德」，又曰「默而成之不言而信存乎德行」，皆道德之德也。德有大小，必與位稱。无德而據位，謂之竊位。德薄而位尊，其形渥凶。《易》之興也，其於中古。去古已遠，降而言德。《繫辭下傳》七章之三陳九德，即孔子以《易》設教，而示人以立德之方也。

變

《繫傳》曰「道有變動，故曰爻」，又曰「爻者言乎變者也」，又曰「一闔一闢謂之變」，又曰「剛柔相推而生變化，變化者進退之象也」，又曰「參伍以變，錯綜其數。通其變遂成天地之文，極其數遂定天下之象。非天下之至變，其孰能與於此」，又曰「《易》窮則變，變則通」，又曰「變而通之以盡利」，又曰「變動不居，周流六虛。上下无常，不可為典要，唯變所適」。繫辭之言變，詳且盡矣。蓋宇宙以變而久存，亦以變而日新。無時不變，無境不變。特其迹甚微，人自不知覺耳。

通

《易》窮則變，變則通。故「變通」二字，往往聯綴而言。《繫傳》曰「一闔一闢謂之變，往來不窮謂之通」，又曰「化而裁之謂之變，推而行之謂之通」，又曰「變通配四時」，又曰「无思也，无為也，寂然不動，感而遂通天下之故」，又曰「唯深也，故能通天下之志」，又曰「通乎晝夜之道而知」，又曰「觀其會通以行其典禮」，又曰「體天地之撰，以通神明之德」。合變通而觀之，而《易》之所以為《易》可見矣。而《序卦傳》曰「泰者通也。物不可以終通，故受之以否」，《雜卦傳》曰「井通而困相遇也」，《繫傳》又曰「困窮而通」，〈乾・文言〉曰「六爻發揮旁通情也」，〈坤・文言〉曰「君子黃中通理」。合而觀之，而《易》可通矣。

當

適其可之謂當。凡變也通也，變而通之以盡利，无非由不當而變通之，以求其當而已矣。止於至善，位之當也。當其可之謂時，時之當也。陽九陰六之位當矣，而時不相得，或情不相得，則仍有未當。故《象傳》有以當位之爻而言位不當者，如需之上六等類是也。變通之最大者，莫過於革。〈革・象傳〉曰「革而當其悔乃亡」，而當之義可見矣。

交

《易》者交易也。非交无以為《易》，故交者《易》之妙用，亦不啻為《易》之代名辭也。《繫傳》曰「君子安其身而後動，易其心而後語，定其交而後求」，又曰「无交而求，則民不與也」。蓋《易》以明道，而道在人。人在天地間，決不能離羣而獨立也。近則男女夫婦父子，遠則君臣朋友，无不有所合也。有合則必有交。人在天地間，又不能絕物而自養也。小則日用飲食，大則養生送死，无不有所需也。有需則必有交。甲有所需於乙，乙有所需於甲，丙有求合於丁，丁有求合於丙，於是交相為需，交相為養，而人事以興。故《易》象以陰陽明之。陰交於陽，陽交於陰，大有之「无交害」，隨之「交有功」是也。〈家人・傳〉曰「交相愛也」，〈睽・傳〉曰「交孚无咎」，故必相愛相孚，而交之道始可久。天地交則泰，否則天地不交，萬物不生，人道息矣。西人曰「互助」，惟《易》之「交」足以盡其義也。

幾

吉凶悔吝生乎動，而欲動未動之前，則為幾。《繫傳》曰「知幾其神」，又曰「幾者動之微吉之先見者也」。〈乾・九三〉「終日乾乾夕惕若」，《文言》曰「知至至之可與幾也」。〈屯・

六三〉曰「君子幾，不如舍往吝」，〈豫・六三〉「介於石不終日」，《繫傳》曰「見幾而作，甯用終日」。蓋乾九三為人文之始，動靜所生，吉凶著焉。理欲之界，人禽判焉。孟子所謂「人之所以異於禽獸者幾希」，即此幾也。周子所謂「誠无為，幾善惡」，亦此幾也。〈復之初九〉「不遠復，毋祇悔」，孔子曰「顏氏之子，其庶幾乎」。故幾者，《易》道精微之所在。堯舜之心傳，曰：「人心惟危，道心惟微」。幾者，動之微，即此道心之微也。君子知幾，即在「不遠復」之「反復其道」。故《文言》又曰「終日乾乾，反復道也」。聖人丁甯告誡之意，亦可謂深切而著明矣。「夫《易》，聖人所以極深而研幾也。唯深也，故能通天下之志。唯幾也，故能成天下之務」。「幾事不密則害成」，是以「君子洗心退藏於密」。

至

〈乾・彖傳〉曰「大哉乾元」，〈坤・彖傳〉曰「至哉坤元」。大无限量，而至有際極。大也，至也，聖人贊《易》開始之第一字也。即此一字，已將乾坤全體之精神分量，概括无遺。並將乾坤兩卦之方式作用，分晳明白。挈全《易》之綱領，洩造化之神秘。《繫傳》曰「《易》其至矣乎！」聖人之情見乎辭矣。大者何，由小以至大也。非「至」无由顯其大，非「大」无以極其至，故至亦有大義。家人、豐、渙，皆云「王假」。假，大也，至也，皆坤之義也。

〈坤・初六〉「履霜堅冰至」，履通謙，謙履相錯為臨遯，故〈臨・六四〉曰「至臨」。〈坤・六四〉「括囊」，括，亦至也【見毛詩王風傳】。而〈臨・彖〉「至於八月有凶」，謂臨至遯也。由此至彼，必上有所承，故必須承乎乾元，始得止於至善，而為坤元，為至哉坤元，為至道，為至德。為至當不易，失其所承，則為失道，為迷。〈復・上六〉「迷復凶」，《傳》曰「至於十年不克征」，故得道則曰「朋至」【解】，失道則曰「寇至」【需】，「朋至」則「得其友」【損】，「寇至」則「傷之者至矣」【益】。〈履〉和而至【履通謙，則陰陽和】，則非堅冰至，則積善必有餘慶。《繫傳》曰「勞謙，君子有終，吉。勞而不伐，有功而不德，厚之至也」。又曰「藉之用茅，何咎之有？順之至也」。順與厚，皆坤德也。《文言》曰「坤，至柔而動也剛，至靜而德方，後得主而有常，含萬物而化光。坤道其順乎？順天而時行」。贊坤元無餘蘊矣。故《易》者，天下之至精，天下之至變，天下之至神。皆「至哉坤元」之「至」，故「不疾而速，不行而至」。

道

《說卦》曰「昔者聖人之作《易》也，將以順性命之理。是以立天之道，曰陰與陽。立地之道，曰柔與剛。立人之道，曰仁與義。兼三才而兩之，故《易》六畫而成卦。分陰分陽，迭用柔剛。故《易》六位而成章」。《繫傳》曰「《易》之為書也，廣大悉備。有天道焉，有地道焉，有人道焉。兼三才而兩之，故六。六者，非它也，三才之道也」。又曰「六爻之動，三極之道也」。此《易》道也。《經》之言「道」者四。〈復・象〉曰「反復其道」，〈小畜・初九〉曰「復自道」，〈履・九四〉曰「履道坦坦」，〈隨・九四〉曰「有孚在道，以明」，皆在《上經》，已將道字發揮淨盡，故《下經》不復贅言，以俟後人之觸類旁通而已。《傳》之言「道」者，曰「一陰一陽之謂道」，又曰「形而上者謂之道」。一陰一陽，變化往來，生生不已。以陽易陰，以陰易陽。乾道成男，坤道成女。陰陽反復，一陰則反其道，一陽則復其道。故〈復・象〉曰「反復其道」，而〈乾・九三傳〉亦曰「反復道也」。蓋陽以統陰，失其統則亢，亢則宜復。陰以承陽，失其承則迷，迷則宜反。反而不復，有陰而无陽，失道也。復而不反，有陽而无陰，亦失道也。「終日乾乾」之反復，已復而欲其反也。「七日來復」之反復，已反而欲其復也。反而不復，則其道窮。復而不反，則其道困。窮而知變，困而知通，通變隨時，損益得中，聖人之道也。知周乎萬物，而道濟天下，故不過，而《易》之道盡矣。

《傳》稱「得中道」五【〈離・六三〉，〈既濟・六二〉，〈夬・九二〉，〈蠱・九二〉，〈解・九二〉】，「未失道」二【〈睽・九二〉，〈觀・六三〉】，「其道窮」四【〈比・象〉，〈蹇・象〉，〈坤・上六〉，〈節・上六〉】，「失道」三【〈坎・初六〉、〈上六〉，〈漸・九三〉】。由陽而陰，小人之道也，否也。由陰而陽，君子之道也，泰也。

命

有天地而後萬物生焉。萬物生於天地間者，莫不有命。蓋當其未生之前，本无是物也。乃忽而受氣成形，以有是物，形成於地，氣受於天，果孰使之然者？是則所謂命也。聖人設卦觀象，以明萬物之理，即以卦爻之變化往來，以示各有定命之所在。所謂設辭以明之也。〈乾・象〉曰「乾道變化，各正性命」，可見命之所自來。即由乾道之變化，乾非坤无以變也，乾變坤化而乾道斯成。亦如男子必得婦生子，而始有父道也。故曰「一陰一陽之謂道」，分於道之謂命。《經》之稱「命」者六卦，〈否・九四〉「有命无咎」，〈訟・九四〉「復即命」，〈革・九四〉「改命吉」，〈師・九二〉「王三錫命」，〈師・上六〉「大君有命」，〈泰・上六〉「自邑告命」，〈旅・六五〉「終以譽命」，《傳》則曰「受命」，曰「順命」，曰「舍命」，曰「改命」，曰「申命」，曰「致命」，曰「凝命」。《易》之言命，略具於是矣。蓋卦之變化，以正性命者，惟二五。乾二之坤五，其例也。二五之精，妙合而凝。故鼎曰「正位凝命」。命分於道，則道有變化，命亦有變通。受命者，得於天也。凝命者，全其體也。順命者，順其正也。舍命者，察其幾也。申命者，行其事也。致命者，遂其志也。改命者，革其故也。《詩》曰「維天之命，於穆不已」。窮理盡性以致於命，故曰「不知命无以為君子也」。孔子五十而知天命，其亦在學《易》以後乎？

理

《說文》「理，治玉也。从玉里聲」。孔子繫《易》於「理」字約分二義。《說卦》「和順於道德而理於義」。此理字與和字相針對。和之義為合，理之義為分。分理之理，即治玉之理也。蓋物質之堅緻，而仍有條理可分者，無過於玉。堅則固，緻則密。既固且密，則最不易分者，亦無過於玉。故以理為治玉之名，又廣其義為處分萬事、萬物之名，《易》道廣大，必分而折之，分而又分，折而又折，而後其精微者乃可得而見。亦如今之治化學者，於一物之體質，必分而折之，至於分无可分，折无可折，而所得者，即為此物之原質矣。故邵子之加一倍法，亦即分析法之還原者也。物理、數理，皆有迹象可求，分而理之尚易。至理於義，則精微之至矣。其下文「窮理盡性以至於命」，此理字則為名詞，而非動詞，即指性分中所有之理。故鄭康成注《樂記》曰「理猶性也」，朱子注《中庸》曰「性即理也」，竟以理與性，相為轉注。然詳加研究，則終有未安。未可以大儒之說，遂附和之，而以為確當也。蓋性固有理，不能謂理即性，性即理。猶物各有理，不能謂物為理，謂理為物也。先儒此種訓詁，貽誤後學最多。是在學者之自有領悟，愈講解而糾纏愈甚矣。〈坤・文言〉曰「君子黃中通理」，與〈乾・傳〉「利貞者，性情也」，呼吸相通。苟於此領悟而有得焉，於明理之學，思過半矣。

性

分於道之謂命，分於命之謂性。心生為性，有生斯有命，有命斯有性，性命恆相聯屬。故《易》言命而不言性。孔子贊《易》，則曰「乾道變化，各正性命」，又曰「窮理盡性以至於命」，又曰「一陰一陽之謂道。繼之者善也，成之者性也」。言性之本源，可謂明白曉暢矣。後之言性者，約分三類：孟子，言性善；荀子，言性惡；告子，言性无善无不善。各明一義。性善之說，於立教為宜，故後世多宗之。其實曰善曰惡，已為性之所見端，未可謂之性也。告子无善无不善之說，殊未可厚非。孔子曰「性相近，習相遠」，亦此意也。宋儒因迴護孟子之說，於是創為義理之性，氣質之性，以分別善惡。謂生而善者，義理之性。習而惡者，氣質之性。益支離而不可通矣。

情

情者，性之動也。所謂人生而靜，天之性也。感於物而動，性之欲也。故性與情亦恆相聯屬。《易》言欲而不言情。孔子贊《易》，曰「利貞者，性情也」。《白虎通》曰「性者，陽之施。情者，陰之化也」。《論衡》曰「性生於陽，情生於陰」。《說文》「性，人之陽氣，性善者也。情，人之陰氣，有欲者也」。皆性情並舉。性貞於誠，而情則有誠有偽。《繫辭》曰「設卦以盡情偽」，又曰「爻象以情言」，又曰「吉凶以情遷」。凡《易》之「情近而不相得，則凶或害之悔且吝」又曰「六爻發揮，旁通情也」。觀旁通而情可見矣。

教

教以立人，道以立己，己立立人。故《易》之為書，無非道也，無非教也。卦之言教者三：坎「習教事」，臨「教思无窮」，觀「觀民設教」，而要以「蒙養」為立教之始。孔子更廣其義於漸，曰「居賢德善俗」。於蠱曰「振民育德」。於无妄曰「茂對時育萬物」。於是今世謂之文明教育之事業，而《易》無不備舉矣。而其博大精深之教義，則尚非今世物質文明之教育家，耳目思想所能及。當於卦爻內詳論之，茲未遑悉舉也。

用

《易》者，用世之書也。故以有立教，亦以用立教，亦即以中立教。有貴乎能用，有而不能用，則與无等耳。然非无不能明有之用，非用無以盡有之功，非中無以盡用之妙，故曰「有」，曰「用」，曰「中」。此《易》之界說也。必明此界說，而後《易》可得而言。《易》六十四卦，無一非用，而以乾坤用九用六發其凡。用六而曰「以大終」，則六亦九之用，故以

「乾元用九而天下治」，以竟《易》之全功。〈乾・九二〉「庸言」、「庸行」，言行君子之所以動天地也。而曰「庸」者，庸者用也，明用之非中不立也。

以

以，用也。孔子傳《易》，以明大用，於六十四卦之《象傳》明之。「天行健，君子以自強不息」。「地勢坤，君子以厚德載物」。六十四卦皆此「以」一字挈其綱，即「五十以學《易》」之以，亦即「以《易》傳教」本旨之所在也。蓋《象傳》者，釋內外兩卦之用也。《象傳》則取兩卦之中，合上下之義而貫串之。兩卦之中者何？即三四兩爻，所謂中爻、所謂人爻者是也。故曰「若夫雜物撰德，辨是與非，則非其中爻不備」。而二四三五同功，三四於六爻為人位，「立人之道」立於此。孔子之六十四「以」字，亦發明於此。明乎此，則庶乎可盡《易》之用。雖吉凶有命，而悔吝可免矣。故《易》於乾之九三、九四兩爻，特著曰「无咎」。

之

之者，《易》之用也。爻有變動，故曰「之」。「辭也者各指其所之」，有所之而吉凶見焉。之字作㞢。㞢者一生三也。《易》者，一陰一陽，動有所之，而用生焉，則一生三也。故曰「一陰一陽之謂道」。之而當，則得道。之而不當，則失道。〈无妄・傳〉曰「无妄之往，何之矣」。

「何之」則道窮，是以君子慎其所之。

孚

舊說「孚，信也」。坎為信。凡卦言「有孚」，皆指坎，似是而實非也。孚果指坎，何以中孚無坎象？孚固有信之一義，然信字不足以盡孚也。孚从爪、从子，象鳥以爪抱子。鳥子為卵，爪子以象抱卵，有化育之意。中孚卦象，實以巽五兌十，乃五十五數之中，於五行為土。土主化物，故曰中孚。其曰「有孚」者，「有」謂大有。火天大有，離也。孚，則指坎。坎離居南北之位，合乾坤之中，維中能孚，故曰「有孚」。有則大，孚則化，「有孚」者，即《中庸》所謂「大德敦化」也。凡《易》之道，一陰一陽，必陽孚於陰，而陰孚於陽，而後陰陽和，而成化育之功。人品有君子、小人，泰、否，君子、小人之相消長者也。遯曰「君子吉，小人否」，觀曰「小人无咎，君子吝」。必君子能孚小人，則小人亦能化為君子。所謂「有孚顒若」，下觀而化，則先否後喜，天下受福矣。若不能用觀，則成大壯。義非不正，理非不直也。而剛以反動，小人用壯，君子用罔。羝羊觸藩，天下被其禍矣。乾元用九，必有孚而始致其用。故孚有信義，有化義，有容義，又有合義，有感義。所謂精義入神之用，以孚字盡之矣。非統全《易》而詳察之，又烏知其妙哉！

以上單辭，略舉一隅，可見經傳字無虛設。或一字而含數義，或數卦合用一字，無不脈絡貫通。潛心體玩，均有線索可尋。此外有字以類从，因意義相同，而互見於各卦而相貫串者，可謂之類辭，如「則法律」一類也，「克伐征」一類也，「速疾遇」一類也，「需繻須濡」一類也，「怠緩徐慢裕」一類也。凡同乎此者，皆以義相類者也。如「弟娣梯涕」一類也，「頄仇九」一類也，「輪綸」一類也。凡同乎此者，皆以形聲相類者也。相類之字，於卦爻之變通意義，皆有關係，均可互相印證者也。其單辭之外，更有綴屬一字，或二字，或三四五字，以成一名辭，或成一句者，可謂之類句。如由頤、由豫；甘節、甘臨；頻復、頻巽；艮其腓、咸其腓；困於酒食、需於酒食；我心不快、其心不快；同人，先號咷而後笑、旅人，先笑而後號咷之類，亦無不互相聯貫。如密雲不雨、帝乙歸妹、用拯馬壯吉、不富於其鄰，完全相同之一句，或二句，分見於兩卦或三卦者，則更為顯而易見。具詳於焦理堂氏之《易通釋》，茲不贅述也【《易通釋》偏於旁通之正立言。有未可盡通化，學者以意逆之，勿以其辭害意也可】。

舉單辭、對辭、類辭、類句，經傳之概略，已可見矣。而正言斷辭，尚有數例，更舉如左。

稱號

號者，名也。稱其名使與實相稱，亦當名辨物之意也。孟長卿曰：「周人五號。

帝，天稱，一也。

王，美稱，二也。

天子，爵號，三也。

大君者，興盛行異，四也。

大人者，聖明德備，五也」。

以上五者，皆經之特稱。孔子贊《易》，更廣其義。

曰「先王」。〈豫〉「先王以作樂崇德」。

曰「后」。〈泰〉「后以裁成輔相之道」。

經稱爵號，王之下有三：

曰「公」。〈大有〉「公用享於天子」。〈解・上六〉「公用射隼」。〈益・六三〉「告公用圭」。〈六四〉「告公從」。〈鼎・九四〉，「覆公餗」。

曰「侯」。〈屯〉「利建侯」。〈豫〉「利建侯」。〈晉〉「康侯」。

曰「子」。〈明夷〉「箕子之明夷」。〈鼎〉「得妾以其子」。言公、侯、子而不及伯、男。或曰：「此殷制也。文王演《易》於紂之世，故從殷制」。

正名之稱有六：

曰「大人」。一人為大。孟子曰：「大人者，不失其赤子之心者也」。《文言》「與天地合其德」一節，孔子贊大人也至矣。

曰「君子」。乾為君，震為子。乾震為无妄，君子者。无妄之稱

曰「小人」。天大，地大，人亦大。與天地參，故大。違反天地之道，則曰小人。

曰「惡人」。〈睽〉「見惡人」，人而見惡於人，曰惡人。於象，離為惡人。

曰「寇」。寇者悖逆之詞。於象，坎為寇。

曰「匪人」。匪同非。〈比〉之「匪人」，〈否〉之「匪人」，失人道，故曰「匪人」。孟子曰：「無惻隱之心，非人也。無羞惡之心，非人也。無辭讓之心，非人也。無是非之心，非人也」。

孔子贊《易》，更廣其義。

曰「聖人」，曰「賢人」，曰「盜」，亦曰「暴客」，曰「吉人」，曰「躁人」，曰「誣善之人」。

名當而辭可斷矣。爻有等，故曰「物」。辨物當名，名不等也。正言，言不等也。故斷辭亦不等。凶至吉為七等：

凶、厲、悔、吝、無咎、無不利、吉。

凶不若厲，厲不若悔，悔不若吝，吝不若無咎，無咎不若無不利，無不利不若吉。

易數偶得　卷一

緒言

孔子刪書，斷自唐虞。堯舜以前，文獻無徵。所賴以僅存者，獨伏羲氏一畫開天，肇啟文明之八卦。因卦而演數，由數而定象，心源萬古，層累衍繹。上古剏世制作之淵源，暨其推行之次序，猶得按跡追尋，悉其梗概。故《連山》、《歸藏》，文雖久佚，而卦象猶存，均可依建端造始之或子或丑，經卦列首之為艮為坤，以得其綱領所在。而全經意義，亦不難因此類推，以得其指歸。然非孔子《十翼》之傳文，無以證明。惟兩漢《易》學，已無完書。唐宋以後，望文生義，象且失傳，數於何有？間有推原河洛，研索數理者，以偏重於五行之生成刑克，而於數之本體反昧焉不講。又或以邵子先天數或梅花數，悞為《易》數。於是糾紛淆雜，更難疎解。蓋《皇極》與《太玄》，皆極深研幾，精通數理，迺假《易》以演其自得之數，非以其數注《易》也。如算學巨子，邃於算理，乃自能造法，以馭一切。雖與古法同一得數，而方式不相因襲。若不明算理，不辨異同，但求方式，執甲馭乙，其能通者鮮矣。《易》數晦盲，沈沈千載，率由於此。辛齋愚不自量，鑽研羣籍，偶獲一隙之明，恍然《易》數非他，與九章十書，初無二理；與西來之《幾何原本》，及近今之代數微積，尤一一脗合。古今中外之種種算術，無不根本於河洛之百數。大衍之五十，而古聖人相傳之修身齊家治國平天下之道，無不由於絜矩，即無不以數理為之節度。更悟孔門忠恕一貫之道，皆實有其理，實有其數，非空言心性所能了解也。堯之傳舜，舜之傳禹，皆曰「天之曆數在爾躬」，實古聖帝王相傳之心法。自《易》道不明，數與理離析為二，數乃流於小道，理亦等於虛車。禮崩樂壞，政失其綱，不得不以申韓名法之術，補苴一時。逮名衰法弊，而世道人心，遂不可問矣。嗚呼！此豈一朝一夕之故，一洲一國之憂哉！竊恨管窺蠡測，莫盡高深；又迫於憂患，困於升斗，未能洗心滌慮，竭誠致一以從事於斯學。因數明道，發揮《十翼》之微言大義，以昭示天下。畀古聖人制作之大本大源，一一與天地法象相參證。窮年矻矻，未獲深造。偶有所得，聊自疏錄，以備遺忘。而同志傳觀，以為即淺見深，道所未道，慫恿刊布，以廣見聞。爰不懈揜陋，櫛比舊稿，以付乎民。百丈繭絲，發端於一緒。源泉萬斛，濫觴於涓流。歐亞交通，不乏名通博雅之君子。能觸類引伸，竟斯大業，以慰余弘願者，不辭衰老，忻然執鞭以從之矣！

數由心生

有天地然後有萬物，盈天地之間惟萬物。萬物之數，皆天地之數也。然萬物之數，非人不明。故參天兩地而生人。人即參天兩地而倚數。是惟人心之靈於萬物，心動而數以生。物無窮盡，數無窮盡，而人心之限量，亦無窮盡。《管子》曰「心生規，規生矩，矩生方。規與矩，皆生於心。天地萬物之情，莫能越乎此規矩之外」。所以範圍天地而不過，曲成萬物而不遺者惟《易》，而《易》實具於人心。孟子曰：「萬物皆備於我」，又曰：「求其放心而已矣」，誠善言《易》者也。

人第知一二三四之為數，而不知善惡是非之亦為數也。人第知加減乘除之為數，而不知進退往來之亦為數也。數以紀事，亦以紀物。物生無盡，事變無窮，惟數足以齊之壹之。《易》之有象，以表數也。象之有辭，以演數也。乾坤坎離震巽艮兌，亦代數之符號，與幾何之甲乙丙丁亦相類耳。惟幾何祇言數始於形，形則點線面體，足以概之，故紀以甲乙丙丁等字，已足資辨識。而《易》數則根於心，心生象【**不曰形而曰象者，形有一定，而象變無方，形死而象活也**】，有理有氣。非特表其數之多寡，象之繁簡而已。而吉凶情偽，醇漓善惡，莫不奇偶陰陽而判別之。故八卦不足，因而重之為六十四。又不足，益之以天干地支六十甲子。又不足，更益之以星宿神煞諸名。無非皆為代數之符號而已。五運六氣，相為經緯。八卦九章，相為表裏。於是物無遁形，事無隱情。燭照數計，執簡御繁，而皆出乎一心。故邵子之日月星辰、水火土石，以配八卦，取象不必與《易》同也。揚雄方州部居，其用數亦不必與

《易》同也。要皆能合於《易》理相資為用者，則以明乎數之本源。惟在於一心之運用。名辭符號，可不必泥也。太乙六甲，亦復如是。是故學者必能返求之心，明乎心之體用，然後可以言數，然後可以言《易》。

《老子》曰「一生二，二生三，三生萬物」。夫人而知之矣。顧一何以生二，二何以生三，三何以能生萬物？或曰「一生二者，陽畫奇，陰畫偶也」。然奇自奇，偶自偶，未可謂之奇生偶也。《莊子》曰「一與言為二」。斯誠老子此言之碻詁矣。「一與言為二」者，一者心，心靜止不動，則為一。動則起念，有念則有對象，對象與所動之念便為二。故曰「一生二」，故曰「一與言為二」。一者中也，正也**【於文一止為正，止則寂然不動】**。《中庸》曰「喜怒哀樂之未發謂之中」，一也，發則一生二矣。發而皆中節，或不中節，二生三矣。邵子曰：「獨陽不生，孤陰不長」。獨陽孤陰，皆非一也。必陰陽合一。而後能生。〈損之象〉曰「三人行，則損一人。一人行，則得其友。言致一也」。《繫傳》曰「天地絪縕，萬物化醇。男女搆精，萬物化生」。言生生不已，皆始於致一，而致一，則唯在於一心。

繫傳上篇第八章，起中孚，卦氣亦起於中孚。揚子雲作《太玄》凡八十一首，氣起於中心，故首中以擬中孚，豈偶然哉！邵子曰：「揚雄作《太玄》，可謂見天地之心者也」。又曰：「洛下閎改《顓帝曆》為《太初曆》，子雲準《太初》而作《太玄》」。又曰：「今之作曆者，但知曆法，不知曆理。揚雄知曆法，又知曆理」。知曆理者，即所謂知天地之心也。〈復之象〉曰「復其見天地之心乎！」一陽來復，故生之機動於一陽，而一之數起於人心。人心即天心。天人合一，孔子贊《易》之微恉，具於是矣。

本一始一

積數無窮，莫不由一起，而一不成數。然一與二合，或積數至三以上，則一亦諸數之一矣。故大衍之數，有本一，有始一。本一者，大衍之數五十，其用四十有九，虛其一不用，是即太乙。超乎兩儀之上，無實無虛，目不可得見，耳不可得聞，而實確有此一為諸數之根。〈乾・初九〉曰「潛龍勿用」，潛龍者隱而不見，伏於乾初一爻之下，非即乾初之一爻也。《文言》云「確乎其不可拔」者，即此一也。故謂之本一。始一者，天地成形之始，一畫開天，在數積十還一，已屬成數之一，而非不成數之一矣。掛一以象三之一，即此一也。《老子》曰「天得一以清，地得一以甯」。即此一。一生二之一，亦此一。在人本一惟心，心不可見，動念之始，即屬始一。佛經謂之「本覺」、「始覺」。本覺者，無念心體，《易》之「無思無為，寂然不動」是也。始覺者，一念乍起，《易》之「感而遂通，不疾而速，不行而至」者是也。

本一與始一，驟言之，初學殊不易明晢，請以象顯之。夫本一一也，始一亦一也，然數雖同而象則變矣。算術乘法之初曰「一一如一」，是一之數固未嘗變也。然上之一字為邊，下之一字已為面矣。為圖并說如左：

此上之一也，假定為一寸，則以象表之，但為一寸之線耳

此下之一也，以一寸退為十分，自乘得則一百，已成一平方一寸之象

觀右圖說，數不變而象已變，固明白可見。但祇藉此以顯一與一之不同，非謂上之一即本一。本一實不可見，故必退一位分一為十，然後可有下一之得數。至退為十分，固已非本一之原位矣。以非如此曲為之說，慮初學不易了解，故強為之辭。學者勿以辭害意也可。

一數不變

一一如一，象變而數不變，前已言之矣。不但一乘之，其數不變也。即再乘之，而一之數仍不變。蓋一乘平方，為面得一百，一也。再乘立方，為體得一千。象雖再易，而一之為一，仍如故也。即累至億兆京垓，一之為一，仍如故也。此不變之一為本一，而變像之一，

則為始一，本一體也。天地一體，始一用也。其用不窮，本一可見而不可見，如天之有形而無跡也，如道之有名而無可狀也。故曰「天不變，道亦不變」。不變者，碻有其不變之理，不變之數，非空言所能解釋也。自《易》數不明，古聖經傳之精言粹語，皆望文生義。以不解解之，即此一字，已久無從索解矣，不亦深可慨哉！

奇偶

獨言一固不成數，獨言二亦不成數，故今日俗語尚有稱二為一雙，或一對者，實古人遺意之僅存者也。奇單偶雙，《易》數稱奇偶不稱單雙者，以單雙僅以數言，而奇偶則兼寓乎形也。曰奇不言圓，而圓自見，曰偶不言方，而方自見。奇圓偶方，故蓍圓卦方。圓者徑一圍三，即以一含三，方者以一周四，即以二偶二。蓋圍三徑一，一在三之外；方一周四，而一即在於四之內也。方圓合七，而有無形之一，隱現於其中。此道之所以妙合自然，僅言數者不知，空言理者亦不知。必由數而推諸心，窮理盡性，而後知數之所本，即心之本然，而道即不外乎是。而要非可以跡象言語求之，然又不出乎跡象言語之外，嗚呼微矣！【參看後幅方圓各圖，詳玩深思，其義自見】。

一三五

一三五，天數也，天陽之生數也。一三五積數九，故天之數，不越乎三生而二成【一三五生數三也，七九成數二也】，成數已寓於生數之中。生數體而成數用，用出於體也。一三五之位，三居中。而河圖洛書之一三五，皆一居下，五居中，而三居左者。左東為生方，帝出乎震，三生萬物，陽數至三而始著也。故圓徑一而周三，三見而一不見【東方三與八合共十一，即始一也】，三成形而一無跡矣【此理之微妙，非可言盡，在學者深思而得之】。

一點　一為起點凡形之初皆起於一點

二線　二為線，由此之彼由甲點至乙點，即平行線也故亦曰行

三角　三為角，由甲至乙復由乙至丙而三角之形成矣

四方　四為方，四面如一成正方，即平面也

五心　五為心，即方圓之中心，必在兩線交點之中，故五古字作㐅

六體　六為體，左右前後上下六面平勻，即立方體也

天數三五，故月被日光。三五而盈，三五而闕，三日而明生，二十七日而明滅。得明者五五，天數二十五也。五為體，自乘得天數之全。三為用，自乘得九，為天數之用。而一與三合四，實為偶數之始【偶數不始於二而始於四，說詳下】。五數自兼陰陽，故天地之數雖十，而陰陽各五。更見陰根於陽，陽中有陰。無窮之妙，極深之理，即在極淺之中也。

二四六

二四六，地數也。二四皆生數，而六則成數。生數五，天得其三，而地祇有二，亦陽饒陰乏，自然之數也。二四六積數十二，合地支之全數。二四之合六，生數也，為陽。六成數也，為陰。亦陰陽互根，故十二支各分陰陽。天地陰陽之數，至五而體具，至六而用全。故陽順陰逆，陽數始於一，而陰數終於六【詳下陽順陰逆圖說】。故《易》卦六爻，天人之用皆備。六六三十六，故六十四卦，實祇三十六卦。以三十六而具六十四之用，且生生不已，變化無窮。邵子曰：「三十六宮都是春」。三畫八卦之爻數、位數，陰陽錯綜，亦無不為三十六。故邵子以十二與三十六，反覆循環，能盡推萬事萬物之數而無遺。學者達乎此，庶於用數之道思過半矣。

以數兼象言，則一為點，二為線，三為角而成面，四加一成五則為心，至六則成立方體，而體之用備【亦曰一立、二行、三角、四面、六五心體】。

七

一三五，三居中；二四六，四居中。三四合七，二五、一六亦合七，故七能盡一二三四五六之用。七七四十九，能盡極數知來之妙。此中奧義，良非可以一言盡。且有非可以言說者，是在學者之神而明之矣。

《易》卦獨重中爻。中爻三四人位，三四七也。《易》說時三位四，氣變三，形變四【時三者，初中上位。四者，左右前後，即四方也】。而佛氏說法，其綱要亦不外時三位四。而今之哲學倫理學，亦胥莫能外此數，越此理。詢乎古今中外之所同，所謂「《易》與天地準」，於何準之？準之數而已。

一二三四五六之數具，而七已寓其中。六數交互成二十一，或為三七，以交互必有一重數。如五五六六之類，實已得七數也。故六之用非七不明，數必至七而復，氣必至七而更【更者庚也】。先庚先甲，即三七之用。今術家之三煞、七煞，實本於此【詳拙著《三說會通》】。後儒冬烘之見，以為術家之說，鄙俗不足道，而不知無一不根本於《易》象，且無一不與經文及《十翼》相合也。

九六

先儒言九六之說詳矣。余《筆談》初、二集，亦曾一再言之，猶未明揭其至理即在目前也。夫陽九陰六，故乾九坤六，皆天地陰陽自然之數，非可以人意為加減去取者也。天圓地方，奇圓偶方。觀夫方圓，而九六之數，可不言自明矣。圓周三百六十，分為四象【今曆家亦曰「象限儀」】。每一象限之弧線，各得九十，則其弦必為六十。四九三十六，四六二十四，即盡方圓之度。是故乾策三十六，坤策二十四。用九用六，以御方圓各度，無不盡之。即以測陰陽各候，亦無不盡之。而天地之理、之數，更何能外于是哉！今略圖如下：

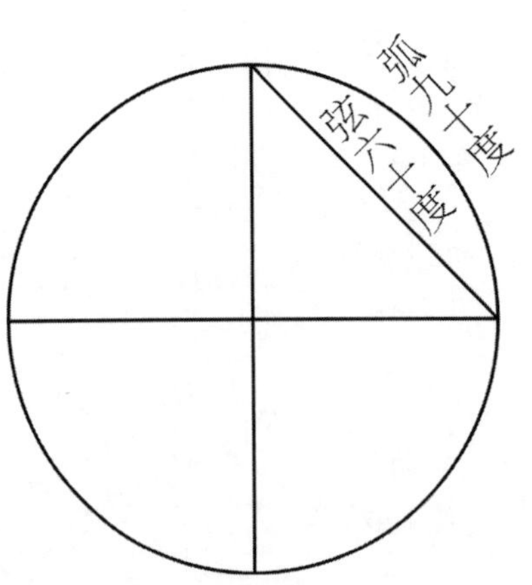

用九用六，不但《易》卦，即九章幾何算理，亦莫能外此。而道氏、釋氏，亦無不用此。道家用九而藏六，釋氏用六而藏九。佛說諸經首，必曰「如是我聞，一時佛在某處，與大比丘眾若干人俱」云云，為佛遺教，名為六成就。六者何，曰「時」，曰「處」，曰「主」，曰「伴」，曰「法」，曰「聞」。其最顯見者，至華嚴數之乘除，其數更無不與《易》

相合。而九六之為用不窮，更可知矣。

九六合十五，即生數一二三四五之積數。九六相乘得五十四，即天地之數。五十有五，虛一不見之數也。蓋九為陽數之終【陽順，一三五七九】，六為陰數之終【陰逆，四二十八六】，數之終即形之邊線也。簡言之，用九用六，即算術由邊求積之謂。觀前圖當可了然矣。

五六

天五地六，故曰「五六為天地之中合」。蓋子一丑二，天地之始合也。辰五巳六，天地之中合也。申九酉十，天地之終合也。五五二十有五，六六三十有六，兩數相合，凡六十有一。以六乘六十一，得三百八十有六。故朞三百有六旬有六日，皆天地自然之數也。古聖建中立極，授曆明時，皆本於天地之中數。而月盈朔虛，相為消息，不出十一日，亦即五六之合數也。

卦氣起中孚，中孚巽上兌下，先天兌居巽位，皆辰五巳六之位，故卦候與曆數悉合。二千年來，未解中孚之義，妄生訾議。非但不知中孚，並五六亦未之知也。

半

古今言《易》數者多矣，從未有言半者，惟虞仲翔氏有半象之說。邵康節氏「冬至子之半，天心無改移」之詩，虞氏之說，後儒多駁之。焦理堂《易通釋》，宗虞氏旁通之正之說，而獨於半象，辨之甚力。余《學易筆談初集》已正其悞矣。邵氏「子半」之說，講《易》者亦未嘗重之。然此兩半字，均與數理無涉。而余之所謂半者，則專以數言。初學言數，不可不鄭重注意。數理盈虛消息之關鍵在此，《易》道陰陽之變化亦在此。兩千年來之學《易》大家，豈見不及此？特未嘗表而出之。余偶為指出，畀初學《易》數者，得事半功倍之效，亦極深研幾之一快也。

半者何？即五是也。二五合十，積十還一，則五乃為一之半。向來言五不言半，與中五無所區別，學者更何從知其用乎？【五者河圖、洛書之中五也，半者即河圖二五合十之五】二五合十，得天地之全數，當然陰陽各半。二五搆精，精者一也【一精二純】，則二五者，則正與兩半等耳。《易》數無不由中起者，中則左右分而各得其半。《易》數無不以平為準者，平則上下分，亦各得其半。八卦陰陽之數，無不如是。而錯綜變化，無不由此半與彼半，進退交易之作用，半顧烏可忽哉！

象與數，皆在進退。象之進退，先儒曾言之矣。茲但言數之進退。數之由一而進至二至三，遞至八九。由十而退而八而七，遞至二至一。皆易見也，易言也，皆所謂順也。若由一而退，則逆數也，未易見也，亦未有言之者也。其實此理極淺，人特未之思耳。

算學逢十則還一，乃進一位。惟零數約分，則化一為十，須退一位。或化一為百，須退二位。非此不能盡其數。盡數者，極數也。《易》曰「極數知來」，又曰「《易》逆數也」。不知逆數無以知《易》。知一而不知一之半，所謂知一十而不知二五矣。進數既退一位或二位，其約分或命分之數，當然不限於半。或半之半【即十分之二五也】。或半之半，而又半之【即十分之一二五也】。皆半也。無論為數若干，欲求其整數，或根數，無小大奇偶，必彼此相對，總各得半。試以萬開立方【以百自乘得萬，百為平方，千已立方，而萬則復為平方】，其根為廿一五四三七五。廿者，倍一為二，即對也。五為釐，一之半也。四三七五者，二毫五，又一毫二五，又六絲二五之積數也。

凡半之又半，半之又半，遞折四次，得數九千九百九十九箇五釐三毫三三九八四三七五，共十四位。其負數【即萬之餘實】，為四釐六毫六六〇一五六二五，此即退數之一例也。

凡數退逆而進順。有退而無進，有逆而無順，非數也。其交變即在此三五十五【即河圖中央之三個五】，二五合一，即倍五為十也。退則分之，進則倍之。分之為五為半，倍之為一為十。倍而又倍，或三倍之，四五倍之，皆加一半之謂。程子謂邵康節之數為加一倍法，相傳以為名言。但程子祇見其二加為四，四加為八，為十六，為三十二，為六十四，而悟為「加一倍」，而不知加倍之即加半。半之即五，五之有一五、二五，有進有退，有分有合之變化也。故程子加倍之一言，祇悟到片面之理。所謂知其一，未知其二。自宋以後，奉此為邵學之提綱挈領，却遺棄其一面而不復顧。非但《易》數簡明之理，為所障礙，即邵子之先天數，亦因此而有頭無尾。甚矣！立言之不可不慎也。

河圖之數，五十有五。洛書之數，四十有五。合之則一百。一百之數，任由上下兩角斜分之，必一為五十五，一為四十五，如下圖：

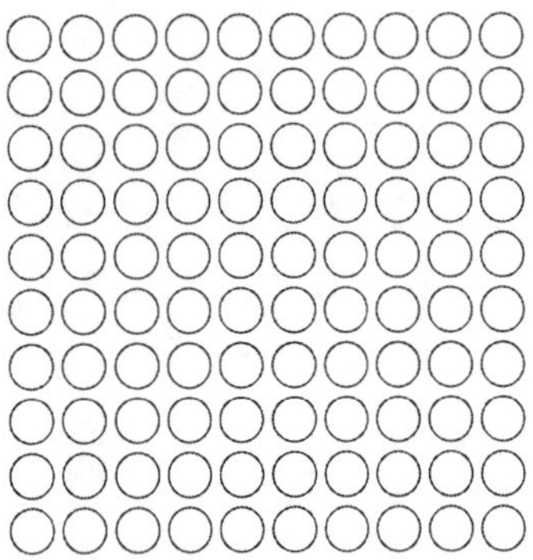

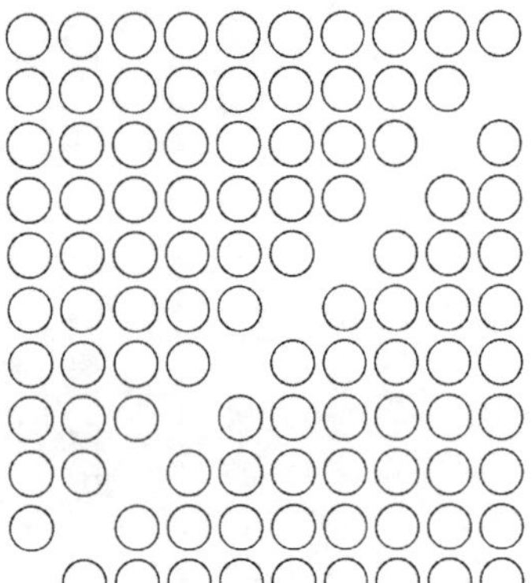

故四十五與五十五，為天然分畫之界限，非人力所能增減【若由中分兩面，各五十數，則勻，但成兩長方，或四平方，無盈虛消息之可言。數定而陰陽之往來亦定，成既濟之象，《易》道窮矣。《易》不可窮，故不終於既濟，以未濟終焉，即此意也】，合之一百為全數。全數之內，分陰分陽，當然陰陽各得五十。故「大衍之數五十，其用四十有九」。其一不用，而盈虛消息，即由此一生生不已。其數不窮，是亦一百而用其半也。河圖洛書之較數十，即二五合一之十。簡言之，實書減五而圖加五。一減一加，仍祇五數。見十則不見五，見五則不見十。理數玄妙，無淺非深，是在學者之心領神會矣。

或問：二五合十，但言五可矣，何必言半？曰：五與半，言各有當。有非言半不能顯其用者。《易》與天地準，人在天地中，祇能見天地之半，不能見其全也。南北赤道中分。在赤道北，則南極入地不能見。在赤道南，則北極入地不能見。日月東西春秋分，南北冬夏至，而二至南北相距之緯度，各二十四度有奇，合之亦四十有九。而盈縮不出一度，亦祇用其半也。

凡此皆非五之所能概，必言半而始明顯。至於曆數之推算，聲律之調協，均非用半，無以劑其平而盡其數。在略明算學者，當無不知之。千年來精算術者不知《易》，言《易》者，又往往不精算術。焦理堂雖悟《九章》之術與《易》通，以比例釋旁通，作《易通釋》。惜其於《易》理所知太淺，仍不外望文生義以解經，然已為一時言《易》者，所望塵莫及矣。

或又曰：子言數生於心，今乃以半為數理之關鍵，豈人心亦可以半言歟？曰：善哉問也！數生於心，心不可見，所謂本一。即始即終，無在而無不在，數將於何徵之？數之起由於動，動則有對。半者，對也，正對心而言也。動則陰陽分【善惡亦陰陽也】，半者，分也，皆由此心之一動而分者也。分則析，析則半，更有半數之半，生生更無窮盡。而其正負順逆，要無不以此半由對而動，動而分，分而有進退變化之用者也；言心言性者，又烏可忽者？

半與奇偶，皆《易》理陰陽象數必用之名。昔人言《易》言奇偶，而不言半。是以數之全體，終不能明也。蓋數有限量，而奇偶與半皆無限量。無限量則變化無礙。奇陽天數，偶陰地數，而半則可陰可陽。正為人數，三者備，而三才之數，始克盡其用矣；今西人算學，極於積分。數之積，莫不從一始，其分莫不從半始。正可相參照也。

平等

萬物之平，平於數。萬物之等，等於數。〈謙・象〉曰「君子以裒多益寡，稱物平施」。言平等之義，莫精於此者也。然多寡之數，終莫能齊。平施之道，即無止境。聖人體察陰陽，亭毒萬彙，因象顯義，聊示其端。坎曰「祇既平」，緣物性之平，莫平於水。故後世求物之平者，皆取準於水。然河海之水，曾無一刻之平。一波未平，一波又起。舉世物情，亦復如是。但人心莫憾於不平，故《易》象之盈虛消息，必於不平者求其平，不等者求其等。無如平於此者，即頗於彼；等於數者，或異其量。否之象曰「無平不陂，無往不復」。物無盡，而平亦無盡，物無量而等亦無量。此人道之所以往復而不窮，人事所以遞演而遞進。六十四卦之序，不終既濟而終於未濟者，以既濟則六爻皆正，陰陽定而位當，無復升降進退之可言，人事不幾於息乎？《文言》曰「品物咸亨」。品者一二成三，以一函三，即不平而平，不等而等之精義也。既咸且亨，有感皆通，亦各如其分而已【佛「不度盡眾生誓不成佛」，而眾生無盡，佛願亦無盡，佛法亦與眾生永無盡，正與《易》終未濟之微意，不謀而合者也】。

中數不變

兩數相乘，則成面而不必方。惟自乘則必方，故《書》曰「自求多福」，子曰「君子求諸己」。自乘者，等於人之自修，身心合一，故必正必方。但得數，未必法實相同。如三自乘則九，四自乘則十六，八自乘則六四，九自乘則八一，皆不得其原數者也。惟五自乘為二十五，仍得五，六自乘為三十六，仍得六，其數不變。因五與六，為天地中合之數。惟中不變，即五六相合，其積十一。上一下一，數仍不變。故《易》道貴中。孔子之道，酌兩用中，天不變，道亦不變者，惟其中也。五六以外，惟一不變，一亦中也。十不變，十亦中也【說見前】，學者可恍然悟矣。

盈虛消息

天地陰陽盈虛消息，坎盈則離虛，乾消則坤息。昔人多以象言之。言數者，亦依像類推，模糊恍惚，未知確定其數之何以盈與何以虛，何由消更何由息也。而其量數之如何，更無有言之者矣。有以多寡加減，為盈虛消息者，此僅就數言之則可。然象數相連，象根於數，數亦寓於象，繁複奧衍。簡言之，殊未易明晳。茲假設一例以明之，雖不知數者，固亦可一目了然矣。

如一二三四五六之六，單數不動不交，數亦不變，無所謂盈虛消息也。交則動，動則變，盈虛見而消息著矣。今世俗博具之骰子，每個為立方之六面體，一二三四五六，各點一面。若以單骰擲之，則每次祇得六數之一數，無可變也。若用雙骰，則有兩個六數，共合十二。兩數相交，似應有十二數可得。實則不然，祇有十一數，自兩點至十二點是也。因其一數已隱而不見【以兩點起數，無一點也】，此一數，即所謂虛與消也。然有虛必有盈，有消必有息。

十二數既祇存十一，而虛其一，而其所得之方式**【即由數而之象也】**，則得二十一。與得數相較，則盈者十，與本有之數相較，其息者九，乃數虛而象盈，數消而象息者也。

此數象之淺顯明白，為人所習見。無待圖說，當可盡人能解者也。而象與數之盈虛消息，均可由此推演，即淺見深而碻得其切實之數矣。若以氣言，亦不越象數之外，可隅反也。

卦爻合天地之體數

全《易》六十四卦三百八十四爻，即天一地二至天九地十之自乘數也。

一一如一	二二如四
三三如九	四四十六
五五廿五	六六三十六
七七四十九	八八六十四
九九八十一	十十得一百

前數上法下實，法積五十有五，實積三百八十有五。除一數不用，得三百八十有四，即全《易》六十四卦之爻數，亦即有閏之年全年之日數。無閏之年，則為三百五十四，或三百

五十五。乃除去地數三十，而仍以一為進退也。故權法二十四銖為兩，十六兩為一斤，一斤共三百八十四銖，亦取法爻數也。

句股

句股之術，或言始於大禹。禹治水得洛書之數，因演九疇，以其中數為句股之法，以測九州之高下，奏平治之功。此說殊未敢信。夫禹《洪範》九疇，固未言洛書。即為洛書，亦在治水成功以後，安得至此始制句股，為測量九州之具哉！但句股之數，確出於河圖洛書。黃帝造甲子，著《九章》，推日迎策，曆數已備。句股之法，與《九章》相表裏，必剏於黃帝無可疑也。

句三股四弦五，合天地人三極之數。一生二，二生三，合天地人之數。而下降為地，地道代終。天之數，皆由地仰測而得者也，亦地山謙「天道下濟」之義也。股四為偶數之始，陰陽偶而萬物生，故居中為人數。弦五為二生三之合數，具生數之全，為成數之本，故為天數。數由下生，與卦象圖書無不悉合。

句股自乘合　大衍數

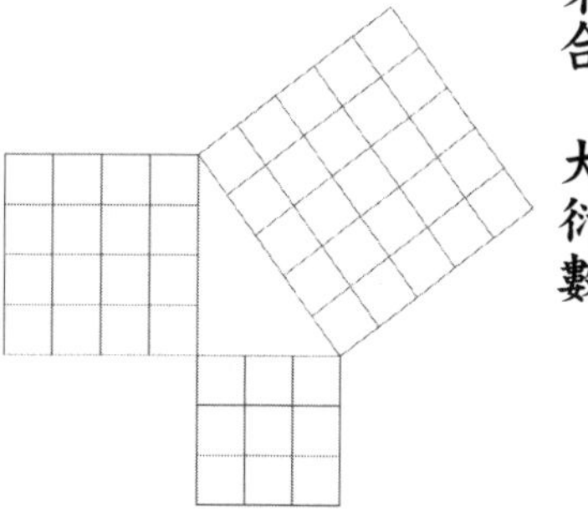

句三自乘九，股四自乘十六，弦五自乘二十五，皆正方。三數合并共五十，適符大衍之數也

句股和較備洛書數

句三股四弦五，其冪為六，句股較為一，句弦較為二，句股和為七，句弦和為八，股弦和為九。備具自一至九之數，合洛書四十五數。與句股弦各自乘五十，又有暗藏一五數在，其微妙良不可思議也

句股生一二三生數

句三股四其較一，股四弦五其較亦一。前之一本一也，後之一始一也。句三弦五其較二，

一生二也。一二成三，仍得本數。奇偶相生，而一切數生生不窮。一切數生一切象，而其始皆出於一，故一為道之原也。

句股弦合乾坤策數

句三股四弦五之和為十二，弦自乘為二十五，二十五之方邊亦十二。而中數為九，以中九乘十二，得二百一十有六，乾之策也。以十二乘十二，得一百四十有四，坤之策也。

句股弦合八卦正變數

句弦之和八，八自乘六十四，八卦成六十四卦之數也。股四自乘十六，以四再乘亦六十四，以六十四再乘六十四得四千零九十有六，即六十四卦變卦之數也。

句股合聲律應用

聲律出於數，數不外奇偶圓方，而變化皆在句股。句股之數，本於洛書。方隅合中五，具四句股之數。句三股四弦五。句九股十二，弦十五。句二十七，股三十六，弦四十五。句八十一，股一百另八，弦一百三十五。其本始於三四五，餘皆以三自乘，而得其畸零之數也。

聲律應句股圖

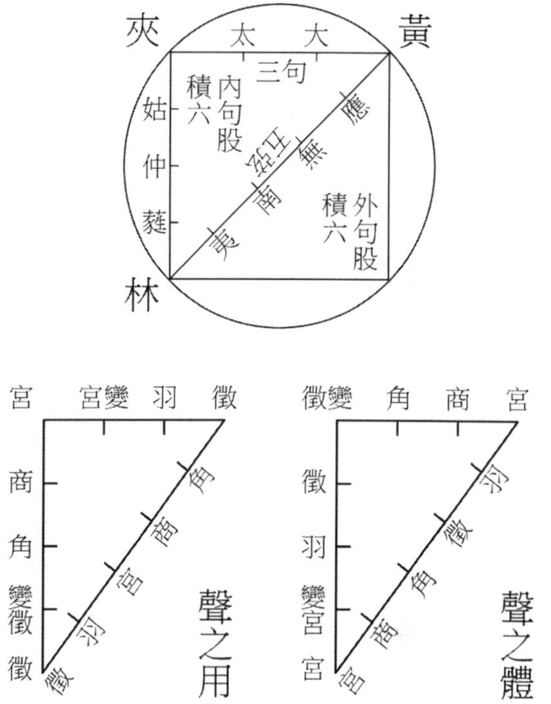

沈氏善登，句股生弦，弦生句股，及種種變化，以正大衍生卦生爻，數皆密合，說繁不能盡錄，特節其結論曰：「句生股弦者，其數七五八五，是知兩求一也。先有句股而後有弦，弦從方生者也。故為人道。以數言之，弦最大，句最小，而股適中。以象言之，則句居下，象地。股居中，象人。而弦則自無而有，徹上徹下，宛然天空。故人道與地道，互攝互入，即時三位四之無所不至也。弦生句股者，其數為六，其方為八，乃舉一生兩也。先有弦而後有句股，是方從弦生者也。故為天道。天數廿五其實也，一大其名也，以象立者也。天之所以為天，則全體太易，人心共具之本光明也【經傳中言「天」言「上帝」者，當如是觀】以句三股四方生之弦，八之六之，還同弦生之方，積實亦等天數，是即人盡合天之理。聖人所以有達天之學也，是故虞廷授受，開中國四千年文教之宗。惟曰『天之曆數在爾躬，允執其中。四海困窮，天祿永終』，而聖人述之，門人撰集之，以結聖訓二十篇，後世尊之為道統。夫堯舜禹千古之大聖也，以天下相授受，千古之大事也。以千古之大聖，行千古之大事，而其辭乃若術數之學【講學家誤會「大德受命」語意，真作「天命在汝」解，則下句「其中」二字無所著落矣】，夫豈不能言道言理哉！誠以道理皆虛位，不可以空言垂教也。是故數與方名，古小學自幼習之。沿及漢唐取士，猶書數並重。是可見學術升降之原也。是故數從心生，理從數生，而改竄聖經，遷就己意，以爭空理，宋儒之失也。講求漢學，歷辨宋儒陋習，又精研算數，發明四元諸術，漢學家之得也。而專務攷據，不反之心，亦其失也。西人之教順民心，其學原出於墨氏。敬天重數，是其得也。知重數而以日為光源，不知人心為光源，知敬天而不信鬼神，是亦沿墨氏之失也。若不知西人學術之本末，而皮傳其說以相號召，又不知研求經訓，謂可盡去之，是忘本而廢學也。忘本不仁，廢學不智，全失無一得矣。故興起儒術，維繫民心焉。今之先務，有心人當躂斯言」。蓋沈氏目擊甲午庚子之亂，恫國學之垂亡，而新學矯枉過正，又無當於人心，故言之有餘痛焉。今距沈氏之歿不及廿年，世變愈亟，滔滔者當亦有所悟而知反矣。

四十五

洛書之數四十有五，與河圖之五十五，適為全數一百之中分，前已言之矣。何以《易》數用四十五，而不用五十五？即用九用六之義也。九六為圓周三百六十之弧與弦，已詳前圖。此四十五者，即八分三百六十之一，亦即一象限九十之半也。吾人居天地之中，天半在地上，半在地下。人目能見者，衹其地上之半，地下之半不能見也。而地上之半，又以赤道中分為二。吾人處赤道以北，則衹得其半之半【**赤道以南，開北戶以向日，與赤道以北，向背相反**】。三百六十，四分之一，衹得九十矣。故九十度為直角，而中分九十為四十五，得四十五度之角，已足測三百六十度之全。而方圓斜直，無不盡其用矣。八卦每卦得四十五，則八卦合得三百六十。八卦皆出於乾坤，故乾坤之策，三百有六十。而各卦陰陽相合，亦無一非三百六十。故四十五者，九之五【**即九之半也**】，亦五其九。洛書九宮，陰陽升降，進五退九，神化無窮。學者觀此，更可悟用半之理，而得其會通焉。

甲己乙庚

昔儒言《易》，高談性命，以五行干支為術數小道，不屑措意。而不知性命之理，至微至精，非象以證之，數以明之，更何由見之？天干之明見於經文者，惟甲己乙庚。甲與己合，乙與庚合。陰陽各舉其一以為例，餘可概矣。先儒以不談術數，故於先庚、先甲、己日、帝乙等明言干支之經文，乃無從捉摸。漢人師說，又多失傳。惟鄭康成氏之注先庚後庚、先甲後甲，確合古義，又辭甚簡略，未暢其旨。於是宋儒望文生義，謂先庚三日丁，後庚三日癸。丁者丁甯，癸者癸度。丁甯於事先，度揆於事後，為申命行事，直以聖經為字謎矣。《鄭注》「帝乙歸妹為成湯」，當亦漢人之師說。與「高宗伐鬼方」，同為商易《歸藏》之文，文王演《易》，因於二代之《易》而損益之，不必盡出乎己也。故孔子曰：「周監於二代，郁郁乎文哉！」又曰：「周因於殷禮，所損益可知也」。蓋謂周之禮樂政治，監於夏商。然三代之禮樂政治，無不探原於象數。監於二代，因於殷禮，舍象數更何取哉！自黃帝堯舜至三代，所傳者曆數，故曰「天之曆數在爾躬」。而曆數皆備於法象，可見《周易》之所本也。商人尚質，人名器物，多以甲乙等字為名號。雖貴人重器，亦未有如後人之特制嘉名者。故其《易》多以干支定象，自無疑義。惟殷人尚鬼，其末造流弊所及，不免重鬼輕人。故文王之《易》，專言人事，以人合天，不言鬼神，所以矯陋習以正人心，開成周之大業。但卦爻之辭，其無畔於本旨，或有非他辭可代者**【如先甲、先庚等辭是也】**，當然因其舊文。後人必斤斤焉，以某為文王之辭，某為周公之辭，豈文王周公之意也哉！茲圖天干十數於上，甲己乙庚之象，均可暸然。而得朋喪朋，亦可類推矣。

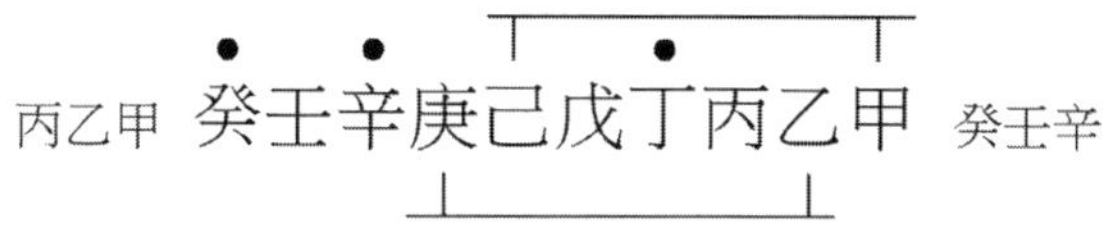

先甲三日辛，金克甲木，所謂制也。後甲三日丁，甲木生丁火，丁火克辛金，而制我者受制於人，厄可解矣。乙者甲之貳也，帝者帝出乎震之帝。不曰帝甲而曰帝乙者，天德不可為首，即遁甲之意也。

己者甲之配，故豐曰「遇其配主」。甲與己合，甲己化土，離兌之間得坤土，剛柔節而四時成，革乃得當，故曰「己日乃革」，曰「革而信之」，曰「革而當其悔乃亡」，皆甲己合也。

先庚三日丁，丁火克庚金。後庚三日癸，癸水克丁火。而庚之受制於丁者免矣，例與甲同。自甲至庚凡七數，數至六而合，七則更。庚者更也，即革之義也。澤火革，八卦兌至離亦歷七位，後人七煞三煞之說即仿於此。

甲與己合【化土】，乙與庚合【化金】，丙與辛合【化水】，丁與壬合【化木】，戊與癸合【化火】。術家稱之曰「五行從化」，乃五運之氣化，取日與五星距離之高下為說者也。土星最高故居上。其金水木火之次，因用而異。論本次，金最下，故《內經》納音首傳金，非深求象數之精，不能得其變化之妙。但據一端而妄議雌黃，幾為冬烘者之通病，此《易》道之所以終不明也。

六合三合

子與丑合，寅與亥合，卯與戌合，辰與酉合，巳與申合，午與未合。術家所謂六合，乃日與月合也。申子辰合水，亥卯未合木，寅午戌合火，巳酉丑合金，術家所為三合，乃坎震離兌四正之位，各與左右相合也。《易》曰「日月合其明」，六合也。「四時合其序」，三合也。日月合明，子一丑二。四時合序，一三七十。天地合從，巽乾對時。辰巳天門，戌亥地戶也。鬼神合吉凶，謙艮稱平。西南神樞，故神字从申。東北鬼藏，故斗魁鬼象【丑斗宮】。術家天德月德，祿馬刃煞貴人諸名，均仿諸此，具有精義。如官居祿前，刃在祿後。官者職守，官居祿前者，前事後食之大義。刃者刑戮，刃隨於祿者，利與害俱之微旨也。故四時之序，功成者退。陰陽之義，過盛則災。衰病已見，而不急去，死期將至。授之以馬，馬動而不行，中壽之墓木拱矣。嗚呼！名之所在，即義之所在。君子顧名思義，安而不忘危，存而不忘亡，治而不忘亂，是以身安而國家可保也。五行災祥，本諸一身，其道皆出於《易》。孔子上下《繫傳》，取中孚咸履各卦，反復丁甯，示人以立身立德之道，其精義皆合於天地日月之法象，無一字虛設者。後儒空言釋之，致《十翼》盡等具文，無由徵實其用之所在，反目五行家言為小道，斥言象數者為蕪穢。學者畏難而喜易，遂以空談為《易》學之正軌，《易》於是乎不亡而亡矣。

易數偶得　卷二

數名數量

一二三四至九為數名，一十百千萬為數量。古人事物單簡，用數以萬為至多，故《傳》曰「萬盈數也」。而萬事、萬物、萬國、萬方，皆以萬為多數之代稱。億兆京垓秭穰溝澗正載，雖有其名，而罕見實用。故相傳至今，而萬數以上，無論京垓，即億兆二名，亦未有確詁。或云十萬曰億，或云十萬曰兆，又云百萬曰兆，緣曰億曰兆，當曰本為虛擬之數，故或多或寡，均不致以辭害意，無容辨也。海通而後，人事日繁，財用賦稅以及人數物量，均突飛猛進，而用數遂不能不因時遞增。吾國人民四萬萬，或稱四百兆。而外債之數，亦恆在十餘萬萬之上。各國金融之交易，其總數更十百倍於此。於是常用之數，決非萬所能盡。而萬以上之名稱，不得不有確定數量，以便會計之用焉。

徐岳《數術記遺》，謂數之用，有上中下三等。其上數以萬進，頗合古法。然其所謂三等者，則以一至九，為單數為下等，十百千萬以十進者為中等。億兆至正載以萬進者為上等，自一二三四五六七八九十百千萬億兆京垓溝澗秭穰正載三等，共二十三名。而近傳算術載之下曰「極」，曰「恆河沙」，曰「阿僧秖」，曰「那由他」，曰「不可思議」，曰「無量數」，六名，是蓋采《華嚴經》數量而增入之者也。

《幾何原本》，數積成體，體積形立，以點線面體四名，賅括一切形，一切數，而無遺者，以其不論數之多寡，總為一也。加至二至九總為線，及十還一，故十十成百，為一平方。更十乘之成千，為一立方。而百百成萬，復為一平方。十萬為縱方，至百萬乃以千乘千，又為一平方。亦即以百乘百，復以百乘之，為一立方。當第七位，可平可立，以此遞進。數以形紀，此後世代數所由仿，而不必別立數量之名者也。

竊惟一切之數，無不根本於天地之數。象數不相離，名位亦不能相離。天數二十五，地數三十，天地之數共五十有五。以言數量，自當以此為根據。《易》數，參天兩地，參伍錯綜，或相倍蓰，或相什百【倍者倍其本數，如一倍一，二倍二是也。蓰者一倍又半也，如一加一五，故俗稱曰貫五是也】，無不以方圓奇偶為歸，而合於天地之法象焉。數有大小，亦有進退。一二三四五六七八九十，乃天地陽奇陰偶之本數，不當列為數量之名也。數量者，所以紀此本數之多寡，而為本數之用者也。本數為體，數量之名為用，體用雜糅非法也。今以《易》象數理與《算經》及《華嚴》數參合量數名稱，仍準天地五十有五之數，以定其名位，亦分三等：曰「中數」，曰「大數」，曰「小數」。列圖如下：

中數

單　十　百　千　萬

（共五名五位以十進）

小數

分釐毫絲忽秒纖維沙塵

（共十名十位以十退）

大數

億　兆　京　垓　溝　澗　秭　穰　正　載

（位四位隔每萬名共
十共三名進以十）

中數五位，河圖之中五也。小數十位者，河圖之中十。故與五相為進退者也。中為根本，故數位相並，即數即位，真實不虛。大數則河圖四方之一六二七三八四九也。陰陽生成相間，一二三四為生數天數，其積十，此十大數之名與位皆實者也。六七八九為成數地數，此三十位之所以虛其名也。陽實陰虛，陽進陰退。由中數之積以成大數，亦如點線之成面，面之為平方縱方立方。象理數理，無不悉合者也。數學為一切科學之根本，數量之名，烏可不立？欲定數量之名，不能根據天地陰陽之法象，雜采他書，則此是彼非，仍莫由定，終不可為典要者也。國中碩學，負教育之任，有注意於學術，而定科學之名詞，以垂為典則者，或亦有采於芻蕘也夫！

天數二十五，實用皆二十四，虛一不用也。故二十五數，論其始則一不用，因一一仍為一。必分之為十而後有數可紀，此小數之所以以退為用也。故一不用而一之用乃無窮，論終則以正為止。合三數並計，至正適二十四位。數至此成方成體，故正字上从一而下从止。一以始者，亦一以止。天地之數，至正而用已畢。然而用不可窮，故繼之以載。載同哉。哉始也，言數之終而復始也。載亦通再，言數至正已終而再以載起也。離坎不續終，六十四卦以未濟終，即此義也。

《華嚴經》數，載之下，又有極、恆河沙、阿僧秪、那由他、不可思議、無量數，六名。大數共十六名，以萬進，每一名當各虛三位，共六十四位。適合《易》之卦數，實即載以下不盡之數也。

小數由分而以十退，今《算書》「忽」以下為「微纖沙塵均埃渺漠」，與前共十三位。蓋纖維、塵埃、渺漠皆兩字為一名，傳寫顛倒錯訛，以為數過小，非慣用所及，致名無一定。向維戶曹會計銀米小數，有至六位以下者。欲求推算之密，小數之名，亦不可不定也。

陽順陰逆

天地之數，有體有用。體則一三五七九，二四六八十，皆順數也。而言其用，則陽順陰逆，古今言《易》者無異辭也。乃其釋河圖之陰陽進退，則皆以二四六八十順數，未嘗逆也。來知德氏，頗明逆字之義，而無以解二四六八十之數。因創陽由內轉外，陰由外轉內之論，以圓其說。然二四六八十，固亦由內而轉外，與一三五七九未嘗少異。順逆之分，果安在哉！千年以來，逆數之序，迄未明晳。術家雖知其用，而終莫得其數，因此眙悮者多矣。不知晉崔駰氏，早有陰數起於四之說。以其論八卦之數，未能盡滿人意，後儒遂不於此注意。前清咸豐初嘉興方氏春水《方生易說》，其《算數術卷》中，發明四二十八六之序，而後陰數逆行之理，始恍然大明矣。方氏並繪九九與十十兩圖，明陰陽順逆之數，出於奇偶圓方，皆天然之次序，閱者更易了解。惜其書板久毀，流傳不多，學者罕得寓目。故今之言河圖者，仍不知四二十八六之用，未有取舊說而一正之者，良可慨也。丁巳除夕，因研求牙牌數二五交易之理，悟陽順陰逆，必在升降上下之中。而一六二七三八四九五十之合，各有交互之用。得方氏之說，與吾所求者，果不謀而合。始悟五十在中，中孚與大過，皆五十在中之數。孔子：「五十學《易》，可以無大過」之別解為正當。其餘未通之數，因此而豁然以解者甚多。然何以一三五七九之必合四二十八六？其數之推衍，方式如何？仍未能知。研索數月，迄未有得，亦姑置之。至壬戌春仲，仍以玩索牙牌一六之數，忽有心得。枕上尋思，反覆推衍，忽以「乾乘六龍以禦天」一語，悟乘六之法。不及待曉，披衣演草，而得陽順陰逆相乘之圖。較方氏之二圖，更為明白曉暢。今後言河圖者，當可免暗中摸索矣。圖成而術家見之者，皆如獲拱璧，以為千古疑團，一朝盡釋。爰與方氏二圖，並列如下。

方氏
奇數始一圖

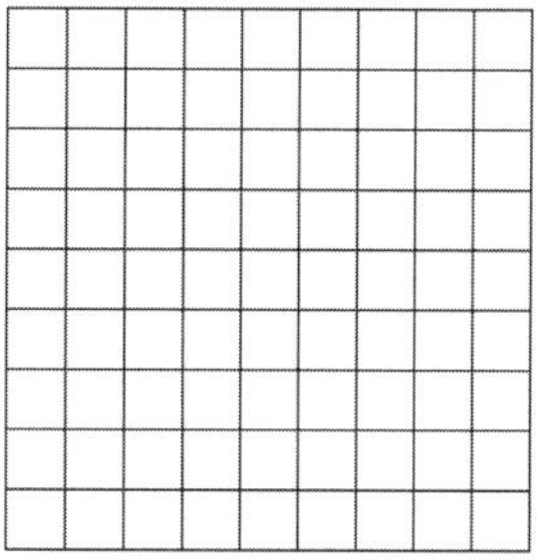

方氏
偶數始四圖

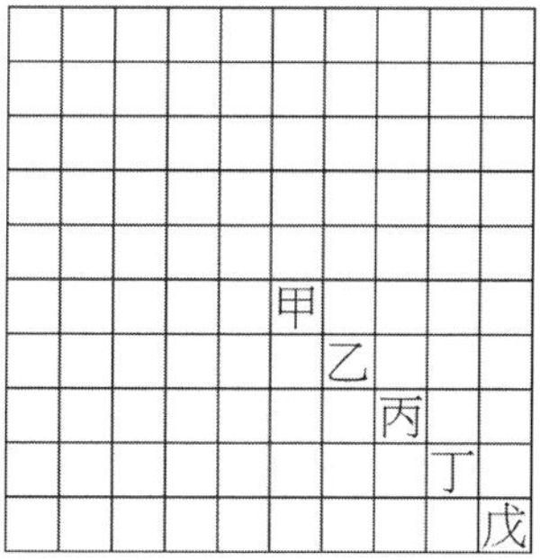

奇數九自乘得八十一，一居中。自內向外，則三五七九，奇三而用一，故只取一面也。偶數十自乘得百，中以四起。四之外為十二，又外為二十，又外為二十八，周邊為三十六，偶四而用全，故取四周也。兩圖於陰陽奇偶之義，真切明當，可無疑議。惟所不足者，則兩數皆自內向外，於一順一逆，仍未能悉合，未免美哉猶有憾焉。

陰順陽逆自乘得數圖

一　三　五　七　九

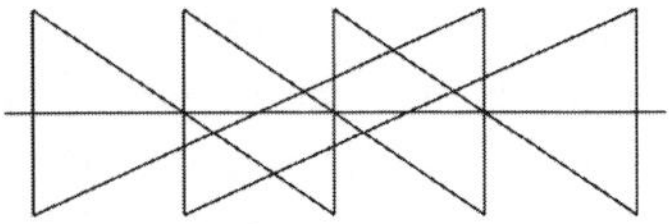

六　八　十　二　四

乘法以一三五七九乘六

一六得六　三六十八　五六三十　七六四二　九六五四

四　二　十　八　六

以四乘一三五七九

四一得四　四三十二　四五二十　四七廿八　四九卅六

《文言》「乾乘六龍以御天」，言乾九坤用，陽數陰用。所謂「乾元用九，乃見天則」。《說卦傳》曰「《易》逆數也」。言《易》之用，皆見於坤。數陽而用陰，故皆逆。此理甚精甚微，不圖於此至淺至近之數理遇之也。右圖以一三五七九陽數，乘六即得下六八十二四之陰數。一順一逆，次序天然。其中垂線為，一六、二七、五十、三八、四九，之相合數也。其左右交線，則一與二、三與四、五與六、七與八、九與十，天地五十有五之本然之序也。而縱橫上下，交錯成文，所謂通其變遂成天地之文，極其數遂定天下之象者，亦可於窺見一斑矣。

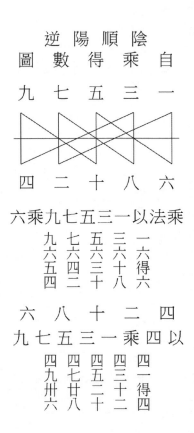

若以四乘一三五七九，則亦得四二十八六之序。而自右至左順行，所謂以順承天也。陰陽往復，無不相合。用二四六八十，則皆錯矣。

五干六支

甲乙丙丁戊己庚辛壬癸，天干凡十，而陰陽各五。天數五，五位相得而各有合，五五相合故二十五。子丑寅卯辰巳午未申酉戌亥，地支凡十二，陰陽各六。地數五，五位相得而各有合，以五合六，故三十也。十干十二支相合，得六十，皆本於日月三五往來之象。《繫傳》曰「法象莫大乎天地，變通莫大乎四時。懸象著明，莫大乎日月」。此數語為虞《易》之所本，而納甲納音，其數與象，皆出於是。黃帝造甲子，以配八卦，布五行，分四時，定中星，推策迎日，置閏成歲，實為伏羲畫卦以後之大發明。三代之文明，其禮樂政治，無不以此法象，為節文度數之根本。《連山》、《歸藏》，其書雖亡，而經卦、別卦，其數與《周易》之卦皆同，所不同者為數與卦相合之次序。因子丑寅各建其統，即各有其數。漢《易》雖未有八卦之圖，而孟氏、虞氏之卦序，亦與圖無異。今所傳乾三坤八兌二艮七巽四震九坎一離六之數【或作**離一坎六**】，即虞氏《易》之卦數。惟虞以坎離合戊己，當為離五坎十，而今以一六當之，則以離坎代乾坤之用也。虞《易》無一六，《參同契》所謂「乾坤括始終」，「乾君坤藏」，「一六歸藏」，或即為《歸藏》八卦之數。其艮一兌二坎三離四震五巽六艮七坤八乾九艮十之數，則以艮為始終，而又以艮七為用。沈沈中胎育圖即本於此。或謂即《連山》之數，二者前本於納甲，後本於納音，皆五干六支，分陰分陽，象日月合八卦之數，古今占家取用各有徵驗者也。至九宮數尤為近代術家所習用，即坎一離九坤二震三巽四乾六兌七艮八，所謂洛書數，又稱後天八卦數。唐宋以來，說《易》者或斥之，或用之，漫無準的。至邵子先天數出，朱子取以冠《本義》之首，後人又以先天後天數說《易》【以洛書為後天數】，言數者更紛如亂絲矣。不知邵子之數，別有會心，自成一家，與舊有之數不同。《易》數從下生，故皆從北起一，而邵數乾一自上起，既云乾南坤北，則從南起一矣。與古人《易》數適相反對。即此以觀，可見以邵子之數注《周易》，可謂驢唇不對馬嘴者也。惟邵之先天卦位，則《周易》所固有，無可置議。乃漢學家之力攻先天學者，不攻其數而獨掊擊其象，因若輩未嘗識數，故無從置喙耳。其實《周易》之數，孔子已明言之。《繫傳》曰「天一地二天三地四天五地六天七地八天九地十。夫《易》何謂者也？夫《易》開物成務，冒天下之道，如斯【至天九地十之數而言此「斯」字，即指天一地二】而已者也」。此一節說明《周易》八卦用數之次序【有圖詳〈易楔・卦數章〉】，故下文詳述「法象莫大乎天地，變通莫大乎四時，懸象著明莫大乎日月」。可見漢人家法之所自，無畔於《十翼》。自程子將此節「天一地二」之二十字移置前章

「天數五地數五」之前，《本義》從之，後人不察，視為固然。此節「如斯」兩字，遂空無所指。而《周易》之卦數，更無從見之。乃以邵子先天卦數為《易》數，與河圖相牽合，不顧邵氏之乾一巽六兌二坎七之位，其數無一與河圖合者。故六十四卦圓方二圖，皆稱象而不稱數。皇極用數之大圓圖，則自以日月星辰水火土石為象，與天地風雷別為一義，邵說固極分明，未嘗與《周易》牽合為一。後人但見《本義》之圖，又未見《皇極經世》全文，故始終不悟耳。皇極用數，亦不能廢納甲納音，與天五地六陰陽六十之周甲，但其方式不同。學者必徧觀各數，得其會通，而後知黃帝五干六支與八卦相生之妙用，變化無方。得其綱領，則運用隨心，無往不通。否則如學算者，以三角之術，演開方之草；以四率之比例，求八綿之對數，識者視之不啻兒戲。歷來言《易》數者，紛紛聚訟，其何異於是哉！

乾易坤簡【方圓奇偶，陰陽互根】

《管子》曰「心生規，規生矩，矩生方」。蓋數由心生，象由心造，故規生於心，心應萬事。澈上澈下，由博返約。殊塗同歸，萬方歸一。故法象圓覺真如，仍作圓形。《易》數奇圓偶方，而陰陽互根，象數不離，體用相交。理至微妙，而象極簡易。所渭至深之理，即寓於至淺之中。推而遠之，則窮極無際。引而近之，則即在目前。神矣哉！吾於方圓奇偶陰陽相互之象，而悟乾九坤六之數，得乾易坤簡之理，嘆孔子贊《易》修辭之妙，所謂筆有造化，非咬文嚼字。望文生義者，所能夢見其萬一矣！

乾九坤六，前儒注釋，累數萬言。雖深淺互異，固亦盡人能解矣。乾圓坤方，而乾九之數以圓而方，坤六之數以方易圓，且數九之為方，可平可立，無往而不方。以視六之為方，僅限於立方，而不能為平方。且六之方，乃六面成方，為一之積。合而成六，非如九之為方，由自動者也。此乾坤之分際，可悟陰陽之別，皆其本身之數，有天然之限制，非可強為增減也。故乾圓坤方，蓍圓卦方。蓍之數七，卦之數八，八之方而虛其中，則其積仍為九。七之圓而實其內，則其周乃得六。圓者必以六成，而周邊始相密切，合中一為七，皆密切無隙。八之方必虛其中，而四面之邊始相等。為圖如下：

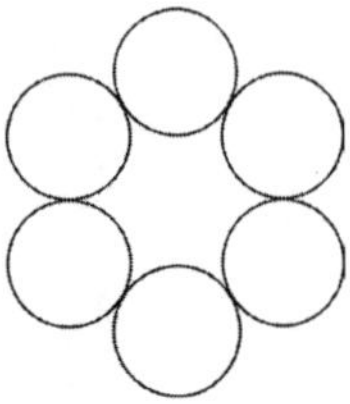

七進而九
則圓成方

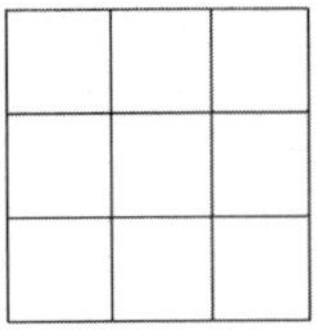

八退而六
則方為圓

七陽數也而象乃圓，八陰象也而數得方。所謂陽生於陰，陰出自陽。陰陽互根，此乾坤之變為離坎，而日月之精乃互藏其宅也【《易》數七八，數之正也。九六變也，七進，故乾用九。八退，故坤用六。圖詳《易楔》。陰陽奇偶之進退變化，微妙無窮，而孔子以乾簡坤易示人。簡有方象，易有圓意。又申之曰「確然」曰「隤然」，則並著其進退之情狀。畫龍點睛，傳神阿睹矣。

圓方互容

奇圓偶方之義，前已言之矣。圓為心體，寂然不動，湛然圓融，所謂本體不昧，所謂本一不二也。動則二，二則已成兩儀，猶未失其本心。所謂幾，即始一矣。《易》曰「因貳以濟民行，以明得失之報」者，因其已動之幾，雖未見於外，而占事知來，《易》已能知其得失矣。故曰「吉凶悔吝生乎動」。邵子之數，遇事即物，皆可占其得失。惟心不動，則數不見，而無從知其得失也。是故圓為心，方為意。

圓為心，圓內容方，以一涵四。人以心為圭，心體無為無不為，自然具四氣，備萬理，而官體聽命焉。此圓容方之象也。感於物而動，性之欲也，根於心而生者也。動而得中，天君太然，心之本體，仍安然若無事，如未動也。此方又容圓之象也。圓容方，象在感物而動之後，發現於外之前。方容圓，象在乍當發外之際，所謂物交物引，如覽鏡自照，真面目悉在其中。故君子素其位而行，不願乎其外也。為圖如下：

方圓五層，圓三方二，參天兩地也。假定圓徑方邊，同為十寸，則方面積為百，圓面積為七十八寸五三九八一六。圓內容方之面積五十寸，其方邊為七寸〇七一〇六七八。可見方有定形，而圓無盡數，其理甚微。

沈氏善登曰：「如方邊一尺，面積百寸，則容圓徑亦一尺，其面積七十八寸五三有奇，而四角餘積得廿一寸有奇，約合三七。圓徑一尺容方，則邊得七〇七一，即方五斜七之徑」。故積僅五十寸，正是餘方之半。而四角餘積廿八寸有奇，約合四七。三四和七而較一，是內多一分，猶人心對物。一念乍動，

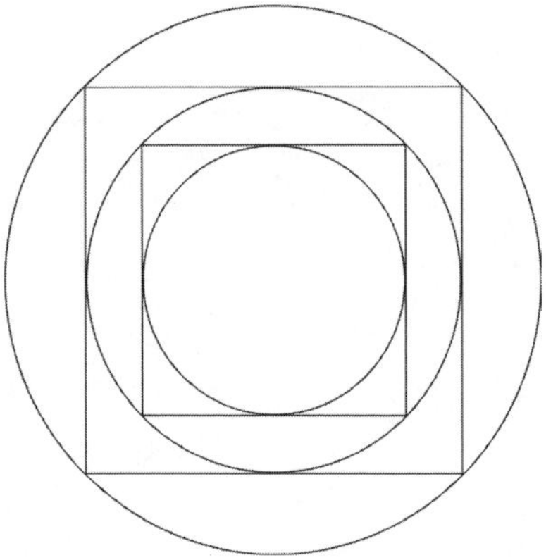

正是生理之直，適得其平。及發現於外，則即此一分引而長之為意，往往不如其初，蓋祇一瞬息間，已不勝其數數起滅，而計較橫生，失其本直焉。故物來順應，乃為致知。

其用四十有九

《繫傳》曰「大衍之數五十，其用四十有九」，舊注紛歧，各執一是，已詳《學易筆談》。乃詳究奇偶順逆之數，始知其用四十有九，固出於數理之自然。祇有四十九，而無五十，並

無所謂虛一也。故孔子直言「大衍之數五十其用四十有九」，未嘗言「虛一」，後人乃妄加其一不用四字，由於不知數理。故必欲尋此一之下落，尋之不得，乃有此臆擬之辭。今繪圖如下：

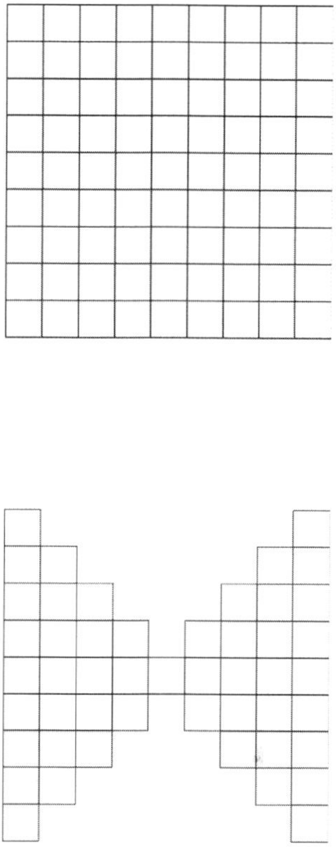

註：上圖為書本原圖，
　　下圖為編者重繪

四十九之數，顯然明白。前人之聚訟不決者，均可判結矣。

讀者須知大衍之數五十，乃一陰一陽，各得其半焉。二十五，乃一三五七九之積。今以兩個一三五七九相對，則一陰一陽各得二十四，而中間之一，乃陰陽各半平分，合之祇有四十九，所以分而為二之後，必須掛一，即此一也。掛一以後，陰陽之數，乃適得其平，觀圖可瞭然矣。

四十九陰陽各二十四者，天數二十五，本以陽統陰，以陰含陽。一精二純，一生二化，故四十九即五十。五十之可見者，祇四十有九耳。四十八即二十四，《易》數從本位一起。以二倍四，四倍八，遞進至六十四止。六返之而得本一，本一即太乙，天人共之，無跡可見。故天數二十五，《易》數謙其一以二十四為本也。

龍圖之分合

河圖洛書為數之祖。龍圖之書，雖出偽託，然其言「分合亦頗有至理」。曰「龍圖」者，天散而示之，伏羲合而用之，仲尼默而形之。特其所合所分，則似未達其意。且與三陳九卦之義，實無關合。而所分上下之圖，亦無精意可言，故可斷其非希夷所作也【《龍圖序》見於《宋文鑑》。朱子《本義》未采其說，蓋已知其偽託也】。

夫所謂分合者，當曰「先合而後分」，決不可曰「先分而後合」。天然之物，皆陰陽化合生成。故無巨細精粗，皆渾然一具體而已。分之析之，實出於人工。天地之數，亦何不莫然？《序》曰「始龍圖之未合也，惟五十五數。上二十五天數也，下三十地數也」，是已天地分明，更何必合之？況今所傳者，固分而又分，又何嘗合哉！

惟天地之數五十有五，陽統於陰，實祇天數之二十五，所謂「生數」。地數三十，即由生數衍而成之者也。故未衍之前，二十五之數本合也。合而分之，有一三五七九之序。天地神化，理無終秘，故造化自泄其奇。龍馬龜圖，雖傳者故神其說，要亦理之所有。今有「骨牌草」者，山間甚多。一二三四五六之數，儼然生成，不假人力。且其點之次序，么三二五，三者斜如雁行，五者攢簇如星，與通俗慣用之骨牌無異，然則此一二三四五六之數，不謂之天生不可得也，河之圖、洛之書，亦若是焉而已，固無足異也。

蓋物生之數，自一至二十一而極。一二三四五六之積，正二十一數也。故天地所生自然之數，必以二十五而極，而地數三十，則聖人仰觀俯察，分而成之者也，故曰「成數」。是以言龍圖之分合，當曰天合而示之，聖人分而用之，則確切不磨矣。如天生之數，已分三十在下，二十五在上，則生成備具，何待聖人，始辨之哉。

正惟本來之數，渾合未分。或只二十五，或如骨牌草，只有一二三四五六。是以分陰分陽，必須仰觀俯察，法象天地，中驗人事，而後得天生地成，有大衍之數耳。

數理自一至二十一而極其方，九五相函，不可再推。再推至二十五，則其方六含五，天地復合，為渾沌矣。是即《漢書》「陽九百六」之說，證以孔子《雜卦》之數，大畜【十三】時而无妄【十四】災，復【廿六】反而困【三十】相遇也。履【五四】不處與未濟【六三】之窮也，其義已顯然可見矣。

反返

反者，往而復返之稱。復反也。《雜卦》復次二十六，天數二十五已盡，至二十六復反而再起數也。《序卦》次二十四，陰陽之數各二十四而盡，盡則反而復起矣。故復卦言象言數，皆有必反之義也。返者，七返六居，八歸九還。數至七而反，反其數退而至於原位，故言返以別之，與反之意相似而實不同也。卦數從一起，以二倍四，四倍八，逆進至六十四止，六返之仍得一。爻數亦從本位一起，以三自乘之，遞乘三次至六千五百六十一，八返之得二十五，仍有餘數，此爻變之所以無盡也。卦數八而六返，爻數六而八返，於數為逆退，即對折也【與前章「半」字參看】。如六乘四得二十四，八乘九得七十二，為百四十四，為八純十八變而成卦之數得十二平方，故兩數錯綜。即時三位四之倍，故大衍用七為法，用六與八之中數也。

陰陽相推，二十四數，倍之為四十八，返之為一十二，而其中數仍為二七。茲以最易見之理明之，牙牌三十二張，為一至六之數，一陰一陽相偶而錯綜者也。以三十二牌，自一一起【即地牌也】，至六六【即天牌也】，依次列之，而中四張則為一六與二五三四也。三十二牌奇偶變化之妙，悉在二之與五。兩數伸縮，與一三四六不同。蓋二五相交，亦仍以七為用。

先以六數，化為三七。如一與六對，七也。三與四對，七也。二與五對，七也。故以七乘三得二十一，倍之為四十二，即牙牌之全數矣。而其為六十四，合為三十二者，更益以陽五陰六之十一數也。其交必二與五者，以二五乃一六與三四之中，所謂二五之精，妙合而凝，化生萬物，數極淺而理極深，與六十四卦之正反變化無不相通。詳拙著《牙牌釋義》。

始一終六

河圖之數，始一終六【陽順一三五七九，陰逆四二十八六】。一六歸藏，皆在於北。先天坤位，後天坎居，故曰「乾君坤藏」，又曰「八歸六居」。一六合體，象數甚精。河圖為數之體，立體必方。一未成數，無方無體，然積小以高大，千萬億兆皆一之積，而一乃無往而不在。或圓或方，可平可立。象可易，而數終不變。假定以一化為十，成一寸，一之名仍在也。一寸自乘為百分成一平方，一之名如故也。再乘得千分為一立方，一之名仍如故也。假定以圓，則無論擴充至何限度，極至周天，仍為一圓。是以或圓或方，可平可立，非他數所可比也。故河、洛皆始一位北，由一二三四五至六，則又另起【人手五指以次掐數，至六則仍反初位，與一相合。七八九十皆然】。然則陰數當起六終十，何以其用數不終十而終六也？曰：用由體生，體立而用始著，體必六面相等始立。如前一寸由平方至立方，則六面皆一方寸，故一與六合，始一終六也。然一寸平方至立方之積，則仍為十寸。積之十數也，方之六象也，故始一終六而十在中。象數體用錯綜，其微妙如此，非極深研幾，烏能知之？

坎一震一

一始坎子居北，前已言之。亦人皆知之矣，而由坎出震，前人雖曾言之，而明其象者已鮮，而知其數者更鮮矣。各家《易》說，非望文生義，則照本宣科。其能以數定象，明白言之者，殊不可得。茲以一之數，分坎震二位言之，則由坎出震之義，可不煩言而解矣。坎子之一，陰陽肇始，潛龍之位，確乎其不可拔者也。故卦用不始坎。後天帝出乎震，出字由藏字而來者也。無坤藏坎居，震何由出？而後天震位於天一地二之數，實居卯四。而論卦數者，則震數為九。其一由何來？此古今之疑問，前人所未言也。河圖之東，三與八合。三八合十一，此一數即後天出震之數，前章所稱之「始一」也。陽始於一，陰始於四。陰陽合德，成五致用。化生萬物，乾元始享。天地泰通，震卯日出，萬象皆動，見龍利見【**後天震，先天之離位也。故乾二五皆曰利見**】，坎藏盡出。此為坎一震一，一一皆見諸象、見諸數。始知《說卦》帝出乎震之所自出，六十四卦三百八十四爻，皆出於此。《老子》曰「天得一以清，地得一以甯」。讀《易》者知此一，全《易》可一以貫之矣。

乾始巽齊

震出自坎，而坎一之始，又何自來？尤學者所不可不知也。孔子曰：「乾知大始」。坎一之本，又出於乾之大始。坤藏維何？藏之乾陽。陽藏坤中孕成坎子，故乾居戌亥咸无之位，而萬有皆本於乾元。老子以无出有，无為有之用，所以明道之所本。德之所自立，後儒以為虛無外道，斥老莊之說為異端。不知《十翼》，明陰陽、辨時位，無一不與老子之說相合。而大衍之數，《說卦》之象，更有所受，要得以老氏者為多。但孔子以有為立教之旨，八卦從「《易》有太極」有字說起，與刪書斷自唐虞同例。非唐虞以前無書，兩儀以上無《易》也。後儒斷章取義，說「帝出乎震」，已不問其所自出，更何問知乾知大始哉！

有乾之大始，而後有坎始。有坎始，而後有震出。脈絡分明。乾坎艮三卦，位皆在下，所謂天道下濟也。至震而地之上矣，故曰「出」。震出而後巽齊，《說卦》曰「齊也者，言萬物之絜齊也」。後人於此齊字，非含糊，即忽略，未有深切著明。能發揮象數之精義者，由於不知巽齊之出於乾始也。乾巽對宮，震居卯四。東方三八，三八合一。一與四成五，為用雖備，而數未齊也。至巽則辰五巳六，五之數已明著。與六相合，六與五之積亦十一，與三八之合相等齊也。論序則長男長女，匹耦齊也。五六天地之中合，即天地之中數。乾西北天道，艮東北人道，坤西南地道，而巽東南木。天地人之氣，得木乃通；即天地人之用，得木乃備；天地人三才，得巽木而三才成材。故曰「才也者材也」，「材成輔相」。泰否損益之幾，皆在於巽。巽以行權，巽稱而隱，是以〈益‧彖傳〉曰「天施地生，木道乃行」。木一物耳，而乃與天道、地道、人道並稱，則齊之義也。大過本末，巽之反復也。中孚樞機，巽之相對也。陽數止於五，陰數終於六。五六相齊，陰陽平，剛柔劑，與乾對宮，齊也。陰陽消息卦，乾居巽位，亦齊也。萬物之數至不齊也。而巽為進退，進之退之，而數之不齊者以齊，萬物之形至不齊也。而巽為繩直，直之繩之，而形之不齊者亦齊，萬物之用至不齊也。而巽為工，巽德之制，制器尚象，因材而篤，用之不齊者亦無不齊。以人言之，七情六欲，至不齊也。而震起者以巽伏之，以陰畜陽，五六得中，黃中通理，萬念齊一，歸於乾无。道經佛典，千言萬語，罕譬曲喻而不能明者，其奧妙悉具於巽乾相對乾始巽齊之內。神而明之，是在讀者，吾言皆糟粕耳。

七九易位

河圖洛書，七九之位，西南互易，昔人論議紛如，罕得其當。由於不明數之體用，各有時位，不相分別，混為一談。於是左支右絀，彼牴此牾，轉輾附會。即能自圓其說，而貽誤後學，已不淺矣。河圖之體，七從二居南火位，九從四居西金位。後天離日震出，震居先天離位，而離火本天親上，升居乾位。太一紫宮，離納甲數九，河圖南位二與七合，積數本九。後天分體為用，以二納坤，乃以西九移南，與七互易，遂成洛書西南一。而六七二九之序，其何以七九之必互易者，則所謂燮理陰陽，酌盈劑虛，以成《易》道之妙用者也。其道在革，〈乾·九三〉曰「乾道乃革」，居內外之際，前後之間，前往後來，皆在於此。陰陽之位十二，子至巳而陽極。陰生自午，午火當令，火盛克金，秋金始生於巳，勢微力弱，無以劑之。火入金鄉，將等燎原。後先衝突，陰陽失平，其何以序四時而布五行？以象言之，離日秉東方甲木之氣，乘巳午方盛之運。若仍用七數，則火濟火，夏日炎炎之威，將煅木鑠金，熯萬物者不啻殺萬物矣。而西則金塞水冷，陰氣森森。苟仍用九四之數，則陰初長而即盛，陽未極而已消，固陰沍寒，嚴凝肅煞之象，不待冬水布令，已見於夏季秋孟之間，萬物其何以致養乎？故七九相易，以四屬巽，二屬坤。滅火之勢，即以助金之生【金生於巳，巽巳位。納甲數四，四九仍相聯綴也】。中伏坤土，三庚而革之道始成。故曰「巳日乃革之」，言革之不可驟革也。〈洪範·五行〉「金曰從革」。革者去其舊也，皮之去毛者為革，地以草木為毛【不生草木之地謂之不毛，人食地之所生曰食毛】。秋令「百穀盡刈，如皮之去毛」，故夏之成秋亦以革言之。七九相易，免酷暑之過烈，成秋金之和平，所謂「播五行於四時和而後月生焉」。

四序春木，生於冬水。夏火生於春木，冬水生於秋金，皆子代父。處順得常，不失其序。惟火金相克，以金承火，不啻他人入室，以所仇者為繼序也。故非介以坤土，而序不成。此所以六八不易而七九易。此為先儒舊說之可取者，故並存之。

立體立方

「天一地二」十數，除一可圓可方可平可立，本體不變外，十即還一，用與一同。其餘八數，惟四與九，天然成方，可平可立。二三五六七八，本數皆不成方，自乘之乃得方。惟無論何數，成平方為一面，成立方為六面。數雖萬變，或有盡，或無盡，而其一六之體終不易也。故一始六終，能盡納萬物之數。納音巳亥【巳陽六，亥陰六】伏藏，能盡萬變之音也。河圖東南之數，三自乘為九，二自乘為四，即得西方之四九。四九天然成方，可平可立，所謂有方有體，故以四九為西方金數，為萬物之成數【純金一方寸重一斤，十六兩為一斤，二十四銖為一兩，十六兩共三百八十四銖，六十四卦之爻數也】。一六為北方水數，為天地始終歸藏之數【十二辰始於子，終於亥。子一亥六，亦始一終六。萬物非水不生，非水不化。土無水不能化生也】。蓍七卦八，三天兩地【東三八，南二七】，所以能盡天地萬物之數。故言數者必明其方體之所在，而用始無悞。納甲以乾坤包括始終，乾甲壬，坤乙癸，確為古義。

證之於數，無不相合。魏伯陽借納甲，以明丹學，亦如以朝屯暮蒙為火候同例。虞仲翔自有師承，必非取資《參同》。豈可因《參同契》借用，遂指為道家之說哉！

時三位四

八卦六爻，三四反復。因三四兩爻為人位，天地之事皆人事，故中爻三四。八宮游歸二變，仍為三四。孔子贊《易》，特重三四兩爻，所以明人道，立人極，參天兩地，中和位育，為萬世則者也。三陽位，四陰位，陽為天，陰為地。陽虛而陰實，陽氣而陰質。天地人三才，變化無窮，皆不出乎天地陰陽之用。天之用見於「時」，地之用在於「位」。陽三而陰四，故時三而位四。三四之和為七，大衍以七七為用，而六爻八卦之數盡之矣。六爻者三之倍，八卦者四之倍。六六三十六，八八六十四，皆不出三與四之範圍。宇宙之大，「時、位」二字盡之矣。宇者古往今來，皆時之積也；宙者八方六合，皆位所處也。人生天地中，無能離此時位者，即無能越此三四之數者也。古往今來，時無盡也。約之以三，則曰過去，曰現在，曰將來，無不可賅之矣。八方六合，位無定也。約之以四，則曰「左」，曰「右」，曰「前」，曰「後」，無不可概舉矣。人之一生，不外少壯老之三時。而所居之處，無論何地，亦必有左右前後之四際。位可因時而易，時不能因位而更【所居之處可隨，時則不能更動，而時因位而變，老不能復少，去不能復回，亦陰陽之分際也】。八卦六爻之變化，無不以時位之變化而生。以陽三陰四挈其綱，卦爻變化之象與數，均可由此而推矣。

聲律生應出於圓方

我國古聖人一切制作之原，無不根據於數。大而禮樂政治，小而日用萬物，無不各有其度數。是以本末賅備，官世其守，納萬民於軌物之中，舉世咸蒙其樂利。非空言性理仁義，即可奏修齊治平之效焉。〈大學‧絜矩〉一章，尚存梗概。《易》自象失傳，數亦無所附麗。而先聖制作之大原，遂無可考。所幸《易》象無恙，卦爻咸在。得有心人，窮源反本，由象而得數，由數而得陰陽變化之度數，證以《書》、《禮》、《春秋》及周秦諸子之遺說，尚非必不可能之事。而度數之詳明顯著，確實可證，為人所易見易知，而非空言所附會，莫如聲律。李氏光地曰：「律之損益相生，何也？凡數皆起於陰陽。象者，陰陽相變者也。數者，奇偶相生者也。奇圓而偶方，故方之內圓，必得外圓之半，而外圓必得內圓之倍。圓之內方，亦必得外方之半，其外方亦必得內方之倍。故律呂之上下相生，其數亦不越方圓奇偶之率，律之上生。為下生之倍，下生為上生之半，陰陽相間，隔八相生，數合則聲自應，蓋方圓函蓋奇偶正負陰陽變化」。天地生生之道，其象之所生同，類之所起同，則上下無不應也，內外無不合也，倍半無不和也。故《律書》稱曰「同數」。算學謂之比例，《易》曰「同聲相應」，又曰「剛柔當而位應也」。學者能求其相應之理，推其數之所在，不特聲律可通，而凡事凡物之節文度數，無不可由是推之矣。方圓圖說見前。律呂相生圖如下：

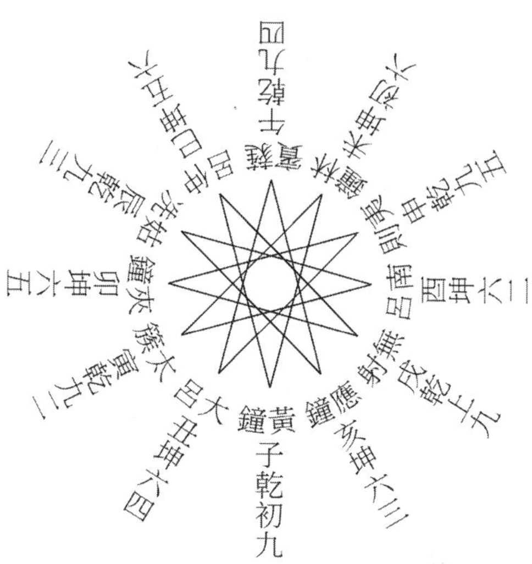

黃鐘月建子，故名律。大呂月建丑，故名呂。以下陽律陰呂相間。黃鐘下生林鐘，林鐘上生太簇，太簇下生南呂，南呂上生姑洗，姑洗下生應鐘。應鐘上生蕤賓，蕤賓下生大呂，大呂下生夷則，夷則上生夾鐘，夾鐘下生無射，無射上生仲呂，仲呂上生黃鐘。上生三分益一，下生三分損一。五下七上，乃終復焉。故聲律之理，倍之半之，同是此聲此律。或倍之或數倍之，又別有一聲律。加幾倍則與之等，是兩聲律相通矣。故凡相生者，必相通。一為體，一為用【體為宮商角徵羽，用則為徵羽宮商角，角不能通宮，而所通者，變宮。於是變宮通變徵。周十二律皆然】。其源皆出於河圖也。

琴徽距離之度

古樂聲之存於今者，惟七弦之琴無恙。製作與用法，猶存占意。琴有十三徽，以泛聲彈之【按弦不至木】，當徽有聲，不當徽則無聲。其徽之距離，遠近不同。以為出於自然，而莫明其故。實則亦倍之、半之，與聲律之相生同也。茲圖在下：

琴圖

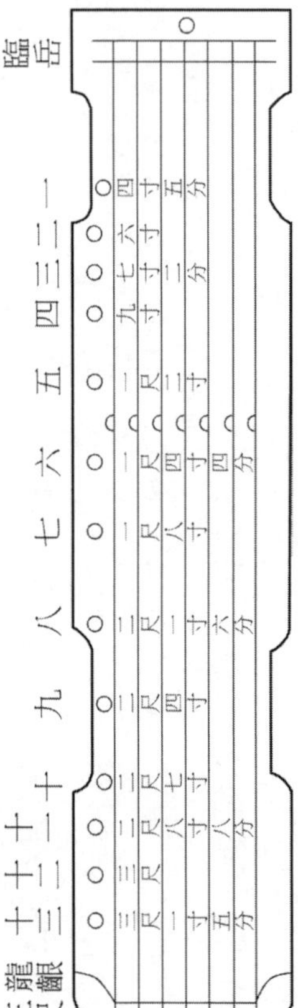

琴弦三尺六寸，四倍黃鐘之數，亦六倍林鐘之數。以三尺六寸折半得一尺八寸，為七徽，半聲也，亦半聲也。又半之九寸，當四分弦之一，為四徽，其在半之相對者十徽，二尺七寸當四分弦之三。又半之一徽，四寸五分，當八分弦之一，其相對者十三徽，三尺一寸五分，當八分弦之七，皆自兩儀而生者也。五徽一尺二寸，當三分弦之一，相對九徽，三尺四寸，當三分弦之二。二徽六寸，當六分弦之一，相對十二徽三尺，當六分弦之五，皆自三才而生者也。三徽七寸二分，當五分弦之一，相對十一徽，二尺八寸八分，當五分弦之四。六徽一尺四寸四分，當五分弦之二。相對八徽，二尺一寸六分，為五分弦之三，皆自五行而生者也。故之聲必間一取應，五應七，四應六，二應四，一應三。不當徽則無聲也。

讀易雜識

序

讀古人書不可無定見，而萬不可有成見。無定見則見異思遷，心不能專，讀如未讀也。有成見，則入主出奴，必有偏重，論議失平，激成意見。歷來漢宋之爭，門戶水火，要皆以成見橫梗胸中，求勝之心切，由意見而發為意氣，至言論失檢，亦不自覺，雖賢者亦所不免。如黃梨洲、顧亭林兩先生，博學篤行，後世宗仰。焦理堂孝廉，以比例說《易》，自具特識，亦漢學巨子也。乃其駁宋人之言《連山》、《歸藏》，皆謂乾君坤臣。乾父艮子，君臣父子。天地之大義，《歸藏》坤居乾上，非以臣陵君乎？《連山》以艮為首，不以子先父乎？此所謂強辭爭勝，而不顧理論者矣。夫八卦相盪，乾坤六子，互為上下，無可偏廢者也。若由是言之，則凡地天否、山天大畜諸卦，皆不應序入六十四卦之中。而其餘震坎離巽兌諸卦，皆不應重在乾坤之上。有是理乎？程子《易傳》以廓清蕪穢自命，專以人事說《易》，楊誠齋遂以史事相比附。於是卦之六爻，不啻為六人。五為君，二為臣，名分尊嚴，其餘之應與當否，亦均以一爻為一人。為交為害，相爭相敵，各有對手，儼如演紙人之影戲。夫卦象廣大悉備，人事萬變，固盡在其中。而孔子贊文周之《易》，則專以明人道而立人極，與天地參，為中和位育之本。未可舍天地象數，而專以人事概之也。人事得失備著於《春秋》，故曰「《易》以道陰陽，《春秋》以定名分」，實孔門之遺訓，非太史公臆說也，言各有當有倫。惟胸中先有以理為主之成見，而遂忘陰陽為《易》象之本，而立論乃倚於一偏。朱子《本義》，則以卜筮為《周易》之本義，一切皆以占言，至以「元亨利貞」為占辭，而曰占此者「大亨而利於正」。設以此六字出諸後人之口，幾乎不成文理矣。夫占筮固《易》之一端，壬遁太乙，固皆古人以占筮言《易》者也，其精微詎後人所及？朱子既以占筮為《易》之本義，而又薄術數為小道，僅賴大衍之揲四歸奇以求卦。無論其揲法當否，而得卦以後，僅賴六十四象辭、三百八十四爻辭定吉凶，縱判斷悉當，其足以盡萬事萬物之變乎？大賢大儒，因有成見，而窒礙橫生，其敝已灼然可見。宋後注《易》者，其書存者尚數百家。碌碌者姑不論，其精心結撰者，往往以《十翼》之一辭一義，為全書之大旨。如來瞿塘之「錯綜」**【《來氏集注》】**，張乘槎之「參伍」**【《易解經傳證》】**。胡滄曉之「開而當名」**【《周易函書》三種】**，黎遂球之「當名」**【《爻物當名辨》】**，焦理堂之「六爻發揮旁通情也」**【《易通釋》】**，任鈞台之「洗心退藏於密」**【《周易洗心》】**，端木鶴田之「各指其所之」**【《周易指》】**。以上各書皆近人《易》說中之各有心得者也。精深透闢，發前人所未發者頗多。而以體例所在，不能不迴護其本旨。於是拘牽窒滯，往往不能自圓其說。《周易函書》之「開而當名」，謂「伏羲畫八卦，原以黑白二色分陰陽，如環無端，至文王始開八卦為六十四」【其圖如周子太極圖，一黑一白，連貫如環，陰陽相間，分為六層，謂八卦原形如是，文王開之為奇一偶二，成六十四卦】，雖愚者亦知其說之非，乃以為撰述之大旨。然全書宏博浩瀚，理論甚精，未可以一眚棄也。《周易指》殫四十八年之力，成此傑構。象數名理，闡發獨多。乃特立命卦與聲應卦兩例，不免間有牴牾。然命卦與聲應卦，未始非卦中之一例。特必以一例概全《易》，終有不能盡通之處。於以知懷挾成見固不可，堅執一義以求獨樹一幟，亦不免客氣用事。孔子曰：「毋意毋必，毋固毋我」。固治心之要恉，亦讀書之懿訓也。辛齋知淺力薄，又未能專心壹志，惟不敢稍存成見，不立門戶，不分派別，不論古今，不限中西，但求其說之足與吾《易》相發明，或足備印證參考，而確有徵驗者，里諺市語，俱覺可珍。其大言炎炎，羌無故實者，雖出名賢偉論，亦不敢曲從阿附，以欺後學也。取材固雜，而意在求是，默而識之，聊以自娛，非敢謂所識之悉當也。同志愛我，刊以問世，畀得就正有道，是其是而非其非，庶免自悮以悮人，不僅吾書之幸也。

壬戌冬十二月辛齋識

頻年讀《易》，不離丹鉛。偶有所得，輒為乙記，或疏錄大意，以備遺忘。書楣簡尾，墨瀋淋漓。間有改竄賡續，不得不以另紙粘附。積久日多，無從疏理。稍獲餘暇，擇錄一冊。以其間多為前人所未言者，不欲散棄也。寫錄未半，友人見者，謬加讚許，謂足為讀《易》者，啟發心思，指陳謬悮，敦促付印。并有借閱借鈔者，因重加甄擇。其已載《筆談》，或已見於《易楔》者乙之。略為詮次，得書一卷，以供覆瓿。辛齋并識。

《易》以道陰陽

太史公曰：「《易》以道陰陽」。此實三代相傳之故訓，故莊子之說亦同。蓋伏羲畫卦，分陰分陽。而陰陽之學，至黃帝而其說益精，其術愈備。法象乎天地，著明於日月，變通乎四時。握二氣之樞機，泄造化之秘籥，以輔相天地，左右人民。故黃帝之世，神道設教，大概與泰西歷史所稱神話時代，其情狀不甚相遠。但黃帝之道，實根本於天地陰陽。天秩天序，皆有法象度數，非若西史荒渺無稽之可比。惟其積重，或泥於陰陽之說。過信氣數，則委天任運，而人事將廢弛而不修。是以《易》窮則變，堯舜繼之，闡「危微精一」之旨以治心，勵考功試績之規以治事。執兩用中，而四方之觀聽一新，以成中天垂裳之治。所謂通其變，使民不倦者此也。自是而後，夏質殷忠，各有因革。至商之末年，歷世既久，風靡俗敝。後人尚鬼之風，重鬼輕人，政紀失綱。蓋殷人《歸藏》，原本黃帝。末世之積重難反，又偏倚於陰陽氣數之術，而大道復晦。益以紂之淫虐滔天，上行下效，天理之汨亡殆盡。文王憂之，乃取坤乾重為演繹，變通盡利，以挽頹夙。周公繼之，遂成《周易》。絀陰陽而伸道德，略五行而詳悔吝，補偏救敝之心，昭然若揭矣。降及衰周，紀綱失墜，列強並起，恣意憑陵，惟力是視。非特帝德王道，澌滅殆盡。即五霸之假仁假義，亦成為故事。而世道人心，更無可憑藉。於是孔子憂之，周流列國，博徵文獻，問禮老聃。得《周易》，韋編三絕，發揮仁義，明人道以立人極，盡人事以合天心，著《十翼》以盡文周未盡之意。祖述堯舜，憲章文武，而仍歸本於伏羲。此即今《周易》十二篇，一線源流，固釐然可攷者也。餘杭章先生炳麟曰：「《六藝略》有《易經》十二篇，而《數術略》、《蓍龜家》復有《周易》三十八卷。此為周世有兩《易》，猶《逸周書》七十一篇，別在《尚書》外也」。可見《周官》大卜所掌之《周易》，必別有陰陽卜筮之法。而孔子但取其卦爻《彖》、《象》以為之贊，其要義別著於《繫傳》、《說卦》，餘皆刪之，與刪詩書無異。只因故訓相傳，僅言刪詩書，而《易》未嘗言刪。遂以卦氣納甲之說，孔子所未言者，指為外道，而不知為《易》義所固有。且孔子《十翼》，一字一義，尤無不與陰陽相合也。

老子之《易》

《易》掌於太卜，老氏世為史官，陰陽之學，乃其所世守。《易》卦象數，推演占卜，必有方式。孔子問禮於老子，志在明道立教，以濟萬世。故於陰陽卜筮之名象，僅取其綱領，無關宏旨者從略焉。《說卦》一篇，或為所節錄之原文，決非孔子所撰，亦非後人所能偽造也。《繫傳》「法象莫大乎天地」一節，更足證明漢人納甲卦氣之非誣。惟孔子既不傳圖譜，老子出關，必挾圖書以西行。故今日所傳《易》之圖像，皆出道家，皆得於川陝者為多，當為老子之所遺無可疑也。且不僅圖書已也，即今西人算學開宗之《幾何原本》，其形式數理，悉與八卦之數理相合，與《易》同為一源。西人之何由得此，攷其時地，當亦為老子所傳。西人稱借根方為「東來法」，實不僅借根方也。老子西出函谷，踪跡不明。然老子決不止於一隅，寂守空山以終老者。況其出關宗旨，原在傳佈大道，非為無意之雲遊也。其西去也，陸行直可達地中海，即土耳其京士但丁，史稱東羅馬，為歐洲文化之策源地，亦數學形學所肇始之地也。羅馬今之譯音字，其拉丁文原音，實為老孟或老門。老子西行至此，講學布教，信仰者眾，遂地以人名而曰老門。惟因言語不通，風俗不同，故不能盡傳《易》象，而但傳數學。數具形立，而形學附焉。蓋象無定者也，俗尚既異，象難一致。而數則中外無異，形亦方圓有定，此所以不能傳八卦四象，而只言點線面體也。然其進退變化正負乘除之理，與八卦無不相同。非深通天地之數，明陰陽之理者，必不能造。精奥而簡易若此，所以斷為老子所傳者也。《傳》稱老子西行遠至流沙，而叚成式《酉陽雜俎》更詳載老子所經西方之國土人名，當亦非無所據。今以《道德經》與《幾何》合觀之，不啻老子之《易》，象數咸備。而仍與河洛及八卦六十四卦之陰陽正負，無不相同，神妙殆不可思議。乃近日泰西哲學家，其研究東方文化者頗能深得老子學說之精微，謂與《周易》相發明，故有《老子》與《周易》合譯之本。可見真理自在天壤，無中外之異也。西儒之言《易》者，往往能以一二簡單之語，切直透闢，擷其綱要。非西人之思想，果高於華人也。實因吾國《易》學自漢以來，初囿於師說，繼習於門戶，先入為主，障礙太多。故非去盡種種障礙，不能明澈見底。西人則胸無成見，而數理名物之學，本所素習。得聞《易》理，自然聲入心通，相說以解，無足怪也。獨惜我國自命經學家者，抱殘守缺，甘囿於一隅之見，終其身坐井以觀天。有語以井外之天者，輒惡聲相向，斥為狂妄。況語以四海之外，有不掩耳却走哉！

《易緯》

緯書自嬰禁網，今多不存。近所傳《乾坤鑿度》、《是類謀》、《稽覽圖》等十種，半多殘闕，文字亦多奪訛，往往不可卒讀。然其中精義甚多，施、孟、梁、丘之《易》注既亡，而京、焦、荀、虞、馬、鄭諸家，亦無完書。一鱗片甲，要皆古義之僅存，深可寶貴者也。所惜淺學者既畏其難讀，又莫得其意義之所在，乃一筆抹煞，斥為邪說，尚可籍「潔淨精微」之名，以自掩其陋，亦《易》學障碍之一也。馬、鄭諸儒，去古未遠，猶知故訓之相傳有自。所注各經，每多采錄。蓋《周官》太卜所掌，三《易》、與《三夢》、《三兆》並列，原非一書，亦不盡為一家之言。既因卜筮之用，幸免秦火，則西漢流傳尚多。惜其時書盡在官，或世祿之家，尚有簡冊著錄。若編氓庶戶，得書甚難。令甲既衹取孔子十二篇之《易》，列之學官，注本衹施讎、孟喜、梁丘賀三家，餘皆為私書。而三代相傳別本之《易》，自不能與十二篇並稱為經。則與他經之異文逸義，概稱之曰「緯」，所以別於官立之經。此《易緯》與《春秋》、《孝經》諸緯之名，所由來也。以既非官書，自無攷覈。遠近鈔傳，不免訛奪，而作偽者乘隙臆造。於是真偽雜出，莫從辨別。逮元成而後，王莽輒假造圖讖，覬覦神器，亦託名緯書。於是緯書遂大為世所詬病，禁令搜燬，玉石不分。三代之遺，掃地盡矣。就今所存，足與京虞遺說相發明。而通於《十翼》者，亦尚非尟，是在善讀者自擇矣。

諸子之《易》

《莊子》為老學正傳，其立言皆本於陰陽正義。證之以《易經》象數，纖維悉合。後人讀莊子之文，以為浩蕩無涯，天馬行空，不可捉摸者。不知其謹嚴審慎，細鍼密縷，絕少間隙。除孔子《十翼》，筆參造化，非後人可擬外，若《莊子》之超妙淵深，亦更無其他文字之足與抗衡矣。晉人謂小王獨有千古，直井蛙之見耳！

《孟子》七篇，未嘗言《易》，而其言曰「天之高也，星辰之遠也。苟求其故，千歲之日至，可坐而致也」，又曰「天下之言性也，則故而已矣。故者以利為本」。此數語深得《易》理之精，非深明象數者，決不能簡當確切如此。詳玩其義，則七篇要旨所在，亦如探驪得珠。後人以孟子不言利，遂以言利為大諱，致仁義盡為空談。不知孟子之言仁義，實皆言利，利即在仁義之中。故曰「何必曰利」，何嘗諱言利哉！又曰「畜君何尤」，畜君者好君也。引夏諺曰「吾王不遊，吾何以休。吾王不豫，吾何以助。一遊一豫，為諸侯度」。夏諺之是否《夏易》之繇辭不可知，但其發揮豫與小畜兩卦之精義，非後人講《易》者所能道也。管子、墨子、列子、荀子，其言陰陽器數，矩度井然。其精到之語，無不與《易》相合，足為《彖》、《象》之證者。蓋周秦諸子，其學各有本末。一名一象，皆有法度。故讀唐以後之書百卷，不如得漢人書一卷。得漢人書一卷，不如得周秦諸子一章一節也。

西漢諸儒，去古猶近。遺訓所傳，未盡湮沒。故西京奏疏，往往能據法象以立言。所謂燮理陰陽，尚實有其學，實有其事。丙吉之問牛喘，不盡為迂腐門面語也。董子《繁露》一書，名言輻湊，析理尤精，學《易》者不可不讀，不可不細讀也。《呂氏春秋》、《淮南鴻烈》諸篇，亦多古義。載記《禮運》、《月令》諸篇，雖間出漢人之手，其中可取者甚多，皆不可廢也。

《九師易》

《九師易》，即所謂《荀九家》也。劉向曰：「淮南王聘善《易》者九人，從之采獲，著《道訓》十二篇」。王氏通曰：「《九師》興而《易》道微」。洪氏邁曰：「壽春有八公山，正淮南王劉安延客之所。傳記不見姓名，而高誘《序》，以為蘇飛、李尚、左吳、田由、雷被、毛被、伍被、晉昌等八人，其他亦無可證」。陸德明曰：「荀爽《九家集注》十卷，不知何許人所集。稱荀爽者，以為主故也。其序有荀爽、京房、馬融、鄭玄、宋衷、虞翻、陸績、姚信、翟子元注，與高誘說完全不同。內又有張氏、朱氏，並不詳何人」。朱竹垞曰：「陸氏《釋文》載有張倫本，『直方大』上有『易曰』二字『舍車而徒』車作輿等類，未審即其人否」。又李鼎祚《集解》所引諸家《易》中有朱仰之，疑即其人也。然陸氏所稱九人，時代先後不同，何能為淮南之賓客，而與九師之席乎？高氏所稱較近，惜亦無可考也。

《參同契》

魏伯陽之學說，亦本於老子，為道家言修養者所宗，借《易》象以明丹學，取天地法象，與人身相參合，故曰「參同」。其陰陽升降，與黃帝《內經》相表裡，陳振孫《書錄解題》曰「《參同契》分章，《通真義》三卷，《明鏡圖訣》一卷。真一子彭曉秀川撰。有《水火匡廓圖》、《三五至精圖》、《斗樞建子午圖》、《將指天罡圖》、《昏見圖》、《辰見圖》、《九宮八卦圖》、《八卦納甲圖》、《含元播精圖》、《三五歸一圖》」。其《水火匡廓圖》及《三五至精圖》、《三五歸一圖》三圖，合之即《周子太極圖》。據〈彭序〉稱廣政丁未，乃蜀主孟昶年號。廣政十年為丁未，當後漢高祖之天福十二年，亦在希夷之前。可見陰陽八卦之圖，在唐及五代久已盛行。而魏氏當日傳授納甲，亦未必無圖。彭氏稱伯陽修真潛默，養志虛無，博贍文詞，通諸緯候，得古文《龍虎經》，盡獲其妙云云，則魏氏所受，更可想見。特自永嘉而後，中原板蕩，典章圖籍，淪佚殆盡。又值王弼之學盛行，掃象蔑數，古來圖說，無人顧問。而道家則山林潛遁，燈火不絕【魏伯陽之前，茅山之學早傳於世。所謂《龍虎經》及《斗建》、《水火》各圖，或云傳自河上公。參觀《道書源流》可悉也】。此所以宋前之《易》無圖，至朱漢上震，以濂溪太極圖繕奏經筵【按朱震奏進《易》說十有三冊，陳、邵，河、洛，先後天各圖均在其內，不僅濂溪一圖也。時在紹興六年以後】，朱紫陽以康節諸圖，弁諸經首。而後《易》之與圖，不復能離。漢學家雖盡力攻擊，終不能擯諸圖於《易》之外。蓋聖人且言不盡意，不能不立象以盡意。後學求窺聖人之意者，得圖以證象，亦未始學《易》之一助也。

《火珠林》

《火珠林》未知撰自何人，宋時盛傳其術。《朱子語類》中，屢稱及之。謂今人以三錢當揲蓍，乃漢京房焦贛之學。項平甫云：「以京《易》攷之，世所傳《火珠林》即其遺法」。《宋史・藝文志》，載有《六十四卦火珠林》一卷。馬貴與《文獻通攷・經籍志》，亦有火珠林一卷，均無撰人名姓，似為唐以前人之作。蓋漢魏以來，占卜之書，如焦氏《易林》，郭璞《洞林》，皆以林為名，《火珠林》亦其例也。今坊刻《火珠林》，托名麻衣道者。麻衣固唐末宋初時人，傳稱希夷所師事者。世傳有《麻衣心易》，凡四十二章，朱子已發其覆，乃湘陰主簿戴師愈所撰。使《火珠林》果出自麻衣，宋人豈無稱述?而《通攷》與《宋史》，皆佚其名，無是理也。且書中屢稱「元龜」，當為《卜筮元龜》，乃宋以後之書。而結尾又錄邵子一詩，則偽托麻衣，更顯見矣。但以三錢代蓍，相傳已久。蓋以占者必凝神壹志，而後與卦爻相感格，方可明得失之報。揲蓍求卦，必三揲始成一爻，三六十有八變，始成一卦，歷時過久。今人意志紛若，不能歷久，而神志不分，則所占亦將無效，故以一錢代一揲，三錢當三揲，以六次盡十有八變，可節時三分之一，神志尚可勉持，亦不得已之法也。惟以尋常之錢因陋就簡，似太草率。鄭氏《易譜》，擬特製卜卦之錢，其式徑五分，周一寸五分，內方外圓。仰面為陽，識以三圈。伏面為陰，識以兩圈。陽三陰二，參天兩地。并三錢亦合三五十五之數。三錢皆陽為九，太陽數。三陰為六，太陰數。一陽二陰則七，少陽數。一陰二陽則八，少陰數。七八九六，確實易見，似亦有可取焉。

《子夏易傳》

孔子傳《易》商瞿，以孔子晚年學《易》，商瞿亦晚年之弟子也。十哲之中，未聞子夏傳《易》。乃《易傳》中有《子夏易傳》，劉歆曰：「漢興韓嬰傳《易》」，而荀勗疑為丁寬所作，張璠以為馯臂子弓所作。晁說之以為唐張弧之《易》，孫坦以為杜鄴。徐幾道、趙汝楳又皆以為鄧彭祖。蓋因杜、鄧兩人，俱字子夏也」。呂祖謙則謂《崇文總目》刪去子夏名，以袪誤惑，最為有理。詳朱氏《經義攷》。《班書・藝文志》傳《易》者十三家，無所謂《子夏易》者，隋唐志始有之。然云二卷已殘缺，今其書十一卷，首尾完具，又經傳次第，正如王弼本。其為後人偽書，不待辨也。

漢有兩京房

漢《易》師稱京房者有二：一為大中大夫。《漢書》「梁丘賀從大中大夫京房受《易》」，顏師古注曰：「別一京房，非延壽弟子也」。又云：「房者，淄川楊何弟子也。房出為齊郡太守，賀更事田王孫」。此京房係漢宣帝時人。至延壽弟子之京房，字君明。本姓李，因吹律自定為京氏，以明災異得幸元帝。石顯、五鹿充宗皆疾房，欲遠之，於是以房為魏郡太守。是前京房為梁丘賀所師事，而延壽之《易》實受之梁丘賀，豈能更為延壽之弟子？與京君明決非一人可知矣。葉夢得、陳藻，皆有說辨之，見《經義攷》。今所傳殘本《京氏易傳》，乃元帝時魏郡太守之京房，非宣帝時齊郡太守之京房也。

《易》遺論九事

先儒遺論九事。竹垞朱氏曰：「九事者，一為太皞受龍馬負圖，二為重六十四卦推盪訣，三為大衍之數五十，四為八卦變六十四卦，五為辨陰陽卦，六為復見天地之心，七為卦終未濟，八為蓍數揲法，九為陰陽律呂圖也」。

宋古《易》五家

班固《藝文志》「施孟梁邱《易》十二卷」，謂上、下《經》及《十翼》也。自費氏以《彖》、《象》釋經文，雜全卦中，始改古《易》之舊。王弼又以《小象》分屬各爻，以乾坤《文言》附乾坤二卦中，而分上、下《經》為六卷：乾傳一，泰傳二，噬嗑傳三，咸傳四，夬傳五，豐傳六。又分《繫辭》以下為三卷，古《易》幾不可復識矣。或云康成已以《彖》、《象》分隸各卦，而加「彖曰」「象曰」以別之。王弼殆襲康成舊本，而又加以更改也。宋呂仲微大防，呂伯恭祖謙，始追復之。又有晦陽王氏，亦定為十二篇。晁說之又併為八卷，周燔則次序又多所更改，而皆稱為古《易》。朱子《本義》，則從呂伯恭本次定之。然《繫傳》章節仍有遵《程傳》者，如「天一地二」等節是也。但注明本在何處，學者尚可追尋原本之舊，此朱子之謹慎處也。按晦陽王氏，即王原叔。惟此五家之外，尚有吳仁傑、稅與權二家，亦有《周易》古經編次，合之當為七家。

蔡廣成

〈唐書・儒學傳〉曰「《易》有蔡廣成【《經學論》】」。則其說《易》，當為有唐一代之祭酒，故《傳》特表而出之。乃徧考《易》注，無蔡廣成之書，而他書亦鮮見其名者。蓋其時雕板之術未行，儒生著述，非得官家之流布傳寫，不能行遠經久，佳書之湮沒不章者多矣。蓋後唐明宗，因馮道之請，始命國子監校定九經，雕版印行，周顯德中亦然。《宋史》所謂「學者無筆扎之勞，而得觀古人全書」。馮道之功，不可沒焉。

六大卦

上、下《經》六十四卦，皆生自乾坤。《上經》三十卦，《下經》三十四卦，而其正反對為一卦計之，實皆十有八卦，合之共三十六卦。三十六卦，次第之又為六大卦。如卦之有六爻，自乾坤至畜履，合六卦為一大卦。自泰否至噬嗑賁，自剝復至坎離皆然。此上篇之三大卦也。自咸恆至損益，合六卦為一大卦。自夬姤至漸歸妹，自豐旅至既未濟皆然。此下篇之三大卦也。乾坤陰陽剛柔之始，管領二大卦，如卦之初二兩爻。剝復陽剛消長之際，管領二大卦，如五上兩爻。是又合三十六，而止成一卦六爻云爾。此正所謂簡易而天下之理得也。

見耿氏述《古易序》。

八音異同

八卦八音，以合八風。自漢相傳，各有異同。《白虎通》引《樂記》云「土曰塤，竹曰管，皮曰鼓，匏曰笙，絲曰弦，石曰磬，金曰鐘，木曰柷敔。塤坎音也，管艮音也，鼓震音也，弦離音也，鐘兌音也，柷敔乾音也」。缺笙與磬，少坤巽兩卦。高誘《淮南子・天文注》及《晉書・樂志》，俱以「乾音石，坎音革，艮音匏，震音竹，巽音木，離音絲，坤音土，兌音金」，除離兌外，餘均與《白虎通》互異。鄭氏《易譜》「乾音石不周風，坎音革廣莫風，艮音匏條風，震音竹明庶風，巽音木清明風，離音絲景風，坤音土涼風，兌音金閶闔風」。其八音悉同《淮南・天文注》，而坤巽易位，坤居離前，巽次離後，或為手民之誤。故仍以八宮之序采入，惟學者之詳察焉。

王儉之謬對

《齊書・王儉傳》「太子問王儉曰：『《周易》乾卦，本居天位，而《說卦》云出乎震。震本非天，義豈相當？』儉曰：『乾健震動，天以運動為德，故言帝出乎震』。太子曰：『天以運動為德，君自體天居位，震雷為象，豈體天所出？』儉曰：『主器者莫若長子，故受之以震。萬物出乎震，故帝所與焉』。此對殊謬。儉殆不知「帝出乎震」之「帝」字，實統冒全章，非專屬「出乎震」一句，亦非專言震一卦。出乎震者帝，齊乎巽者亦帝。「相見致役」以下，亦何莫非帝？與下章「神也者」神字相對。儉乃為此支離悠謬之說以對，蓋歷代帝王，無不以《五經》為尊君卑民之寶訓。故向所稱經學大家，亦遂以《五經》為羔鴈，希寵固位，謬稱稽古之榮，恬不為怪，經義乃不堪問矣。

制器尚象

《繫傳》曰「《易》有君子之道四焉」，而制器尚象居其一。除古聖「以佃以漁」之十三卦外，後世未聞有尚象以制器者。於是利用便民之《易》象，遂盡成空言。占卜而外，更無有因象而得《易》之用者。然則孔子尚象之道，豈欺人哉！自數學西來，泰西以《幾何》一書，因數定形，為製器之根本。汽機既興，以水火代人力，而器用日新，其象實顯著於《易》。《參同契》曰「坎離匡廓，運轂正軸。牝牡四卦，以為橐籥」。今汽機之製，均無能外此作用者也。朱子注曰：「乾坤其爐鼎歟？乾坤位乎上下，而坎離升降於其間。如車軸之貫轂以運輪，一上而一下也。牝牡配合，四卦橐鞴囊籥其管也」。上陽子陳致虛注曰：「何謂坎離匡廓？蓋陽乘陰，則乾中虛而為離。陰乘陽，則坤中實而為坎。故坎離乾坤之體，而為陰陽之匡廓。此乾坤之於坎離，猶車輻之於轂軸也。乾坤正坎離之輻，坎離湊乾坤之轂」云云，於今日汽機之象，可謂形容酷肖。製器尚象，象既備矣，且明顯確切如是，而卒無由悟，以收制器之效。直待西人之發明，尚遲疑觀望，指為淫巧，而不悟《易》象之所固有，可謂冥頑不靈者矣。此皆由掃象之學既熾，講《易》者悉尚虛詞。《攷工》之書又亡，作工者遂無學術。《易》有四道，迄今僅言語尚辭之一端，猶為門戶同異之爭，不能盡其辭以明其義。更何言哉！

小過艮下震上之卦也。雷在山上，而〈彖〉曰「飛鳥遺之音」，古今說者語焉不詳。或云「內外四陰爻如羽，故似飛鳥」。然一句五字，只解得「飛鳥」二字，而「遺之音」三字荒矣。蓋「遺之音」音字，由中孚之「翰音登於天」而來。雞非登天之物，合兩卦觀之，意義亦未能了然。不圖今日飛機之制，乃悉符小過之象也。夫曰「飛鳥」之象，則象非真為鳥也可知。曰「遺之音」，則音之自上傳下也可知。今飛機之形，宛然飛鳥，而遺音亦正相類。小過兩象，震得乾金之初氣，故輕而能舉【詳《筆談初集》四卷】。謙之言輕，亦以互震也。故飛機取材以金類，而仍無碍其飛也。伏巽為繒帛，為臭，大象坎為輪，震艮相對，陰陽之數，為一正一負。合觀之，飛機之材無不具矣。日本《古易斷》，以震為舟。舟行乎高山之上，非飛艇而何？

他如來復線之制備於復，螺旋機之制出於垢，制器尚象，象固無不備也。西人無象之可尚，乃能因果之墜地而得重學，因蒸水之衝動而創汽機。讀孔子尚象之訓，能無愧哉！

天地十二馬

「乾為馬」，「坤利牝馬之貞」。乾曰「天行健」，坤曰「行地无疆」。舊說：「天行莫如龍，行地莫如馬。然天行不可見，由地見之，故馬亦稱龍」。《說卦》乾「其於馬也，為良馬，為老馬，為瘠馬，為駁馬」，震「其於馬也，為馵足，為作足，為的顙，為善鳴」，坎「其於馬也，為美脊，為亟心，為薄蹄，為下首」。震得乾初爻，坎得乾中爻，故皆言馬。艮得乾上爻，乃不言馬者，艮止，馬之用在行，艮止不行，故無馬象。乾震坎共十二馬，分次子丑寅至戌亥十二時，為乾行周天坤行无疆之象。六十四卦卦爻，取象於馬者十有二。而其一為泰之「馮河」，不言馬而馬自見，為馮河之馬。泰否反類，陰陽之際，即際於此河。故曰「泰馬馮河，神行無跡」。象義之妙，微矣！屯六二、六四、上六曰「乘馬」，賁「白馬」，大畜「良馬」，晉「錫馬」，明夷與渙曰「用拯馬壯」，睽曰「喪馬」，中孚曰「馬匹亡」，與坤之「牝馬之貞」，共十二馬。有坤之貞，而後有泰之馮、睽之喪。中孚之亡，皆此馬。賁言逐，睽言勿逐。陰陽進退之理，皆可深長思也。

魚鳥相親

巽為魚，中孚豚魚，即巽之象也。郭璞曰：「魚者震之廢氣也」。蓋巽王則震廢也。由此觀之，魚實具震巽二象。震巽合為離，離為飛鳥，故魚鳥相親，每互變其體。《莊子・逍遙遊》，鯤鵬之變化，即以寓坎離升降之大用，字字皆本於《易》象，非寓言也。鯤鵬之變化不易見，而雀之化魚，魚之化雀，則為所常見。粵東有禾花雀者，早禾既登，田中小魚，乃化為雀。鄉農夜布網於田，翌晨即雀滿其網。且其變甚速，當其蛻變之頃，或有驚之者，輒止不復變，故有雀首而魚身者，亦可謂具體之鯤鵬矣。南洋有秋風鳥，亦魚所化。見《粵語》。今長江金陵以上，秋冬間產白魚甚美，亦鳥所化。屆時鳥皆紛紛投入水中，眾所共睹。湖州苕溪有小魚，亦黃雀所化。徧觀地志，類此者甚多。故《月令》「田鼠化為鴽，雀入大水為蛤」。氣至而物自化，有不期然而然者。昧者不察，詫為奇妄。觀於《易》象，思過半矣。

姤之魚

〈姤・九二〉「包有魚」，〈九四〉「包無魚」。古今說者，罕得其解。余讀《江蘇通志》，及《甯波府志》，並證以花山燈塔守者之所言，始知古聖人定象之妙，參合陰陽造化。有生之物，莫不隨此陰陽氣化之轉移，其動靜皆為所限而不自知。而聖人之象，則範圍此陰陽氣數而巨細無遺。甚矣哉！羲《易》之神化。惜其義自孔子而後，竟無能發明之者，良可痛也。

姤為五月卦。五日一爻，姤二正值五月五日。故曰「天地相遇，品物咸章」。中國南北洋漁汛，以黃花魚為大。平日南北洋漁船，北至天津，南至汕尾，皆四散。獨至五月初五，則南北兩洋漁船，均萃於大戢山洋面。南北四百里之內【約合經緯各二度之間】，正兩洋交界之處【平時南北劃分，魚產不同，器用捕法亦異】，船數以十萬計，江浙各派師船護之。據守塔老者云：「每年必五月初五日魚始集。逢大年，魚疊聚海中，櫛比鱗次。以長篙入水，能直立不傾。南北漁船，每施一網，輒舟不勝載。餘者悉棄諸水，不能移給他船也。魚食網邊之水，即氣閉浮於水面，名『網口魚』，任人撈取不禁。初五至初十，年年如是，無或爽者」。初五至初十，正姤二爻卦氣用事之日也，故曰「包有魚」。初十以後魚仍散處，各分南北。至九四在五月十五日以後，故曰「无魚」。始知聖人卦象，合天地南北言之，非僅為一人一事言也。

兩爻「包」字，與泰之「包荒」，否之「包承」，消息相通，皆天地陰陽往來屈信之所寓。來伸而往屈，故曰「包」。至「包瓜，含章，有隕自天」，陰陽相互之數，方得其中。如夫婦之育子女，孕已成矣。隕者，落也。《道書》曰「一點落黃庭」，故曰「含章」。所謂「美在其中，而暢於四支」。天人一理。象數之精義，有非可言盡者。是在讀者之舉一反三，引而伸之矣。

離木科上槁

「離，其於木也，為科上槁」。舊注望文生義，殊與象數無關，於卦義亦甚牽強。在粵讀《嶺南叢書》，始恍然有悟。嘆天地生物之妙，古人格物之精，而《易》象之更無乎不備也。離為火，火生於木【**火亦生於石，艮也。震，木之究也。然火出於石，非木不傳。故曰「電光石火」，言不能久也**】，火旺則木休，故槁。海南為離方，故多文木。而木火之精蘊，結則為香。沉香、茄楠諸香，皆產於木，然香生而木即枯。曰「科上槁」者，木雖枯而生氣未絕，胥鬱積凝結而為香。歷年愈多，則香愈厚愈純。其重而降者為沉香，亦曰沉水香，以入水必沉也，其輕而升者為茄楠，蓋沉香得陰之精多，茄楠得陽之精多也。故沉香之性陰，而其用則陽，主發散。茄楠性陽，而其用則陰，主收濇。所謂陽體陰用，陰體陽用【**近日醫家以茄楠入疏散之劑，大誤**】，二者皆得氣之一偏者也。若得純離之氣，中正冲和，無一駁雜，則返魂香是也。離為魂，魂藏於肝木，母抱子也。以厥陰風木之精，鐘離明純粹之氣，感召之捷，出自天然，返魂豈虛語哉！故返魂香者，非別為一類，特沉香、茄楠之最精者耳。今則人烟日繁，英華盡泄，沉香、茄楠，已不易得【**今市售者皆香之木，非香也**】，況返魂香乎！瓊崖五指，榛莽未闢，太古渾屯之風猶存。或有孕毓，未可知也。

巽木之精

〈坤・文言〉「天地變化，草木蕃」。《說卦》「巽為木」，不言草者，巽為柔木，柔木即草，言木可以概草也。故大過之「白茅」，泰、否之「茅茹」，皆為巽象。西儒《進化史》，謂天地開闢以後，萬物之最初生者，厥惟青苔。乾坤初交，而乾成巽，故巽居天地成物之初，柔木之象。與西人之說，亦不謀而合也。木之餘氣，得水則生菌。凡可食不可食之菌類甚多，皆是也。苟得天一之精，純粹冲和，不駁不雜，則為靈芝。渙卦之「渙奔其机」，注語簡略。但曰「杌木無枝」，實則渙象上巽下坎，坎為一六之精。巽木得坎水，母子一氣，斷無枯槁之理。何以杌木無枝？蓋即菌之類，得其正者則為靈芝矣。或曰「靈芝非可常見，今世人所視為珍品。咸以為有起死回生之效者，莫若人參。試以《易》象言之，其亦當屬之巽歟？」曰：「以類言之，當屬之巽。但究其功用，則不僅為巽，當兼兌也。巽兌同體，合為中孚。卦氣之所自起，亦人身命根所由寄，故相傳有緩死之功。人參之性質功用，渾然元氣，實秉坤土中和之氣，得乾陽純粹之精。乾坤之元，伏於巽而見於兌，合巽兌為中孚，舍人參無物可以擬之矣。巽坎之渙，與巽兌之中孚相去一間。坎坤體而得乾陽之中，故靈芝之功用，亦當無異於人參也」。

咸艮之象皆取諸身

咸者，二氣感應以相與。天地變化之根本，人事往復之樞紐也，六十四卦《序卦》無咸，而六十四卦之彙歸皆在於咸。故孔子曰：「精義入神，以致用也。窮神知化，德之盛也。過此以往，未之或知也」。佛法無邊，而仍不出咸卦之範圍。廣大精微，幾非跡象可以擬議。故聖人定象，咸取諸精神。但精神非附於體質不能見也，故取象人身。以物力之感覺，莫靈於人。而人之感覺，莫易於少年。而相感之專且速，尤莫過於少男少女，因以少男少女象咸。六爻皆取象於人身，初拇，二腓，三股，五脢，上輔頰舌。四之位為心，心不可見也。不曰「心」而曰「思」，「憧憧往來」，聖人狀物之精，至矣盡矣！咸卦之外，六爻皆取象人身者，唯艮卦。艮，止也，止其所也。時止則止，時行則行，所謂止於至善。動靜不失其時，其唯聖人乎？聖人亦人也。四支百體，無異於人，故六爻亦皆取象人身。初趾，二腓，三曰限，曰夤【詳《學易筆談》】，四身，五輔。上曰「敦艮」者，以終無止境，且《易》不可終焉，故曰「以厚終也」。咸艮之別，咸動艮靜，咸速艮止。咸如青年之男女，艮如靜修之處士。而論其用，則艮為反身克己，獨善其身也。咸則過化存神，兼善天下也。艮為修德盡命之君子，咸則達天成道之聖人【擬之釋氏，艮如律門，咸則無遮無礙之大乘法門也】。故同一取象人身，而其中大有區別。咸六爻身體之象，皆合二人言之，非僅一人一身也。如初爻「咸其拇」，乃少男少女之拇互相感觸，故曰咸。《詩》曰「履帝武敏歆」，即咸其拇之象也。以下咸腓、咸股及輔頰舌，皆合二人相感之象。而思之「憧憧往來」，則更非可形迹求之，皆極狀咸感之義，非擬之以此，不足形容盡致也。聖人恐後人斷章取義，而誤以少年情感之為當也。故《序卦》特闕之，而受之以恆，而於《繫辭》暢發其精義，聖人之憂世深而用心苦矣。此咸六爻之象義也。論艮之六爻，皆為一人獨立之象，且為側面之背形，非正面也。故曰「艮其背，不獲其身。行其庭，不見其人」，皆靜止之象也。初艮其趾，足跟。人立不動，自後觀之，故見趾之止也。二艮其腓，為腿之腹，亦在後者也。三艮其限，艮本訓限，在身為腰，上下之限也。列其夤，自腰而上，脊也。四艮其身，統上下而言。五艮其輔，在頰之後，皆自後見之。統觀五爻之象，不啻畫一背立側面之人形。狀物之精，非筆墨所能盡矣。上九敦艮，則安土敦仁，推愛其身以愛物。身雖與木石居，與鹿豕遊，而民胞物與之懷，仍涵養其中，否則為石隱，無畀於世，聖人又何取焉【達摩西來面壁十年，極靜止之功，所謂不獲其身不見其人者矣。而性功涵養，真如朗澈，闡法渡世，開震旦佛教之宗。非艮而能若是哉！俗儒昧於大道，妄謂佛教虛無寂滅，大畔吾聖人之道。實並聖人之道而未嘗知之，又烏能知佛之畔與否也】。故咸艮兩卦，合天地人之道，而明其動靜進止之極功。形上形下，本末兼賅。形上之道在咸，而非可以言顯焉，則假少男少女之感以明之。所謂夫婦之愚，可以與知者是也。及其至，則窮神知化，雖聖人有所不知，以見道之無盡也。艮訓限，限者上下之際，亦天人之際，能止其所當止，不遷不貳，則止諸躬，以為立德之基。而修道之要，亦不外乎是矣！安土敦仁，下學上達，時行時止，其道光明。感而遂通天下之故，則艮與咸一而二，二而一矣。

咸感兌說

〈咸・象〉曰「感也」，而咸無心。〈兌・象〉曰「說」，而兌無言。蓋有心之感出於人，不可以為咸也。必感而無心，乃純出乎天然，其感始至。且有感而無應，亦非感也。咸則二氣感應以相與，隨天而動，皆出自然。又非磁石引針琥珀拾芥之蠢然無知者可擬也，故取象少男少女，天真爛漫，方足為得咸之真，盡咸之妙焉。兌而可言，非說之至也。心說而非可以言說，斯為說矣。兌正秋萬物之所說，說言乎兌，此兌之正象。重兌則說之意亦深，非言語可以形容。故孔子以「朋友講習」擬之。所謂「有朋自遠方來，不亦樂乎」。「西南得朋」，「十朋之龜」，兌數十，故言朋也。

逆數

《易》逆數也。邵子因此悟八卦之用，以乾一兌二離三震四巽五坎六艮七坤八，皆逆用之，以成《皇極經世》之書，得數往知來之效。其言曰「陽在陰中陽逆行，陰在陽中陰逆行。陽在陽中，陰在陰中，則皆順行」。此但言其先天八卦圓圖之序，未可以概《易》數也。陽順陰逆之數，《易楔》與《易數偶得》已屢言之矣，然亦有相生與相合之分。混而言之，又不可通矣。觀十二律之相生與合聲，則體用順逆之分，自可瞭然。「數往者順，知來者逆」二句，所以明八卦之往來。往者乾圓，來者坤方。往者屈而來者伸，故數往順而知來逆。邵子以已生之卦，未生之卦解之，亦詞不達意。漢學家極力駁之，然於下句「《易》逆數也」三字，均未嘗注意。若但言往來，則上二句已足，又何必贅以「《易》逆數也」一語哉！聖人慮後人誤解「往來順逆」之用，以概《易》數，故特重言以申明之，以示《易》之皆逆，乃全《易》重要關鍵所在。奈學者均忽略讀過，辜負作《易》者之苦心。而天地之心，亦終不可見。《易》又何自而明哉！逆數之用，具在卦象，顯而易見。地天泰，逆也。水火既濟，逆也。順則為否、為未濟，天地不通而陰陽之數窮矣。故曰「一陰一陽之謂道」，澤山咸而山澤則損，風山漸則進以正。山風蠱，則惑矣。此皆一陰一陽之道。聖賢克己之功，神仙修煉之術，無不用逆。修德曰「反身」，君子必自反，反者逆之謂也。《道書》「逆則生，順則死」，又曰「逆則為仙，順則為鬼」。陳致虛曰：「子南午北者，顛倒五行也」。仙聖云：「五行順行，法界火坑。五行顛倒，大地七寶。所以水火互為綱紀，方能既濟也」。凡此皆以著逆用之功。而《易》數所以逆，又因《易》象法天，天逆行而地順轉，故數必以逆推，而始能與地相合。故五行干支，經緯星度，亦莫不隨天行之度以定數。人生天地氣數之中，又孰能外之！

屯七夬七

雜，亂也。古人篇第卒章皆稱亂，故漢賦之末，猶有「亂曰」。孔子《十翼》，以《雜卦》終，亦亂之義也。其前自乾剛坤柔至屯乃七卦，其後自姤至夬亦七卦，前七後七，二七反復。其中自蒙至大過，凡五十卦。大衍之數也。古人七歲而入小學，蒙以養正，為學之始。孔子曰：「假我數年，五十以學《易》，可以無大過」，則下學上達，由立德而進於明道，知人知天，天人合一。故頤養也，蒙養也，蒙養正也，頤亦養正也，可見古人為學，養正之功，無間初終。為己立立人，己達達人。終之以夬，以剛決柔，即以乾剛決坤柔。而君子道長，小人道憂。聖人濟世之學，其憂天下後世也至矣！

光為氣始

《易》之言光，皆陽被於陰，坤承乎乾。大明終始，乾坤相交，實為光始。《乾鑿度》曰「有太易，有太初。有太始，有太素。太易者未見氣也，太初者氣之始也，太始者形之始也，太素者質之始也。謂之四始。氣形質具而未離，故曰渾淪【渾侖、渾沌音近崐崘，亦渾侖之意，故以名最高最大之山】」。混淪陰陽未分，此蓋三代以上之古義，《乾鑿度》必有所本。孔子贊《易》，自「《易》有太極」說起，將以前之太易太初太始太素諸說刪去。與刪《書》斷自唐虞，《春秋》託始隱桓，編《詩》首於二南，同為講學之界說。而唐虞以上之歷史，隱桓以前之事實，亦未嘗一筆抹煞，特秉筆為文自有體例，不能無起訖之界線耳。後人不明此理，孔子之《易》始自太極，凡孔子所未言者，皆在禁例。是猶以《春秋》為魯之全史，謂周公伯禽皆荒唐無稽，有是理乎？況孔子亦未嘗自限也。刪《書》斷自唐虞，而《易．繫傳》仍追溯至伏羲神農黃帝。刪《詩》首於二南，而終篇殿以《商頌》。故研求一種學說，非博采旁收，決不能充類至盡以得其指歸。向之說《易》祇於十二篇中討尋生活，故凡言光言氣，皆含糊恍惚，絕少發明。〈坤．六二〉曰「地道光也」，舊說訓廣訓明，或言橫言擴，皆所謂似是而非。夫地之光何來？來自天即來自日耳。故曰「大明終始」。以近日物理推求之，則《易緯》云「光盛生氣，氣盛生形。形盛成質，質定成體」，亦自有此天然之次序。而《易》之言光、言氣，皆非泛言光明與氣象，皆確有其度數之可考也。舊說乾陽坤陰，乾氣坤質，相對待也。然精之，則乾為光而坤為氣，光又氣始也。然光非氣不顯，氣未見，而光已發，特未可見但有熱耳。至熱盛氣生，則光與氣皆顯然可見矣。但光亦非一，有人目所能見者，而亦有為人目不能見者。古人造字，以火在人上為光，光从火从人，此但言火之光耳，凡黑夜以火燭物，必高舉之，今火在目之視線以上，始能見物，即光字之會意也。名以推類，凡一切之光，皆借用此光字，而不復分析。學者不可不審也。

曆數卦氣

卦氣徵於十二消息，而陰陽律呂皆準之。權量衡度皆生於黃鐘，實皆生於卦氣也。古人截管飛灰，以候十二中氣，氣至則灰飛。其法雖存，而管之制與室之度，皆未易密合，故亦徒存其說而已。惟候氣別有簡法，但能施於冬夏二至，二分與他月中氣。能否於是法推行變化，尚未有行之者。其候二至，則以等分之淨土與木炭，分之天秤兩端，令其相平。夏至之氣至，則炭重而土輕。冬至之氣至，則土重而炭輕。按曆書二至之時刻分秒，驗之固極易也。吾國曆數之精，不但合日月行度之數，并合天地陰陽之氣。而人物之生於天地間者，其榮枯得失，亦莫不與此氣與數相合。故草木之萌動，鳥獸蟲魚之變化，男女身體之傷痛疾病，莫不應節氣而有感，而不自知其由來也。故近人謂舊曆曰「陰曆」，實大誤也。舊曆惟十二月從太陰，而節氣中氣，皆從太陽。所謂陰陽合德，與天地人參者也。萬國交通，行新曆以便用，亦不失隨時之義。而舊曆之精，終不可廢，亦無能廢也。

八卦合天地之象

八卦象數法乎天地，天地萬物之象，皆在八卦範圍之中。小而一物之微，一身之內，大而一洲一國，以及四海之外，六合之內，無不包也。閉關時代，國境限於華夏。故《易》卦象數，以九州為分野，無不合也。今則萬國交通，重洋無阻，《易》卦象數，即推諸五大洲，仍無不合也。試以先天八卦方位言之：乾為南極，坤為北極，南北皆冰洋，故乾為寒為冰，坤亦為堅冰。自震東北至兌東南，為東半球之象，故曰震旦。自艮西北至巽西南，為西半球之象，故曰泰西【巽艮為乾坤之位，見蠱卦象。坤乾，地天泰也】。東半球震長男，離中女，兌少女，兩女一男，故其民女多男少，女子二十而嫁，過期為失時，無長女也。西半球，艮少男，坎中男，巽長女，兩男一女，故其民女少男多，女尊男卑，女多晚嫁，無少女也，震長男，故重經驗，貴老成。艮少男，故尚學理，重思想【艮為思也】。震仁兌義，天澤在上，故華俗重禮讓，而利居其後。巽利市，兌附決，坤艮居下，故西俗尚謙和，而利爭先。離文明而坎矯輮，離虛而坎實，天火同人而地水為師。此所以一則尊古而尚自然，一則棄舊而好外飾。一騖虛名，一圖實利。一以文德致大同，一以兵力爭霸權。東西之歷史俗尚，以及人民之性質態度，已備具於此寥寥三十六畫之中，大致楚楚可見。若深求而詳演之，其妙更不可思議。神矣哉！《易》之為書。詎鑽研故紙者所能盡哉！

禮數

三代制禮，悉本於數。故今日俗語，尚有禮數之稱。《王制》、《月令》，如明堂太室冕旒車旂之制，與朝賀祭祀重器服物之顯合於象數者無論矣。齊民敦族，制無大小，亦無不悉協乎度數。禮莫大乎尊親，尊親之義，本於一身。由一身等而上之，為高曾祖禰。由一身等而下之，為子孫曾玄。合本身為九。以三為五，以五為九，上殺下殺而五服三黨，分親疏，別遠近，正合於九九八十一方數，正合於乾元用九之數。由此推之，禮之源可知。泥於天澤之說者，其誣《易》也甚矣！

《周官》皆本於《易》

周禮之制，立官分職，詳備無遺。後人不察，疑為偽書。又因闕冬官，有以《攷工記》補之者，可謂無知妄作矣。今以《周易》卦象，與周禮相參攷，則一官一職，無不悉合乎卦象卦數。司空之空，向多莫解其義。證以卦象，始知值後天乾无之位，為戌亥數空之地。得此一字，更足顯明古人定制之鄭重。一名一義，決非如後人之以意為之者。端木鶴田《周易指》，為圖甚詳，未及備舉。學者即以《周官》與卦象，參互並觀，亦甚顯而易見，然後知分職之由來，非末學所能妄議也。

愚一錄《易》說訂

序一

吾海甯彈丸地，百年内得名世者二人焉。前有李紉秋先生善蘭，後則吾畏友杭君辛齋是也。李以算學名，歐美學者，未能或之先焉。著有《則古昔齋叢書》，並譯《幾何原本》後六卷。文筆清剛拔俗，為算學所掩。以諸生荐授工部郎中，充同文館天算教授。俸結與客卿等，都人士皆稱為異數。惜吾不及見。而辛齋則吾兄事者垂四十年，幼同閭閈。初學為文章，即追隨恐後。同應童子試，君五冠其曹。一時杭慎修之名大噪，而君歉然若不足。遊學京師，從陳書玉、李蒓客兩先生遊。充文淵閣校對，得盡窺秘籍。肄業同文館，習天算理化，而學益進。乃盡棄舉子業，以天下之重自任。覺世牖民，鋤奸去惡，直聲震海内。而吾以家貧親老，奉檄江右，風塵僕僕。誦「天下何人不識君」之句，不禁感慨系之矣，辛亥鼎革，吾亦棄官歸。浙省光復，一夕成功，兵不血刃。而駐防五千人，負隅抗命，遂開戰釁。彈雨橫飛，全城震動。或勸增韞修書招降，而使者半途中彈死，書不得達。眾知旂人素重君，環請入營招撫。君慨允無難色，於是效葉公之免冑，馳汾陽之單騎，冒險突入，片語解紛。城市居民，得免兵燹禍，君之力也。君未嘗言功，功亦不及。次年當選眾議院議員入都，襆被蕭然，無改書生本色。於是始知君修養之有素，固非純盜虛聲者比也。帝制議起，網羅密佈。君負重名，居虎口，人皆為君危，而君夷然不屈如故。吾時宰太康，擬聘君修《邑志》。為避地計，書未發而君被逮之報已至。驚魂失措，顧無可為力。幸吉人天相，轉禍為福。翌年都門握手，恍如隔世。而君室中插架堆案几席臥榻無非《易經》，而每出必捆載以歸。賈人叩戶送書者，亦無非《易經》，而君每得一書，必盡閱之。恆達旦不寐。始知君獄中得《易》學之秘傳，故致力之勤如此。比年以來，中外言《易》學者，必首君無異詞者。千秋不朽之業，與李紉秋先生可謂後先輝映矣！而《易》道之大，非算學可比，則此中又不無軒輊也。吾既不習算，又不知《易》，何敢贊一詞？第君之生平，則吾知之較詳。所述雖一鱗一爪，要皆真實無妄，當亦論世尚友之君子所樂聞也歟？

民國紀元十有二年春正月

通家弟陳守謙識於京師

序二

《周官・太卜》：掌三《易》之法，一曰《連山》，二曰《歸藏》，三曰《周易》。顧炎武氏謂「夫子言伏羲始畫八卦，不言作《易》，而曰《易》之興也，其於中古乎？」又曰「當殷之末世，周之盛德耶？當文王與紂之事耶？是文王所作之辭，始名為《易》，《連山》、《歸藏》非《易》也。而云三《易》者，後人因《易》之名以名之也」。其說甚是。但既同掌以太卜，又均稱之曰《易》，而經卦別卦之數又同，自必同為衍卦之辭。故桓譚謂《連山》八萬言，《歸藏》四千三百言。今雖無傳，而秦漢以前，必有其書。且不僅《連山》、《歸藏》已也。《周易》之為書，亦非一種。餘杭章太炎氏，謂「《易》之為書，廣大悉備，然常用止於別蓍布卦，與三兆三夢，同掌於太卜」。自仲尼贊《易》而《易》獨貴，故《六蓺略》有《易經》十二篇，《數術略・蓍龜家》復有《周易》三十八卷。此為周世有兩《易》，猶《逸周書》七十一篇，別在《尚書》外也。觀此可知三《易》源流。《周易》固卜筮之書，而孔子所贊，則自為一書。雖具卦爻象數，實所以明道立教，非為占卜之用。故《十翼》僅〈大衍〉一章，言揲蓍布卦之方。占事知來，明極數定象之用。此外未嘗一言及於卜筮。而其神妙莫測者，則不言陰陽五行，而無一言不與陰陽五行相合。無一言及於氣運飛伏，而無一爻不與氣運飛伏相符。此所以為造化之筆，而韋編三絕者也。漢人去古未遠，京孟所傳卦氣納甲、八宮飛伏，要必有所自，或為《周易》別本，或為《連山》、《歸藏》之遺，皆未可知。孔子所謂「法象莫大乎天地，懸象著明莫大乎日月」者，亦可知古《易》取象之梗概。京虞之學未嘗或畔於孔子也。魏晉而降，漢《易》浸微。王弼掃象，唐學黜鄭。南宋以後，言象數者，又雜以《皇極經世》。於是《易》學，遂分漢、宋兩派。門戶之見，水火日深。千年以來，其病未已。有清一代，經學稱顧。盛【林亭】、黃【黎洲】、毛【西河】、胡【東樵】諸氏，博極羣書，力闢宋學，足一洗空疏之弊。而邵氏先天之數，雖別樹一幟而其圖書及先天卦象，要皆與本經《說卦》及納甲相互證，未可一筆抹煞，謂華山道士偽造也。其後調停於漢宋之間，稱折中派者，亦鮮有發明。所同病者，以經學道統為頭銜，俯視一切，謂術數小道，不足以言《易》。寧《易》理之不明，終不願小道異端之分吾片席，為千秋俎豆之玷焉。所謂賢者過之，愚者不及。乾簡坤易之道，百姓日用而不知。先儒固執之咎，無可諱焉。《愚一錄易說》兩卷，象州鄭小谷先生全集經說之一種，其立論皆有根據，不為空談。宗漢而不囿於漢，亦近今《易》說之善者也。手寫一帙，以實吾《易說叢鈔》。適議政多暇，并附拙見以後，為同學之商兌。壬戌之秋，《學易筆談》、《易楔》諸書，既先後鑄板，以應各方同志之需求。並以此書附印，就正有道。或更能訂吾說所未當，庶刮垢磨光，理以辨而益精，於《易》學不無微末之畀也。

壬戌冬十二月辛齋識於海上研幾學社

愚一錄《易》說訂　卷一

象州鄭獻甫小谷著
海甯杭辛齋訂

鄭小谷先生，西南樸學巨子也。與德清俞蔭甫先生，年齒科名相先後者無幾，而文學亦不亞於俞。顧僻處五嶺以南，又不求聞達。名山掌教，不與朝士巨老通聲氣。致江左以北，鮮知其名者。所著書亦罕見。余客羊城，於徐君久成處，得其《全集》，高可等身。於羣經諸子，皆有論著。博雅淵懿，各有心得。假讀一過，良愜素心。版本亦佳，坊間存書頗多。余方專事《易部》，力不能兼蓄羣書，乃手鈔其《愚一錄易說》二卷。間有異義，或意有未盡者，逐條疏訂，並附拙見，以資商榷云爾。

戊午冬日辛齋識

漢人談《易》皆明象，宋人談《易》皆明理，而轉關者魏王弼也。《唐志》七十六家《易》，有卜商、孟喜、京房、費直、馬融、荀爽、鄭元、劉表、董遇、宋忠、王肅、王弼、虞翻、陸績、姚信、荀輝、蜀才、王廙、干寶、黃頴、崔浩、崔覲、何允、盧氏、傅氏、王又元、王凱冲、韓康伯、謝萬、桓元、荀諺、荀柔之、宋褰、任希古之注。又有宋明帝、梁武帝、張該、蕭偉、蕭子政、張譏、何妥、褚仲都、梁蕃、劉獻、孔穎達、陸德明、陰洪道之義疏。又有元宗、張璠、鐘會、范氏、應吉甫、鄒湛、阮長成、阮仲容、宋處宗、宣聘、欒肇、袁宏、楊乂、沈熊、薛仁貴、王勃等之雜著。以及李鼎祚、東鄉助、僧一行、崔元佐、元載、李吉甫、衛元嵩、高定、裴通、盧行超、陸希聲之不著錄者。而張璠《集解》二十八家，又有向秀、庾運、應貞、張輝、王宏、王濟、衛瓘、杜育、楊瓚、張軌、宣舒、邢融、裴藻、許適、楊藻數人。別見李鼎祚《集解》者三十餘家，又有何晏、侯果、翟元、崔憬、沈驎士、焦贛、伏曼容、姚規、朱仰之、蔡景君、延叔堅數人別見。又《釋文敍錄》除已見姓名外，又有尹濤，費元珪，袁悅之，卞伯玉、徐爰懽、顧明、僧紹、李軌、徐邈，周宏正等。計可考者，不下百人。而今所傳不過數家，可惜也。前明多談宋《易》，本朝漸求漢《易》。如鄭元之注，虞翻之注、荀爽之注，尚可從《李氏集解》采輯成卷。周氏之說、褚氏之說、莊氏之說，尚可從《孔氏正義》摘取成帙。其餘散見《釋文》者，不過音讀字句之略異而已。此惠定宇、毛西河、孫淵如所以廣為掺輯，一字一句，不勝寶貴者也。

辛齋按：鄭氏此節，但就《唐志》所載，暨曾見於李孔諸氏所纂錄者而言。若論兩漢《易》師，即班、范兩書所著錄，而今皆不可攷者，尚不下百餘家。《易漢學・師承記》，亦未盡錄也。濟南馬氏《玉函山房》掺輯所得，亦祇八十餘家。辛齋於《三禮注疏》及《文選注》、《類聚道書》中偶得者二十餘條。然皆單辭隻義，或亦足補李孫二家之闕也。

《詩正義》引孟氏說「天子駕六」，《王度記》亦言「天子駕六」。五經異義，鄭元駁之。謂時乘六龍，指乾六爻，非真駕六龍也。不可以漢制為禮制。案：乾爻言龍者五，不言龍者一。《說文解字》：戊中宮也，象六甲五龍相拘絞也。段懋堂引《漢書》「日有六甲」以解「六甲」是也。引《水經注》之「五龍見教」以解五龍，則非也。江節甫謂「天數五，地數五，自甲至戊其數五。居十之中，故曰中宮」。以天干加地支為六甲。天干之五行，各分為二。地支之五行，土居其四。辰屬季春，春為蒼龍，五龍者五辰也。六甲之中，惟甲寅無子。六甲之中，亦惟甲午無辰。漢時有《古五子書》，猶之五辰義也。據此六龍之說，可以釋《易》，不可以制禮。五龍之說，可以解字，亦可以談《易》。世儒皆泥六龍義，故辨之。

辛齋按：六龍者，乾坤陰陽六。五曰飛龍。《說文》䮾，飛龍也。从二龍，即一之義也。馬八尺以上曰龍，故乾曰龍，坤曰馬。皆震象。皆乾坤合德，出震致用之象。世儒泥乾坤以龍馬，均無當也。天五地六，故曰五德六位。五龍六龍，無足辨也。《古五子易》，今《玉函山房逸書》輯存一卷。義與五龍無涉。**【乾乘六龍，所重在六。以九用六，陰陽合德。辛齋因此悟陽順陰逆之數，皆乘六之數。乾數一三五七九，故象祇五龍。以一三五七九乘六，圖數詳《易數偶得》】**。

為其嫌于无陽也**【王弼本】**。為其兼于陽也**【《集解》本】**。按《釋文》云「鄭作謙，荀作嗛」。攷王伯厚所採鄭注，引《詩・采薇・正義》云「慊讀如『羣公溓』之溓」。古書篆作立心，與水相近，讀者失之。故作慊。溓，雜也。陰謂上六也，陽今消息用事乾也。上六為蛇，得乾氣雜似龍。据此則鄭本作慊，讀作溓。《釋文》謂「作謙者訛也」。又《集解》引《九家易》荀爽說曰「陰陽合居故曰兼。陽謂上六，坤行至亥，下有伏乾。陽者變化，以喻龍焉」。据此則荀本作兼，且無「无」字。《釋文》謂作嗛，亦訛也。今所刻《釋文》多有誤。竹垞《經義攷》，亦仍其誤。且有與今本絕遠者。如晉六五之「失得勿恤」。竹垞云：「按《釋文》所引《虞氏易》『若得失勿恤』，則同鄭氏本」。按今《釋文》引孟、馬、鄭、虞、王肅皆作「矢」，

《李氏集解》亦引虞云「矢古誓字」，則虞本斷非作失可知也。又如〈損・初九〉之「己事遄往」。竹垞云：「《釋文》『虞本己作紀』」。按今《釋文》引「虞本作祀」，《李氏集解》亦引「虞本曰祀，祭祀」。又曰「祀，舊作巳」。則虞本斷非作紀，又可知也。不審竹垞所据是何本。

辛齋按：此條辯晢極精。坤上六「嫌」字，諸家字雖互異，而義皆可通。「失得」「失」字，本叚借字，亦可兩存。惟「巳事」《釋文》音「以」，本亦作「以」，虞作「祀」。按虞注曰：「祀，祭祀」。坤為事，又曰祀。舊作巳也。《王注》、《正義》皆作巳。王訓「己為巳往」，《正義》訓「竟」。程《傳》、朱《義》、張子與呂氏大臨、游氏酢、朱氏震、張氏根，皆訓己為止。惠氏士奇曰：「輟所為之事，訓巳為止，是廢事也，竊所未安」。來瞿塘曰：「己者我也」。蓋本於陸氏希聲。是此一字，凡分四說。字與義皆截然不同。後人無所適從。此非求諸象數，更無準的。夫甲乙丙丁戊己，子丑寅卯辰巳，皆第六數。《易》用甲乙己巳諸字，無不寓象。此巳字，與〈大畜〉「有利，利巳」之巳，象數正同。由此求之，則諸家之紛，皆可解矣。

師貞丈人。《子夏傳》作「師貞大人」，《集解》引崔憬曰「並王者之師也」。案《象》云「師眾貞正也」。能以眾正，可以王矣。故老子曰：「域中有四大，而王居其一焉」。由是觀之，則知夫為王者必大人也。豈以丈人而為王哉！故〈乾・文言〉曰「夫大人與天地合德，日月合明，則先天而天不違，後天而奉天時」。天且不違，而況於人乎？況於行師乎？以斯而論，《子夏傳》作「大人」是也。今王氏曲辭大人為丈人，臆云莊嚴之稱。學不師古，匪說攸聞。既誤違於經旨，輒改正作大人明矣。按《釋文》鄭云：「能以法度長於人」。史氏《口訣義》：「陸績曰『師為眾，首長而行』」。是前人如鄭、陸亦同今本也。李氏以為學不師古，匪易攸聞，未免太過矣。而其解實不可易。

辛齋按：《釋文》「丈人」絕句。晁氏曰：「崔憬、李鼎祚皆云《子夏傳》作『大人』說之」。案揚雄作「丈人」，是不僅鄭與陸為然也。其規李氏甚當。但謂其解實不可易，則仍不免為李所誤矣。師「眾」、大有「眾」，皆出於天地陰陽自然之象數。鄭注「丈」之言長，確為古訓。乾元者，善之長也。乾「長人」元，師「丈人」帥。《兵法》地生度，度生量，量生數。丈人，丈度也。周制：「寸尺咫尋常仞諸度」，皆以人之體為法。故寸法度也。从又从一。寸者，法度所起。丈从又持十，起於寸从一，具於丈持十。數起坎子一至兌酉十。故坎兌曰節。節以制度。丈一至十，丈人仗天地節以制度數。太公《陰符》及《遁甲》諸術，俱出於此。與師出以律，相承一氣。改為大人，六爻之象義皆乖矣。

《釋文》所載，各本異字。及《集解》所存，各家異說。如祐多作右，祥多作詳，輿多作車，他多作它，國多作邦【辛齋按：漢人因避諱，邦字多改國字。後人有未及改者，故多異同】，皆無甚同異，不必摭取。惟其迥然別出者，如小畜之「尚德載」，《集解》引虞翻說作「尚得載」；否之「不可榮以祿」，《集解》引虞翻說作「不可營以祿」【說以坤為營】。萃之「齎諮涕洟」，《集解》引虞翻說作「齎資涕洟」【說以齎為持，資為賻，嗇稱賻】。《說卦》之「為狗」，《集解》引虞翻說作「為拘」【說以指屈伸制物為拘】。所說皆別有義，《釋文》未及收，故諸家未及論。其有為陸德明所摘，僅載異字，未載異義者，今略記數條於此。

辛齋按：「尚德載」之德，《子夏傳》京房皆作「得」，不獨虞也。「榮」，荀亦作「營」。「狗」，虞作「拘」。曰舊作「狗」。上已為狗字之誤。拘與狗義固大別，至德與得、營與榮，古字猶為通用也。

大有「匪其彭」，《釋文》虞作「尪」。明辨「晢」也，《釋文》虞作「折」。按《集解》引虞翻曰「匪」，非也。其位尪，足尪體行不正，四失位折震足，故尪。變而得正，故无咎。尪或為彭，作旁聲。字之誤也。折之離，故明辯折也。四在乾則尪，在坤為鼠，在震噬胏得金矢，在巽折鼎足，在坎為鬼方，在離焚死，在艮旅于處，言无所容，在兌睽孤孚厲。三百八十四爻，獨无所容也。

辛齋按：《說文》：𢓊，曲脛人也。皙，鄭作遰，讀如明星皙皙。此皆當時所傳之本互異。𢓊之與彭，皙之與遰，皆相去甚遠。無傳訛之理也。

坎「樽酒，簋貳，用缶」，《釋文》讀也。「樽酒簋，貳用缶」，舊讀也。樽，陸音尊。牖，陸音酉。又云陸績作「誘」，如是而已。攷《集解》則與舊讀同，而與所解異。虞翻曰：「震主祭器，故有尊簋。坎為酒。簋，黍稷器。三至五有頤口，震獻在中故為簋。坎為水，震為足。坎酒在上，尊酒象。貳，副也。坤為缶。禮有副尊，故貳用缶耳」。又曰：「坎為內也。四陰小，故約艮為牖。坤為戶。艮，小光照戶牖之象。貳用缶，故內約自牖。得位承五，故无咎」。又引崔憬曰：「於重險之時，居多懼之地。近三而得位，比五而承陽。修其絜誠，進其忠信，則雖祭祀省薄，明德惟馨。故曰『尊酒簋貳用缶內約』。文王於紂時行此道，從羑里納約，卒免於難。故曰『自牖終无咎也』」。据此以納為內，又別義矣。

辛齋按：簋音軌，顧氏曰古音九。《說文》簋古作匭，徐鍇九聲也。蓋以簋與缶牖為韻者也。

然依《釋文》句讀，酒與缶、牖為韻亦叶。「納」，京氏及一行皆作「內」，與《集解》同。

睽「先張之弧，後說之弧」。《釋文》「京、馬、鄭、王肅、翟元，說之弧作壺」。按《集解》引虞翻曰：「謂五已變乾，為先，應在三。坎為弧，離為矢，張弓之象也。故先張之弧。四動震為後，說猶置也。兌為口，離為大腹，坤為器。大腹有口，坎酒在中，壺之象也。之應歷險以與兌，故後說之壺矣」。若不見《集解》，只看《釋文》則幾不可解。

辛齋按：《釋文》「後說之弧」，本亦作壺。京、馬、鄭、王肅、翟子，元作壺。晁氏曰：「當作壺」。此節所引，蓋小誤也。古人箭服亦日壺。《左氏傳》「納之壺中」是也。虞注必以坎酒在中釋壺，似反多一支節也。

夬「莧陸」，《正義》引《子夏傳》馬融、鄭元、王肅說、董遇說「皆草名也」。《釋文》引宋衷、虞翻說「亦草名也」。不過有一草二草之分耳。董遇曰：「莧」，人莧也。「陸」，商陸。虞翻曰：「莧」，蕢也。「陸」，商也。余考之《集解》所引，恐《釋文》有悞。按彼引虞說云「莧」，說也，莧讀「夫子莧爾而笑」之莧。「陸」，和睦也。震為笑言，五得正位，兌為說，故「莧陸夬夬」。大壯震為行，五在上中，動而得正，故「中行无咎」。舊讀言「莧陸」，字之悞也。馬君、荀氏皆從俗言「莧陸」，非也。按此註係「莧作莞，陸作睦」。《釋文》於莧字有一「本作莞」，華板反之音。於陸有「蜀才作睦，親也通也」之解，正是此一注之旨。乃云「虞曰莧蕒，陸商也」，殆不可解。

辛齋按：虞注《集解》，采載甚詳，無「莧蕒陸商」之說。《釋文》必以他人之注，悞為虞氏耳。惠定宇宗虞說，謂莞作莧，陸古文睦，見漢《唐扶頌》，及《嚴舉碑》。莧陸者，笑見於面，與〈九三〉「壯頄」相反，所謂說而和也。虞說蓋本孟《易》之義而推廣之。孟曰：「莧陸，獸名。夬有兌，兌為羊也」。虞氏和悅之意，實本諸此。項安世曰：「莧音丸，山羊也。陸，其所行之路，猶鴻漸于陸之陸」。吳草廬曰：「莧字上从卝，羊角也。中从目，羊目也。下从儿，羊足也，故寬從莧聲」。皆推廣孟義，於象最洽。詳拙著《學易筆談二集》。

艮其限，列其夤厲熏心。《釋文》「夤」，鄭作䏰，荀作腎。「熏」，荀作動。不載虞本。攷《集解》虞注，則「列」作裂，「熏」作閽。曰：「限，要帶處也。坎為要，五來之三，故艮其限。夤，脊肉。艮為背，坎為脊，艮為平。震起艮止，故裂其夤。坎為心，厲危也。艮為闇。闇，守門人。坎盜動門，故厲闇心。古闇作熏字。馬因言熏灼其心，未聞《易》道，以坎水熏灼人也。荀氏「薰」為動，讀作動，亦非也」。此解甚新，取象亦確。荀之以「薰」為動，不觀此亦不了然也。

辛齋按：《釋文》「夤」，引真反。馬云：「夾脊肉也」。鄭本作「臏」，徐又音「胤」，荀作「腎」。晁氏曰：「『夤』孟京、一行作『胂』」，攷《說文・夕部》「夤」，敬也。肉部。「胂」，夾脊肉也。是本字當作「胂」，夤乃叚借字。《玉篇》「朋臏」并云「脊肉也」，《說文》無臏字。「朋」瘢也。鄭之作「臏」，或亦胂字之誤。〈乾・九三〉「君子終日乾乾，夕惕若厲无咎」，《說文》引《易》作「夤厲无咎」，即與此夤字文義，互相發明者也。詳《學易筆談初集》。

婦喪其茀。《釋文》、《子夏》作「婦喪其髴」。干云「馬髴也」，鄭云「車蔽也」。荀作「紱」，董作「髢」。按諸說皆未見，惟鄭註尚可攷。《集解》則載虞翻說「茀作髴」，與《子夏》同。曰「離為婦，泰坤為喪。髴髮，鬒髮也。一名婦人之首飾。坎為元雲，故稱髴。《詩》曰：『鬒髮如雲』。乾為首，坎為美。五取乾二之坤為坎，坎為盜。故婦喪其髴。泰震為七，故「勿逐七日得」。與睽「喪馬勿逐」同義。髴或作茀。俗說以髴為婦人蔽膝之茀，非也」。

辛齋按：《釋文》「茀」，方拂反。《子夏》作髴，荀作紱，董作髢。《集釋》馬氏曰：「首飾也」。鄭氏曰：「車蔽也」。兩說不同。然飾之與蔽，義亦相近。惟訓首飾者，當從《子夏傳》。作「髴」馬、虞諸說是也。訓為車蔽，應作茀。《詩》曰「翟茀來朝」是也。王輔嗣本既作「茀」，又從馬訓為首飾，兩失之矣。

《說卦》震為「龍」，《釋文》如字。虞、干作「駹」。虞云「蒼色」，干云「雜色」。艮為狗。《釋文》於上出云音苟，下不出必如字也。兌為羊。《釋文》虞作羔。按《集解》引虞翻說曰：「羔」，女使。皆取位賤，故為羔。舊讀以震駹為龍，艮拘為狗，兌羔為羊，皆已見上。此為再出，非孔子意也。震已為長男，又為長子，謂以當繼世守宗廟主祭祀，故詳舉之。三女皆言「長中少」，明女子各當外成，故別見之。此其大例也。

辛齋按：震為龍，鄭氏曰「龍讀為尨，取日出時色雜也」。虞氏翻曰：「蒼色。震東方，故為駹」。舊讀作龍。上已為龍，非也。朱氏震曰：「龍當作駹」。《國語》「日月會於龍豵，孟春日月會於娵訾，斗建寅，旦見尾中，播種之時。无妄益乾變震之象乎？」餘詳《學易筆談初集》。

陸氏《釋文》所載各本，惟《李氏集解》間存各說，其無從校勘者正多。然有不標虞本而適與虞同者，有明出今本而乃與今異者。又有《集解》之字，參差同異，不收於《釋文》者。其與虞本同者，若「三褫」云：鄭作「拕」。「三驅」云：鄭作「毆」。「其墉」云：鄭作「庸」。「裒多」云：鄭、荀、董、蜀才作「捊」。「得輿」云：董作「德車」。「多識」云：劉作「志」。「日閒」云：鄭人實反【辛齋按：「日閒」即日閒輿衛。今本作日閑】「之牿」云：《九家易》作「告」。「祇既平」云：京作「禔」。「麗乎土」云：王肅作「地」。「振恆」云：張作「震」。「鼫鼠」云：子夏作「碩鼠」。「牛掣」云：說文作「觢」。「甲坼」云：馬、陸作「宅」。「翔也」。鄭、王肅作「祥」。「鮮矣」云：鄭作「尟」。「禮卑」云：蜀才作「體」。「裁之」云：本又作「財」。「錯之」云：本又作「措」。「包犧」云：本又作「庖」。「以佃」云：本亦作「田」。「以漁」云：本亦作「魚」。「擊柝」云：《說文》作「欜」。「暴客」云：鄭作「虣」。「為旉」云：本亦作「專」。「寡髮」云：本亦作「宣」。「則飭」云：鄭、王肅作「飾」。此皆《集解》中虞本之字也。其與今異者，如「不易世不成名」，《釋文》出「不成名」三字，今本多兩「乎」字。「君子以經綸」，《釋文》出「論」字，今本作「綸」。「无平不陂，天地際也」，《釋文》出「无平不陂」句，今本是「无往不復」。「篇篇」，《釋文》出此二字，今本作「翩翩」。「聖人神道設教」，《釋文》出此句，今本多「以」字。「剝无咎」，《釋文》出此句，今本有「之」字。「樽酒簋」，〈釋文．大象〉出此句，今本聯「貳」字。「懲忿」，《釋文》出「徵」字，今本作

「懲」。「未光也」【萃九五】，《釋文》出此句，今本多「志」字。「未光大也」【噬嗑九四】，《釋文》，出此句，今本少「大」字。「喪牛之凶」，《釋文》出此句，今本作「于易」。「承匡」，《釋文》出此二字，今本作「筐」。「默而成」，《釋文》出此三字，今本多「之」字。「莫善蓍龜」，《釋文》出此句，今本作「莫大」。「何以守位曰人」，《釋文》出「人」字，今本作「仁」【辛齋按：此仁字，非王弼本，乃王肅、卞伯玉；桓元明、僧紹本，《集解》、《正義》因之。今本仍作「人」。係朱子從呂氏古本改正】。「為罟」，《釋文》出此二字，今本作「為罔罟」。「挎木掞木」，《釋文》出此二字从手，今本皆从刀【辛齋按：《釋文》此二字下有「本又作刳，口孤反。徐又口溝反。亦作剡。以冉反」】。「以全身也」，《釋文》出「全身」，今本作「存」【辛齋按：《釋文》云「本作存」】。「死其將至」，《釋文》出此，今本作「期」【辛齋按：《釋文》云「亦作期」】。「滅趾」，《釋文》出「止」，今本作「趾」。「尟不及矣」，《釋文》出「尟」，今本作「鮮」。「以晅之」，《釋文》況晚反，今本作「烜」【辛齋按：《釋文》況晚反，本又作「晅」。今通行本仍作「晅」】。此皆非王弼本字也。蓋《李氏集解》，雜取諸本，而擇錄一說，不必用某說即用某本。而《經典釋文》，乃隋唐初本，至開成刻石經，已多不同。後人刻王注，不復參正，所以互校而不一耳。其《釋文》未收，《集解》顯異者，如履之「眇能視，跛能履」，及歸妹之「眇能視，跛能履」，與乾卦之「始能以美利」，「能」字，《集解》皆作「而」。「而況於人乎」，《集解》作「況於人乎」。屯之「滿盈」，《集解》作「形」。噬嗑之「腊肉」，《集解》作「昔」。大畜之「能止健」，《集解》作「能健止」。大壯「大輿之輹」，《集解》作「腹」。離之「自昭明德」，《集解》作「照」。益「固有之也」，《集解》作「矣」。鼎「其形渥」，《集解》作「刑」。歸妹「未當也」，《集解》作「位未當也」。「有以見天下之賾」，「探賾」，《集解》皆作「嘖」。「是以君子」，《集解》作「是故」。「夫易何為者也」，《集解》作「何為而作也」。「亹亹」，《集解》作「娓娓」。「掘地」，《集解》作「闕」。「屈也」，《集解》作「詘」。「不勸」，《集解》作「不動」。「不懲」，《集解》作「徵」。「而不可掩」，《集解》作「弇」。「知小力小」，《集解》俱作「少」。「天地絪縕」，《集解》作「壹壺」。「初率其辭」，《集解》作「帥」。「物之始生也」，《集解》作「萬物」。「有大者」，《集解》作「大有」。「然後可畜」，《集解》作「物然後可畜」。「物不可久居其所」，《集解》作「物不可以終久於其所」。「必反其家」，《集解》作「必反於家」。夬「必有所遇」，《集解》作「必有遇」。「小人道憂」，《集解》作「道消」。此諸字有輯以補《釋文》者，亦可觀也。又「履虎尾不咥人亨」，《集解》下有「利貞」二字。萃卦「聚以正也」，《集解》下亦有「利貞」二字。復卦「其來復吉」之上，《集解》有「无所往」三字【辛齋按：此三字當因解卦而誤入之者】。《序卦》「物畜然後有禮」之下，《集解》有「禮者履也」四字【今入注】。「履而泰然後安」，《集解》此句無「而泰」二字。「萃亨」，《集解》卦下無「亨」字。《釋文》於離卦未收，王肅本多二句。於《說卦》未收，《荀九家》逸象三十六，而獨不屑及此。

辛齋按：此段可補陸氏《釋文》之闕。而《集解》異文，有為古義所僅存者。如能之為而臘之為昔，人罕注意。不知《六書》之旨，悉諉於《易》象。不明古訓詁通段之用，終無以識經傳文字變化之妙也。至今本《易經》，已久非王肅之舊。自朱子据呂氏本改訂字句，亦有改從古本者。後人復因此以改注疏本。而所謂今本、古本者，遂無從釐然畫分。今據《集解》所存，唯虞氏原文，尚多可見。其錄諸家之異字，未必盡為當日之原文矣。

范諤昌《易證墜簡》，言〈震・象〉「出可以為宗廟社稷主」，上脫「不喪匕鬯」四字。王申子《緝說》，言〈屯・象〉「天造草昧」下脫「勿用有攸往」五字。《韓詩外傳》引〈謙〉「亨君子有終吉」，多一「吉」字。《說苑》引「立象成器以為天下利」多一「象」字。皆於文義為足。至其字句之倒置，點讀之歧異，則〈革・九三〉「征凶貞厲」四字，在「革言三就，有孚」下。〈夬・九三〉「君子夬夬」四字，在「若濡有慍」下。此胡安定《口義》之說也。「改邑不改井，乃以剛中也」，此二句上接「巽乎水而上水」在先。「无喪无得，往來井井」，此二句接「井養而不窮也」在後。此王申之《緝說》之本也。又「汔至亦未繘，未有功也，井羸其瓶」，「井」字在「未有功也」之下，不在「亦未繘」之下，此《李氏集解》之讀也。

辛齋按：各家《章句》不同，意義亦別。鄧氏《問心錄·周易解》，采摭頗詳，為講《易》者所不可不知者也。至古書所引經文有字句先後倒置者，則以著者一時悞記，偶未及檢，時或有之，未可盡據以為古經異文之證也。范諤昌傳希夷之學，為劉牧之師，宋天禧中為毗陵從事，著《易證墜簡》一卷，今已無傳。此所引者，見《困學紀聞》。

漢《易》有書，自田何始。《易》家著書，自王同始。皆不傳。今所傳有《子夏易傳》，或云丁寬作，或云軒臂子弓作，或又云杜子夏作，大都皆漢人，不至如唐人之偽作也**【今傳本乃張弧偽作】**。散見《釋文集解正義》中者，如元始也，亨通也，利和也，貞固也；潛龍曰龍所以象陽也；師丈人作大人；並王者之師也；先甲三日，後甲三曰：先甲三日，辛壬癸也，後甲三日，乙丙丁也；帝乙歸妹，謂湯之歸妹也。右五條見《集解》。

城復於隍，隍是城下池也；說輹，輹車劇也；咸其脢，在脊曰脢；見善則遷，雷以動之，風以散之，萬物皆益；莧陸木根草莖，剛下柔上也；包瓜作杞匏瓜。右六條見《正義》。

地得水而柔，水得地而流，故曰比**【《集解》有之，《釋文》亦引】**。亢龍：亢，極也；屯如辭也，乘馬音繩，无眚妖祥曰眚；孌如作戀如，云思也；愬愬恐懼貌；篇篇作翩翩；隍作堭；謙作嗛，云謙也；其彭作其旁；盱豫作紆；盍簪亦作簮；乾胏，胏作脯；月幾望，幾作近；戔戔作殘殘；束帛五匹為束；三元二纁象陰陽，災眚，傷害曰災；妖祥曰眚；逐逐作攸攸，拂經作弗；云輔弼也，寘于，寘作湜；戚嗟，戚作嘁，咸其拇，拇作踇；肥遯云肥饒裕；鼫鼠作碩鼠；夷于，夷作睇，用拯，拯作抍；其牛掣，作𢍺，一角仰也；牽羊，牽作掔；金柅，柅作鑈；包瓜，包作苞；徐徐，作荼荼；射鮒，謂蝦蟆也；甃，云修治也；沛作芾；見沬，云沬星之小者；資斧作齊斧；用拯，拯作抍；其茀，作其鬑；繻，作褍；袽，作茹。右四十一條見《釋文》。又程迥《古占法》解「有他」，云子夏曰「非應曰他也」。

辛齋按：《子夏傳》今有兩本：一刻於照曠閣及《通志堂經解》，一為玉函山房所輯《逸書》。玉函即采自《說文》、《集解》、《釋文》及他經注疏，與諸子所引者，雖非卜氏作，尚有古意。《經解》所刻，不但非漢魏人所作，亦非六朝人文字，大類宋人語氣，所謂偽而又偽者也。

《施氏易》不傳，《梁丘易》亦不傳，間存者孟與京而已。漢《易》四家，惟見二家。而京氏流入術數，孟氏似主義理。今即散見《說文》、《正義》、《釋文》者摘出。《禮記疏》引孟喜說「《易》有周人五號：帝，天稱，一也。王，美稱，二也。天子，爵號，三也。大君者，興盛行異，四也。大人者，聖人德備，五也」。《詩疏》引孟喜曰「天子駕六路」，史註引孟喜曰「莧陸獸名。夬有兌，兌為羊也」。《大衍曆》引孟喜曰「自冬至初，中孚用事。一月之策，九六七八，是為三十。而卦以地六，候以天五，五六相成。消息一變，十有二變而歲復初」云云。《李氏集解》「陰疑於陽必戰」引孟喜曰「陰乃上薄疑似于陽，必與陽戰也」，〈豐・上九・象〉引孟喜曰「天降下惡祥也」。陸氏《釋文》「利物」，孟喜作「利之」；「頰舌」，孟喜作「俠」；晉，孟作齊；失得，孟作矢；窒，孟作恎；欲，孟作浴；偏辭，孟作偏；則昃，孟作稷；見斗，孟作見主；爾靡，孟云彼反；而命，孟作明；隤然，孟作退；大寶，孟作保；包，孟作伏；犧，孟作戲；耒耨，孟云耘除草；像也，孟作象；《雜卦》，孟云雜亂也。又許氏《說文・序》曰「其稱孟氏《易》，皆古文也」。据此，則許氏所引，必孟氏之本。如夕惕若夤；忼龍有悔；乘馬驙如；再三黷；禔既平；百穀草木麗於地；以往遴包巟用馮河；僮牛之告；泣涕漣如；其牛觢；天自剿；君子豹變，其文斐也；噬乾𡗗；明出地上；簮顨邑艮楮恆凶；枅馬壯吉；𡕩升大吉；履虎尾，虩虩；豐其屋；日佰之離；需有衣絮；夫乾隺然；天地壹壺，犕牛乘馬；參天兩地；重門擊欜；燥萬物者暵于離；雜而不越為馰顙。又引：地可觀者，莫可觀於木；井法也；槷䵤孰飪。今《易》所無，或亦孟說【**辛齋按：此說字，當**

易字之訛】之詞也。

辛齋按：漢《易》於今既無完書，叔重去古未遠，所引必有可據。惟漢人引書，不必定屬經文。引《易》傳、注，亦往往稱《易》，厥例甚多。是以所引之辭，恆有出於經文之外者，不可不知也。孟解：「雜，亂也」。此亂字有二義：亂治也。亂樂之卒章也。「既濟初吉終亂」，亂有終義。故《十翼》之卒曰《雜卦》。卦相雜，謂之文，皆非不美之名。後人誤解亂字為紛亂，去古義遠矣。

康成《詩箋》多改字。其註《易》亦改字。王伯厚曾摘之，惠定宇又辨之。愚以為《釋文》所載某字鄭作某者，其傳本異也。其餘則一有某讀如某之例，一有某當為某之例，並未改字也。如履霜，履讀為禮。慊字，讀如羣公溓之溓。需卦，需讀為秀。包荒，荒讀為康。明辨遰遰，讀如明星晢晢。撝謙，撝讀為宣。冥豫，冥讀為鳴。豕之牙，牙讀為互。摧如，讀如「南山崔崔」之崔。皆甲宅，皆讀如人倦之解【皆本作解，從孫氏改】。一握，握當讀為「夫三為屋」之屋。羸其瓶，讀曰纍。為龍，龍讀為尨，或曰讀為，或曰讀如，皆別音求義，非改字取義也。至包蒙當作彪。順以巽也，巽當作遜。祇既平，祇當為坻。劓刖當為倪杌。天際、祥際當為瘵。道濟天下，道當作導。至嘖，嘖當為動。有功而不置，置當為德。研機，機當作幾。因貳以濟，貳當為式。為乾卦，乾當為幹。或曰當作，或曰當為，亦別字為義，非改字從義也。至枯楊生荑，注枯音姑，謂无姑山榆。荑木更生，謂山榆之實。直是其本稊作荑，故為別解。錫馬、蕃庶，謂蕃遮禽也。亦是其本庶音遮，故用別字，亦非改字比也【周幹臣案：惠氏《九經古義》曰「《管子・侈靡篇》云『六畜遮育，五穀遮熟。則蕃遮猶蕃育也』」。辛齋按：此乃古時通俗之語也】。

辛齋按：古人傳經，耑賴師說。師說不同，文字遂異。即同一師說，傳寫之間，亦不能無少差別。此古經所以多異文也。鄭氏初習京《易》，後更習費《易》，此其文同而讀異者，或即京、費傳本之差別也。遮者，語助辭。至唐人詩中尚屢見「遮莫」、「奢遮」等字，或古代俗語所慣用者耳。

顏延年《庭誥》云「馬、陸得其象數，取之於物。荀、王舉其正宗，得之於心」。宋時已漸輕漢《易》，故漢注十三家皆失傳，而王註千百年獨傳。夫《易》以「辭變象占」為道，漢人鑿於四者之中，王注超於四者之上，宋【辛齋按：此宋字乃謂前宋】人又索於四者之先。讀〈略例・明象〉一篇，與〈辯位〉一篇，如劍斬亂絲，如繩引覺路，如鍼起廢疾，誠為古今快事。然《易》中理數極博，詞象亦奇。必盡去卦氣納甲爻辰之說，而又不言互卦，不求變卦，不問來卦【**辛齋按：宋人未嘗不言變卦、來卦，特未得當耳**】，則聖人明白立言，何必遠取諸物，近取諸身？若是之斑駁陸離而不厭耶？【**周幹臣案：晁氏說之曰：「江左祖尚元虛，弼學始盛。然晉專立鄭學，宋元嘉，王、鄭兩立，顏延之為祭酒而黜鄭置王」。又案：「《隋志》，《王弼易》下附注魏散騎常侍《荀輝易》十卷，殆以其近王弼之學，故附之」。延年所指，當是荀輝。何義門以為荀爽。則爽本象數之學，與弼不同，恐誤也**】。

辛齋按：典午以後，雖王弼之《易》，盛行江左。然如郭璞、關朗、一行、李鼎祚、劉夢得輩，均能研求象數，不尚空譚。即王昭素、司馬溫公說《易》，亦非祖尚玄虛者。至《程傳》盛行，漢學始絕。而同時康節數學，已傾倒一時。朱子已深悟空談名理之不足以盡《易》，所撰《本義》，程、邵兼從。而《啟蒙》更盡從邵說，遂開圖書說《易》之宗。而漢宋之蹊徑，亦由此判矣。

京氏謂二至四為互體，三至五為約象。《左傳・莊公二十二年》「陳侯筮，遇觀之否。曰：『風為天於土上，山也』」。杜注「自二至四有艮象。艮為山」。此節論互體之祖也。王弼專譏互卦，而注〈睽・六二〉曰「始雖受困，終獲剛助」。睽自初至五成困，即互體也。【**辛齋按：王注未有此文。且初至五互節，非互困也**】，朱子不用互卦，而注〈大壯〉云「卦體似兌，有羊象焉」。亦論互體也。故朱子發曰:「需利用恆者,需之恆也」。蒙順以巽者,蒙之觀也。乾九四乾道乃革者,乾之小畜也。小畜之中,又有離兌,故曰革。是謂天下之至變。然則不但於本卦中求互,出於《易》之自然。即於互卦中求互,亦出於《易》之自然。推之蒙曰困蒙,履曰夬履,臨曰咸臨,小畜曰復自道,夬曰壯於頄,離曰履錯然,咸曰執其隨,兌曰孚於剝,鼎曰鼎耳革,泰曰帝乙歸妹,皆可為互卦之證。王弼之注,程子之傳,雖屬正宗,彼瑣瑣者亦非外道也。

辛齋按:互體自《易》中之一義,固不可廢。然此所引,則各有其義,非互體所能盡也。《易》有通、有變、有互、有伏,執一例以概之,未有能通者也【蒙、履、臨、夬等卦,有為上下易及對卦者,不盡互體。詳《易楔》】。

反對之圖,《易》中所有也。相生之圖,《易》中所無也。然《易》象如訟曰「剛來而得中」;賁曰「柔來而文剛」;蠱曰「剛上而柔下」;咸曰「柔上而剛下」;噬嗑曰「剛柔分」;節亦曰「剛柔分」;晉曰「柔進而上行」,睽亦曰「柔進而上行」;以及无妄之「剛自外來,而為主於內」;渙之「柔得位乎外而上同」。曰「來」曰「行」曰「上下」,曰「分」曰「進」曰「內外」。是玩辭之中,本有觀變之旨。故〈損・六三〉之言「三人行則損一人,一人行則得其友」,

是周公已自言其變也【辛齋按：周公爻辭，無一非言其變者。獨損之六三所言，則非僅一變字所能盡之。精理奧義，非言所能罄。故孔子《繫傳》以「天地絪緼，男女媾精」擬之。乃陰陽變化之樞機，六十四卦之秘鑰。已略見於《筆談初集》】。仲翔釋〈比〉曰「師二上之五得位」。蜀才言此本師卦六五降二，九二升五。是漢人亦共發其變也。【辛齋按：此言升降未足以盡卦變。況漢人言卦變者，更不僅此也】後人擇之不精，推之不詳，如虞仲翔、李挺之之圖成【虞仲翔未嘗有圖。今傳虞《易》之圖，出於錢辛楣、張臯文諸家所擬訂。未可竟謂虞氏之圖也】，而窒礙者雜見。致四陰四陽之卦，與二陰二陽之卦，重出者八。其主變屬之臨、遯乎？屬之大壯、觀乎？抑兼屬之乎？其說有時而窮也。即以《彖傳》證之。如无妄之「剛自外來」，遯之初三相易，皆在內卦，非外來也。晉之「柔進上行」，觀之四五相易，皆在上卦，無所謂進也。睽之「柔進上行」，大壯三上相易，柔為下行，非上也。蹇之「往得中」，觀三上相易，不得為中也。總之剛柔等語，或以卦言，或以爻言。隨文立義則通，執此暨彼則閡。胡氏朏明，著有《易圖明辨》。專攻世之以圖書談《易》者，真卓識矣。

辛齋按：卦變有升降，有旁通，有消息，非一端可盡。自李挺之始著反對、相生等圖，後人踵之者百數十家。愈變而窒礙愈多。黃梨洲《象數論》，胡朏明之《易圖明辨》，胡滄曉之《周易函書》，與顧亭林、毛西河諸家，論之詳矣。而滄曉自為之說，亦未可盡通。蓋《易》道變化無窮，古人言變之最詳者，莫過於《焦氏易林》。然亦祇四千九十六卦，盡其象，仍未能盡其數也。數變而象無不變，則象亦盡而未盡也。又孰能以一圖盡之？夫《易》象八八，與算數九九，變化相似也。然則但言六十四卦之變，祇等於八十一數之九九。有謂九九數之足以盡加減乘除之用者，人必笑其愚矣。即廣之為九九八十一歸除，數之變化仍未盡也。況算之變化，單簡者也。數之外無數，卦之變化，複雜者也。象之外又有數有氣，又各有其理。夫安得執一圖以概之哉？然數雖無盡，九九之數，固不可廢。彼八八之圖，亦何妨並存？苟能心知其意，得魚而忘筌可也。必斷斷然為漢宋之爭，執丹非素，伸己詘人，吾未見其能真知《易》者也，《易圖明辨》，辨則辨矣。若謂之明，吾斯之未能信。

咸其拇，咸其腓，咸其股，咸其脢，咸其輔，取諸身者五爻。艮其趾，艮其腓，艮其限，艮其身，艮其輔，取諸身者亦五爻【辛齋按：咸四憧憧往來，亦取諸身心不可見，故曰思，不僅五爻也】。推之剝則以足、以辨、以膚，噬嗑則滅趾、滅鼻、滅耳，明夷之入於左腹，豐之折其右肱，夬曰臀无膚，姤亦曰臀无膚，既濟曰濡其首，未濟亦曰濡其首，以及遯尾，鼎耳，壯頄，賁趾，皆取諸身之象也。於草，則蒺蔾、葛藟、茅茹、莽也、莧也。於木，則枯楊、苞桑、杞也、果也。於鳥，則鴻也、雉也、鶴也、隼也。於獸，則鹿也、狐也、虎也、豹也。於蟲魚，則龍也、魚也、鮒也、龜也。於六畜，則牛也、馬也、豕也、羊也。他若金柅玉鉉，張弧說輹，渙杌劓刖，皆取諸物之象也。謂如《詩》之興體，無關《易》之取象。豈足以服漢諸儒之心耶？然必字字附會，物物牽合。求之本卦不備，又求之互卦。求之互卦不備，又求之變卦。則傎矣

辛齋按：此所謂模稜之論也。夫既知《易》之有象矣，求之不得，而又不欲深求，此《易》象之所以終不能明也。孔子曰：「《易》廣矣大矣！」豈僅本卦互卦變卦所能盡？并此而不求，則無殊學算者。但求加減，而不問乘除。尚侈語於人曰：自一至十，吾已盡識。天下之數，孰能外此？彼乃求之加減不已，更求諸乘除。乘除不已，更求諸少廣微積。是亦不可以已夫！朱晦菴以後之言象數者，大率類是。

《乾鑿度》曰「乾陽也，坤陰也，並如而交錯行。乾貞於十一月子，左行陽時六【子寅、辰午、申戌是也】。坤貞於六月未，右行除時六【未酉、亥丑、卯巳是也】」。此即鄭注爻辰所本也，《周禮，太師》註，與《國語・周語》註合。蓋十一月黃鐘，乾初九也。十二月大呂，

坤六四也。正月太簇，乾九二也。二月夾鐘，坤六五也。三月姑洗，乾九三也。四月中呂，坤上六也。五月蕤賓，乾九四也。六月林鐘，坤初六也。七月夷則，乾九五也。八月南呂，坤六二也。九月無射，乾上九也。十月應鐘，坤六三也。以十二爻值十二月，故何妥《文言注》，即以初九當十一月，九二當正月，九三當三月，九四當五月，九五當七月，上九當九月也。順行十有二月，又上值二十八宿。左行者，初九為子，上值虛危；九二為寅，上值箕尾；九三為辰，上值角亢；九四為午，上值星柳；九五為申，上值參觜。上九為戌，上值奎婁是也。右行者，初六為未，上值鬼井；六二為酉，上值畢昂；六三為亥，上值壁室；六四為丑，上值牛斗；六五為卯，上值心房；上六為巳，上值翼軫是也。鄭註用爻辰數處，〈比・初六〉曰「爻辰在未，上值東井」；〈泰・六五〉曰「爻辰在卯，春為陽中」；〈坎・六四〉曰「爻辰在丑，丑上值斗」；〈上六〉曰「爻辰在巳，巳為蛇」；〈離・九三〉曰「位近丑，丑上值弁星」；〈明夷・六二〉曰「爻辰在酉，酉是西方」；〈九三〉曰「爻又在辰，辰得巽氣為股」；〈困・九二〉曰「辰在未，未為土，上值天廚」；〈九四〉「爻辰在午時，離氣赤為朱」；〈中孚・六三〉曰「爻辰在亥，亥為豕」；〈六四〉曰「爻辰在丑，丑為鼈蟹」。至其註〈小過・象〉，則直用《乾鑿度》，曰「中孚為陽，貞于十一月子；小過為陰，貞於六月未；法於乾坤」。凡漢儒解「復之七日」，「臨之八月」，其義皆出於此。

辛齋按：此言《周禮・太師》注，與《乾鑿度》合，殊悞。蓋一以合聲言，一以相生言。故順逆之序各異。詳《學易筆談初集》。漢人《易》注，有語似極拙，而細按之甚有深意者。而《乾鑿度》所傳，精意尤多。如以中孚、小過為法於乾坤，所以指導後人者尤多。此漢《易》之所以可寶也。

愚一錄《易》説訂 卷二

卦象圖【辛齋按：卦象圖即孟氏卦氣圖】自復至咸，八十八陽，九十二陰。自姤至中孚，八十八陰，九十二陽。咸至姤，凡六日七分。中孚至復，亦六日七分【辛齋按：此說本王伯厚《困學紀聞》。可見孔子《上繫》起中孚，《下繫》起咸，實非偶然。而卦氣用事之法，其傳甚古，亦於此可見矣】。此陰陽自然之數也。《是類謀》云「冬至日在坎，春分日在震，夏至日在離，秋分日在兌」。四正之卦，卦有六爻。爻主一氣。餘六十卦，卦主六日七分。八十分日之七【辛齋按：上句既言七分，此六字為衍文矣】。歲有十二月，三百六十五日四分日之一。六十而一周。《後魏書·律曆志》推四正卦術曰「十一月未濟、蹇、頤、中孚【子中】、復。十二月屯、謙、睽、升、臨。正月小過、蒙、益、漸、泰。二月需、隨、晉、解、大壯。三月豫、訟、蠱、革、夬。四月旅、師、比、小畜、乾。五月大有、家人、井、咸【午中】、姤。六月鼎、豐、渙、履、遯。七月恆、節、同人、損、否。八月巽、萃、大畜、賁、觀。九月歸妹、无妄、明夷、困、剝。十月艮、既濟、噬嗑、大過、坤。四正為方伯，中孚為三公，復為天子【辟卦】，屯為諸侯，謙為大夫，睽為九卿。升還從三公，周而復始」。

辛齋按：卦氣用事，相傳甚古，非孟京所能創造。與爻辰合律，皆三代以前所有。觀《伶州鳩》及《梓慎裨竈》所論列，皆與《易》象吻合，而後世術家之為用，更無能外此。子雲《太玄》、邵子《皇極》雖各極其數，而玄圖與先天圖，皆不能適用。此中蘊義甚深。後人以字義求之，無怪其莫能通矣。

納甲圖：坎離日月也，戊己中土也。晦夕朔旦，坎象流戊。日中則離，離象就巳。三十日會於壬，三日出於庚，八日見於丁，十五日盈於甲，十六日退於辛，二十三日消於丙，二十九日窮於乙，滅於癸。乾息坤成巽，十六日也，艮二十三日也。二十九日而坤體就。出庚見丁者，指月之盈虛而言，非八卦之定體也。甲乾乙坤，相得合木，故甲乙在東。丙艮丁兌，相得合火，故丙丁在南。戊坎己離，相得合土，故戊己在中。庚震辛巽，相得合金，故庚辛在西。天壬地癸，相得合水，故壬癸在北。漢人鄭注多用爻辰，京氏多談卦氣，虞氏多注納甲。自王注既行，《本義》共守。相與尋河洛之圖，講陳、邵之旨者，流入術數呆法。而於此等學有師承，理有會通者，反茫然不得其解。

辛齋按：此以納甲爻辰，為學有本源，理有會通。以河洛為術，右漢而左宋，仍不脫門戶之見。不知河洛之與納甲，同出一源。陳、邵之學，皆淵源於《參同契》，與爻辰合律。

既象數悉合，納甲更無論矣。何庸揚彼抑此哉？夫術數與非術數，在其學，在其人。果得其道，雖術數亦形而上者也。不得其道，即非術數，亦形而下者也。彼精於術數者，縱未聞道，尚不失為膳夫之調味，猶足供人之饗飧。若空談名理者，直畫餅耳。

以老莊之雋詞，解周孔之名理，王註所長也。其注〈大有・六五〉曰「不私於物，物亦公焉。不疑於物，物亦誠焉」。注〈復〉曰「凡動息則靜，靜非對動者也。語息則默，默非對語者也」。此真名言，可闡奧旨【**辛齋按：此所謂自傲文章，非注經之體也**】。其旨別無家法，亦少音釋。惟〈大過〉注曰「過音相過之過」。「豐大也」注曰「大音闡大之大」【**辛齋按：闡大二字必當時極通行之語，人所習知者**】。案「過」字有兩音，亦有兩義。「大」字有兩音，卻無兩義。其音不似贅耶？或曰泰韵「大」字徒蓋反，音近代；個韵「大」字唐佐反，音為馱。今世通讀徒亞反，應入禡韵。《淮南子》「宋康王世，有雀生鸇。占曰：『小而生大，必霸天下』」。大與下叶，則似古有泰韵，有個韵，亦有禡韵矣。王特釋此字，即主此音，亦未可知也。

辛齋按：王弼掃象，為世詬病，至有「輔嗣學行無漢《易》」之語。然讀其注，名理超卓，所謂得意忘象，非不知象也。神遊物外，天地亦芻狗，何有於象？是其所以能名震一時，風行江左也。後之崇王注者，但取其掃象，而不求其意。且指摘其雋語以為談玄，曰此王注之疵也，更專取其無疵者，又王之糟粕矣。買櫝還珠，亦王弼初意所不料也。

趙汝楳曰：「揲蓍策數，凡得二十八，雖乾亦稱七。凡得三十二，雖坤亦稱八」。其說是也。顧亭林衍之曰：「乾爻皆變，而初獨不變，曰初七潛龍勿用可也。坤爻皆變，而初獨不變，曰初八履霜堅冰至可也」。此則誤會其說，而強為之詞者。案《易》於乾坤二卦，明示乾坤二用，曰用九，則必不用七矣；曰用六，則必不用八矣。今筮得靜爻，則只有爻位，並無爻詞。安可以系於九六者，移而系於七八耶？〈左傳・襄公九年〉載「穆姜筮得艮之八」，《國語・晉語》載「董因筮得泰之八」，皆不引爻詞，只引象詞，可證也。又《晉語》「公子筮得貞屯悔豫皆八」，本卦為貞之卦為悔，此似不可解。蓋初四五動者三爻，何以言八不言六者，得毋占者各以意為主耶？然既云之八，則不可解以之六。故司空季子曰：「吉，是在《易》皆利建侯」。下文引「故曰屯其繇曰元亨利貞勿用有攸往利建侯」，又引「故曰豫其繇，曰利建侯行師」，皆〈象〉詞也。韋昭注上文「皆利建侯」而引〈屯・初九〉、〈豫・大象〉誤矣。皆由不知《易》皆九六之詞，無七八之詞也。

辛齋按：爻占九六，卦占七八。九六七八，各有其詞。八卦之變，六十四卦；六爻之變，四千九十六卦。吳仁傑《古周易》謂「羲《易》以卦變，文王以爻變，故乾坤於六爻外，更有用九用六之辭」。其說頗可采也。夫六爻之變，為卦已四千九十有六，而爻則六十四其四千九十有六矣。《易》卦《彖》六十有四，《爻象》三百八十四，安能盡之？但發其凡，舉其例云爾。故曰「書不盡言，言不盡意」。聖人立象以盡意，孔子已明示之矣。乃後之講《易》者，輒以經傳所已言者為斷。既不容言外以求象，更不能求象以證言。然則聖人之意，又安能盡耶？

〈莊公二十二年・傳〉陳敬仲筮遇觀之否，六四爻變也，故引觀國之光。〈僖十五年・傳〉伯姬筮遇歸妹之睽，上六爻變也，故引刲羊之詞。〈二十五年・傳〉晉文筮遇大有之睽，九三爻變也，故引用亨之詞。〈襄二十五年・傳〉崔子筮遇困之大過，六三爻變也，故引入宮之詞。〈昭公五年・傳〉昭子筮遇明夷之謙，初九爻變也，故引不食之詞。〈昭公七年・傳〉孔成子筮遇屯之比，初九爻變也，故引建侯之詞。〈十有二年・傳〉南蒯筮遇坤之比，六五爻變也，故引黃裳之詞。〈哀公八年・傳〉陽虎筮遇泰之需，六五爻變也，故引帝乙之詞。蓋惟動而成九六，故有此爻詞。若靜而為七八，則並無此爻詞。此固《周易》定例也。占者即或雜取之卦名義，斷不兼之卦爻詞，而後人乃云並兩爻占，悞甚矣。至〈閔元年・傳〉畢萬筮遇屯之比，亦初九爻變，而不引初九爻詞，但曰「屯固比入，吉孰大焉」云云。〈二年・傳〉成季筮遇大有之乾，亦六五爻變，而不引六五爻詞，但曰「同復於父，敬如君所」云云。所占似有不同。若〈僖十五年〉，秦伯伐晉，卜徒父筮之，其卦遇蠱，曰「千乘三去，三去之餘，獲其雄狐」。〈成十六年〉，晉侯代楚，筮之，史曰「吉」，其卦遇復，曰「南國蹶，射其元，王中厥目」。皆似繇詞，而非今《易》彖詞。且此係無變之卦，似可云七八？而又不行七八，皆未可臆解者。

辛齋按：全《易》爻辭，只三百八十有四。若占者每事舉一爻為斷，則只應三百八十四事，而辭已盡矣。《易》道之廣大，決不如是也。《啟蒙》占例所引古法，不能盡通，乃以己意增益之。而所謂前十卦，後十卦者，更無根據。余於《筆談初集》，論之詳矣。蓋占筮自有占筮之法，掌於太卜。今既不傳，非可臆測。孔子贊《易》，以明道立教，非專為占筮也。故《十翼》未詳其法，祇〈大衍〉一章，以存蓍法而已。然陰陽消長之理，進退存亡之道，象數畢賅，為古今言占筮者所莫能外，而未可以此求占筮也。醫者欲於《靈樞》、《素問》中求方劑，固盡人而知其妄。然但知方劑，不讀《內經》，醫決不精。《易》之與卜筮，亦若是焉已矣。

左氏凡筮得某卦者曰「遇」，其但引某卦者，則曰「在」。若〈宣十二年〉，邲之戰，知莊子引「《周易》有之，在師之臨」，取初六爻，「師出以律」也。而不云師之初六。〈成六年〉，伯廖之稱子曼曰「其在《周易》，豐之離」，取上六變爻。「三歲不覿凶」之義也。而不云豐之上六。〈襄二十八年〉，子太叔稱楚子曰「《周易》有之，在復之頤」，取上六變爻。「迷復凶」之義也。而不云復之七六。又〈昭公二十九年〉，蔡墨與魏獻子論龍，曰：「《周易》有之，在乾之姤，曰『潛龍勿用』。又曰坤之剝，曰『龍戰於野』」。不稱乾初九，不稱坤上六，而云之姤之剝，其中舉乾爻，亦曰其同人，其大有，其夬，其坤，都不用九二、九四、九五、上九之詞。疑古者引《易》，皆指其變，不指其靜。而後可舉九與六之爻耳。

辛齋按：此論精碻，非但可見古人行文體例。而九六之詞，亦可由是隅反而知所指也。

言古《易》者五家，呂氏、晁氏、王氏、呂氏、周氏。其後又有二家，程氏迥、吳氏仁傑。皆分別《十翼》，各列十篇，以復古十二篇之舊。愚謂此不必改正，如必欲改正，當以吳仁傑為協【辛齋按：吳仁傑《古周易》一卷，論用九用六最詳。餘但繪一圖列其說耳。今刊入《通志堂經解》】。案〈乾・文言〉、〈坤・文言〉，先儒謂鄭氏割附本卦。是古本別為一篇。然未有僅言此二卦而止者【辛齋按：先儒無有解「文言」之義者，宜其為此言也】，而「繫辭」

兩字疊次兩篇，又不知所繫何辭之屬，殆不可解也【辛齋按：繫辭者，即文王周公所繫，卦下、爻下之辭。而孔子所作則繫辭之傳也。故漢人亦稱曰《大傳》。今本於辭字下脫傳字，於是以謂不可解矣】。吳氏則以諸卦之《彖傳》為一篇，以諸卦之《大象傳》為一篇，而各爻《小象》，統名「繫辭」【辛齋按：《小象傳》均有本象可附，安得名為「繫辭」哉！】，分上下二篇。今之《繫辭》，並為《說卦》，分上中下三篇【辛齋按：《說卦》以說卦象，與《繫傳》截然不同。朱子不從其說殊有卓見。不料千載下尚足惑後學。是以君子立言不可不慎也】。內抽《上繫》「鳴鶴」一爻，為〈中孚‧文言〉。「同人」一爻，為〈同人‧文言〉。「白茅」一爻，為〈大過‧文言〉。「勞謙」一爻，為〈謙‧文言〉。「不出戶庭」一爻，為〈節‧文言〉。其「亢龍」一爻，重出不錄。「負且乘」一爻，為〈解‧文言〉。「自天祐之」一爻，為〈大有‧文言〉。又抽《下繫》「憧憧往來」一爻，為〈咸‧文言〉。「困於石」一爻，為〈困‧文言〉。「公用射隼」一爻，為〈解‧文言〉。「屨校」、「何校」兩爻，為〈噬嗑‧文言〉。「苞桑」一爻，為〈否‧文言〉。「鼎折足」一爻，為〈鼎‧文言〉。「介于石」一爻，為〈豫‧文言〉。「不遠復」一爻，為〈復‧文言〉。「三人行」一爻，為〈損‧文言〉。「莫益之」一爻，為〈益‧文言〉。合乾坤二卦《文言》二節，共為〈文言〉一篇【辛齋按：此所謂无知妄作，以經文為兒戲者也。致後儒如明之喬中和、黃元禦，清之任鈞台等，均肆然改竄經文。而來知德亦謬有改定之舉。

皆仁傑始作之俑也】。《序卦》一篇，《雜卦》一篇，以此足《十翼》確甚。蓋由鄭氏以乾坤《文言》附本卦，而餘下十七條無所歸。王氏以各卦小象附本爻，而所謂二繫者，又無所統，乃雜取《文言》攙入《說卦》，而以意分上下二篇。又另裁出《說卦》，以足篇題，所以致訛如此【辛齋按：《說卦》三篇後出，何得與《繫傳》合一而為王氏所裁出哉？鄭氏此說不免以訛傳訛，而又以不訛者為訛。其貽誤後學，實非淺鮮】。吳氏所考，雖亦無所据【辛齋按：既知其無据，又從而信之。蓋因學不足以辨是非，而又以好奇之心中之也】，然其大概，可推想而信其然也【周幹臣按：王氏應麟曰：元豐五年汲郡呂大防始定《周易古經》，分《上經》、《下經》、《上象》、《下象》、《上象》、《下象》、《繫辭》上下各二篇，《文言》、《說卦》、《序卦》、《雜卦》，各一篇。凡十二篇。靖國中嵩山晁說之亦注古文《易》，并十二為八。以《卦》、《爻》、《象》、《象》、《文言》、《繫辭》、《說卦》、《序卦》各為一篇。睢陽王氏、東萊呂氏亦各定為十二篇。其後九江周燔又自改定次序，與諸家之說不類。故言古《易》者為五家。吳仁傑集為一卷，亦分為十二篇。董氏真卿、程氏迥作《古易攷》，凡十二篇，與康節《百源易》次序同。然朱子多取程說，而於吳則云「既畫全卦，繫以象辭。再畫本卦，而繫以爻辭」。似涉重覆。又《象傳》釋彖辭，《象傳》釋爻辭，《繫辭傳》則通釋卦爻之辭，故統名之曰《繫辭傳》。恐不可改《繫辭傳》為《說卦》，蓋《說卦》之體乃分別八卦方位與其象類，故得以《說卦》

名之。《繫辭傳》兩篇，釋卦爻之義例，辭意為多，恐不得謂之《說卦》也】。

辛齋按：昔儒紛議不決，總由不解「文言」二字之義。以致疑《繫傳》之十七爻，亦為《文言》，而妄為移易。不知《文言》專為乾坤兩卦而作，他卦則爻皆相雜，已自成文，無庸更著《文言》。已詳《學易筆談二集》，茲不復贅。至孔子《繫傳》，字字皆根據象數，無一言虛發，無一字泛設。而章句之前後，均各有意義，斷斷不容妄加竄改。程子望文生義，擅自移易，已屬不當。況為顛倒錯亂，妄改名稱，如吳仁傑者乎？鄭氏誤信其說，由於向習攷據訓詁，於全《易》名理象數，未知深究，故有此說。後之人幸毋為所惑也。

遯卦「肥遯」，九師道訓作「飛遯」，見《後漢書・張衡傳》「利飛遯以保名」句，註按王弼云：「憂患不能累，矰繳不能及」。則王本亦本是飛字。

辛齋按：姚令威《西溪叢語》肥古作𩇯，與蜚字同，即今「飛」字。宋本亦作飛。曹子建《七啟》云「飛遯離俗」。注引九師道訓云：「遯而能飛，吉孰大焉？」當為此說所本。然王注下文，明是以「肥遯作，无不利」也。未可謂王本之本為飛字也。

姤卦「以杞包瓜」，《子夏傳》作「以杞匏瓜」。按王注：「包瓜為物繫而不食者也」。《正義》「匏瓜繫而不食」。則王本亦本是匏字可知。

辛齋按：《釋文》「包本亦作庖，同白交反，下同」。鄭「百交反」，虞云「白茅苞之」，荀作「胞」。王注曰：「杞之為物，生於肥地者也。包瓜為物，繫而不食者也。九五履得尊位，而不遇其應，得地而不食，含章而未發。不遇其應，命未流行。然處得其所，體剛居中，志不舍命，不可傾隕，故日『有隕自天』也」。此輔嗣之解九五一爻，雖從《子夏傳》「匏瓜」之義，而注九二、九四之「包有魚」，以包為「庖廚」，則又從虞義。後先互異，又安見王本之為匏字哉？攷據家專以檢閱書籍為引證，不暇詳讀全文，往往有此失也。

漸卦「女歸吉」也。《釋文》「王肅本作女歸吉利貞」。按下文「進得位，往有功也」，是釋利字。「進以正，可以正邦也」。是釋貞字。似王肅本是。

辛齋按：「女歸吉利貞」，本彖辭原文。下文即釋「利貞」二字，亦所以釋經，又何必於本傳「女歸吉」下，更出利貞二字乎？安見王肅本之為是也。以上三條，偶摭一二字之異同，無關要義。而攻據又未能詳確，徒充篇幅而已。

《彖傳》言「剛柔上下」如咸、恆，言「大小往來」，如否、泰，皆以卦言，不必以爻言。至如訟之「剛來而得中」；隨之「剛來而下柔」；无妄之「剛自外來，而為主於內」；噬嗑之「柔得中而上行」；謙之「地道卑而上行」；晉睽鼎之皆「柔進而上行」；及賁之「柔來而文剛，分剛上而文柔」；渙之「剛來而不窮，柔得位乎外而上同」；則所有往來詞，又有行進字，有上下字，又有內外字。其必兼乎詞象變占求之，參互錯綜，而後二氣之迭用，六爻之旁通，乃可得而悉其旨也**【辛齋按：此說頗有見地。視專以卦變言往來上下者，尚高一籌。如謙之「地道卑而上行」，非但以卦象言，且以卦位言，非言卦變者所能夢見也。詳《學易筆談二集》】**。故首掃卦變之說者，莫如王弼。至注賁之《彖傳》，則亦曰「坤之上六，來居二位，柔來文剛之義也」。乾之九二，分居上位，分剛上文柔之義也。最闢卦變之說者，莫如程子。至傳損六三爻詞，則亦曰：「下兌之成兌，由六三爻變也。上艮之成艮，自上九之變也」。雖不明出自某卦，亦隱示由某爻變矣**【辛齋按：王程二家之說，實多未當】**。愚嘗求其說而不得。竊以為古之初畫卦者，只畫八卦，何嘗盡畫六十四卦？即為重卦者，亦只重八卦，何曾別湊六十四卦？是二篇之卦，皆由八卦來。八卦三十六畫，只由三畫來。所謂奇為陽成乾，偶為陰成坤也。由是而二氣迭用，六爻發揮。坤具體而交以乾一爻，則成三子。乾具體而交以坤一爻，則成三女。八卦既成，重卦即成。乾坤重而為乾坤，乾坤交而為否泰，推之於六子，莫不皆然。豈有先成某卦，又生某卦？既生某卦，又轉成某卦？如所謂巽反自遯，中孚來兌，反自大壯，中孚來震，反自臨，頤來艮，反自觀，頤來坎，又自臨觀來，離又自遯大壯來之傎倒者乎？曰：然則《彖傳》所謂「剛來柔上」者何指？曰：自乾坤者是也。天本先乎地，陽本上於陰。惟自其重而交者言之，則乾交必主內卦，无妄曰「剛自外來而為主於內」，謂初九得乾之初九也。坤交必主外卦，旅曰「柔得中乎外而順乎剛」，謂六五得坤之六五也。故陽爻曰「剛來」，陰爻則不曰「柔來」，以陰本在下故耳。賁之「柔來」又別義：陰爻曰「上行」，陽爻不曰「上行」，以陽本在上故耳。蠱之「剛上」又別義：若賁之柔來而文剛，分剛上而文柔，從上文剛柔分取義，謂以其柔者來文剛。義主剛，仍若剛來也。分其剛者上文柔，義主柔，仍若柔上也。蠱之剛上而尚賢**【辛齋按：蠱曰「剛上而柔下」，「剛上而尚賢」，乃大畜《彖傳》，非蠱】**，則義指上九，不指上行。此核之全《易》而不誤者。上據上卦，下據下卦；內據內卦，外據外卦。注上下其偶有以往來為說者，若訟若隨若渙若无妄，皆可以此推之。其或有以「上行」為說者，若謙若晉若睽若鼎若噬嗑，亦可以此推之。何必妄衍為卦變圖，相反不可通？則求之相生。相互不可通，又求之相錯。如異學之汗漫繚繞破碎，而曾無當於經學耶？且如其說，此卦必自某卦來。則凡卦皆由變卦來，而何以六十四卦之內，言「剛得中」四，自訟之「剛來而得中」也？外若漸之「剛得中」，節之「剛得中」，中孚之「剛得中」，未嘗言「剛來」也。言「柔得中」者八，自噬嗑旅鼎睽之「上行」。外若同人之「柔得中」，小過之「柔得中」，既未濟之「柔得中」，未嘗言「上行」也。而且蒙曰「剛中」，師曰「剛中」，比曰「剛中」，小畜曰「剛中而志行」，臨曰「剛中而應」，坎曰「剛中」，萃曰「剛中而應」，困曰「剛中」，井曰「剛中」，兌曰「剛中」，不言往來。其无妄曰「剛中而應上」，先有「剛自外來」句。升曰「剛中而應上」，有「柔以時升」句。不過二卦耳。小畜曰「柔得位而上下應之」；大有曰「柔得尊位，大中而上下應之」；同人曰「柔得位得中而應乎乾」，不言「上行」。惟渙曰「柔得位乎外而上同」，上先有「剛來而不窮」句，只一卦耳。蓋五為陽位，二為陰位，居二五者皆曰「中」，而以居於五為「大中」。凡剛而居九五者，為「得中」，不必言「得位」。五本陽位也。師臨大過升渙五卦，得中在九二，餘皆九五。惟遯特言「剛當位而應」，不言「剛得中而應」，是其變例，柔而居六五者亦得中，不可言得位。五非陰位也。小畜之得位，渙之得位，指六四。同人之得位指六二，惟大有特書「柔得尊位」。不但言柔得大中，是其變例，至未濟之雖不當位，剛柔應也。則謂九二、九四、上九、初六、六三、六五，既濟之剛柔正而位當也。則謂初九、六二、九三、六四、九五、上六，若小過之柔得中。剛失位而不中，則謂柔得二五兩爻，得中未必皆得位。剛居三四兩爻，失位而又不中也。《易》中大旨，本無奧義。而近人競言古法者，若毛西河之《仲氏易》，觀變玩占，可云博通。而拘文牽義，不得要領。則病在知卦變之非，而為《反易圖》，為《對易圖》。又為《移易圖》，遂至昔之自二卦來者，增為至四卦來。而其例由是日紛矣。焦孝廉之《易通釋》，觀象玩辭，可云巧密。而株連影射，不可究詰。則病在知卦變之固，而為《旁通圖》，為《時行圖》，又為《相錯圖》。甚至盡傳中所謂「柔得中」，亦概為「剛得中」。而其說由是日幻矣。用力雖勞，用心雖苦，蒙竊無取焉。

辛齋按：此節言卦變皆出自乾坤，說本《程傳》，固自可通。惟卦變之與畫卦，實不相干涉。所謂某卦變某卦者，非謂畫卦之始，由某卦而畫至某卦。乃八卦既成，陰陽迭用，消息進退，各有其象。乃即卦以次其升降變化之序，孟氏所謂「伏羲十言之教」。最初之卦變，本如是也。漢人注《易》，其言卦變，雖有升降旁通，或交易之不同，然其大致不越乎是。後人擬之為圖，因其未能盡合於諸說也，又各出其意而通變之。於是為圖日多，而說日紛。不知卦變之說，原未可盡通於六十四卦，亦不必盡通於六十四卦。與《易》之《彖》辭，更不盡相關。又烏能執一例以求之哉？故泥卦變以說《易》者固非；其知卦變說《易》之非，又臆為之說，以期與《彖》、《象》之偶或相合，亦未為是也。至剛柔上下，論之者百數十家，《周易函書》言之尤詳。然欲求一說足以為例，而與各卦一無抵觸者，未之有焉。上下無常，剛柔相易，不可為典要，唯變所適。孔子已明詔之矣。嘵嘵者盍自反乎？

「拔茅茹以其彙征吉」，否、泰同詞【辛齋按：泰曰「征吉」，否曰「貞吉」，不同也】。或益之「十朋之龜」，損、益同詞。「臀无膚」，夬與姤同詞。「濡其尾」，既濟、未濟同詞。「王假有廟」，萃、渙同詞，家人別言「王假有家」。「乃利用禴」，萃、升同詞。〈困．九五〉別言「利用祭祀」，此猶曰「非反覆卦」，即反對卦也。乃一「匪寇婚媾」，而屯、賁、睽三卦同詞。一「月幾望」，而小畜、歸妹、中孚三卦同詞。一「不富以其鄰」，泰與謙同詞，而小畜別言「富以其鄰」。一「輿說輹」，小畜與大畜同詞，而大壯則言「壯于大輿之輹」。「密雲不雨」，見於小畜，又見於小過。「帝乙歸妹」，見於泰，又見於歸妹。「或從王事無成」，見於坤，又見於訟。「用拯馬壯」，見於明夷，又見於渙。「三歲不覿」，見於豐，又見於困。「小人勿用」，見於師，又見於既濟。「利建侯」，見於屯，又見於豫。「利禦寇」，見於蒙，又見於漸。「致寇至」，見於需，又見於解。「七日得」，見於震，又見於既濟。「利見大人」，凡七，訟蹇萃巽在《彖》，乾在兩爻，而升又為「用見大人」。「利涉大川」，凡九，同人蠱益渙中孚需在《彖》，頤未濟在爻，而謙又為「用涉大川」。訟《象》、頤爻，又言「不利涉大川」。「眇能視，跛能履」，履九二合見，歸妹初二分見。「其童僕」，「其資斧」，旅兩爻並見，巽上九則一見，此皆不同卦而同詞者也。至蠱之「先甲三日，後甲三日」，巽之「先庚三日，後庚三日」，隨之「王用亨於西山」，升之「王用亨於岐山」，雖有異字，亦無異義。而且同人「三歲不興」，與漸之「三歲不孕」，非類也。而坎又言「三歲不得」，頤之「十年勿用」，與屯之「十年乃字」，非類也。而復又言「十年不克征」，以及大壯曰「喪羊于易」，旅曰「喪牛于易」，解曰「田獲之狐」，巽曰「田獲三品」，師曰「田有禽」，恆曰「田无禽」**【辛齋按：井又曰「舊井無禽」】**，乾曰「无首吉」，比曰「无首凶」，比曰「有他吉」，大過曰「有他吝」**【辛齋按：中孚又曰「有他不燕」】**，與夫「否之匪人」，「比之匪人」，「需於酒食」，「困於酒食」，「艮其腓」，「咸其腓」，「晉其角」，「姤其角」，「艮其趾」，「賁於趾」**【辛齋按：夬又曰「壯於前趾」，噬嗑又曰「屨校滅趾」】**，皆若故為回互明示交易者，此皆漢人象數之《易》。所以論對卦，論互卦，論錯卦，至於求之汗漫而卒難合也。今即以經之文為證，乾曰「乾道乃革」，坤曰「由來也漸」，艮曰「不拯其隨」，巽又曰「隨風巽」，離曰「履錯然」，坤又曰「履霜」，兌曰「孚于剝」，此乾坤六子之互有諸卦也。同人曰「上乾也」**【辛齋按：同人無此文，有曰「乾行也」】**，萃曰「上巽也」**【辛齋按：〈蒙・六五〉曰「順以巽也」，井曰「巽乎水」，鼎曰「以木巽火」】**，漸曰「離羣醜也」，未濟曰「震用伐鬼方」，此六子之分著諸卦也。故蒙曰「困蒙」，履曰「夬履」，臨兩曰「咸臨」，頤曰「觀頤」，至小畜曰「復自道」，訟曰「復即命」，睽曰「勿逐自復」，泰曰「无往不復」，解曰「其來復吉」，乾曰「反復道也」，一「復」乃見於七卦。需曰「利用恆」，豫曰「恆不死」，家人曰「行有恆」，益曰「立心無恆」【辛齋按：益曰「立心勿恆」】，歸妹曰「以恆也」，一「恆」見於五卦。蹇曰「以中節」，鼎曰「剛柔節」，家人曰「失家節」，未濟曰「亦不知節」，一「節」亦見於五卦，訟曰「利用行師」【辛齋按：訟無此文，此謙上六之文也】，復曰「用行師」，泰曰「勿用師」，同人曰「大師克相遇」，一「師」見於四卦。夬曰「壯於前趾」，明夷曰「用拯馬壯」，渙曰「用拯馬壯」，姤曰「女壯」【辛齋按：夬又曰「壯於頄」】，一「壯」亦見於四卦。遯曰「畜臣妾」，離曰「畜牝牛」，師曰「容民畜眾」，一「畜」見於三卦。豐曰「遇其夷主」，渙曰「匪夷所思」，一「夷」見於二卦。而且隨已在艮在巽，而咸曰「執其隨」，則又見於咸；履已在坤在離，而大壯曰「非禮勿履」，歸妹「跛能履」，則又見於大壯與歸妹。鼎已有節，而一曰「鼎耳革」，一曰「利出否」，則又兼兩卦。同人已有師與乾，而一曰「升其高陵」，一曰「困而反」，則亦又兼兩卦。推之，革已通乾通鼎，而遯「執之用黃牛之革」，則又通于遯；離已通履通畜，而小過曰「飛鳥離之」，則又通於小過【辛齋按：此與漸之「離羣醜」之離同】。豫已通恆，而曰「由豫大有得」，豫又通大有。豫既通大有，而「思患豫防」之豫，又通既濟。睽已通復，而曰「厥宗噬膚」，睽又通噬嗑。而「頤中有物」，噬嗑又通頤。且師已在謙，而謙曰「裒多益寡」，謙又通益**【辛齋按：小畜「寡」也。此「寡」字即小畜也】**。師已在泰，而泰曰「帝乙歸妹」，泰又通歸妹**【辛齋按：泰、歸妹與師已在泰，不相聯貫】**，兌已有剝，而剝曰「觀象也」，則剝又通觀**【辛齋按：觀不僅見於剝也。凡觀其所感，觀其所恆，觀其所聚，諸觀字無一非觀也】**。豐與渙已有明夷，而明夷曰「已蒙大難」，則明夷又通蒙。總而計之，通者過半。互為核之，不可通者亦半。而說者必欲一一求合則支矣。**【卦之互文見義皆非無意，參觀〈易楔・卦別〉一章可隅反矣】**

辛齋按：《易》之辭，六十四卦，無不相通。有直接相通者，有間接相通者。有通於此，更通於彼者。有兩卦相通，別出一義而更與他卦相通者。所謂繫辭焉而命之，變在其中。參伍錯綜，非可執一例以求之，據一字以解之者也。此所引各卦，皆繫於卦名，其義尚顯而易見，實不僅此也。凡乾馬坤牛震動兌說巽股艮手，凡取諸物取諸身之各象，而見於他卦者，亦即其象之相通者也。此猶三畫卦之象也。即六畫之卦，如臨與、觀求、屯見、蒙雜、咸速、恆久之類，凡各卦之有「與求見雜速久」之辭者，亦即「臨觀屯蒙咸恆」之義所互見者也。昔之講《易》者，皆就卦言卦，即象言象，能舉其辭，已盡能事。相通之義，既乎未聞。焦氏《易通釋》，始舉六十四卦相類之辭義，一一比而合之，會而通之。雖未能悉當，而確有合於經旨，符於象數，為前人所未發者，十恆四五，未可以株連影射，《及時行》、《失道》等圖之未當，而一筆抹煞之也。張乘槎氏之《易解經傳證》，研求字義，附會更甚。然披沙檢金，亦不乏精到之語。更參以《太玄》、《元苞》、《皇極》、《洪範》及《易象正》、《周易指》諸書，與納甲爻辰聲律氣運，互相攷證，庶陰陽消息盈虛。可得端緒。而始知經文與《十翼》之一字一義，皆含至理，而無不互相貫串者也。祇摘其一句一字，望文生義以求之，淺矣。拙著《易楔》，於「理象氣數辭」五者，已略舉一隅。正望人之言《易》者，能博采羣說，一一求合於經，庶《易》道或有昌明之一日。若墨守宋儒之說，謂能如《程傳》、《本義》之所云，亦已足矣。則余又何言。

乾通者二卦【革復】，坤通者二卦【漸履】，蒙通困，小畜通復，訟通復，需通恆，履通夬，泰通二卦【歸妹師】，同人通者四卦【乾師升困】，謙通者二卦【益師】，豫通者二卦【恆大有】，臨通咸，噬嗑通頤，剝通觀，復通師，頤通者二卦【觀節】，離通者二卦【履畜】，咸通隨，遯通者二卦【革畜】，大壯通履，家人通者二卦【恆節】，師通畜，睽通者二卦【復噬嗑】，蹇通節，益通恆，夬通大壯，明夷通蒙，解通復，萃通巽，鼎通者三卦【節革否】，艮通隨，渙通者二卦【壯明夷】，豐通明夷，明夷通者二卦【蒙大壯】，歸妹通者二卦【履恆】。巽通隨，兌通剝，小過通離，未濟通者二卦【震節】。

辛齋按：此節，即本前文徵引諸卦所謂通者過半者是也。然非通論。乾坤為六十四卦之宗，豈僅通革復漸履四卦哉？即如其所說，隨卦無巽，未可云通隨，而井曰「巽乎水」，鼎曰「以木巽火」，何又不言通巽，與巽通乎？惟讀《易》者能於此等處留意，一字一義，不致隨口滑過，自能漸有心得，不復盤旋於他人脚下，亦進步之始基也。

《周禮》「太卜掌三《易》之法，其經卦皆八，其別皆六十有四」。疏中論重卦甚明。

辛齋按：《周禮》太卜所掌，皆占筮之法，今已無一傳者。焦氏十筮之說，亦皆臆度之詞。疏中所論，實與所掌者似無涉也。

沈氏改正揲蓍法

序

《周易》揲蓍之法，因《傳》文「五歲再閏，故再扐而後掛」兩語，解釋不一，異論紛然，各執一理，千餘年來，迄未有貫澈數理詳釋經旨，以明厥指歸者。致〈大衍〉一章，卒未能見諸實用。自唐以後，如孔穎達、一行、葉夢得、張轅，及程伊川、張紫陽、邵康節、莊綽，說各不同。朱晦翁特作《蓍卦考悮》，據虞仲翔注「初變為奇者三，為偶者一；再變、三變。為奇者二，為偶者二」，從孔穎達之說。今見於《易學啟蒙》、《周易折中》等書，亦皆采用，遵為定論者也。然疑義甚多；其用餘策之數，定陰陽老少，顯與經文乾坤策數不符**【邵子固以正策之數定卦者也，朱子尊邵說，此獨異】**。後人如郭兼山、張理等，各有異義，皆未能象數悉符，一無窒礙。推其原因，皆由於「再扐而後掛」，與「掛一以象三」之「掛」，為一、為二，無從取決。諸家揲法，不外三種：初掛而再變、三變不掛一也；三變皆掛二也；三變皆掛，初掛算入數內，再變雖掛，不算入數內三也。無論如何，策數合，則陰陽之變數多寡不倫。陰陽變數略等，則策數又餘正不符。且「五歲再閏」一語，皆為具文，與揲數全無關係。下文「三百六十當朞之日」，皆為贅文矣。辛齋致力本淺，對於前人揲法，不敢妄下斷語。而按諸經文，準諸象數，又未能以諸家之說為確當。故自習講習，與卦變諸說，均闕而不言。因未能始終貫澈，不敢人云亦云，強不知以為知，自解以欺人也。同學顧子才中將乃斌，得《需時眇言》一書，馳使相聞，並以一帙見貽，為桐鄉沈善登著。沈字穀人，清光緒初年翰林院庶吉士，閉戶讀書，不營仕宦，著書滿家。成此書時，已雙目失明，因曰《眇言》。其寫錄者未必知《易》，故述語繁複，而與所載之圖，先後甲乙，均不相符，閱之頗費思索。書凡十卷，〈原易〉，〈原象〉，〈原數〉，〈原筮〉，其綱也。然其心得，獨在於數。以句股推太衍，合求一術，悟八卦方數根數，以合「太衍分兩掛一，揲四歸奇，五歲再閏，再扐後掛」四者。陰陽分合，滴滴歸原，是不僅以大衍言〈大衍〉，蓋以六十四卦爻本數積數為體，而以大衍為用，是以全《易》象數言〈大衍〉也。故視舊有諸說，較為詳密。而一字一句，均有著落。特節錄其〈原筮〉之說及《揲蓍圖譜》，輯訂一卷。緣曰《沈氏改正揲蓍法》，期海內之專精數學，與深明卜筮之原理而長於推算者，取以試驗參攷。果能諧古義而見實用，則所謂通變化而行鬼神者，庶不徒托空言。而兩千年來聚訟不決之懸案，亦得一旦解決。凡世之摸索於象數之中者，咸有豁然貫通之一日。其幸快為何如哉！

壬戌十二月雪夜海甯杭辛齋識

沈氏改正揲蓍法

桐鄉沈善登述
海甯杭辛齋輯

《繫辭》第八章，釋〈大衍〉疏義，文凡四節。《孔疏》謂明占筮之法，揲蓍之體，顯天地之數，定乾坤之策，以為六十四卦，而生三百八十四爻是也。自紫陽《本義》竄亂原文【按：移易經文出自《程傳》，《本義》從《程傳》之誤耳】，顛倒章節，并文義有不可通處，而讀者亦漫不加察，非小失矣。今謹錄註疏本於前，逐節略說大意，並取首兩節句梳字櫛之，別為《揲蓍圖說》殿焉。

大衍之數五十，其用四十有九。分而為二以象兩，掛一以象三，揲之以四以象四時，歸奇於扐以象閏。五歲再閏，故再扐而後掛。

右第一節。八句，四十九字。總說〈大衍〉筮法。

天數五，地數五。五位相得而各有合。天數二十有五。地數三十。凡天地之數五十有五。此所以成變化而行鬼神也。

右第二節。八句四十四字。申明四揲，每揲以五，餘策為奇，象二五合十生奇。《圖譜》詳之。

乾之策二百一十有六，坤之策百四十有四。凡三百有六十，當期之日。二篇之策，萬有一千五百二十。當萬物之數也。

右第三節。九句，四十五字。申明四揲象四時，及以卦當歲，以爻當月之義。皆推論重卦以起下文。

是故四營而成《易》，十有八變而成卦，八卦而小成。引而伸之，觸類而長之，天下之能事畢矣。顯道神德行，是故可與酬酢，可與祐神矣。子曰：「知變化之道者，其知神之所為乎？」【辛齋按：北宋刻王弼注本「子曰知變化之道者，其知神之所為乎？」兩句聯下文，不與此節相屬】

右第四節。十二句，六十六字。申明四營成《易》。

《春秋傳》曰「道之所貴者時，其行勢焉。時者，心光流行之界，勢則愛惡攻取相激而成者也」。時之未至，勢必不行。天應人，聖人應天，惟其時也。隨時之義大矣哉！有其時，必有其事，故隨蠱相次。蠱者事也。時止則止，時行則行；天人合發，機緘相符。以行止始終，為時之升降，而數生於其間矣。數即人心緣歷事物之次第，顯之以象，次之以數。圖、書其總鏡也【猶算法公式也】。是故畫卦一時事也，造曆一時事也。重卦作《易》，又一時事也。先聖後聖，若相待而實無待。眾感聖應，順以動而已。至《易》作而參天兩地，道器一原，於是又生〈大衍〉之法，推明天人之際，即日月之行。見數實生於人心，其得失皆自已求之也。此《易》所以神道設教，為因勢利導之微權，故三代重之。孔子生羣聖數千百載後，時丁大過，道終不行。退而依經作傳，一歸於謹嚴。又歷叙其事，并其製作本原，以備王道，成六藝，而於〈大衍〉章節始末尤加詳焉。學者試順文尋繹，各以其時考之，恍然見人心之動，蓍策象之數之。而凡古今世宙窮變通久，無往不復之故，在人不在天。則庶乎有當垂教之深心，而可以言《易》矣。

孩提五六歲，思路開通，率先明數，生民之初猶是也。屈指計之，兩手即二五，畢屈而還起一，近取諸身至《易》矣。伏羲之去盤古遠矣。生民日眾，更事日多，文明漸啟。結繩而治，將有所不勝，於是河出圖示其象。以五位積十五，包方數五十有五，伏羲知之。因取一以畫陽，取二以畫陰【對乾成坤象，氣從光生】。乾坤各三畫，隱以其方賅五位之積【一一如一，是陽畫三，二二得四，是陰畫十二】。而六子震坎艮三陽數皆九，巽離兑三陰數皆六，相對亦各十五數。又含洛書四十五數，八卦共數六十。為大撓甲子所本也。此伏羲據圖、書畫卦，以開天立極，為隨時之義也。

黃帝之世，屯蒙變而登臨大觀。倉頡造字，隸首造數，文教肇興。時雖未有曆法，而月行三五盈缺。十二盈缺約三百六十日。而寒暑氣候，數終更始，固久歷而熟習矣。於是本卦畫方數，命大撓作甲子以迎日推策。十干陰陽各五，天數五位之終也。十二支陰陽各六，地數五位之終也。干支相配一周，得六甲五子，共六十日，與五六天地中合互乘之數相符。而分之象月行盈缺，各再與卦象四陰四陽數各十五合，如是六周三百六十日，當月行十二盈缺。與卦畫陰陽數各十二亦合也。此黃帝依卦造曆，正名百物，為隨時之義也。

唐虞之際，運會開泰，如歲之春，如日之寅。天下為公，大有而同人。文化光昌，而推曆益進。其法當如書今文家說，察斗柄璣衡二星，以齊日月五星行度，定一歲三百六十日。歲首建子為天正，厥後漸推漸密。知日行晝夜周天過一度，無或差忒。三十周而月行纔一周有奇，故三五相望，遲早都不相應。其差在月不在日。大率月行三十二周上下，當多一盈缺乃略相準。於是顓頊改歲首建丑為地正，而立閏法【後人據劉歆《三統術》以殷曆推顓頊曆，於天算則精矣。更之雖用超辰，仍是殷曆。唐虞以前，書缺有間，孰從而證之？】。至是推驗愈密。乃總月行周天所過五度有奇，約六日弱，為五歲再閏之通率。而改歲首建寅為人正，取準於四仲月昏旦星中，當二至二分，中氣交限，以置閏於季月。故堯命羲和而申結之，曰

「期三百六旬有六日，以閏月定四時成歲」。所謂舉正於中，歸餘於終也。由是禹受舜禪，夏正亦建寅。而三代改朔，三正迭用矣。此堯舜治曆明時，以變通舊法為隨時之義也。

曆數定而五紀咸定，統和天人，元會世運當極盛矣。如日中天，如物生方壯，於數為五。蓋伏羲、神農、黃帝、堯、舜五帝【五帝之說，諸家不一。當以《繫辭》為正】，合一天時，為自一至五積十五數。故伏羲得河圖五位而作八卦，以開天立極也。禹受舜禪，身際帝升王降極盛之會，為官天下局終，後世復古家天下局始。自禹至周穆王，絕地天通，三代合一天時，為自六至九，積三十五數當洛書上方。故禹得洛書，重卦為六爻，而三極道備矣。伏羲據圖畫卦，其六子方數，已含洛書九位，四十五數如前說。故重卦乃據河圖以參天兩地，使圖、書互相發明。參天者圖中位三奇，一三五共九數，陽爻用九也；左右位兩耦，二四共六數，陰爻用六也。如是則八卦三畫陰陽正對，各四十五數，共百八十。重為六爻，得三百六十，當周天度矣。黃帝據卦畫方數，作六十甲子以迎日，六周而得一歲所過之度，是欲決正月行所過五度有奇之實，亦必用六開析可知。故即以六爻六位廿一數，兩卦對正，陽九陰六之析，共三百十五，為月行所過五度十五分之實。八卦共廿一度，以日行所過相準，正合四歲。故蓍策用四十八，當八卦爻數，正以三五盈缺之贏縮遲早，如後世天算家所謂氣盈朔虛者，皆由於月行差度故也【此法極似立天元一算術，隨所知數為根，推衍以得所求數。西人之借根方及代數術，皆原於此】。故〈大衍〉之法，至巧至密。蓋至是而畫卦、造曆、作《易》三事合一，圖書象數九五互含亦合一矣。此大禹明天之道，察民之故，以吉凶與民同患，為隨時之義，而立百王之大法也【辛齋按：大禹重卦之說，出於孫盛，沈氏宗之。因其數學推始於句股，為大禹所刱也。其實九章六甲皆始自黃帝。苟其時未有重卦、六甲之用，何由而周堯舜垂裳取象？乾坤夫豈三畫之卦哉！】

河圖五位十五數，其方積包含天地之數。伏羲得之，取前兩位以畫卦。畫三者，五位之中數也。卦八者，十五垛積之中數也。陰陽各十二畫，其象陽一而實，陰二而虛。其數陽用九者，中央三位數。因為十二畫，共百有八。陰用六者，左右兩位數也。十二畫共七十二，合百八十數，為開象數之原。洛書九位四十五數，夏禹得之而敍《九疇》。以其數加倍於河圖，因而重卦，並推演圖書象數。取圖之後三位製為句股算術，句三股四弦五也。其象一橫一直一斜，其數三四五，各自乘方共五十數。推求現在可見諸象數，無不曲盡。故古稱句股術為「衍」。衍猶演也，言如水之流演，不盈亦不竭也。現在可見之象數，形下之器也。夫有形生於無形，故器從道生。而道還因器顯，則即以此五十數為蓍策之數，合於卦畫之一奇一耦方數，正得天數地數五十有五。其虛一掛一，以當已往之太易渾侖。實揲四十八策，以推求方來之象數。形諸卦爻，四十八者，八純卦重為六畫爻數也，故曰八卦而小成。合掛一為四十九，見揲得陰陽爻正變四十九式，應洛書用事之數，所謂極象數之流也。陽爻諸式數始於三，句數也【即氣變數】。陰爻諸式，數始於四，股數也【即形變數】。陽爻正變共五五二十五，弦方數也。句方股方包於弦方，此以顯天地之初，純一太易，陽光而渾侖，氣從光生之象也。故陰爻正變共四六二十四，為句股互乘之數，亦為句方股方互乘得百四十有四，合坤之策也。乾之策二百一十有六者，三四五各自乘再乘，體積立方數也。坤之策百四十有四者，三四五和，得十二，自乘面積平方數也。凡三百有六十，與八純卦六畫陽九陰六數合矣。句股算法根數小而方數大，以其用方數揲蓍，故大其事名曰「大衍」，以別於常法。觀韓康伯注及引王輔嗣說，知魏晉以前，分揲掛扐，本法尚未盡失，而已不能詳其名義。至孔疏言四四揲之，及初揲得奇不五則九等說，乃淺人依附《火珠林》擲錢之法，以意會之。按之經文，都不可通。宋儒不察，仍譌襲謬，反割裂顛倒經文以遷就己意，而古法與名義遂莫可蹤跡矣。夫探賾索隱，鉤深致遠，以定天下之吉凶，成天下之亹亹者，莫大乎蓍龜。《繫辭》固明言之，是聖人作《易》以前民用，專重卦爻。揲蓍而誤，將所得卦爻象數皆誤。而凡「歸妹、鬼車、豶牙狐尾」諸辭，直同於語怪，無惑乎為外人所疑笑詬病矣。其失豈淺鮮哉！今將更正宋儒竄亂〈大衍〉章節次以復古本，而句梳字櫛之以貽好學深思之君子。

「**大衍之數五十**」者：算法用籌，筮用蓍策。將言四揲歸奇之法，先明其為河圖三四五位總數，為下文天數地數二五生奇張本也。舊解直以「演《易》」之「演」釋之，以致「五十虛一」，聚訟紛紛。則文但言「大衍用四十九策」足矣，何必多此一句乎？

「**其用四十有九**」者：數體本靜，動乃成用。一動一靜，一奇一耦，乃發化機。動則三四互乘得二十四，而五五廿五不動，共成四十有九。如四五互乘得四十，而三三得九不動，亦共成四十九。故以七自乘方積為用數之極。以況重卦之法；八純卦變，如乾一震二等，皆以七卦加本卦而縱橫成列各四十八爻。其爻變六位，亦皆自初至上，歷三七廿一數，至第七而還復初爻，為陰陽來復**【京房卦氣分宮，亦至第七世自歸魂復本】**。故用七七之數而掛其一，實用四十八策當爻數。先後過揲共四十策，歸奇合掛一以當一爻。以見筮得之六爻。爻爻皆本列四十八之一，亦即全《易》三百八十四爻之一，蓋七之體積三百四十有三，加過揲以掛一，共四十一，正得三百八十四。聖人制作妙合自然巧密如此！至「虛一」以當太易，實含多義，下文詳之。

「**分而為二以象兩**」者：其數象二五也，其像象兩地也。四十九策不可以擬天五地五之五十五數，故先明其象。兩地本據河圖之左右兩位，故直稱兩。

「**掛一以象三**」者：象參天也。參天本據河圖中央三位，今掛惟一，與分二之兩亦不同。故變參為三以明之。既變一為三，即以例所揲四十八策，當得百四十有四。分二則一以擬一歲十二月之二十四節氣，一以擬十二月之分七十二候，顯然可知矣。

「**揲之以四**」者：以天地數五五揲之，凡四次共過二十策也。

「**以象四時**」者：每次五數，當一時三個月，通約九十日。河圖固以五含九也。

「**歸奇於扐**」者：歸其二十策外之奇零，著於小指間也。

「**以象閏**」者：奇零即九十日中十八候之餘分，蓋四十八策初合後分，是一為十二月，一為七十二候，兩者和雜，宛然氣盈朔虛，潛移密運，猝莫端倪。則姑以奇零通約之。四揲總十二月，而一歲之大餘小餘積共若干分，彷彿象之矣。乃復合復分，五五揲之四次如前。使左右兩數，氣朔和雜之中，又迭相消息，以得其奇零，則又宛然通約前歲積日若干，積分若干，並法應何月置閏，亦彷彿象之矣。蓋人心天心，本皓通為一。天以日月相推而生閏，猶人以心物相對而生吉凶消長之機。故精和聖制雖取象而必極數通變。曲暢如此。

「**五歲再閏**」者：申明所以取象置閏之故。天地本無數，揲蓍求爻，亦非竟以推步言《易》。然參天兩地，原本河圖五位，曆法以氣朔定月之弦望盈缺，適得三五，正與河圖五位積十五數合，故直以五奇五耦為天數地數。四時生於曆，曆生於方【《管子》語】，合兩歲大小餘積分而生閏。亦與算法開方合兩廉而生隅之象同。故又直以二五之合而生奇象之。必再閏者，五歲積六十個月，六甲五子，天運一周，方與五六為天地中合之生奇相肖，而與前後一六三八四七二九之合，生二十四奇，共為天數。如是六爻十八變，大共得奇，亦正當萬物之數矣。

「**故再扐而後掛**」者：足上意也。就算法言，前後四揲為所知數，奇為所求數，故文義奇與閏對，揲與扐對。言扐則揲可知。蓋既揲左得奇，則已知右奇，不待更揲。知而故揲，玩瀆已甚，故必復合復分而四揲之。然嫌於但揲左而即併算右奇，又嫌於復合復分，連掛一亦復合而再掛，故特言再扐，又特著「而後」字以明之。否則文直云「兩奇以象五歲再閏」可矣。何用如此委曲乎？又掛一之三，一象曆元，其二象氣與朔，故三變得一爻，此一始終不動，所得之奇，必同歸小指間為扐。至再揲得奇，即通合四十九策，以分二求第二爻矣。掛者，《易緯》言「卦者，懸掛物象以示人」，故此稱掛。正取懸掛虛空，象天垂象。三變成爻，初象太易三始之漸變氣點，次象渾侖之氣形質。三者漸具，末乃象渾混開闢，成三極矣。

故一爻中此掛一不可著案。舊解似皆誤，讀者審諸。

大衍虛一，實含多義。舊解每失之鑿，《孔疏》直以為虛無非所用，安見其四十九為實有，此一獨為虛無乎？尤不可通。按五十乃句三股四弦五之方積，其象為蓍策兩個五五二十五。方二十五為天數。卜筮占天，天道純一不可分二。且圖、書諸數俱用方積，故置其一而用七七四十九方數，此一義也。五十方積二千五百數，為一百個天數。河圖數止五，洛書數止九，百則十之自乘矣。與象法不合【此亦可為圖、書皆無實之證】。且為盈數。天道虧盈，故虛其一而用四十九。此又一義也。用七為法，原本洛書。洛書重於河圖三十五數【實加六七八九四位三十數，又從重五起合三十五】，其方積一千二百二十五，合七七四十九個天數。此又一義也。四十九方積二千四百有一，掛其一，正是百倍二十四爻，得九十六個天數。即陰陽各三十二卦爻數之半也。所揲四十八策方積二千三百有四，相較少九十六。在算術為一正一負，在卦爻即一陰一陽，正合三十二卦爻數一百九十二。此又一義也。

「**天數五地數五**」者：凡數有象必有位。上文明取象，此文申言之。先總定其位也。

「**五位相得**」者：如一與二，五與十，奇耦相得也。「**而各有合**」者，如二與九合，一與十合，皆二五餘一也。「天數二十有五，地數三十」者，次分列其數。如五奇一三五七九，五耦二四六八十也。

「**凡天地之數五十有五**」者：既定位又列數，先總後分，文已明矣。又著此語，不已贅乎？蓋申明所謂大衍之數五十者，非謂借算術以言象數，正謂天地之數原自二五相合，數成五十，而又生五個奇數也。

「**所以成變化而行鬼神**」者：即故更新曰變，自無而有曰化。如圖生克相成之象也。「而行鬼神也」者，人生秉氣受形，人心即太易光明。故今日之人心，即他日之鬼神【辛齋按：沈氏此節解釋《太衍》原文，理明詞達，故備錄之。其下論五行之數，未見心得，因其未知四二十八六之次，故無論如何終難強合也。其援據今文《尚書》，與《左傳》所引，辨六府，水、火、金、木、土、穀。金木顛倒之誤，與揲蓍無涉，故概不錄】。

大衍之取象既明，乃可求數。蓍策四十九莖，分二掛一，兩手之策，多少不過二三之間。即使分之甚不勻，至一為二十一莖，一為二十七莖而極矣。若一為二十莖，一為二十八莖，則其人麤心浮氣之至，不誠可知。尚何問筮？故二五之合，先後生奇。雖多少無定，而共得奇若干，耦若干，則有定也。如初揲得三或五，次揲得五或三等，列譜於左【辛齊按：四十九策分二以後，於二者之中取一，掛一於小指間。以二者或左或右，每五策為一揲。四揲則二十策所餘者為奇，或一或七。如下圖】。

《歸奇四十九式圖譜》

九　三五　一七　五三　七一　二六　兩四　六二　凡七數

七　一五　四二　五一　二四　兩三　凡五數

五　一三　兩二　三一　凡三數

三　兩一　止一數

凡陽爻十六

八　三四　五二　四三　一六　二五　六一　凡六數

六　一四　二三　四一　三二　凡四數

四　一二　二一　凡兩數

共陰爻十二

右正爻廿八。陽共得奇一百，陰共得奇六十八。如先後揲十數，是天五地五，數極而還變為一。故十以上為變爻【辛齋按：圖譜之數，皆併再扐而言。如九之三五，乃初揲得三，再揲得五，并掛一則為九。如七之一五，乃初得一，再得五，并掛一為七。餘仿此】。

十一 三七 七三 四六 六四 兩五 凡五數

十三 五七 七五 兩六 凡三數

十五 兩七 凡一數

共陽變爻九

十 四五 五四 三六 六三 二七 七二 凡六數

十二 四七 七四 五六 六五 凡四數

十四 七六 六七 凡兩數

共陰變爻十二

右變爻廿一。陽共得奇一百，陰共得奇一百廿四【辛齋按：正爻二十八，變爻二十一，合正變共四十有九。陽正變共得奇二百，陰共得奇一百九十二，除八策，本數正合三百八十四爻數】。

河圖五位一二三四五，中含天地五十有五數。說已見前。羲畫陽一陰二，大衍即用其三四五方積。故兩揲得數，奇從三始，耦從四始。并掛一以分陰分陽，即奇耦相生之象也。其數仍本河圖陰之生陽，為三五八數之合一。其一七二六以至極少之兩一，皆此八數之盈虛消長也。陽之生陰，為四五九數之合一，其二七三六以至極少之一二、二一，皆此九數之盈虛消長也。其所并掛一，即太易，即渾侖。太易、渾侖，本一體而二名。并之而分陰分陽，宛然渾侖開闢分分地之象矣。天數極於九，地數極於十，惟其用八以合一，故先後兩揲得正陽二八十六爻。惟其用九以合一。故兩揲得正陰二九十八爻，而十以上為變爻。如右譜也。

由是觀之，益信伏羲始作八卦，取法河圖，所以明「生天生地生人生物」之於乾元。乾即太易也，對坤得名，猶太易之於渾侖也。大禹重卦取法洛書，洛書固不啻河圖之重，亦猶渾侖之即太易，太易之含渾侖也。蓍德之圓而神，原本於此，故《譜》中各爻象數，都合此理。試觀陰爻卦一共二十四莖，乃純卦爻數也。其前後得奇一百九十二，亦陰陽各三十二卦爻數也。而合之即成乾之策二百一十有六，謂非統全《易》卦爻歸本一乾之象乎？陽爻卦一共二十五莖，天數也。其前後得奇二百，明八卦皆乾所生，皆天數也。而合之即為河圖五位體積二百二十五，當九個天數，謂非乾元用九原出河圖之象乎？此分計之也。試更總計之；陰陽爻四百四十一數，與洛書之重於河圖五位縱橫二十一之自乘數合。爻共四十九，亦與洛書五位三十五自乘當四十九個天數合。且與大衍虛一而用四十九之理亦合。然則四營十八變數，皆天陽象，又純乾象。蓍所以能知來藏往者，為其全體圖、書精蘊。而圖、書精蘊，全體一乾。一乾全體太易。實即全體人心光明，斷可識矣。故曰「聖人於此洗心，退藏於密，吉凶與民同患」。又曰「明於天之道，察於民之故，是興神物以前民用也」。夫如是而《易》道扶陽抑陰，與夫《雜卦傳》末還復一乾之宗旨，可以微窺。善《易》者曷審思諸？毋專從二氣求之也【辛齋按：沈氏言象，據《乾鑿度》，以太易未見氣，太初為氣始，太始為形始，太素為質始。曰「太，大也」。太易者，太虛空一大靈光，湛寂常存，運行不息之謂，無稱之稱也。何以知其然也？既未見氣，則空寂矣。使其為冥黑頑空，氣安從生？生亦安從見？故知其為一大靈光也。曰初曰始曰素，皆命物起首之通稱。物生皆先秉氣，氣聚見形，形堅成質。更溯氣形質之起首，故亦加太字以別之。氣始者先生熱也，質始者物之受氣而未成水。西學所謂氣之質點是也。氣形質且為渾淪，渾淪判為天地萬物。然則氣形質皆光所成。乾即含三始之光，坤即受光之氣形質。氣其最先也。故其書中屢言渾淪，言光、言氣，與拙著〈光為氣始〉之說亦合。詞繁非茲編所及，故概略之】。

「**乾之策二百一十有六，坤之策百四十有四**」者：三變成爻，三爻成卦。八純卦陰陽各四各十二爻。乾用九，三九廿七；坤用六，三六十八；合四十五。即洛書九位積數，亦即河圖五位含九數也。震坎艮三陽卦皆一九二六共二十一，巽離兌三陰卦皆二九一六共二十四，陰陽亦合四十五【辛齋按，一九二六者，言一個九，兩個六也。二九一六者，言兩個九，一個六也】。故八卦大共二百八十，至重為六畫卦，陰陽各二十四爻。蓍策用四十九而掛其一，實揲四十八策，以當爻數。故曰乾之策二百一十六，坤之策百四十四，凡三百有六十，乃合六畫八純卦四個九十也。下文云「八卦而小成」，是其明證。舊說謂乾一爻為四九三十六策，坤一爻為四六二十四策合成此數，蓋亦誤解「揲之以四」。謂每揲四策，而成四九三十六也。

「**當期之日**」者：《堯典》言「期三百有六旬有六日，以閏月定四時成歲」，是并大小餘積分和計之。此以歸奇象五歲再閏，故舉成數，而并前後歸奇為閏月之實數也。

「**二篇之策，萬有一千五百二十，當萬物之數**」者：萬物之生，不外氣變形變。氣變以三，形變以四。爻數及歸奇等散數不方者，皆氣變；卦變及蓍策等方數，皆形變。以此分別推求，有多數相合。略舉如左。

天數廿五，地數三十，故參天三位，七十五數【每爻二十五】，兩地二位六十數【每爻二十】，合一百三十五。以六十四乘之，共八千六百四十【此對待卦數】。陰陽爻各一百九十二。陽九陰六，共二千八百八十【此對待爻數】。兩數相并合此數【卦陰陽各四，故五五揲之四次，以象四時。以四乘二千八百八十即此數】。

陽爻天數，河圖共三十四。陰爻地數，河圖數共二十六。合六十數。是六畫卦陰陽正對皆三百六十【如乾、坤、屯、蒙、革、鼎】。以三十二乘之合此數【此與上條一分一合，為歸奇，當萬物數之根。下條三百六十，乃乾坤策數，與此異】。

爻變數一千一百五十二。陽六之，陰四之，相并合此數【此為重卦之參兩數，不可作十倍論】。四十八策方積二千三百有四。乾三之【六千九百十二】，坤兩之【四千六百有八】，相并合此數。

四十八方積，六十四方積，七十二方積，相并合此數，而餘六十四。正當大衍虛一，象太易也。

洛書九位方積二百八十五，三十二乘之，得九千一百二十。以四十九方積二千四百有一加之，合此數而餘其一。掛一所以象渾淪也。

乾坤策數三百六十，以三十二乘之，合此數【其三畫卦陽九陰六，共一百八十，以六十四乘之。詳見前】。

七十二方積【先後兩揲，取象七十二候】，五千一百八十四。再扐得一萬有三百六十八，以爻變數加之。合此數。

二五合而生奇。互乘得數，各自乘之，得萬有七百三十六。揲蓍得奇之數【如前《圖譜》式】，即象所生之奇。今適揲得四十九爻，是四十九策掛一。策策周徧，窮變極數矣【辛齋按：

正爻廿八，變爻廿一，共四十九爻也】。故歸奇得之百九十二，合八個四十九【下文言八卦而小成，此亦確證】。為形變以四之數【氣變、形變皆每進加倍。初為四十九，次則九十八，三乃一百九十六】。分陰分陽，當再倍之，為七百八十四。相并合此數。

「再扐」象五歲再閏，而成一爻。五歲共六十個月，月建甲子一周，陰陽爻各一百九十二。以六十甲子乘之，合此數。

以上諸數，蓋為五歲再閏。則三十年當十二閏，共萬有一千一百六十日。餘三百六十，又為一年日數，則是一世有一年象。貞下起元，生生不已也【《乾鑿度》以陽九陰六之析當日，以爻當月，以三十二對卦當歲，則以上十條之數，正是三十二年日數耳】。其歸奇並掛一共四百四十一數。蓋又以三百六十象一年日數，而餘八十一，略當歲差年數云爾。

「**五歲再閏**」**密合大衍之數**。重卦陰陽共十二爻，即三四五句股弦數。用其面積五十五，衍陰陽爻之五數，名曰「大衍」。以句股弦之一橫一直一斜，實能曲包一切象數。故三四五和數十二之面積，百四十有四為坤之策，其各為體積二百一十有六為乾之策，正合三百六十度，每當一日也。故五五揲之。當每卦初至五之五爻，餘一爻為奇，是即句股弦各體積二百十六之總結。因以見六十四卦歸結一乾，即《雜卦》終於「夬，剛決柔」之義也。必用二百十六數者，是有兩義：一以當日，約八個月日數【凡兩歲八個月置一閏，共三十二日】。實約小建七個半月，以爻位共一歸除之，各得十日十七分有零【即日行一度共六十分中之十七分，約鐘漏四時許】。四揲共過二十策，是奇為廿一分之一。再扐歸奇，共廿日又三十四分，約當四歲中小建日數。扣足三百六十日，為所以必「五歲再閏」之本義矣。故直以再扐策數通作兩閏，但分奇偶不論多少，蓋以四揲之四，歸除二百十六，各得五十四，正似天地之數而餘其一。則其為二五合生之奇甚明矣。一以當度，三百六十度，共一萬一千六百分。今取百分之一為率，當三百六十度，廿一歸除之，各得十七度八分半有零。再扐共三十四度十七分，并上日數通計之，約共五十五六日為兩閏，則約十九年七閏為一章。而略舉其凡。韓康伯注可信也。所以如此密合者，以揲餘八策，陽九陰六，正合兩月日數。而八卦陰陽正對各廿一位，九六乘之得三百十五，正合五度四分度之一【三百十五分】，為周天分度實數也。聖文述古，其義纖意密如此。

「**先後歸奇**」**少或一而多至七為限**者：數始於一而二五合而生奇，非謂每合其數實餘一也。乃陰陽多寡相消，故奇必始一。若四揲適得二十，或二十八策，則為不合不生。或十九策，則並不滿四時，皆為不誠，不得更瀆矣。限於七者，時三位四，重卦六位三七廿一數，卦卦陰陽正對，共三百十五數，為七個四十五也。陽爻少止三，多至十五【皆并揲一算】，陰爻少止四，多至十四，皆共四十八。四乘之各得七十二，為一歲七十二候也【故十八變而成卦，八卦共一百四十四，為陰陽卦變公共之數，不獨坤策。猶一百九十二為陰陽爻公共之數也。說《易》者往往相混，故辨之】。蓋乾坤策數三百六十，當期之日者，以參天兩地法數計之，實乾得三個七十二，坤得兩個七十二，隱指五歲之氣候矣。四十八策共揲得四十九爻，合於七七用數。陽爻正變共二十五者，即《洪範》「五敘疇，一五行，二五事，四五紀，八庶徵」，凡五。九五福，合二十五。陰爻正變共二十四者，為三八政，六三德，七稽疑，凡七。九威用六極，合廿四。皆用事之數也。

凡數有義有量。自一至十百千萬皆名也，虛位也。因數生量，因名生義。占筮但論數，其量與義，則隨所占之事物而生。全《易》之取象，及吉凶悔吝等，皆是也。如乾之策二百一十有六，用九之析其量也。當期之日為百三六十度，十之六其義也。而以六十分開全度為二萬一千六百分，乾策正得百之一【每度六十分，乃就後世割圓密率言之。當時但以日行一晝夜所過天象歷三百六十晝夜為一歲，而以六十甲子分明一晝夜之行次耳。今稱之為分，以便稱引】，則又因名生義。在《易》言《易》，為三百八十四爻，統於一乾之義矣。卦爻六位廿一數，四十八策揲之。餘八策當奇，為六十度。是於爻、於度、於策，皆六之一。一爻當廿一度者，六十度之三五，即爻位六之一。在人則眼耳鼻口身體之有心，顯然明矣【佛家以眼耳鼻舌身意為六根，言意不言心，以心為全體，其義至精】。數必用六者，六之體積，賅括一切數根，故取六之一為占。當萬事萬物幾動之微，根於心之一念也。

故洛書四十五數，而重三畫卦為百二十八。得六畫六十四者，全《易》已成之卦也。猶太易還復渾淪，重分天地，勢固不可悉取三百八十四爻為策，一一冥索而布列之，故用四十八策，當八純卦爻數。四營之以象卦之迭相上下，出生五十六卦而成全《易》。故曰「四營而成《易》」【舊解以分揲掛扐為四營，誤也】。又因以一卦與七卦相上下，必併本卦成六畫百二十八卦，是重之又重。故全策皆兼陽九陰六，以當此重數使分為二，左右各半，皆為全《易》也。先後過揲四十，則餘奇必為八策。惟其兼陰兼陽，無可取證，故不計多少，但合掛一為定數。奇則左右皆奇為陽數，耦則左右皆耦為陰數。統八策以成一爻，然後此爻為八純，神明變化新生三百八十四爻中之一。其數極而其象定，較然無復疑矣。蓋兩卦正對當周天全度外五度有奇，開為三百十五分者，以洛書用七為法，合七個四十五也。八卦共廿一度為千二百六十，分筮得之卦六爻，共百二十六度。在數正得十與一之比例，與乾策同也。全《易》三十二正對，共一百六十八度，為萬有八十分。筮得之卦八之得千有八度，在數亦當十之一，與乾策亦同。於天則分變為度，於《易》則爻變為卦。蓋一爻變為四十八爻，一卦變為四十八卦，則八卦變為三百八十四卦，【其爻二千三百有四，正合四十八自乘方數】，當二千有八度。以《易》準天，以卦準度【辛齋按：《易》與天地準，準諸數也】，仍是一卦當兩度三十七分半，兩卦當五度十五分。於大衍算位起點，未嘗增減毫釐。用能數與象符，顯微無間，至巧至密，而一出於自然。故曰「天下之能事畢矣」【辛齋按：蓍法之聚訟不決，皆以揲四、歸奇、再扐、後掛未能確合。且「五歲再閏」及「當期之日」皆無著落。今沈氏不違四揲之義，以五五揲之，則數象皆合。而「再閏」、「當期」各有密合之數可徵，並萬有一千五百二十之數亦非泛論空言，均有著落矣。原書詞繁意複，而精義反晦。披沙檢金，略取數節，已足為改正揲蓍法說明矣】。

杭辛齋略傳

杭辛齋先生，浙江海寧人，生於清同治八年（西元一八六九年）。二十歲時考上海寧州的博士弟子員，次年，到北京國子監進修，又在同文館學曆算、法國文學等。到中日甲午戰爭發生時，便看到滿清政府的腐敗無能，於是除創辦報刊以喚醒國魂外，並上書光緒皇帝，力陳變法自強的重要，也曾兩度獲得密旨召見，在龍顏大喜的狀況下，面賜「言滿天下」四字的象牙章，可惜，隔十天發生戊戌政變，一切抱負暫時受挫。

光緒二十三年，先生於天津創辦國聞報，為華北新聞的前聲。二十六年之後，繼又負責北洋官報，商報要務，且在北京創刊中華日報、京華日報，因揭載西太后之專權及親貴大臣的顢頇，被下刑部獄，所幸各國公使及上海各領事力持正義，得不死，遞籍禁錮浙江巡撫增韞，奏請以先生留辦實業，任農工研究會長，發行農業雜誌，又創白話報，鼓吹社會改革。

辛亥革命之役，先生在杭州入旗營安撫有功，事後不執政，辦漢民日報。次年被舉為眾議院議員，反對袁世凱帝制甚力，又被補下獄，先生很感嘆的說：「帝孽復興，民國之不幸也！」在獄中精研易經和文王囚羑里而演易，後先輝映！出獄後遍搜易學著作，繼續研究。護法赴廣東，議席之暇，設易學講座及研幾學社，座無虛席，都是當時的黨政文教界人士參加聽講。民十二年，因事到上海，再創研幾學社和新聞學會。同年，曹錕賄選，先生不受誘脅，率兩院同人在上海集會，傷時憂國，於上海逝世！

（以上採自日本田原天南編「清末民初中國官紳人名錄」及中央黨史會革命人物誌附錄「海寧　杭辛齋　先生訃告」。）

國家圖書館出版品預行編目資料

學易筆談新編 / 杭辛齋撰,朱玉榮輯校. -- 初版. -- 臺北市：蘭臺, 2018.12
面； 公分. --(易經研究；4)
ISBN 978-986-5633-73-8(精裝)

1.易經 2.易學 3.研究考訂

121.17 107016953

易經研究4

學易筆談新編

作　　者：杭辛齋
輯　　校：朱玉榮
編　　輯：程麗虹
美　　編：程麗虹
封面設計：陳勁宏
出 版 者：蘭臺出版社
發　　行：蘭臺出版社
地　　址：台北市中正區重慶南路1段121號8樓之14
電　　話：(02)2331-1675或(02)2331-1691
傳　　真：(02)2382-6225
E—MAIL：books5w@gmail.com或books5w@yahoo.com.tw
網路書店：http://5w.com.tw/、http://store.pchome.com.tw/yesbooks/
博客來網路書店、博客思網路書店
三民書局、金石堂書店
總 經 銷：聯合發行股份有限公司
電　　話：(02) 2917-8022　傳 真：(02) 2915-7212
劃撥戶名：蘭臺出版社　帳號：18995335
香港代理：香港聯合零售有限公司
地　　址：香港新界大蒲汀麗路 36 號中華商務印刷大樓
C&C Building, 36,Ting, Lai, Road, Tai,Po, New,Territories
電　　話：(852)2150-2100　傳真：(852)2356-0735
經　　銷：廈門外圖集團有限公司
地　　址：廈門市湖里區悅華路 8 號 4 樓
電　　話：86-592-2230177　傳 真：86-592-5365089
出版日期：2018年12月 初版
定　　價：新臺幣880元整（精裝）
ISBN：978-986-5633-73-8